抗日战争时期
细菌战与防疫战
文献集

张宪文 吕晶 —— 主编

国家出版基金项目
NATIONAL PUBLICATION FOUNDATION

贺晓星 杨渝东 编著

日军细菌战创伤记忆
与救助的社会学研究

衢州"烂脚老人"的调查报告

江苏人民出版社

图书在版编目（CIP）数据

日军细菌战创伤记忆与救助的社会学研究：衢州
"烂脚老人"的调查报告/贺晓星，杨渝东编著. --南京：
江苏人民出版社，2025. 3.--（抗日战争时期细菌战与
防疫战文献集/张宪文，吕晶主编）.-- ISBN 978 - 7
- 214 - 29521 - 7

Ⅰ. K265.606

中国国家版本馆 CIP 数据核字第 2024X8H683 号

抗日战争时期细菌战与防疫战文献集
主　　编　张宪文　吕　晶

书　　名　日军细菌战创伤记忆与救助的社会学研究：衢州"烂脚老人"的调查报告
编　　著　贺晓星　杨渝东
责 任 编 辑　张惠玲
装 帧 设 计　刘葶葶
责 任 监 制　王　娟
出 版 发 行　江苏人民出版社
地　　址　南京市湖南路 1 号 A 楼，邮编：210009
照　　排　江苏凤凰制版有限公司
印　　刷　苏州市越洋印刷有限公司
开　　本　718 毫米×1000 毫米　1/16
印　　张　29.25　插页 4
字　　数　450 千字
版　　次　2025 年 3 月第 1 版
印　　次　2025 年 3 月第 1 次印刷
标 准 书 号　ISBN 978 - 7 - 214 - 29521 - 7
定　　价　148.00 元

（江苏人民出版社图书凡印装错误可向承印厂调换）

国家社会科学基金抗日战争研究专项工程项目
2021年度国家出版基金资助项目
"十四五"国家重点出版物出版专项规划项目

---------- 学术委员会 ----------

王建朗　张连红　张　生　马振犊　夏　蓓

---------- 编纂委员会 ----------

主　编

张宪文　吕　晶

编　委（按姓氏笔画）

王　萌　王　选　皮国立　吕　晶　许峰源　李尔广　杨善尧

杨渝东　肖如平　张宪文　林少彬　贺晓星　谭学超

总　序

　　人类使用生物武器的历史由来已久,古代战场上"疫病与战争"的关系对现代战争产生了深远的影响。20世纪以来,随着微生物学和医学等学科的长足发展,通过生物技术人为制造病菌,在军事上削弱并战胜敌军成为重要的战争手段。第二次世界大战时,德、日、美等国均开始研制和使用生物战剂。当时,主要以细菌、老鼠和昆虫为传播媒介。30年代起,日本违背国际公约,在中国东北等地组建细菌部队,针对我国平民实施大规模细菌战。为真实记录这段历史,南京大学牵头组织20余位海内外学者,承担了国家社科基金抗日战争研究专项工程之"日军细菌战海内外史料整理与研究"项目,经过多年艰苦工作,先期推出11卷"抗日战争时期细菌战与防疫战文献集"(简称"文献集")。

　　关于抗日战争时期的细菌战与防疫战,既有的研究基本以收集七三一等细菌部队的罪证为主,以之批判侵华日军细菌战暴行的残虐与反人类。在此基础之上,部分学者分别从社会学、心理学、医学、军事学等角度开展跨学科研究,有力地推动了该领域研究的发展。而日本对华细菌战的推行者,并不仅限于臭名昭著的七三一,还包括荣一六四四、甲一八五五、波八六〇四和冈九四二〇等细菌部队,形成了一个完整严密的研究与实战体系。

　　"文献集"以日本在二战期间发动细菌战为中心,全面发掘梳理战前、战时与战后各阶段所涉及的细菌战战略与战术思想、人体实验、细菌武器攻击,以及战后调查与审判的相关史料。"文献集"以中日两国史料为主,兼及苏联等相关国家或地区的史料,对已发现的重要史料尽可能完整地收录,辅以必要的简介和点评,最大程度地保持史料的原始面貌和可利用性。

"文献集"将细菌战研究置于全球视野之下,从多方视角进行实证分析探讨。一方面追踪七三一等细菌部队隐秘开展的活体实验,深入挖掘其所从事的日常业务,深刻理解军国主义时代日本医学的"双刃剑"性质;另一方面关注国民政府战时在卫生防疫方面的应对策略,以及中日双方开展的攻防战。同时,不能忽视战后美苏两国因各自利益所需,对战时日军在华细菌战罪行的隐匿与揭露,包括1949年末苏联组织军事法庭,针对日军在战争期间准备和使用细菌武器罪行的审判材料,以及美国基于对日军细菌战参与人员长达四年的问讯记录而形成的《桑德斯报告》《汤普森报告》《费尔报告》和《希尔报告》等第三方史料。

"文献集"立足于对日军在华细菌战核心部队、重要事件和关键问题等史实的具体呈现。此次出版的11卷由史料丛编和调研报告组成,其中史料丛编为"文献集"的主体部分,包括几个方面:(1) 日本防卫省防卫研究所、国立公文书馆和战伤病者史料馆等机构所藏档案,亚洲历史资料中心的数字资料,以及各类非卖品文献、旧报刊、细菌部队老兵证言等资料;(2) 受害国中国当时医疗卫生、传染病调查,以及受到细菌武器攻击后的应对情况方面的资料,考察选收中国大陆重要省份和台北"国史馆"、台北档案管理局的相关史料;(3) 苏联时期及部分当代俄罗斯出版的关于细菌战、细菌武器、生化战历史和科学史专题的俄文史料及文献著作;(4) 英国、澳大利亚等国家档案馆馆藏有关日本战争罪行的档案。

具体而言,中方史料主要包括日渐被学界关注的国民政府针对日军细菌武器攻击的调查与应对,涉及战时防疫联合办事处、中央卫生署、省卫生处、防疫委员会、医疗防疫队和军方防疫大队等一系列国民政府防疫机构以及中国红十字会总会的相关档案,还有60余种近代报刊中关于抗战前后细菌战与传染病知识的科普与传播、日军具体投放细菌行为的报道,以及战时各地疫情与防疫信息等方面的内容;此外,20世纪50年代新中国审判日本战犯,获得日军甲一八五五部队等部官兵回忆投放细菌及从事人体实验罪行的供词,这些战犯口述笔供中的细菌战相关情报,具有较高的史料价值。

日方史料围绕日本细菌战作战指挥系统、细菌战战略思想、在中国相关地区的细菌武器攻击、以往研究较少涉及的两支重要的细菌部队(荣一六四四部队和冈九四二〇部队)等核心问题,吸纳小川透、近食秀大、山内忠重等细菌部队军医发表的研究报告和学术论文,重新整理、翻译内海寿子、镰田信雄、三尾丰、千田英男、天野良治、沟渊俊美、鹤田兼敏、丸山茂等多名细菌部队老兵证言。其中细菌部队卫生防疫研究报告不仅揭示战时中国地区疫情传播的实相,也反映这些细菌部队的研究课题之侧重所在。尤其是从军事医学、微生物学角度去看,这几支细菌部队依据所在地区特点,"因地制宜"地开展相应研究,为后期作战做了较为充足的准备,由此不难窥见日军细菌战战略的意图和布局。

第三方史料,主要系统地介绍和引进苏联和俄罗斯有关生化战和细菌战的文献资料,包括苏联早期引进的细菌战研究著作、伯力审判材料、《真理报》所刊登关于伯力审判的内容、朝鲜战争中美军生化战报告及其与日本侵华生化战有关的材料、苏联和俄罗斯关于生化战的研究与引进成果、俄安全局档案分局 2021 年解密的日军生化战档案、俄国内对于解密材料的新闻报道等。这些资料呈现了苏联和俄罗斯在历史上与生化战和细菌战之间的关系,以及苏、俄军方及科学界对其认知、研究、防范的变化过程,为中国史学界提供了生化战和细菌战研究的另一视角。

"文献集"另一组成部分是课题组当下采集到的口述资料,即 2018 年前后在浙江衢州江山等县村对当地"烂脚老人"进行田野调查,形成的"日军细菌战创伤记忆口述调研实录"。依据老人证言和地方史志的对照,从时间序列和空间分布上分析,不难发现"烂脚病"的出现与日军细菌战之间有密切关联。在日军实施细菌战之前,衢州等地从未有过此病及相关记载,而在细菌战之后,此病在这些地区频繁出现,且出现病例最多的村落与日军曾经控制的浙赣铁路线高度重合。课题组保存了日本在华细菌战的底层受害者的声音,将受害者的个人记忆与文本文献有机结合,从而在证据链上达到最大程度的充分性、多样性和丰富性。

　　"文献集"得以顺利出版，首先感谢国家社科基金抗日战争研究专项工程和国家出版基金的支持，在编写和出版过程中得到抗日战争研究专项工程学术委员会各位专家的悉心指导，也感谢中央档案馆、中国第二历史档案馆和台北"国史馆"等合作单位的支持与帮助。课题组相信本系列图书的出版，或将有利于提升抗战时期细菌战与防疫战研究的深度与广度。

　　"文献集"全面揭露日本发动细菌战的罪行，并非为了渲染仇恨，而是为了维护人类尊严和世界和平，助力中华民族伟大复兴和人类命运共同体建设，以史为鉴，面向未来。兹值"文献集"出版前夕，爰申数语，敬以为序。

目　录

前　言

　　本书是我与贺晓星教授参加南京大学历史学院张宪文教授主持的国家社科基金抗日战争研究专项工程项目"日军细菌战海内外史料整理与研究"的一个成果。与侵华日军细菌战的历史学研究有所不同,本书主要是从社会学和人类学的视角入手,试图从这段历史及其造成的人类苦难当中揭示侵略战争、细菌战暴行和疫病创伤给这个世界带来的黑暗,以及不幸遭遇了这些暴行而受到伤害的个体与家庭承受了怎样的痛苦。关于日本侵华战争给中国人民造成的巨大灾难的研究已经难以计数,这段历史当中的悲惨画面也在日常生活中经常唤醒国人对此的记忆,国家在南京举行的纪念性公祭仪式和响遍全城的警报声也年复一年地对死难者表达哀悼之情,所有的这一切都早已成为全体中国人带有民族自觉的"集体记忆"。但除了知道少数还健在的"慰安妇"和南京大屠杀幸存者之外,我和贺晓星都以为日军侵华战争造成的伤害早已成为了过往,成为了真正的"历史",它已经从时间的序列上变成了过去时而不存在于当下。然而,当我们接受了邀请参加到这个研究课题,才获得了一个机会走进一个特殊的群体,而正是这个群体改变了我们对日军侵华客观上已成为过去时的陈念,也成就了这本记录他们生命苦难和不断抗争历程的书。

　　这是一个很特殊的群体,他们很少出现在公众的视野当中,即便是国家层面上集体记忆仪式和话语表述中,也鲜有他们的"在场"。对于我和贺晓星,如果不是参加了这个课题,在 2017 年 3 月到衢州去做了一次预调查,也对他们一无所知。对于日军侵华的整体性集体记忆来说,他们只是一个"局部的存在"。他们存在于地方,分散于浙西南的衢州、金华、丽水等城市下面的若干农村当中。早在 1995 年,著名的对日民间诉讼发起者王选女士,在这一地区下乡取证时就发现了他们的存在,此后她为了证明他们所患的烂脚病为日军细菌战所致,并竭力想找到能够根治此病的医疗机构和治疗手段而四方奔走。2002 年王选邀请了美国的病理学家去探访,2014 年在她的不懈努力下中国工程院院士付小兵等专家亲赴衢州关注患者的病情。2015 年衢州衢化医院烧伤科开始正式接收烂脚病病人,通过植皮手术等医疗手段为衢州及附近地市的"烂脚老人"①进行治疗,取得了突破性的效果。尽管如此,在全国范围内,这一群体的存在始终是一个小众的事件,并没有得到应有的关注。我们在调查之后曾到一些学术场合去讲述这个主题,在座的很多听众都表示震撼,因为他们之前完全不知道这样一个群体的存在。

　　这个群体,就是本书中被称作"烂脚老人",以及在近 25 年的时间里为了救助他们而不懈努力的社会活动家、地方救助者、医护工作者和公益慈善家。如果仅从侵华日军细菌战的历史资料角度说,我们似乎只应该去关注"烂脚老人",因为他们才是和日军细菌战高度疑似相关的受害者群体。须申明的是,由于现在还没有充分的医学证据证明烂脚病和日军播撒的细菌之间有直接的因果关联,我们只能说"烂脚老人"是日军细菌战的疑似受害者。不过,虽然没有确凿的医学证据,但有一点可以肯定,在日军实施细菌战之前,衢州等地从未有过此病的发生以及关于此病的记载,而在细菌战之后,此病就在这些地区频繁高发,而且出现病例最多的村落与日军曾经控制的浙赣铁路线高度重合。因此,我们可以从时间的先后序列和空间的分布上来谈"烂脚老人"与日军细菌战之间的关联。也因为这个关联,让我们可以把"烂脚老人"的状况当作与"侵华日军细菌战历史资料"相关的一个重要组成部分来看待。

_____

① 为了表示这是一个特指群体,不等同于有普通烂脚病(比如糖尿病导致的烂脚)的老人,使用了引号。全书同。

　　"烂脚老人"是遭受了"非人之痛"的一群老年人。顾名思义,"烂脚老人"就是脚部出现溃烂的病人,不过发生在他们脚部的溃烂绝非简单的溃烂。一旦染病,溃烂之初只是发痒,一抠就破皮,然后流出血水或者脓水,脚开始痛。然而这一小的破处却不能完全治好,而是周而复始地发作,且不断向内外扩散,正常的皮肤也慢慢开始变得乌黑。经年日久,当患者体质下降抵抗力变弱以后,感染渐渐从脚面向小腿侵蚀,造成皮肤破损,肌肉溃烂,更严重的则烂至骨头。肌肤糜烂之际,血水和脓水也随之不断渗出,滴淌在外,发出接近腐尸一般的气味。这样的病,我们第一次在纪念馆的照片上看到时,也不禁触目惊心。而且,患者大多都是年少或年轻时就染病,在漫长的一生中,一年年地看着自己的病情不断加重,腿部的创面越来越大,疼痛感越来越强,流出的脓水血水越来越多。他们从能走路,能选择性地干农活,渐渐恶化到不能穿鞋,无法走路,终日卧床。即便能够行动的,也无法远行,不能沾水,每天都要花一个多小时来清洗创面,包扎之后才能上床睡觉。睡到深夜,也经常会痛醒。有患者受此顽疾折磨,最终在极度痛苦中离开人世,去世后腿部散发的恶臭让亲人都很难靠近为他处理后事。人类学家罗宾斯(Joel Robbins)曾经说过,苦痛逐渐成为了新的"异文化",这些承受苦痛的个人也由此成为了人类学重点考察的"他者"。如其所言,当我们第一次在衢州"侵华日军细菌战衢州展览馆"看到他们的照片、听到纪念馆馆长也是衢州侵华日军细菌战受害者协会会长的吴建平先生讲述他们的故事,真切地感到一种强烈的"心灵震撼"。他们因这特殊疾病过着一种与常人不一样的生活,我们又该如何去接近这种生活,展现其内在的意义,由此揭开细菌战如何制造了一种"非人"的生活状态?

　　烂脚病患者大多都是年过70岁的老人。我们一开始设想可以通过个人生命史的研究方法,深入访谈他们患病的过程及之后的人生经历,将其个人生命的历程放入社会结构的变迁或者个人所表征的多层次的"心性"当中去把握其意义。然而,这样看似可行的理路面临两个困境。首先,对"烂脚老人"的口述史调查早就开展过,王选女士曾组织浙江一些高校的师生集中对近2000名烂脚病患者做过访谈。很遗憾,由于这部分材料还未正式公开，我们无法看到更多的烂脚病患者的情况。此后很多老人相继辞世，到我们调查的 2018 年仅剩不到 200 位老人尚健在。因此，我们如果再做一次个人生命史访谈，有重复调查的嫌疑，且在调查范围和深度方面都难以企及之前的调查。其次，在调查中我们发现，尚健在的"烂脚老人"基本零星分布在各个乡村集镇当中，由于长年疾病缠身，他们大多处于社会边缘，很难进入到关系网络中承担社会结构中的角色，到了晚年则主要以养病和治病为生活的重点，个人回归到家庭，与外界存在相当的距离。在这种情况下，个人生命史的理路，虽然可以描绘他们个体的病史以及其中的心态，但如何把他们与多元的社会关系结合起来彰显他们作为一个意义的结点，则是一件相对困难的事情。

因此，研究面临一个巨大的困境，该如何进入到他们因疾病而遭受苦难的生活中去，并还能让社会学或人类学在其中说些什么。这样去思考的时候，我们也面临另一个困境，那就是这项研究所涉及的道德和伦理问题。学术可以道德中立，但不能冷漠而没有温度。在他们所遭受的苦痛和创伤面前，因为从未如此近距离接触这样的人生"经验"，我们自己都会恍然有一种深深的无助感。这种感觉一方面让我们觉得学术很苍白，另一方面又让我们油然而生一种道义感，应该把他们的生命经验用学术的语言表达出来。在这样的矛盾心态当中，我们一步步展开了研究，并希望这项研究能替经历苦难的"烂脚老人"说出他们的心声，说出他们无法用自己的言语表达的东西。

2018 年 1 月，我们研究团队的全体师生开始接触"烂脚老人"。刚一接触，我们就要聊他们得的这个病。这是一个重新唤起个人记忆的过程。随着他们的叙述，一张张疾病与人生相遭遇的轨迹图在我们眼前徐徐展开。顺着这个轨迹，我们看到疾病与苦难在他们身体上不断延展，所遭受的种种肉体和精神的痛苦，无效和无助的自我救治之路，到彻底向顽固的疾病低头而无奈地选择带病生存。他们的讲述，让我们深刻体验到了创伤记忆的内涵，体会到他们度过的大半生是与创伤相伴的。这个创伤，既在肉体层面上日益加深，也在精神世界里不断侵蚀，让他们日复一日地与剧烈的疼痛感和腐臭味，以及这个病再也无法治愈的绝望感相伴。他们的回忆，表达的不完全是疾病带来的"个体的苦难"，还有更为深重的布迪厄所言的"社会的苦难"，因为这个疾病，他们的正常社会行动完全变了形。身体的溃烂、社会的弯曲和精神的灰颓成为"烂脚老人"个体性的表征。借用波德莱尔的"恶之花"的比喻，我们看到生命被疾病扭曲了之后的形象，看到一种死亡日益逼近的"美学"，它从生命之初就凝固了时间，而让患者年复一年地感受到疾病生成的相同的病痛和耻辱。然而，疾病如控制生死的幽灵一般，还不让生命迅速地凋零，而是一点点地展现它的魔力，吞噬每一寸健康的皮肤和肌肉，直到生命之火的熄灭。可怕的恶摇身一变，成为日常生活挥之不去的一道暗光。

在这道暗光中进行调查，走访每一位"烂脚老人"，我们的心情也仿佛被他们腿上红肿乌黑的皮肤给裹住一般，变得异常沉重。带来一点亮色的，是我们看到他们的脚和腿虽然还有严重的肿胀和乌黑，但皮肤已经完全密合，不再有破口和流脓；而且衢化医院的小毛医生也跟随着我们，带上养护的药水，小心地褪下裤腿给他们擦洗。

担任衢州细菌战受害者协会会长的吴建平先生每次都不辞辛劳陪同我们下乡，向"烂脚老人"介绍我们，并如数家珍地给我们介绍老人的病情及其家庭情况。我们并没有看到真正的烂脚，而是接受过手术已经康复或者正在康复当中的烂脚。直到人生的晚年似乎还永不可治的烂脚，在这些无畏和无私的救助者和医生的帮助下，竟然有了治愈的那一天。吴建平先生告诉我们，当听到有位老人激动地朝他喊，吴会长我可以穿鞋了，他立刻流泪不止。如果说烂脚病是在历史暴行的土壤里滋长出来的"恶之花"，那么吴建平他们的做法，就是把这些可怕的幻像一个个击碎，还老人们最正常的生活和最普通的人的尊严，这也是具有现代医疗人类学意义的"照护"。

因此，在侵华日军细菌战制造的当代社会学研究问题当中，"烂脚老人"和救助医疗者构成了一套美学话语的两面。一面是细菌战、溃烂、死亡、疼痛、脓水和绝望，另一面则是救护者、手术、新生命、痊愈、缝合和振奋。前者让我们看到沉重历史撒下的那道幽暗，后者却让我们感受到一缕强光想要彻底地把幽暗驱除。这两者的关系演绎出特殊的"照护"关系,它绝非普通外科手术那般简单的医疗个案,而是与历史事件相关联的治疗,由此生成的意义是多重的,既是治好染病的老人,同时也是治疗历史所留下的创伤,清洗侵华日军留给这个地方的罪恶与耻辱。发现"烂脚老人"并主动为他们提供治疗资金和医疗力量的,是来自对日民间诉讼的领袖王选女士,她的家乡——金华的义乌崇山村,也曾遭到过日军细菌战的攻击,造成了其所在的王氏宗族多人丧生。在衢州实际承担救治"烂脚老人"的吴建平先生,其亲祖父原本姓陈,在诸暨被日军杀害,尸骨无存,他奶奶带着他的父亲逃难到衢州,改嫁吴家。他们作为救助者,与"烂脚老人"之间存在着强烈的共情。侵华战争所造成的创伤,在救助者身上保存为记忆,在"烂脚老人"身上则是最直接的痛苦。他们都是受害者,都是日军侵华战争的罪恶最为直接的承载者。因此,对细菌战的考察,引出了更多日军侵华受害者的后代及其故事,他们交织在一起,构成了一个指向明确的主题,那就是竭力把烂脚病治好。它不仅是治身体的病,而且是治精神的病;不仅是治患者自己的病,也是治救助者多年的创伤记忆。

这个想法动摇了我们把注意力全部放在研究"烂脚老人"的初衷上,我们认为,如果烂脚病患者是"侵华日军细菌战历史素材"的一部分,那么救治他们的医疗行动也应该在其范围内,更何况救治者当中有多位都是侵华日军受害者的第二代或者第三代。侵略战争的创伤的代际认知和传承方式是西方关于大屠杀的人类学(Anthropology of Holocaust)的一个重要课题。多位学者的研究讨论过这一问题。在《纳粹大屠杀、回忆、认同——代际回忆实践的三种形式》一文中,耶尔恩・吕森指出,二战结束之后,德国人对于纳粹屠杀犹太人的记忆方式随不同的代际而不断发生变化。从1940年代中期到1960年代,战后的头20年里,关于纳粹的屠杀被德国人"遗忘"了。选择遗忘的原因很简单,因为当年那些曾经协助过纳粹屠杀行动的普通德国人都还健在。从1960年代到1980年代,对大屠杀的记忆发生了变化,记忆不断地出现,承认了这段血腥而罪恶的历史。不过这个时候的德国人将自己和犯下罪行的先辈划开界线,将自己描绘成受到保守封建思想毒害的一代人。他们是他们，我们和他们不一样，也没有任何的关联，他们犯下的罪与我们无关。这是一种撇清关系的集体记忆方式。直到 1980 年代以后，德国人的个体化趋势日渐明显，新生代个体不再背负历史的包袱，也变得更为自由地看待这段历史，于是承认这是"我们德国人"曾经犯下的罪行，是不曾中断的德国现代化进程中一个极端黑暗的片段。如果说吕森呈现给我们的，是不同代际之间关于纳粹大屠杀的集体记忆的社会学，那么精神分析师多力·劳布则通过书写他的治疗对象的个体叙事，讲述了一个大屠杀受害者二代的精神创伤故事。劳布发现，在以色列和阿拉伯国家爆发的中东战争中，精神最为紧张和容易崩溃的是大屠杀受害者的二代子女，他们要么经历过父母在集中营中的悲惨经历，要么听父母讲过大屠杀的故事，对此有较深的记忆。当类似的场景在战争中出现时，士兵们便易于受到个人记忆的打击。而从精神分析师的职业角度，劳布给多位受到精神创伤的个体进行过治疗，他们往往都活在一种对自己的过去不信任，从而也看不到自己的将来的世界中。

中国对于抗日战争的集体记忆的演变，美国社会学家亚历山大进行过研究。他发现，抗战结束之后，由于国民政府忙于发动内战，并没有将其作为国家记忆进行建构。而新中国成立后，百废待兴，国家的主要任务是进行社会主义改造和建设，也没有将抗日战争作为民族和国家的记忆进行报道和宣传，民间的纪念活动也不多见。直到 1980 年改革开放之后，中日的互动和竞争增多，日本政府右翼对侵华战争历史的肆意歪曲，才使得中国日益重视对抗战胜利的纪念，并把重塑抗日战争的记忆当作建构国家形象和民族国家意识的组成部分。在这样的记忆建构过程中，民间对于日军侵华的记忆也经历了一个先沉寂后喧嚣的变化过程。其中，王选女士于 1995 年发起的对日诉讼，是以浙西南地区为中心的一场声势浩大、持续时间较长、通过直接诉讼唤起对日军侵华的反对与记忆的运动。而长期沉淀下来的"历史精神创伤"，也在这个过程中沉疴再起，这些侵华战争受害者的第二代或三代后辈，有的在幼年时期看到过祖父辈遭受的苦难，有的则是在家庭的纪念仪式和家庭故事中听父母不断讲述这些苦难，他们对于这段历史带有强烈的个人记忆和情感。因此,民间力量便主动地加入到国家建构战争记忆的过程中,并以自己的方式来表达记忆。事实上,衢州侵华日军细菌战衢州展览馆的前身就是一座由民间人士创办的纪念馆。现任馆长吴建平的父亲,与杨大方和邱明轩二位老人一起在1990年代末期创建了该馆。他们三人都是协助王选对日诉讼的地方精英,同时又与王选共享同一个身份,那就是侵华日军受害者的后代。这三位老人都在几年前病故,我们未曾得见,只见到了接替杨大方出任纪念馆馆长和受害者协会会长的吴建平。他们之间职位的承继是精神创伤记忆所激发的历史使命的接力棒的交替。

这个历史使命包含两方面的内容。首先,从整体意义上讲,王选的对日诉讼虽然是民间发起,但代表着国民的心声。三位老人全程参与其中,协助王选到乡间收集证据,陪同日本律师和外国考察专家下乡,赴日参加法庭举证,创办细菌战受害者纪念馆,可谓不遗余力。其次,从他们个人的角度,个体的精神创伤在这个过程中需要找到纾解的渠道,对日诉讼是一个漫长而曲折的过程,老人们期待听到日本政府对过去犯下罪行的道歉。然而结果却令他们失望,也令他们愤怒。在此过程中,对于"烂脚老人"的救治就演化为治疗创伤中的重要一环。烂脚病病状的可怖,老人的痛苦触目惊心,仿佛曾经在这里发生过的细菌战还延续在当下,这对于要向日本政府讨回公道的诉讼团和民间精英而言,心理上是难以接受的。因此,救治"烂脚老人"成为表达对存有战争创伤记忆的老人们道义的一种方式,也成为了治疗他们个人创伤的一种方式。杨大方担任首届细菌战受害者协会会长后,就通过媒体四处寻医问药。邱明轩曾经担任衢州市卫生防疫站站长,从2000年起自费到衢州各个乡村调查细菌战,总共调查了5447位有名有姓的受害者。结合这些调查材料和大量的地方史料,他还撰写了《罪证》《菌战与隐患》《孽债难忘》《莫忘历史》《侵华日军细菌战资料选编》等著作,揭示日军所犯下的使用"生化武器"的罪行。邱明轩希望人们从这些著作中看到历史的真相,但同时又不要延续仇恨。

几位老人去世之后,吴建平接任了纪念馆馆长和受害者协会会长。如前所说,他还有一个特殊的身份,就是侵华日军受害者的第三代。父亲这一辈几位老人几乎把他们的晚年都投入到对日诉讼、救治"烂脚老人"、调查细菌战受害者、创建纪念馆等事务上,他深受感染。本来有铁道局正式工作的他,却把工作重心放到这份不拿薪水的公益性事务当中。在多方努力下,2015年,衢化医院烧伤科介入到烂脚病治疗当中,现在治疗效果能够达到几乎痊愈的程度。由于绝大多数"烂脚老人"经济状况较差,且没有较好的医疗保险,难以承担高额的手术费用,为了解决他们的后顾之忧,安心接受手术,王选联系上海王正国创伤医学发展基金会,并在腾讯公益发起募捐,基本上让"烂脚老人"享受了全额的医疗报销。这样的医疗技术和费用资助,可以说为"烂脚老人"提供了他们生病以来从未有过的治疗条件。可即便如此,如何把这样的信息传递给散布在乡村中的患者和家属,如何让他们相信这些信息不是欺诈,又如何把老人们从乡村接到医院接受治疗,都是救助团队需要面对的挑战。而这件事情,就落在了接替去世的杨大方担任新会长的吴建平身上。

在某种意义上,吴建平是多重结构性关系的脉络交叉的一个连接点,这既是他自己的选择,也是他身上承载的历史脉络的必然结果。他是一个普通的事业单位工作人员,原本已经跳出了历史在他身上烙下痕迹的范围,却因父亲得不到日本政府的道歉含恨去世而承担了协会会长的职责。他没有像父辈那样太多参与王选对日诉讼的行动,却在扎实勤勉地推进父辈协助王选治疗衢州烂脚病的事情。他是两个远离衢州读大学的儿子的父亲,祖父倒在日军的枪下,家里无人感染过烂脚病,现在却成为衢州治疗烂脚病的总联系人。他不是医生,却在衢化医院里进进出出,像医生一般接待和处理来自各个乡村的烂脚病人。如果说一个人的行为有那么明显地同时彰显现实和历史、实践与记忆的结合,那么他毫无疑问是其中的一个。也可以说,他的侵华日军细菌战衢州展览馆馆长、细菌战受害者协会会长的职务,是一个多重意义的象征符号。在由历史与救助者共同创造的一个疾患与救治的场域里,那些痛苦、死亡、伤病、悲悯、屈辱、绝望、诉讼、期待、抗争、新生等意义与价值,全部都归集在他的身上。在承担了这些事务之后,他现在又是纪念馆的义务讲解员,为来参观的学生、群众、党员讲解这段残酷的战争史，从他父辈的民间纪念人的角色转变到从国家的角度来认识这段历史的意义。

　　吴建平并没有被动地成为一个消极的符号，他的能动性体现了一个简单的社会学道理，个人记忆并不简单地受到集体/社会记忆的支配，而是具有自身的形塑力量，将其记忆承载的意义的"声韵"源源不断地演绎出来，从而建构出一个新的具有道义性的"社会关系网络"，来重新编织那些历史的意义，使之获得了新的价值。概括言之，创伤记忆构建出了新的"记忆之场"，在这个场中，那些病痛、脓水、伤痕、死亡和绝望的意象转变为健康、完好、新生与希望的意象，而起到隐喻变换关键作用的就是能够包容污染的个体。吴建平第一次看到溃烂得不成型的烂脚和闻到令人作呕的烂脚气味时，胃瞬间翻江倒海无法控制，跑出去大吐了一场。多年之后，他毫不忌讳地把这一场景告诉我们，并没有丝毫的掩饰。我们没有觉得他过于夸张，反倒感到真实和真诚。换做我们，第一次逢此场景，生理上的反应可能也很难控制。没有丝毫蔑视和厌恶病患的意思，这是一种接触到非日常和"非人"状况时个人的正常反应。在此后几年，吴建平又多次经历这样的场面，也渐渐熟悉和适应了这个病症的各种症状，而从未想过放弃。不仅如此，吴建平通过自己的努力和投入，把救助"烂脚老人"的工作开展得非常出色。他的行动让饱受烂脚折磨的老人，在人生快落幕之前看到了曙光和希望。虽然对这些老人来说，治愈来得晚了一点，但也可以帮助他们彻底洗刷痛苦与耻辱，获得新生。

　　因此，"烂脚老人"与救治者共同成为本书关注的对象。对"烂脚老人"的救治将他们联系在一起，这种联系不是简单的医学上的治疗，而是具有"文化意义"的救助。我们将讨论这个文化意义的生成是在扬·阿斯曼所讲的"文化记忆"的基础上，通过个体能动性得以展演的。背负着侵华日军创伤记忆的个人，将救治同样遭受了侵华日军细菌战创伤的人视作自己的"历史使命"，从而将救治的社会关系网络发展成一个"记忆之场"，这个场将"烂脚老人"的疾痛叙事与救助者的治疗叙事紧紧地缠绕在一起，形成一个具有强大感染力、感召力和动员力的社会力量。那些与日军侵华只在"集体记忆"层面关联的人，在这股力量的吸引下进入到这个场，把日军侵华更高更大层面的记忆下沉到真实可知的个体的患者层面,从复数的受害者到一个个有具体名字和真切面孔的人之上,使两者产生了更强烈和更投入的"照护"意愿。这才是对于侵华日军细菌战留给我们当下苦难的社会学更完整的书写。

　　本书由贺晓星教授和我,以及我们所指导的学生合作完成。由于教学任务较为繁重,贺晓星和我都没有一个较长的时间段在衢州进行田野调查,这些学生给予了我们非常多的帮助。他们不仅跟随一起赴衢州进行实地调查,访谈"烂脚老人"及其家属,整理访谈资料,还撰写了多篇调查报告。为了尊重他们的付出和才华,我们将他们的文字和我们写的文章放在一起,共同讲述研究对象的故事。学生专业各不相同,有的是社会工作、有的是人类学,更多的是社会学,他们也根据自己的专业方向,带着不同的学术眼光对"烂脚老人"的社会经历、个人记忆和救治者的社会实践进行了描述与讨论,使得本书不是一本从一个逻辑连贯的理论视角来讲述"烂脚老人"的故事。但在我看来,视角的多元恰是我们研究对象具有的特点的一个反映。它牵涉到历史、战争、细菌战、伤痛和记忆、救治者、救助的体系与具体实施的策略,这个历史所具有的广义的教育意义等,而这些内容在各章都得到了较好的反映。他们构成的整体,就是我在前文中强调的,侵华细菌战疑似的受害者群体,这些"烂脚老人"和他们的救助者是整个故事的两面,他们活在当下,还在继续见证日军侵华的罪恶。不过在今天,罪恶和非人化的那个过往的世界,已经变成了一个善良的、施与恩惠的、让生命得到新生的世界。他们对人类学和社会学而言可能只是分析的素材,对于历史而言,是承载了创伤并在不断负重前行的主体。

杨渝东

第一章　侵华日军细菌战

一、细菌与细菌战

1. 生物武器

生物武器，是指以生物战剂对人类有生力量进行杀伤的武器。生物战剂是具有杀伤力的细菌、病毒、生物毒素等致病微生物的统称，根据其病理可将生物战剂划分为细菌性生物战剂、病毒类生物战剂、立克次体类生物战剂、衣原体类生物战剂、毒素类生物战剂、真菌类生物战剂等。[①] 按照代际层次可将生物战剂分为四代：第一代为毒素毒植物武器；第二代为细菌武器；第三代为病菌病毒武器；第四代为基因战剂。[②] 因早期受到技术限制的缘故，人类只采取了细菌作为武器制造的媒介，因此生物武器原先也被称作细菌武器。

生物武器主要通过皮肤接触、消化道与呼吸道感染的途径对人体进行伤害。作为与核武器、生化武器并称的大规模杀伤性武器之一，生物武器具有如下特点：

（1）极强的传染性与致病性。生物武器多由高烈度的传染性致病微生物制成，具有很强的杀伤力和传染力，往往只需很小的剂量便能造成感染，

---

① 晓金：《生物武器全解析》，《生命与灾害》2017 年第 9 期。

② 谢瑞鹃、思远：《隐秘的毁灭性威胁——揭秘生物战魅影》，《军事文摘》2020 年第 7 期。

引起伤亡。一旦在人群密集、卫生条件差、缺乏防护的地区投放成功,病菌的高传染性极易引起传染病的广泛流行。

（2）覆盖面广,隐蔽性强,持续性长。生物战剂的释放所形成的生物气溶胶无色无味,难以被察觉,气溶胶可以随风扩散至数百甚至数千平方公里,造成大面积感染。不少致病微生物的存活能力很强,因此一旦投放,会对目标地区造成长久的伤害。以炭疽杆菌为例,其芽孢在土壤中可存活几十年,对目标地区造成持续性危害。

（3）制造成本低廉。相比较其他武器,生物武器的制作成本极为低廉,根据联合国化学生物战专家组统计数据显示,按照当时每平方千米导致50％死亡率的成本计算,传统武器的成本为 2000 美元,核武器为 800 美元,化学武器为 600 美元,而生物武器的成本仅为 1 美元,因此生物武器也被称为"廉价的原子弹"[1]。

（4）精确性差。生物武器的施放容易受到气象、地形等因素的影响,因此难以控制其打击精度,造成意外误伤。但这同样也是生物武器的可怕之处,它不仅会伤害战斗人员,也会伤害无辜平民。

2. 生物武器的历史

人类有意识地将传染病用于战争的历史由来已久。早在 3000 多年前,赫梯人便有意识地利用瘟疫进行攻击,在面对阿尔扎瓦王国的入侵时,赫梯人以染病的绵羊为诱饵,成功使敌方军队和居民感染,从而挫败了阿尔扎瓦王国军队的入侵,这是目前已知的人类最早使用生物武器的案例。作为人类历史上首个具有重大影响力的游牧文化群体,公元前 8 世纪至公元前 3 世纪,活跃于中亚至东欧一带的游牧民族斯基泰人曾为了增加武器的杀伤力,使用过经粪便与腐尸浸泡的弓箭。公元 1155 年,腓特烈一世曾试图在意大利的托尔托纳用尸体污染水井。1346 年,鞑靼人占领了意大利热那亚人的殖民城市卡法城周边地区,正值围城进攻之际,鞑靼军队遭遇了一场瘟疫,被迫放弃进攻计划。在撤退之前,鞑靼军队用投石机将染病的尸体投入了

---

[1] 赵林、李珍妮:《可怕的战争魔鬼——解密生物武器》,《军事文摘》2020 年第 7 期。

卡法城,导致了城内鼠疫的爆发,迫使热那亚人放弃卡法城。[①] 热那亚人从水路逃离,途经西西里岛、撒丁岛、科西嘉岛,最终到达意大利西北部的热那亚港,一路上不断有乘客感染鼠疫身亡,幸存者将鼠疫病菌带进了欧洲,这也是后来席卷欧洲的"黑死病"的病菌来源之一。[②] 历史上,利用疾病进行攻击的行为屡见不鲜。1495 年,西班牙人将混入了麻风病人血液的葡萄酒贩卖给他们的法国敌人。1650 年,波兰人面对他们的敌人燃烧混有狂犬病的狗唾液材料。1763 年,英国人入侵北美洲,当时的英国驻北美总司令杰弗里·阿莫斯特爵士写信给正在进攻印第安部落的亨利·博克特上校,建议将天花病菌引入反叛的印第安部落中,以达到不战而胜的目的。博克特便把带有天花病菌的毛毯作为礼物赠送给美洲原住民,造成天花在印第安人中的大流行。[③] 1863 年美国南北战争期间,同盟军曾向联军出售黄热病与天花病人的衣物。

回顾上述历史,我们可以发现早先人类并没有掌控生物武器的制作方法,而只是在自然状态下对疾病加以利用。直到 19 世纪时,医学的发展还不充分,人类尚未理解病原体致病的原理,"医生们不能辨别一种瘟疫与另一种瘟疫的区别。热病、疹子、食欲丧失、关节痛的症状与六种可能的瘟疫相同。只有天花是一种例外,由于出痘而不会产生这种诊断上的混淆"[④]。

随着 19 世纪后半叶微生物学的迅猛发展,有关致病微生物的研究不断取得新的突破,"1858 年法国医生路易斯·巴斯德发表了细菌导致疾病的论证,所依据的是他对发酵所作的试验。他随后开始批驳细菌在有机物质中自发产生的观点,揭示出细菌实际上存在于空气中,是肉眼所看不见的。1876 年巴斯德的著名对手、德国医生罗伯特·科赫通过对炭疽杆菌的试验

---

① Seth Carus, A Short History of Biological Warfare(Washington: National Defense University Press, 2017), p. 6.
② 于新华、杨清镇:《生物武器与战争》,北京:国防工业出版社 1997 年版,第 6 页。
③ 于新华、杨清镇:《生物武器与战争》,第 7 页。
④ [美] J. 吉耶曼:《生物武器——从国家赞助的研制计划到当代生物恐怖活动》,周子平译,北京:三联书店 2009 年版,第 4 页。

对细菌理论作出了严格的证明,而这种导致炭疽热的细菌也就是在随后一个世纪里成为生物武器媒介的热门话题"①。自此人类开始掌握微生物领域的科学原理,这也为有意识地开发生物武器提供了科学条件。

现代意义上的生物武器出现于第一次世界大战前后。第一次世界大战是前现代战争和现代战争之间的过渡时期,这场战争遗留了前现代战争的部分痕迹,并展现了现代战争的诸多元素,骑兵与飞机坦克一同出现在战场上。一战期间,得益于微生物学的科技优势与强大的工业水平,德国在生物武器的开发上取得领先地位。由于当时的物资运输主要依靠动物力进行,德国便开始制造针对动物的炭疽杆菌和鼻疽杆菌,试图借此削弱敌国的经济发展,破坏其发动战争的能力。德国将生物武器投放在为同盟国提供给养的中立国上,其主要目标是尚未加入战争的美国。最初,德国采取了以秘密渠道将病原体运往美国的方式进行细菌战,但事实证明这种方式无法保证进入美国领土的生物体的存活率,因此他们在马里兰州的银泉市建立了一个秘密地下室用以培育生物战剂,就地进行细菌战活动。② 此外,德国在阿根廷、罗马尼亚、挪威等国也有一些零星的破坏活动。这些细菌战活动对当地的运输业造成了一定的打击,但这些袭击似乎并未造成明确的军事后果。一战时期德国展开的生物武器研究计划是人类历史上首个国家层面的生物武器研发项目,而且是首个建立在对致病微生物科学理解之上的生物武器项目,这基于过去几十年微生物科学的进展。③ 针对德国在战争中对驮畜的攻击行为,法国也曾利用炭疽杆菌与鼻疽杆菌进行过相似的反制活动。法国作战部于 1921 年宣布开始生物武器的研制计划,并着手进行生物武器的投放和防护方面的研究。④

第一次世界大战结束后,鉴于生物武器的巨大危害,英、法、美、日、德、

---

① ④ ［美］J. 吉耶曼:《生物武器——从国家赞助的研制计划到当代生物恐怖活动》,周子平译,北京:三联书店 2009 年版。

② Seth Carus, A Short History of Biological Warfare(Washington: National Defense University Press, 2017), p. 13.

③ Seth Carus, A Short History of Biological Warfare, p. 13.

加、意等 38 国代表在瑞士日内瓦协商签订《关于禁用毒气或类似毒品及细菌战方法作战议定书》(简称《日内瓦议定书》),明文规定禁止使用生物武器。

> ……鉴于在战争中使用窒息性的、有毒的或其他的气体,以及一切类似的液体、物体或一切类似的方法,已经为文明世界的公正舆论所谴责;并鉴于在世界上大多数国家参加的条约中已经宣布禁止其使用;为了使这项禁令成为公认的对国际良知和实践具有同样拘束力的国际法一部分;兹宣告:
>
> 各缔约国如果不是禁止这种使用的条约的参加国,应接受这项禁令,并同意将这项禁令扩大到不得使用细菌方法作战,以及同意根据本宣言的条款,在缔约国之间相互约束……①

《日内瓦议定书》极大地限制了生物武器的发展,许多国家因此停止或削减了生物武器研究的规模。但是它的协议范围仍有限度。首先,它仅适用于签约国之间的冲突,这意味着它对非签约国以及国内冲突没有约束力;其次,它也没有禁止签约国拥有生物武器。许多国家在议定书的基础上增加了保留条款,声称如果受到化学或生物制剂的攻击,他们仍然有权实施报复,这使得议定书变成了一项"不首先使用生物武器"的协议。② 一战结束后,整个世界仍处于动荡之中,加之受他国研发生物武器的情报与传闻带来的恐慌气氛,尽管有《日内瓦议定书》的约束,各国仍然没有停止生物武器的研发工作,以应对未来可能的生物战争浪潮。"整个 30 年代,日内瓦条约的其他加盟国也无视该条约的规定,从事细菌战的研究。在此期间,苏联开展了细菌战的研究;英国也在位于索尔兹伯里平原魅力的乡村地区波顿镇进行了相当程度的研究;法国曾在巴黎郊外拥有一个很大的细菌战研究设施;尽管希特勒很讨厌细菌战,德国也在他的统治之下进行了细菌战研究,用囚

---

① 中华人民共和国国防部:http://www.mod.gov.cn/policy/2009 - 07/13/content_3098632.htm,下载日期不详。

② Seth Carus, A Short History of Biological Warfare(Washington:National Defense University Press,2017),p.14.

禁在强制收容所里的人做病原体人体实验。此外,二次世界大战以前,加拿大、比利时、荷兰等国也曾雇佣了'科学家'从事细菌战研究,还有波兰、意大利等其他欧洲小国。"[1]这些研究计划贯穿了整个第二次世界大战,但只有少数国家真正实施了生物战。

　　由于认为生物武器的实用性不强,美国一开始在生物武器的研发上处于落后地位。在盟军英国与国内军事机构的双重压力下,1942 年 11 月罗斯福总统正式批准生物武器的研究计划。1943 年美军在马里兰州的底特里克营建立生物武器研究基地,开始进行生物武器的研发。[2] 促使美国着手生物武器研发的主要原因在于对德国军事力量的戒备。德国在一战使用生物武器的历史以及一战后的种种秘密研发生物武器的传闻,使得美国认为有必要为对抗德国的生物战攻击而展开生物武器的研究。在底特里克营展开的研究首先聚焦于有攻击性的病原体,之后还进行了有关防御性细菌战的研究。[3] 第二次世界大战期间对生物武器最为狂热的国家当属军国主义日本。本章的二、三节将详细叙述日军侵华战争中的细菌战暴行。

　　第二次世界大战结束后,世界进入美苏争霸的政治格局。美国为了在生物武器研究方面取得优势,藉由占领日本之便,派专家调查日军细菌战的有关情况,在对日军战犯进行了多次审问之后,美国以撤销日军细菌部队负责人战争罪的指控为条件,换取了日军在二战期间有关生物武器试验的详细资料。[4] 尽管部分美国科学家认为这些资料很有价值,但是现在的主流观点认为它对美国的生物战研究项目没有真正的帮助。二战结束不久,美国军方开始着手进行一系列生物武器的试验,然而这些试验并不总是顺利的,基于对病菌的无知,不少试验造成了非常恶劣的影响。举例而言,1950 年,美军实施了所谓的"喷海行动"。一艘海军战舰停靠在旧金山港口,将含有

---

① [美]S. H. 哈里斯:《死亡工厂——美国掩盖的日本细菌战犯罪》,王选等译,上海:上海人民出版社 2000 年版,第 257 页。

② 陈致远:《日本侵华细菌战》,北京:中国社会科学出版社 2014 年版,第 9 页。

③ [美]S. H. 哈里斯:《死亡工厂》,第 256 页。

④ 周丽艳:《二战后美日庇护和掩盖日本细菌战罪行之剖析》,《学海》2012 年第 1 期。

球芽孢杆菌与粘质沙雷菌的水雾喷向旧金山市,研究人员借此进行观测试验。随风飘荡的病菌导致了旧金山市民的大面积感染,原本以为安全的非致病性病菌造成了 11 人住院、1 人死亡的结果。① 尽管发生了不少类似的事故,但是美国的生物武器研究计划却没有因此停止,反而变本加厉。在"112 项目"②的推动下,诸如此类的试验在美国本土频繁进行。直到 1969 年,尼克松总统在综合考量了国内日益高涨的反对呼声以及生物武器技术扩散的危险后果后,才下令停止生物武器的研发。

除了美国以外,包括苏联、伊朗、加拿大、南非在内的许多国家都曾进行过生物武器的研发工作。正是意识到了这种武器潜在的危害性,1972 年,在联合国的组织下,几十个国家共同协商签订《禁止发展、生产和储存并销毁细菌(生物)和毒素武器公约》(简称《禁止生物武器公约》)。这项公约在《日内瓦协定书》的基础上更进一步,从禁止扩大生物武器的规模发展为禁止发展、生产和储存生物武器,并要求各国着手销毁现有的生物武器。③ 对生物武器进行限制已经成为世界各国的共识。

二、侵华日军的细菌战计划

第一次世界大战之后,日本国内的社会环境日趋动荡,极端分子逐渐占据政治舞台的中央,日本渐渐走向军国主义道路。1927 年,田中义一担任日本首相,作为一名大陆扩张主义者,在任内推动"对华积极政策",试图实现征服中国进而称霸世界的野心。同年 6 月 27 日,"东方会议"在东京召开,该会议制定了《对华政策纲领》,要旨就是策划对中国的侵略战争。1929 年,中国公开了一份被称为"田中奏折"的文件,据称它就是"东方会议"中起草的

---

① The US has a history of testing biological weapons on the publice-were infected ticks used too? https：//theconversation. com/the-us-has-a-history-of-testing-biological-weapons-on-the-public-were-infected-ticks-used-too-120638,2019 年 7 月 22 日。

② "112"项目是美国国防部在 1962 年至 1973 年期间进行的一项生物和化学武器试验项目,主要涉及使用气溶胶来传播的生物和化学制剂,项目期间美军至少进行了 50 次生物武器试验。

③ 陈致远:《日本侵华细菌战》,北京:中国社会科学出版社 2014 年版,第 13 页。

详述日本征服计划的蓝图,中国将其翻译并发表出来,受到了极大的关注。[1]
这份奏折提到:"惟欲征服支那,必先征服满蒙;如欲征服世界,必先征服支
那。……以支那之富源而作征服印度及南洋各岛以及中、小亚细亚及欧罗
巴之用。"[2]尽管日本矢口否认这份文件的存在,但是后来日军的侵略行动证
明日本的确是按照这份文件行事。以田中义一上台为序幕,日本对华政策
日趋强硬,最终走向了发动侵略战争的道路。[3] 正是在侵华战争期间,日本
建立了一支规模庞大的细菌战部队,以非人道的方式研发和使用细菌武器,
其规模和残忍在人类历史上也属罕见。

(一)石井四郎的细菌战计划

由于国土面积狭小,人口数量少,而且缺乏制造现代武器必备的矿产资
源,为了应对侵华战争这样规模庞大的战争活动,日本在制度上实行"总力
战体制",动员国家的一切力量从事战争活动。与此同时,日本也在积极寻
找强力的武器以在资源条件落后的情况下支撑其侵略野心。[4] 在这样的背
景下,价格低廉、威力巨大的细菌武器进入了日军的视线,而在这背后积极
推动日军细菌战略的关键人物是石井四郎。

石井四郎 1892 年出生于千叶县千代田村加茂地区,其家庭是当地富有
的大地主。石井少时就读于千叶中学,从青年时代起,他便有着一股对国家
和天皇的狂热忠诚,在年轻时立志于进入军队为国效力。出于对医学的兴
趣,他决定成为一名帝国陆军军医。1916 年,石井考入京都帝国大学医学
部,1920 年加入军队担任军医。1924 年,他以军方委托研究生身份进入京
都帝国大学研究生院,学习和研究细菌学、血清学、病理学、预防医学。[5] 一
次偶然的机会,石井接触到日内瓦会议有关西方国家开发细菌武器的报告

① [美]A. 戈登:《现代日本史:从德川时代到 21 世纪》,李朝津译,北京:中信出版社 2017 年版。

② 陈致远:《日本侵华细菌战》,北京:中国社会科学出版社 2014 年版,第 18 页。

③ 吕万和:《简明日本近代史》,天津:天津人民出版社 1984 年版,第 269 页。

④ 陈致远:《日本侵华细菌战》,第 17—20 页。

⑤ [美]S. H. 哈里斯:《死亡工厂——美国掩盖的日本细菌战犯罪》,王选等译,上海:上海人民出版社
　 2000 年版,第 40 页。

书,见识到了细菌武器的巨大威力和广泛前景,燃起了对研究的浓厚兴趣,并且成为日本细菌战战略的积极鼓吹者。① 1928 年,石井四郎被军方派往欧洲进行细菌战海外考察,他以访问交流军事医学为名,先后到新加坡、锡兰、埃及、希腊、土耳其等 25 个国家和地区进行考察,刺探世界各国细菌武器的有关情报。1930 年石井考察结束返回日本,出任东京陆军军医学校教官,晋升军医少佐,开始向陆军中央鼓吹其细菌战理论。②

根据陈致远在《日本侵华细菌战》中的总结,"石井细菌战游说内容主要有以下几点:一,在海外考察发现各强大国家都在研究细菌战,日本若不积极准备,将来一旦发生战争,必定会遭遇到严重的挫败;二,日本没有充分的五金矿藏及他种制造武器所必需的原料,所以日本务必寻求新式武器,而细菌武器便是其中之一种;三,钢铁制成的炮弹其杀伤力是有限的,细菌武器的杀伤范围更为广大,可重复传染保持长久杀伤力,只伤害人畜而不破坏物质,从战略意义来看细菌武器乃是一种极为有利的进攻武器"③。他的积极游说为他争取到了小泉亲彦、永田铁山等军队头目的支持。1932 年,石井四郎终于说服日本军方实行细菌战计划,在军方支持下,他在东京陆军军医学校的地下室建立了"防疫研究室"④,正式开始细菌战的相关研究。当时的成员有二等军医正防疫研究室教官梶塚隆二、三等军医正防疫研究室部员兼军医学校附石井四郎本人、一等军医北川正隆、渡边廉、增田知贞、北條园了、白川初太郎。⑤ 1933 年,小泉亲彦任军医学校校长一职。得益于小泉的支持,石井四郎的防疫研究室规模大大增加,研究室的成员增至 43 人。此后,这里集中了大批日本的医学专家,成为日本细菌战计划的国内大本营。⑥

---

① [美]S. H. 哈里斯:《死亡工厂——美国掩盖的日本细菌战犯罪》,王选等译,上海:上海人民出版社
2000 年版,第 43—44 页。

② 陈致远:《日本侵华细菌战》,北京:中国社会科学出版社 2014 年版,第 22 页。

③ 陈致远:《日本侵华细菌战》,第 22—23 页。

④ 王玉芹:《侵华日军七三一部队在中国的罪行研究》,《日本侵华史研究》2017 年第 3 卷。

⑤ [日]奈须重雄:《日军细菌部队的建立及对华细菌战》,谢彩虹译,《军事历史研究》2015 年第 1 期。

⑥ 陈致远:《日本侵华细菌战》,北京:中国社会科学出版社 2014 年版,第 26 页。

　　石井四郎认为，细菌战的研究可以分为"A 研究"与"B 研究"，前者着力于攻击性细菌武器的研究开发，后者则关注防疫方面的研究。[①] 早在 1930 年石井四郎就在东京秘密进行人体实验，但是他很快发现东京并不是从事这类实验的理想场所。因此他认为，"A 研究"须在国外进行，一方面可以转移风险，另一方面能够获得充足的活体实验材料。

　　1931 年日本关东军发动九一八事变，炸毁南满铁路在沈阳以北的一个路段，声称是中国军队所为。以此为借口，关东军全面进攻东北，同年 12 月底，占领了南满大部分地区[②]，尔后在此地建立了伪满洲国。伪满洲国的成立，为石井四郎在海外进行细菌战研究提供了理想的条件。1932 年 8 月，藉由调查满洲霍乱流行的机会，石井率领一批防疫研究室的人员组成"满洲霍乱调查班"对"满洲"进行了全面的考察，选择合适的细菌战研发基地的建造场所。最终，石井选择在今黑龙江省五常县背荫河镇建立细菌战研究基地。这是日军在中国设立的第一个细菌战研究基地。为了建设该基地，日军将背荫河方圆 500 米的地方用 3 米高的围墙围了起来，并在墙顶上设电网，围墙的四角设置了装有探照灯的监视塔，以保证背荫河细菌战研究基地的隐秘性。日军迫使中国劳工在此建立了一百多栋砖瓦房，这些砖瓦房被当地居民称为"中马城"[③]。1933 年 8 月，石井四郎又在哈尔滨南岗区宣化街和文庙街中间地带的日军陆军医院南院设立了细菌研究所，作为背荫河细菌战研究基地的本部，两者共同构成"关东军防疫班"[④]。背荫河细菌研究基地将重点放在了炭疽、鼻疽和鼠疫三种传染性病菌的研究上，同时也协助日本军方进行冻伤的相关研究。1934 年，考虑到背荫河细菌研究基地发生的监狱暴动及弹武库爆炸事件，石井四郎感到此处已不适合继续从事细菌战的相关研究，于是便关闭了基地。他宣称在背荫河从事的细菌实验取得了显著

① ［美］S. H. 哈里斯：《死亡工厂——美国掩盖的日本细菌战犯罪》，王选等译，上海：上海人民出版社 2000 年版，第 48 页。

② ［美］A. 戈登：《现代日本史：从德川时代到 21 世纪》，李朝津译，北京：中信出版社 2017 年版。

③ ［美］S. H. 哈里斯：《死亡工厂》，第 56—57 页。

④ 陈致远：《日本侵华细菌战》，第 27 页。

的成功,并着手展开规模更为庞大的细菌战研究计划。①

(二)侵华日军七三一部队

在废弃背荫河细菌战研究基地后,石井四郎开始在哈尔滨建立新的细菌战部队,这就是后来臭名昭著的七三一部队。1936 年,裕仁天皇下令建立七三一部队,由军医大佐石井四郎担任队长。根据《伯力审判档案:日军细菌战罪行披露》一书的记载:

在 1935 年至 1936 年间,已有日本参谋本部和陆军省按照天皇裕仁诸次密令在满洲境内成立有两个用来准备和进行细菌战的极端秘密部队活动。为保守秘密起见,就将其中一个以石井实验所为基础建立的部队命名为"关东军防疫给水部";另一个部队则叫作"关东军兽疫预防部"。1941 年,当希特勒德国开始进犯苏联后,这两个机关就用番号秘密称为"第七三一部队"和"第一〇〇部队"。第七三一部队由上述石井四郎领导。第一〇〇部队由兽医少将若松主持。至于这两支部队的目的,山田乙三在供词中提到"……第七三一部队成立的目的是准备细菌战,主要是反对苏联,同时也反对蒙古人民共和国和中国。……第一〇〇部队的活动,就是制造供细菌战用的细菌武器"。此外,第一〇〇部队"还负责进行军事破坏活动,即用病菌去传染牧场、牲畜和蓄水池"②。

可见,此时日军的细菌战部队的建设已经开始进入成熟阶段。

1935 年,关东军在平房北侧黄家窝堡一带圈占约 6 平方公里的土地,作为七三一部队的新基地,称为"平房基地"。相比较背荫河时期,七三一部队的编制更为成熟。七三一部队共设有八部,其中只有第三部经管给水和防疫事宜,其余各部皆在进行细菌战的研究工作。伯力审判的预审材料显示:

---

① [美]S. H. 哈里斯:《死亡工厂——美国掩盖的日本细菌战犯罪》,王选等译,上海:上海人民出版社 2000 年版,第 65 页。

② 张树军、李忠杰:《伯力审判档案:日军细菌战罪行披露》,北京:中共党史出版社 2016 年版。

第一部专为进行细菌战来研究和培养鼠疫菌、霍乱菌、坏疽菌、炭疽热菌、伤寒菌、副伤寒菌及其他病菌，以便在细菌战中加以使用。

……

第二部，即所谓实验部，负责在打靶场条件下以及在战斗环境内试验细菌武器。第二部管辖有一个特别航空队，其中飞机上都有仪器装备，并管辖有设立在安达站附近的一个打靶场。该部下面设有一个分部来专门培育与繁殖供散布鼠疫用的寄生虫。第二部专门制造散布细菌的特种武器：自来水笔式和手杖式投掷器、瓷质飞机弹等。

……

为了大量培制足供细菌战需用的细菌，第七三一部队内设有一个生产部（第四部）。该部具有强大仪器装备，分为两个分部，每一分部都能独立生产细菌。①

第一部到第四部是细菌战研究的核心部门，此外还有几个部门辅助其进行细菌战研究的工作。"第五部负责七三一部队新队员的教育培训，这项任务责任重大，因为除了一部分以外，部队队员时常是按例定期从日本本土调防到平房或各研究支队的，在这里受培训的医学学生才十五六岁。第六部即总务部，负责平房设施的事物。第七部即资材部，主要制造细菌炸弹，另外也负责准备和保管材料，包括制造病原菌必不可少的琼脂。第八部即诊疗部，负责七三一部队队员的一般疾病的治疗。"②

为了准备对苏作战，七三一部队还在苏满边境设有孙吴支队、海拉尔支队、牡丹江支队与位于大连的满铁卫生研究所，与七三一部队共同形成一套完整的细菌战作战体系。③ 1936 年七三一部队的定员名额还不到 1000 人，但是到了 1940 年改编为防疫给水部后，该部队人员名额便增至 2000 人，而

---

① 拂洋：《伯力审判：12 名前日本细菌战犯的自供词》，长春：吉林人民出版社 1997 年版。

② ［美］S. H. 哈里斯：《死亡工厂——美国掩盖的日本细菌战犯罪》，王选等译，上海：上海人民出版社 2000 年版，第 100 页。

③ 王玉芹：《侵华日军七三一部队在中国的罪行研究》，《日本侵华史研究》2017 年第 3 卷。

这还只是平房基地的人员数量。苏满边境的每个支队成员达 300 人，如果将此算上，整个七三一部队的人员规模达到了 3000 人左右。①

　　如此庞大的规模使得七三一部队有着很强的研究和生产能力。根据美国在战后对日军细菌战的调查研究，七三一部队主要研究了包括伤寒、副伤寒、痢疾、霍乱、鼠疫、百日咳、流行性脑脊髓膜炎、气性坏疽、破伤风、白喉、猩红热在内的 21 种细菌战剂。② 经过长期的研究，七三一部队认为，适用于战争的细菌战剂主要有炭疽（认为该战剂主要对牲畜有效）和鼠疫跳蚤两种。③ 根据伯力审判的战犯供述，鼠疫跳蚤的生产过程如下："为大批繁殖跳蚤起见，第二部建设有四处专门的房舍，这种房舍内经常保持着摄氏表零上 30 度的温度。用来繁殖鼠疫跳蚤的，是些高 30 公分宽 50 公分的铁盒子。这种盒子内撒有一层米壳来保养跳蚤。当这种准备工作完结后，先把几只跳蚤放进盒子里，并同时放进一只白天鼠供跳蚤滋养，白天鼠被紧紧夹住，不能伤害跳蚤。盒子内经常保持着摄氏表零上 30 度的温度。"④ 为了满足战争需要，七三一部队配备有庞大的生产设备，其生产细菌武器的能力十分可观，若开足马力进行生产，其产能可以在理论上达到每月培养 800 至 900 公斤净伤寒菌、副伤寒菌或痢疾菌，或 1000 公斤霍乱菌的程度。⑤

　　七三一部队作为日军细菌战部队的核心，在细菌作战计划中起着无可匹敌的重要作用。它不仅是日军中人员编制最大、装备最精良、生产能力最顶尖的一支细菌战部队，而且由它领导进行的各项研究极大影响了日军的整个细菌作战计划。此外，七三一部队建设的成功经验后来也广泛应用于其他地区的细菌战部队的建设。以七三一部队为支点，日军逐渐建立起了一支覆盖中国大部分地区的细菌战部队，形成了一套成熟的细菌作战体系。

---

① 陈致远:《日本侵华细菌战》,北京:中国社会科学出版社 2014 年版,第 47 页。

② 宫文婧:《七三一部队对细菌战剂的研究、实验与选择——基于美国解密档案的调查》,《北方文物》2014 年第 3 期。

③④ 马学博、金英东:《侵华日军的细菌战剂——印鼠客蚤》,《中华医史杂志》2014 年第 3 期。

⑤ 刘扬:《侵华日军 100 部队与 731 部队关系初探》,《学理论》2019 年第 5 期。

（三）日军在中国其他地区的细菌战部队

除了七三一部队外，日军还在中国建设了多个细菌战部队。与七三一部队几乎同时建立的有第一〇〇部队，负责从事动物细菌作战的研究。七七事变后，日军又相继组建了华北派遣军防疫给水细菌战部队〔代号"北支"（甲）第一八五五部队〕、华中派遣军防疫给水细菌战部队（代号"荣"字第一六四四部队）、华南派遣军防疫给水细菌战部队（代号"波"字第八六〇四部队），并在中国60多个城市设置了细菌战的支部、办事处或分遣队，形成了一个庞大而系统的细菌作战体系。① 日军几乎每占领一块中国的领土，便会建立一支能够辐射当地的细菌战部队。作为日军细菌作战的重要环节，这些部队发挥了重要的作用。

1. 长春第一〇〇部队

九一八事变后，日军为了满足其战争需要，从日本本土征调了大量军马，然而这些日本军马无法适应东北的环境，深受鼻疽、炭疽等传染病之困，使得许多军马遭受感染而不得不被捕杀。② 为了改变这种状况，1931年11月，日军建立了作为第一〇〇部队前身的"关东军临时病马收容所"，其成立初衷是进行马疫防治的工作，但是在从事野外检疫工作的同时，这支部队就在有意收集各地流行的病菌，为日后的细菌战研究做准备。1933年4月，关东军指示病马收容所着手进行家畜方面的细菌战研究。1936年，裕仁天皇发布敕令建立"关东军马防疫厂"。这支部队表面上宣称从事的是与动物疾病相关的研究工作，但事实上秘密进行着动物细菌战的相关研究。③ 这支部队由若松有次郎少佐率领，因此又被称为"若松部队"，后因保守军事秘密的需要，代号为"一〇〇部队"。

第一〇〇部队驻扎于长春市西南十多公里的孟家屯一带，其营区占据

---

① 谢忠厚：《日本侵华细菌战研究报告》，北京：中共党史出版社2016年版。
② 赵士见：《侵华日军第100部队细菌战准备过程探析》，《日本侵华南京大屠杀研究》，2019年第2期。
③ ［美］S. H. 哈里斯：《死亡工厂——美国掩盖的日本细菌战犯罪》，王选等译，上海：上海人民出版社2000年版，第144页。

了约 20 平方公里面积的土地。作为专以消灭和毁坏各种牲畜和农作物为目的的"牲畜及农作物细菌战部队",第一〇〇部队的基地大部分土地被划定为实验农场,用来进行各种植物病菌的实验。① 第一〇〇部队聚集了一批日本陆军兽医、军医,涵盖了生物、植物、细菌、微生物、解剖、工程、化学、药物、农艺学等各方面的专家,其人员编制在 600—800 人左右。整个部队被分为总务部、教育部以及四个研究部门:第一部主要负责关东军军马的防疫研究工作;第二部主要进行细菌战的研究工作,分为 5 个分部,分别是细菌分部(第一分部)、病理学分部(第二分部)、用于实验动物管理的第三分部、有机化学分部(第四分部)与植物学分部(第五分部)。后来设立了同名称的细菌分部(第六分部),专门用于研究对家畜使用的细菌武器。② 第三部负责制造血清;第四部负责资材补给;教育部负责训练使用细菌武器和烈性毒药。③

除了长春的本部外,第一〇〇部队还在大连、拉古、佳木斯、克山、东安、鸡宁、东宁、海拉尔、四平等地配有专业人员,作为日军的"兽疫部队"参加战争。④

第一〇〇部队的细菌生产规模巨大,其细菌生产设备主要用于炭疽、鼻疽、鼠疫和马鼻疽四种病菌。据称在 1941 至 1942 这一年,各个实验室就生产了约 1000 公斤炭疽菌、500 多公斤鼻疽菌和 100 公斤锈菌。⑤

2. 华北"甲"一八五五部队

全面侵华战争开始后,日军为了达成迅速征服中国的目的,感到仅靠东北地区的细菌战部队已无法满足其细菌作战的需要,因此当七七事变日军占领北平后,在北平天坛西门南侧前国民党中央防疫处旧址设立了"甲"字第一八五五细菌战部队,后来又将其扩建至北平国立图书馆西侧的"静生生物与社会调查所"与"协和医院"两处地方。⑥ 第一八五五部队设有"一部三

① [美]S. H. 哈里斯:《死亡工厂——美国掩盖的日本细菌战犯罪》,王选等译,上海:上海人民出版社 2000 年版,第 147 页。
② 王文锋:《日本关东军第一〇〇部队研究》,《日本侵华史研究》2017 年第 4 期。
③ 陈致远:《侵华日军 100 部队研究》,《军事历史研究》2017 年第 2 期。
④ 陈致远:《日本侵华细菌战》,北京:中国社会科学出版社 2014 年版,第 165 页。
⑤ [美]S. H. 哈里斯:《死亡工厂》,第 147 页。
⑥ 谢忠厚:《华北甲第一八五五细菌战部队之研究》,《抗日战争研究》2002 年第 1 期。

课",总务部位于先农坛的庆成宫大殿里,统筹本部及华北各支部事务;第一课(卫生检验科)位于协和医院,主要负责防疫给水方面的研究工作;第二课(细菌生产科)位于天坛原中央防疫处,是从事细菌生产的车间,拥有大规模的生产细菌武器的设备和能力;第三课(细菌武器研究所)位于静生生物与社会调查所,负责生产细菌武器。①

　　一八五五部队本部一方面负责华北日军的防疫给水,另一方面进行细菌武器的研究和生产,并指挥日军在华北地区的细菌作战。② 为了更具效率地实施细菌作战计划,一八五五部队曾在天津、塘沽、石门、太原、运城、济南、青岛、张家口、包头、郑州、开封、新乡、郾城、徐州、保定、大同设立过支部,总编制规模大约有 1000 人。③

　　3. 华中"荣"一六四四部队

　　在华中地区,日本建立了"荣"第一六四四部队。根据陈致远在《日本侵华细菌战》一书的研究,"1937 年'七七事变'后,在日军华中派遣军进攻我上海、南京、武汉等广大地区的时候,石井四郎的七三一部队也跟随各部日军在华中活动,以保障日军的防疫给水等需求。1938 年日军在南京和汉口成立了临时的防疫给水部。当 1939 年中日战争进入相持阶段,日军陆军统帅部遂批准正式建立华中地区的细菌战部队,于是命令'哈尔滨的七三一部队将其一部分人才、器材运到南京'而建立起这一支特别部队"。一六四四部队是日军继七三一部队、一八五五部队后在中国境内组建的又一支对人细菌作战部队,其设立得到了七三一部队的大力支持。一六四四部队的首任队长由石井四郎兼任,随后的几任分别是增田知贞、太田澄、佐藤俊二、近野寿男、山崎新。④ 一六四四部队由"一部四科"组成,分别是总务部、防疫科、材务科、理化学科以及经理科。

---

① 陈致远:《日本侵华细菌战》,北京:中国社会科学出版社 2014 年版,第 188 页。

② 谢忠厚:《日军在华第二个细菌战基地——"北支"(甲)1855 部队》,《军事历史研究》2017 年第 2 期。

③ 陈致远:《日本侵华细菌战》,第 194—196 页。

④ [日]原文夫:《日军荣字 1644 部队在南京设立的细菌工厂之考证》,芦鹏译,《南京大屠杀史研究》 2011 年第 2 期。

该部队确实生产下列细菌,但在部队内对一般士兵也是秘密,(只有)直接有关的军官了解。昭和 17 年 6 月制造下列细菌是事实:1. 霍乱,2. 伤寒,3. 鼠疫,4. 赤痢。①

除了细菌研究外,一六四四部队还从事了对诸如狂犬病、牙槽脓漏等病菌以及蝮蛇、蜈蚣、蝎子等含毒生物的研究。② 一六四四部队总共有 12 个支队,分别设立在上海、苏州、杭州、芜湖、安庆、金华、武昌、汉口、九江、岳阳、当阳、沙市,总编制规模大约 1200 人。③

4. 华南"波"第八六〇四部队

在华南地区,日军建立了"波"第八六〇四部队。根据槽川良谷发现的《南支那派遣军波字第八六〇四部队战友名簿》记载,八六〇四部队创建历史如下:

部队创建于昭和 13 年(1938 年)9 月 7 日,当时称为第 21 野战防疫部……约有 150 人,组建于大阪市。同年 10 月 12 日在华南"白耶士湾"(广州大亚湾)与友军一起……登陆。同年 10 月 31 日下午 3 时 30 分进入广州城,在中山大学医学院设置本部,作为华南派遣军司令部的直辖部队。(此后)兵力逐步增强,开始执行命令,部队改名为波字第 8604 部队。④

第八六〇四部队的本部位于广州中山大学医院,此外还在广州北郊江村的原国民党第四路军野战医院和军医院旧址驻扎了约三年。除了广州本部外,第八六〇四部队还在徐州、福建、广西、香港等地设立支部。第八六〇四部队主要进行防疫、病原检验、验水、消毒检诊、净水作业等工作。该部设

① 中央档案馆等:《细菌战与毒气战——日本帝国主义侵华档案资料选编》,中华书局 1998 年版,第 235—237 页。
② [日]原文夫:《日军荣字 1644 部队在南京设立的细菌工厂之考证》,芦鹏译,《南京大屠杀史研究》2011 年第 2 期。
③ 陈致远:《日本侵华细菌战》,北京:中国社会科学出版社 2014 年版,第 237 页。
④ 柳毅、曹卫平:《侵华日军"波"字 8604 部队的几个问题》,《军事历史研究》2017 年第 2 期。

有六课,分别是总务课、细菌研究课、防疫给水课、传染病治疗课、鼠疫培养和病体解剖课。① 本部人员编制为 665 人,旗下有 6 个支部,每个支部人员规模在 225 人,分别驻扎在南宁、钦县、广州和佛山。

七三一部队、一〇〇部队、一六四四部队、一八五五部队与八六〇四部队共同构成了日军在华的细菌战部队体系。在整个日军细菌战体系中,大本营和陆军中央是统领细菌战部队的最高机关,东京陆军军医学校负责为海外部队提供专业人才和专业技术,七三一部队在人员和技术上对其他部队存在援助、支持和指导关系,各大细菌战部队配属各个方面军进行细菌战,隶属各方面军司令部领导。② 正是在这样有系统的组织下,日军展开了其规模庞大的细菌作战。

三、侵华日军的细菌战暴行

日军自 1932 年在中国领土设立背荫河细菌战研究基地以来,直到 1945 年投降,在这期间不间断地研究、使用细菌武器,给中国人民带来了深重的灾难。为了使细菌武器能够达到对人体最致命的杀伤效果,日军细菌战部队做了大量惨绝人寰的活体实验,根据实验结果制作出来的细菌武器被日军广泛地运用在对华战争之中。由于细菌武器无差别攻击的特性,它不仅对军队造成了巨大的杀伤,而且造成了大量无辜平民的伤亡。细菌武器的危害能够持续很长时间,因此直到战争结束后的几十年,它仍在危害着中国人民的生活。

(一)细菌战部队的活体实验

为了加快细菌武器的研发,日军细菌战部队进行了非人道的活体实验,以更直观地取得相关研发数据。早在 1930 年,石井四郎就在东京展开了小规模的活体实验,但他很快意识到从事这类实验更理想的场地是在"满洲"。当石井在背荫河建立第一支细菌战部队时,他就开始了颇具规模的活体实

---

① 廖文:《"井上睦雄证言"与侵华日军波字第 8604 部队的生化战罪恶》,《武陵学刊》2013 年第 3 期。
② 柳毅、曹卫平:《侵华日军"波"字 8604 部队的几个问题》,《军事历史研究》2017 年第 2 期。

验研究。当时,用来进行活体实验的对象是关东军抓捕的"反日分子""苏谍""马贼""囚犯"等。当这些人不足以满足实验需求时,日军便使用"劳工"或在街上随意捕获"无业游民"进行活体实验。①

　　七三一部队在哈尔滨正式建成后,进行的活体实验数量成倍增加,这也催生了更多的对活人实验体的需求。为了满足细菌战部队的实验需求,关东军司令部于1938年炮制了"特殊输送"制度,以制度性的方式保证细菌战部队的活人实验体供应。②"特殊输送"制度的对象主要有"亲苏反日"的间谍,共产党及其地下抗日工作者和游击队,国民党军战俘及情报人员,华北、华中战场被俘的抗日官兵、一般犯人与无业游民。③

　　日军用"马路达"(即材料的意思)指称这些被"特殊输送"往细菌战部队的人,七三一部队也称他们为"圆木"。这些人一经送往细菌战研究基地,便被剥夺了姓名、身份和人性,被视为随用随弃的实验材料。他们被编号送往各个试验室囚禁起来。这些人被扒光衣服关在笼子里,等待着进行活体实验。"马路达"在尚未进行实验时,日军为他们供应良好的伙食,给予充足的睡眠,这当然不是出于仁慈的善举,而是为了获得完善的"实验条件"所必须的准备,因为如果这些人变得体弱多病,那么会影响实验的准确性。④ 日军细菌部队的活体实验可分为两类,一类主要为获取各种人体与细菌研究的病理数据,另一类主要为开发细菌武器而进行的杀伤性实验。

　　活体实验几乎囊括了所有可能的病菌传播和感染的方式。为了确定合适的病菌传播方式,日军强迫"马路达"吃下带有各种不同病菌的食物,或者给他们注射不同剂量的病菌以观察试验结果。一些罪犯的供词详细叙述了此类实验的过程。

---

① 陈致远:《日本侵华细菌战》,北京:中国社会科学出版社2014年版,第54页。
② 卞修跃:《侵华日军731细菌部队与"特殊输送"制度》,北京:《中国社会科学院近代史研究所青年学术论坛》2002年卷。
③ 陈致远:《日本侵华细菌战》,第62—65页。
④〔日〕森村诚一:《恶魔的饱食:日本731细菌战部队揭秘》,骆为龙、陈耐轩译,北京:学苑出版社2008年版。

在七三一部队监狱里关押着中国人、苏联人、朝鲜人,这些人被用来进行细菌试验。试验有两种方法,一种是往嘴里灌细菌,一种是皮下注射。试验时把人绑上,将细菌混入水中从嘴灌进去。我们队每天用10至20人进行试验。用灌的方法有400多人,进行皮下注射的有250多人。①

如果受到病菌传染的人痊愈了的话,那么等待他的将是又一次试验,直到因病死去为止。此外,日军也会将他们全身裸露关在笼子里,任鼠疫跳蚤对其进行侵袭,确认感染之后再对他们进行抽血,检测病理结果。

原"荣"字第一六四四部队看守松元溥曾叙述这一过程:

这些人关入笼子的第二三天后,就开始注射生菌,军医来注射,可能有霍乱、鼠疫、破伤风、瓦斯坏疽什么的,有时拿来装在试管里的鼠疫跳蚤,放在"马路达"的肚子上,让它们吸血。……给"马路达"注射生菌后,每天要测体温,观察饮食,分别记录和报告。……当然,这些人总会一天天衰弱下去,根据菌种的不同,进行三四个月的观察,军官或军医判断生菌已经在"马路达"体内发生作用后,就实行采血,把他们最后的一滴血也吸干。②

有些被感染的"马路达"会被送去"活体解剖",其目的在于观察细菌对活的病体的侵袭情况。原七三一部队的赤泽回忆了他进行活体解剖的经过:

初次解剖,我拿起手术刀从"马路达"喉部直割下来,划过肚脐,特别到下部一口气割到睾丸时,紧张得直流汗。切掉肋骨,所有的脏器都拿出来摆着,记录人员把哪儿出血、哪儿肿胀都作出详细而准确的记录。……我解剖主要是使用了停止呼吸但体温尚存的"马路达"。……我也做过"活体解剖",他们给实验后的"马路达"嗅三氯甲烷麻醉剂,或

---

① 外国文书籍出版局:《前日本陆军军人因准备和使用细菌武器被控案审判材料》(中文本),莫斯科:外国文书籍出版局1950年版,第382页。

② 经盛鸿、经姗姗:《侵华日军在南京的秘密生化武器研制及战争实施》,《日本侵华史研究》2016年第3卷。

者注射三氯甲烷麻醉剂,形成了重度昏迷状态或快要死亡时,就迫使你动刀。……这样,把"马路达"的腹腔打开一看,血色不变黑,脏器也都活鲜鲜的,心脏还在微微地颤动着……。①

除了细菌类的活体实验,细菌部队还进行了诸多非细菌类的活体实验,以满足不同的作战需求,主要有以下几方面的实验。

1. 人体冻伤实验

为了解决关东军在高寒地区作战的冻伤问题,七三一部队专门成立了"冻伤研究班"以对人的抗寒能力进行测试,分为室内冻伤试验与室外冻伤试验。古都良雄在供词中回忆了他目睹的冻伤实验:

> 人体冻伤实验每年在最寒冷的 11 月、12 月、1 月和 2 月,在部队内进行。实验方法如下。半夜 11 点左右,将受实验者领至严寒的户外,将两手置于冷水桶中,之后拿出,在严寒中长时间站立。或者将赤脚的受实验者领到户外,夜间最寒冷时站立。②

这样的冻伤实验给被试者造成了巨大的痛楚,仓原一悟回忆了他所看到的被试者的惨状:

> 我看到一条长凳上坐着 5 个受(冻伤)实验的中国人,其中有两个已完全脱掉了手指,他们的手掌是乌黑的,而其余三个人的手上则露出骨头。虽然他们还有手指,但剩下的只是指骨。③

2. 人体极限实验

细菌部队在"马路达"身上进行了许多惨无人道的试验,这些试验旨在观察人体在极限环境下的状态,与细菌作战并无直接关系,而且这些研究在科学上并无多少价值,因此被视为是细菌部队所进行的一种"半娱乐性质"

---

① 陈致远:《日本侵华细菌战》,北京:中国社会科学出版社 2014 年版,第 76 页。

② 外国文书籍出版局:《前日本陆军军人因准备和使用细菌武器被控案审判材料》(中文本),莫斯科:外国文书籍出版局 1950 年版,第 385 页。

③ 外国文书籍出版局:《前日本陆军军人因准备和使用细菌武器被控案审判材料》,第 396—397 页。

的实验,包括但不限于"只喝水的耐久试验""真空状态下的人体状态试验""静脉注射空气以观察窒息死亡状态的试验""饥饿试验""干燥试验""水烫试验"与"换血试验"等极端残酷且匪夷所思的实验项目。[①]

3. 非细菌类的杀人实验

除了进行与细菌武器研发有关的试验外,细菌战部队还与其他部队联合进行非细菌类的杀人试验。七三一部队就经常与日军的毒气部队进行合作,用"圆木"做各种毒气实验。在七三一部队平房基地的西北部,建有一个毒气实验场,那里经常进行毒气实验。被捆绑的"马路达"在密闭的房间内被喷射毒气,而日军的成员就在四周观察并记录下他们痛苦死去的过程。[②]他们还进行过电击试验,将不同年龄和体型的活人抓进实验室,给予不同伏特的电击。原七三一部队的远藤三郎在日记中记录道:"第二班负责进行电击试验,各用'土匪'两名,一个受验者受两万伏特电流数次击未死,后注射毒物杀死。另一位受验者经五千伏特电流数次未死,最后连续通电几分钟烧死。"[③]

此外,日军还进行了诸如"火焰喷射""射击测试""烟熏死人"等残酷的活体实验。

日军细菌部队在研制出了具有巨大杀伤力的细菌武器后,便在室外试验场所进行细菌武器攻击能力的实验,以观察实战效果。这些实验主要在"安达实验场"进行。七三一部队第四部分部长柄泽十三夫的供词叙述了这类实验过程:

> ……我两次到安达站打靶场那里,亲自参与过在野外条件下用活人来实验细菌的作用。第一次是1943年末,当时有10个人被押到打靶场上来,他们被绑在事先就埋在土里彼此相隔5米的柱子上。然后就在

---

① 王玉芹:《侵华日军七三一部队在中国的罪行研究》,《日本侵华史研究》2017年第3卷。陈致远:《日本侵华细菌战》,北京:中国社会科学出版社2014年版,第81—83页。

② 陈致远:《日本侵华细菌战》,第84页。

③ 刘庭华:《侵华日军使用化学、细菌武器杀害中国人民述略》,《日本侵华史研究》2015年第4卷。

距他们 50 米以外的地方,借电流爆发了一颗开花弹。结果有几个接受实验的人被弹片炸伤,立刻就受到了炭疽热的感染……

第二次我到打靶场上去参加实验,是在 1944 年春季。当时解来了 10 个人,也和第一次一样,把他们都绑在柱子上,然后在距受实验者约 10 米的地方,爆发了一颗装有鼠疫病菌的炸弹。①

几乎每一支细菌部队都曾有过使用活人进行试验的记录。从 1932 年开始至 1945 年战争结束的 13 年间,惨死于日军细菌部队试验之下的人不计其数。根据川岛清的供词,1940 至 1945 年间,仅在七三一部队的平房基地就至少有 3000 人因实验而死亡。② 根据原关东军宪兵队司令部高级副官、第三课课长吉房虎雄的证词,自 1937 年至 1945 年间经"特殊输送"至七三一部队的人员数量至少有 4000 人。③ 哈里斯认为,如果算上其他地区的细菌部队实验造成的死亡,那么可以保守估计日军侵华期间死于细菌部队实验的人数约在 1 万人左右,但是,如果算上这些细菌部队在村庄、城镇进行的实地投放试验,那么死亡人数更是无法估量的庞大数字。④ 根据谢忠厚的推算,在中国东北、华北、华中、华南地区大约有 4 万人死于日军细菌战部队的实验之下。⑤

(二) 日军在华的细菌作战

石井四郎所率领的七三一部队的实验研究得出了两种最具操作性的细菌战作战方式,第一种叫做"地面传染法",是由汉奸或间谍冒充当地人民,携带细菌战剂进入目标地区,将细菌武器投放在河流、井水、农田中,造成当

---

① 外国文书籍出版局:《前日本陆军军人因准备和使用细菌武器被控案审判材料》(中文本),莫斯科:外国文书籍出版局 1950 年版,第 18 页。

② 外国文书籍出版局:《前日本陆军军人因准备和使用细菌武器被控案审判材料》(中文本),第 21 页。

③ 陈致远:《日本侵华细菌战》,北京:中国社会科学出版社 2014 年版,第 86 页。

④ [美]S. H. 哈里斯:《死亡工厂——美国掩盖的日本细菌战犯罪》,王选等译,上海:上海人民出版社 2000 年版,第 117 页。

⑤ 谢忠厚:《日本侵华细菌战罪行调研报告》,北京:中共党史出版社 2010 年版,第 130—133 页。

地疫情流行;第二种叫"空中投放法",是通过飞机播撒带有致命病菌的疫蚤、麦粒、粟米、面粉、豆类、布块等材料,造成目标地区疫情的大面积流行。[①]当细菌战部队研究出了适用于实战的作战方案后,日军便立刻着手进行细菌战的实战部署。1939 年,日军细菌战部队首次参加实战。1940 至 1943 年,是日军进行细菌作战最为频繁的时期,这段时期日军在中国各地进行了数以百计的细菌战攻击,造成了大量中国平民伤亡。

1. 细菌部队的首次战役:诺门罕事件

1939 年,日军与苏蒙军在中蒙边境爆发了一场较大规模的战役,史称"诺门罕事件"。在这场战役中,日军首次派遣了细菌战部队进行细菌作战。战争开始后,关东军司令植田谦吉大将命令石井四郎制定参加诺门罕战争的作战方案,石井四郎抽调了当时七三一部队的一半人员组队参与此次战役,其中一部分被编成十几个防疫给水班分派到前线部队,另一部分组成"敢死队"准备对敌方实施细菌攻击。石井四郎拟定了三种作战方案:一是将装有感染炭疽菌弹丸的炮弹射向苏蒙军阵地,二是用飞机进行石井式土陶细菌炸弹的投放,三是派出一支部队深入敌区,往水源里投撒细菌和毒物。[②] 最终日军认为七三一部队的细菌作战适用于在日军失利撤退时实施。当年 7 月 11 日,日军在诺门罕战役中失利,于是七三一部队的"敢死队"秘密潜入哈拉哈河西岸实施细菌攻击。[③] 现在尚不清楚这次细菌作战是否对苏蒙军造成了实际的不利影响,但这次战败使日军高层意识到己方军事力量的不足,因而更为重视细菌武器的研发。

2. 1940 年的浙江细菌战

1940 年 6 月 5 日,日军参谋总部作战课荒尾兴功、支那派遣军参谋井本熊男、中支那防疫给水部长代理增田知贞,受命策划对浙江实施细菌战的作战计划。他们经过多次考察,确定了此次细菌战的攻击目标为浙江宁波、衢

① 经盛鸿、经姗姗:《侵华日军在南京的秘密生化武器研制及战争实施》,《日本侵华史研究》2016 年第 3 卷。
② 韩慧光:《实验与实战:七三一部队在诺门罕战争》,《日本侵华史研究》2015 年第 1 卷。
③ 陈致远:《日本侵华细菌战》,北京:中国社会科学出版社 2014 年版,第 96 页。

县、金华以及江西的玉山。① 此次细菌作战带有明显的实验性质,其目的在于进行大规模散播细菌方法的实验,并且测试不同病菌的实战效果。② 根据当时在南京任中国派遣军作战课主任参谋的井本熊男的工作日记记载,此次作战实施时间在当年 7 月中旬,由石井四郎负责指挥此次细菌作战,具体的攻击方式是以飞机雨下法在 4000 米以上的高空投掷跳蚤。③ 此次作战,日军在浙赣地区共进行了至少 8 次的细菌攻击,当时中国的防疫档案资料记载了此次细菌作战的一些情况:

> 民国 29 年(1940 年),10 月 4 日上午六时半,敌机一架侵入(衢县)市空,飞行极低速。警报解除后,在柴家巷罗汉井一带,发现大麦、芥麦、粟米及死蚤等颇多。
>
> ⋯⋯县城内罗汉井一带自 11 月 12 日以来,患急症死亡者 7—8 人⋯⋯至 18 日军政部第四防疫分队调查后,方悉衢县似有鼠疫发生⋯⋯均系柴家巷罗汉井及水亭街一带居民。其第一个病例为 8 岁女孩吴士英,系于 12 月 5 日发现,7 日死亡。总计此次衢县鼠疫发生,其流行期系 11 月 12 日至 12 月 5 日共 24 天,先后发现鼠疫患者 21 人,均死亡。④

与此同时,这次细菌作战在宁波造成了 34 天的鼠疫流行,染病 99 人,其中 97 人死亡。乍一看此次日军的细菌作战成效不大,但是投放的这些病菌在上述城市造成了长期性的鼠疫流行,并蔓延到周边地区,造成了大面积的人员感染。据相关资料统计,在衢州片区造成了 2000 多人的死亡,宁波片区有 1450 人死亡。根据日军的调查,此次细菌作战前后总共造成 10833 人死亡。⑤ 经此一役,日军确立了鼠疫跳蚤作为今后细菌作战的主要武器。

---

① 邱明轩:《罪证:侵华日军衢州细菌战史实》,北京:中国三峡出版社 1999 年版。
② 汪鹤飞:《侵华日军实施宁波细菌战的史料实证研究》,《宁波广播电视大学学报》2017 年第 4 期。
③ 陈致远:《日本侵华细菌战》,北京:中国社会科学出版社 2014 年版,第 104 页。
④ 陈致远:《日本侵华细菌战》,第 110 页。
⑤ 汪鹤飞:《侵华日军实施宁波细菌战的史料实证研究》,《宁波广播电视大学学报》2017 年第 4 期。
　陈致远:《日本侵华细菌战》,北京:中国社会科学出版社 2014 年版,第 113 页。

3. 1941 年的常德细菌战

1941 年苏德战争爆发,日军积极筹备"北进"对苏作战计划,这一战略部署加快了日军细菌作战的步伐。有了 1940 年浙江的细菌作战经验,日军已确立了鼠疫跳蚤为主要的细菌武器,但是这种武器还没达到完美程度,因此为了进一步测试鼠疫跳蚤的效果,完善细菌作战方法,日军计划再进行一次专门的鼠疫跳蚤细菌战。选择常德作为攻击目标是因为常德在地理位置上是华中地区的交通枢纽,连接重庆、贵州、云南、鄂西等多个地区。此外,常德还是一个重要的粮棉产区,为中国军队提供了大量的粮棉供应。因此日军希望藉由此次细菌作战打击中国军队的补给线和交通线。[①]

1941 年 11 月 4 日凌晨,日军派出一架飞机抵达常德市上空,撒下 1.6 公斤跳蚤。根据日军的记录,这次细菌攻击造成了两次鼠疫流行,第一次感染集中在常德市,造成 300 多人死亡,第二次感染蔓延至常德周边农村地带,造成了至少 2500 人死亡。但是经过常德细菌战受害调查委员会长达七年的走访调查,最终确定常德周边地区因此次细菌战死亡的人数为 7643 人,大大超出了日军的统计。[②] 值得注意的是,此次细菌作战的后果不仅体现在庞大的死亡人数上。由于鼠疫具有强传染性,而常德又是交通枢纽,因此中国政府不得不投入大量人力物力财力在邻近地区设立检疫站以阻断鼠疫蔓延,这不仅影响了物资传输的效率,而且造成了沉重的经济负担。另外,此次鼠疫造成了大量劳动者死亡,致使许多耕地荒废,影响了常德的棉粮供应,对中国抗日作战的物资供应造成了不利影响。[③]

4. 1942 年浙赣细菌战

1942 年美军发动了对日本本土的轰炸袭击,飞机完成轰炸任务后降落中国浙赣前线的国民政府军机场,以便对日本本土进行更进一步的军事打击。为了应对这种局面,日军旋即发动了"浙赣作战",妄图消灭浙江的中国

---

① 张华:《伯力士在日军实施常德细菌战后的防疫工作初探》,《北京联合大学学报(人文社会科学版)》2017 年第 2 期。

② 陈致远:《日本侵华细菌战》,第 127—132 页。

③ 吴娟、朱清如:《侵华日军常德细菌战受害情况调查研究》,《传承》2016 年第 8 期。

军队，摧毁国民政府的航空基地，阻扰美军利用中国基地轰炸日本本土的计划。① 同年 5 月 15 日，日军攻占浙江丽水、温州等地，摧毁了衢县、玉山、上饶、南城、丽水等地的机场。为了更好地达到封锁机场的目的，日军决定在当地进行细菌作战，以阻碍中国军队修复和利用机场。为配合此次战役的作战目标，石井四郎组织了一支百人规模的远征队，从平房基地携带 130 公斤副伤寒菌和炭疽菌以及若干霍乱菌和鼠疫菌前往南京进行细菌作战的前期准备。在此次细菌作战中，日军使用了包括鼠疫、霍乱、伤寒、副伤寒、赤痢、炭疽在内的多种细菌，通过飞机播撒与地面投放的方式对浙赣地区进行细菌攻击，造成了浙赣线上金华、义乌、兰溪、浦江、东阳、龙游、衢县、江山、常山、玉山、广丰、上饶等地的大面积疫病流行。根据中国方面的调查，金华共有 2431 人死亡；义乌至少有 499 人死亡；衢县、江山、常山、龙游等县约有 5000 多人死亡；上饶、广丰至少有 120 人死于鼠疫；丽水有 2197 人死亡。根据日军七三一部队的秘密论文《PX（鼠疫跳蚤）效果测算法》的记载，在上饶、广丰、玉山投撒的鼠疫跳蚤第一次感染造成 42 人死亡，第二次感染造成 9210 人死亡。综合两方数据，浙赣细菌战造成的中国居民死亡人数至少在 2 万人以上。②

这次细菌作战也是日军细菌战略的一个转折点。此次作战由于配合上的失误，七三一部队在进行作战准备时，南京的第一六四四部队却抢先在金华一带撒播了霍乱等细菌，造成日军大面积感染，死者达 1700 人以上。这一事件引起了日军内部对细菌战的强烈质疑，最后七三一部队不得不放弃与常规部队进行联合试验的想法，只能在日军进行撤退时通过撒播细菌的方式妨碍中国军队的行动。此次误伤事件使得日军参谋总部改变了对细菌战的积极看法，此后，七三一部队再也没有获得在正面战场进行大规模试验的机会。③

---

① 李力、郭洪茂：《论日寇浙赣细菌战及其后果》，《社会科学战线》1995 年第 5 期。
② 陈致远：《日本侵华细菌战》，北京：中国社会科学出版社 2014 年版，第 151 页。
③ 陈致远：《日本侵华细菌战》，第 152 页。

四、日军细菌作战造成的伤亡及遗毒

除了上述几次细菌战外,日军还利用其遍布中国的庞大细菌部队网络进行了其他大规模的细菌作战。根据谢忠厚的统计[①],在东北地区,七三一部队与一〇〇部队在辽宁、黑龙江、吉林、热河四省撒播鼠疫、炭疽、伤寒、霍乱等病菌,造成 38 个市县旗至少 5.45 万人患病,4.39 万人死亡;华北和西北地区第一八五五部队在河北、山东、山西、察哈尔、绥远、河南、甘肃、山西、北京 9 省市撒播霍乱、伤寒、鼠疫、炭疽、疟疾、回归热、赤痢等细菌,造成 113 个县旗至少 100 万人感染,30 万人死亡;华中和华东地区,第一六四四部队与七三一部队配合在浙江、江西、湖南等省进行鼠疫、霍乱、炭疽、伤寒等细菌攻击作战,造成 40 多个市县至少 32 万人患病,6.4 万人死亡;在华南地区,第八六〇四部队与九四二〇部队与七三一部队配合,在广东、广西、福建、云南等省撒播鼠疫、霍乱、伤寒、沙门氏菌,造成 107 县至少 100 万人患病,24 万人死亡。日军在华的细菌作战共攻击了 20 多个省市,至少造成237.45 万人患病,64.79 万人死亡。

1945 年日军投降,所有细菌战部队被命令解散,这些部队在败逃之前竭尽所能地销毁有关细菌实验及作战方面的资料,炸毁部队所在的研究基地,并且将残余的用于进行活体实验的俘虏全部杀死。到今天,日军细菌战的影响仍然没有从中国大陆消除干净。由于细菌武器的特性,被细菌武器污染过的土地仍具有相当的危险性。以炭疽为例,它的芽孢能够在土壤中存活几十年。正因如此,浙江衢州等地有众多平民无故感染炭疽病菌,给他们的生活带来了巨大的痛苦。满目疮痍的大地、战火横飞的山河可以在时间的流逝中慢慢恢复,但妻离子散的家庭、伤残的身躯、沉重的战争创伤记忆,却难以随着时间的流逝而消失。日军细菌作战给中国人民带来的痛苦至今仍未彻底散去,本书以下章节详细展开的衢州"烂脚老人"就是鲜明的例证。

---

① 谢忠厚:《日本侵华细菌战罪行调研报告》,北京:中共党史出版社 2010 年版,第 177—178 页。

第二章 关注衢州"烂脚老人"

一、衢州的细菌战

1. 衢州的地理历史

根据资料介绍,衢州,简称衢,别称柯城,历史悠久,地理位置优越,地处浙江西部,为江南文化名城,保存有全国仅存的 2 个孔氏家庙之一,素称南宗。根据当地的考古挖掘,早在 100 多万年前的新石器时代,就有先民在这里繁衍生息。唐武德四年(621 年)设衢州,并分置定阳、须江 2 县,为衢州建州之始,也是衢州筑城之始,距今已有近 1400 年的历史。民国 24 年(1935 年)7 月,也就是抗战初期,浙江省政府将全省划为 9 区,其中衢州属于第五区,专署驻衢县,辖衢县、江山、淳安、遂安、开化、常山、龙游、寿昌 8 县。衢州的辖区划分一直维持到抗日战争末期。民国 32 年(1943 年),衢州下辖地区减少为衢县、江山、遂安、开化、常山、龙游 6 县。1985 年 5 月,国务院批准衢州升为省辖地级市,辖衢县、龙游、常山、开化、江山县(1987 年改为县级市)及柯城区。2001 年,撤销衢县,设立衢江区,现辖 2 个市辖区、3 个县,代管 1 个县级市。衢州山水秀丽、气候温和、雨量充沛、物产丰富,历来以农、林、副业为主,工业、商业和文化教育事业也较为发达,有"浙西粮仓""江南柑乡"之美誉。衢州属于丘陵地区,作为浙闽赣皖四省边际交通枢纽和物资集散地,又有"四省通衢"之称。浙赣铁路横穿东西,公路四通八达,水路可抵钱塘江,战略地位非常重要,历来为兵家必争之地。

　　1905 年开通运营的浙赣铁路,起于浙江杭州终于湖南株洲。尽管它的终点位于湖南省境内,但由于铁路历史上分段建成,且大部分路段都位于浙江省和江西省,它也被命名为"浙赣线"。1937 年 9 月 26 日,钱塘江大桥铁路桥建成,浙赣铁路与沪杭铁路接轨,横贯千里连接了湘、赣、浙三省及杭州、南昌两个省会,成为连通中国中南部地区的大动脉。①

　　资料显示,衢州早在唐代垂拱二年(公元 686 年)总人口数就达到了 44 万余,经过各朝各代人口的增长,1940 年衢州的总人口数达到了 112 万余。但由于侵华日军对衢州实行细菌战并两次入侵衢州各县,衢州人民惨遭日军的直接杀害和各种传染病的摧残,人口大减。1946 年,衢州总人口已减至不足 103 万,1947 年人口继续减至 101 万人左右。② 1949 年新中国成立后,国家政局稳定,工农业生产迅速发展,人民生活水平提高,衢州市总人口数量恢复增长,2018 年底达到了近 258 万。③

　　2. 细菌战中的衢州

　　1937 年 7 月 7 日,日军在卢沟桥发动七七事变,开始全面侵华,占领了中国的大片土地。离衢州不远的杭州、上海等地也先后被日军占领。1938 年至 1945 年,侵华日军先后在哈尔滨、南京、宁波、义乌、金华、衢州、常德、广丰、玉山等 20 个省市区发动了 36 次大规模、大区域、大剂量的细菌战,对大片地区以及当地居民造成了巨大伤害。④

　　淞沪抗战最激烈时期,浙赣铁路极大地发挥了支援中国军队从后方紧急调动和战时物资传输的作用。衢州作为浙赣铁路沿线的要冲,自 1937 年日本全面发动侵华战争以来,就成为了日军攻击的主要目标,经常遭到日军飞机的轰炸。1942 年 5 月,侵华日军为了实现其打通浙赣线,摧毁衢州机场,攻入福建,达到霸占东南沿海的侵略计划,发动了一场规模浩大的"浙赣战役"。6 月 10 日前,日军先后侵占了衢、龙、江、常等 5 县,接着大肆实施惨

① 尹承国:《修筑浙赣铁路始末》,《江西社会科学》1983 年第 4 期。
② 邱明轩:《罪证:侵华日军衢州细菌战史实》,北京:中国三峡出版社 1999 年版,第 1—3 页。
③ 浙江省统计局、国家统计局浙江调查总队:《浙江统计年鉴》,北京:中国统计出版社 2019 年版。
④ 刘庭华:《侵华日军使用化学、细菌武器杀害中国人民述略》,《日本侵华史研究》2015 年第 4 期。

无人道的烧、杀、奸、掳等暴行。经历 8 年日军侵华战火摧残后,衢州全地区
大部分建筑物被毁,几乎所有物资都被洗劫一空,数以万计的衢州人民在这
场前所未有的浩劫中丧失生命。

衢州一直是日军细菌战的重点播撒区域之一,先后经历了上一章所简
述的 1940 年"浙江细菌战"、1942 年"浙赣沿线细菌战"等数次浩劫,是细菌
战受伤害最严重的地区之一。1940 年"浙江细菌战"中日军七三一部队大量
使用了霍乱、伤寒与鼠疫三种细菌。① 伯力法庭上,七三一部队细菌生产分
部部长柄泽十三夫供述说,1940 年他的细菌生产分部为浙江细菌战提供了
"70 公斤伤寒菌和 50 公斤霍乱菌""5 公斤染有鼠疫的跳蚤"。1942 年"浙赣
细菌战"中,日军同时使用了六种细菌,包括鼠疫、霍乱、伤寒、副伤寒、赤痢
与炭疽。七三一部队细菌生产部部长川岛清在伯力法庭的供词坦白:"根据
石井将军的命令,我叫生产部制备了一百三十公斤副伤寒和炭疽热菌供(浙
赣)远征队之用。此外,第一部人员还带有他们培制的若干罐霍乱菌和鼠疫
菌……第二部人员携带有充分数量的鼠疫跳蚤。"②日军大本营参谋本部作
战参谋井本熊男在他的工作日记《井本日志》中也有记录。在浙赣细菌战
中,日军使用的细菌有(C)霍乱、(T)伤寒、(P)鼠疫、(PX)鼠疫毒化跳蚤以及
(PA)一般鼠疫跳蚤。③

曾任衢州市柯城区防疫站站长兼浙江省防治地方病专家组成员的邱明
轩著有《罪证——侵华日军衢州细菌战史实》一书,详细描述了侵华日军于
1940 年至 1945 年间对衢州地区实行残酷细菌战的经过、衢州当地受灾情
况、政府针对细菌战采取的防治措施等。邱明轩既是卫生防疫工作者也是
史学研究者。从上世纪 80 年代起,他前后共花费 20 多年时间潜心研究侵华
日军对衢州实施细菌战的罪行,实地走访了全市各个乡镇农村,访谈人数超
200 人。该书包含了大量的史实记录、日军作战记录、庭审记录、军官业务日

① 陈致远:《论侵华日军的细菌武器及武器水平》,《求索》2017 年第 10 期。

② 转引自陈致远:《论侵华日军的细菌武器及武器水平》。

③ [日]井本熊男:《井本日志》第 19 卷。[日]吉见义明、伊香俊哉:《日本军的细菌战》,[日]战争责任
　　资料中心:《战争责任研究季刊》,1993 年第 2 期冬季号。

志、回忆录、卫生防疫会议记录、受害者访谈记录等。邱明轩写道："1940 年后日军就全面地、有计划地开始在中国各地实施细菌战,至 1945 年抗日战争胜利、日军无条件投降前,日军在中国的土地上先后进行了近百次细菌战,数百万中国人民惨遭杀害。"[1]1940 年 7 月 25 日,关东军司令梅津美治郎发布第 659 号作战命令,将细菌战主要攻击目标定为宁波、衢县两地。1940 年 10 月 4 日,石井四郎下达细菌战作战命令:"令奈良部队(细菌部队)计划派飞机一架,携带鼠疫菌和带菌跳蚤,以及霍乱菌,对衢县进行攻击。"1940 年 10 月 4 日和 1942 年 8 月 25 日至 8 月 31 日,日军两次以空投和地面直接撒播的方式,对衢州进行了鼠疫、霍乱、伤寒、副伤寒、痢疾、炭疽等多种细菌武器攻击。邱明轩叙述道,10 月 4 日当天上午 9 时许,日军七三一部队出动一架飞机,从衢州东北方向的高空直接向衢州城区上空飞来,旋转一周后,便快速俯冲下降至 200—300 米低空,在衢州城西的西安门、上营街、水亭街、下营街、县西街、美俗坊等居民区投下大量带有鼠疫病菌的麦粒、黄豆、粟米、碎布、棉花、跳蚤、小纸包(每包约 10 只跳蚤)及宣传单等食物与物品,敌机来回往返播撒两次,持续大约半个小时,随后沿原方向飞离衢州城区。当时在上述各街道的地面上,居民住宅的房顶瓦片上,以及废墟的垃圾瓦砾上,到处可见日军飞机撒下的食物与跳蚤。这是日军首次在中国南方地区以空中投撒形式实施大规模无差别的鼠疫细菌战。自日军投放病毒以来,鼠疫疫情迅速扩散,当年 11 月 12 日,衢县城区发生首次鼠疫流行,并快速由城市转移至周围农村地区。至当年 12 月末,衢县鼠疫疫情已蔓延全城 58 条街道、周边 13 个乡镇,以及丽水、义乌等其他县市。仅 1940 年 1 年内,经衢城各医疗、防疫单位就诊并确证为鼠疫者有 281 人,死亡 274 人,病死率高达 97.5%,其中还不包括隐瞒疫情,私下将鼠疫病人转移农村而死亡的人数,以及农村疫区患鼠疫死亡的人数。[2]

　　1942 年 7 月 20 日,日军部署了对浙赣沿线进行细菌战计划,8 月 3 日,

---

① 邱明轩:《罪证:侵华日军衢州细菌战史实》,北京:中国三峡出版社 1999 年版,第 5 页。
② 邱明轩:《罪证:侵华日军衢州细菌战史实》,第 7—10 页。

对广信、广丰、玉山、江山、常山、衢县、丽水七个县细菌攻击部署结束。日军惨无人道的暴行遭到了中国军民的抵抗与反击,被迫于 8 月 19 日开始从江西玉山、广丰、上饶等地沿浙赣线撤退。8 月 20 日,日军细菌战部队的一支远征队(由七三一细菌部队 120 人、南京荣字一六四四细菌部队 36 人,共156 人组成)到达衢州,并由石井四郎亲自部署并指挥细菌战作战计划。自 8 月 26 日至 31 日的六天内,石井一方面派飞机在中国军阵地区及防空区空投带鼠疫菌的跳蚤,另一方面派细菌战部队随同地面部队一边撤退一边播撒细菌。从广丰经新塘边、清湖至江山,日军细菌战部队在沿途各城乡居民区的水井、水塘、食品(麦饼、馒头、水果)投放霍乱等病菌。从江山经后溪至衢县,他们在沿途城乡各居民区的水井、水塘和食品中投放伤寒与副伤寒等病菌。与此同时,细菌战部队还在衢州各地居民生活环境中播撒炭疽病毒、疫鼠及带鼠疫的跳蚤等。8 月 31 日后,日军先后全部撤离衢州。日军撤退后,衢州沿浙赣线的各县居民区相继出现了鼠疫、霍乱、伤寒、副伤寒、痢疾、疟疾、脓胞疮、炭疽等传染病的暴发,成千上万人死于非命。据不完全统计,衢州下属江山和常山两县沿浙赣线有 120 多个自然村,仅在 1942 年内被细菌武器杀害的民众就有 4500 余人。①

从数据上来看,根据曾任衢州卫生院院长、省立衢州医院院长等职的朱学忠医师估计,1940 年至 1948 年间,衢州地区每年各种传染病的发病总人数大约为 6 万至 8 万人(约占总人口的 6％至 8％),其中鼠疫、霍乱、伤寒、副伤寒、痢疾、疟疾、炭疽等传染病,每年发病人数大约有 3 万至 5 万人(约占总人口的 3％至 5％)。尤其是 1942 年至 1946 年间发病与流行最为严重,集中以衢县、龙游、江山、常山四县的交通沿线各城镇及乡村发病率最高。由于当时对鼠疫、霍乱、伤寒、副伤寒、炭疽等传染病没有特效药,加上医务人员少,医疗设备条件差,误诊现象普遍等多种因素的影响,以致病死率相当高,平均每年病死人数均在 1 万以上。根据 1948 年衢州五县防疫委员会调查统计,这八年间患鼠疫、霍乱、伤寒、炭疽等传染病者累计 30 余万人,死亡 5 万

① 邱明轩:《罪证:侵华日军衢州细菌战史实》,北京:中国三峡出版社,1999 年版,第 11—13 页。

余人。① 1940 年至 1948 年间,衢州五县每年在侵华日军衢州细菌战中的受害死亡人数的不完全统计参见表 2-1。

表 2-1　侵华日军衢州细菌战受害死亡人数的不完全统计

年份	县名	死难人数	县名	死难人数
1940	衢县	21		
1941	衢县	2000	开化县	200
1942	常山县	2000	衢县	3000
	龙游县	170	江山县	2500
1943	衢州各县	7600		
1944	龙游县	4040	衢县	1254
	江山县	44		
1945	龙游县	59	常山县	11850
	衢县	5	江山县	2
1946	常山县	4000	龙游县	2000
	衢县	4000	开化县	3500
	江山县	1600		
1947	衢县	1500		
1948	江山县	24	龙游县	4
	开化县	2	常山县	2
合计	衢州五县在细菌战中死亡人数共计 51407 人(含鼠疫、霍乱、伤寒、疟疾、炭疽等传染病)			

为应对 1940—1948 年衢州地区流行性疾病大爆发这前所未有的公共卫生危机,衢州政府在这八年间采取了多项防疫措施。衢县在 1940 年 11 月 22 日,也就是 11 月 12 日首次发生鼠疫流行的后 10 天,就成立了"衢县防治鼠疫委员会"。它由总务组、医务组、掩埋组、工程组、运输组、筹募组等九个组以及技术室构成,专门负责领导全县鼠疫防治工作计划的制定与组织实

① 邱明轩:《罪证:侵华日军衢州细菌战史实》,北京:中国三峡出版社 1999 年版,第 13—15 页。

施。1941 年 6 月 1 日,在浙江省政府意见的指导下,"衢县防治委员会"改组成立了"衢县临时防疫处",下设秘书处与 12 个科(科、组、室),成立初有成员 29 人。为消灭鼠疫,衢县政府和防疫处采取了封锁疫区与封闭疫户,焚毁疫户住宅,设立收治鼠疫病人的隔离医院,设立留验疫区居民及疫户家属的留验院,实行交通管制与车站检疫,实施疫区环境与住宅消毒,实行疫情报告以及举行清洁卫生活动等针对性措施。为了消灭霍乱、伤寒、副伤寒、痢疾、疟疾、炭疽等其他传染病,衢县政府和防疫处积极采取动员民众实行井水消毒,就地隔离霍乱、伤寒、副伤寒病人,进行霍乱、伤寒疫苗预防注射,取缔露天粪缸厕所等行动。经衢州市政府的全力防治与民众的积极响应,疫情直至 1948 年后逐渐下降。①

　　3. 清算运动与倾听受害者个体的声音

　　时间到了 20 世纪 90 年代。40 年代以来饱受细菌战之苦的衢州,成为了一座掀起了对细菌战加害者进行控诉、清算的城市。它是这场清算运动的始发地之一。衢州的受害者和相关人士,也一直是运动的积极倡议者和参与者。

　　细菌战受害者要求日本进行战争赔偿最早开始于 1994 年。是年,离衢州不远的浙江省义乌市崇山村村民向日本驻华大使馆提交联合诉状,要求日本政府向细菌战受害者道歉和给予经济赔偿。崇山村成为了中国民间关于侵华日军细菌战受害者对日索赔发起之地。1997 年 8 月,王选女士率领由义乌(崇山)、衢州、宁波、江山以及湖南常德等地中国受害者 180 人组成的"侵华日军细菌战中国受害诉讼原告团",以日本国为被告提起索赔诉讼,要求日本法院判令日本政府就日本细菌战罪行向中国受害者谢罪、赔偿。②2002 年 8 月 27 日,日本东京地方法院作出了此案的一审判决。尽管东京最高法院驳回了诉讼请求,但承认了七三一部队等在中国实施细菌战的事实。

---

① 邱明轩:《罪证:侵华日军衢州细菌战史实》,北京:中国三峡出版社 1999 年版,第 17—22 页。

② 金新林:《侵华日军细菌战中国受害者诉讼研究》,硕士学位论文,上海师范大学人文与传播学院 2010 年。

诉讼清算的曲折艰难在第三章会有更详细的介绍讨论，在此可以指出的是，细菌战诉讼案的实质是一场跨国的政治斗争，长期而艰苦。而在这同时，作为学者我们应该做的是，抢救好历史，加强对侵华日军细菌战史的学术研究。① 正因如此，学界对侵华日军细菌战受害者的研究多有涉及。李晓方先后寻访了杭州、金华、衢州、丽水、上饶等 20 个县市的 200 多位炭疽、鼻疽细菌受害幸存者，在《泣血控诉——侵华日军细菌战炭疽、鼻疽受害幸存者实录》一书中，详细记载了他们因遭受侵华日军施放的炭疽、鼻疽感染后，肌肤溃烂，其中不少人不得不截肢甚至死亡的遭遇。这是我国第一部专门反映侵华日军细菌战受害幸存者惨状的画册，具有重要的历史价值和学术价值。② 王卫华对江西上饶地区日军细菌战受害者进行调查采访，通过比较日军细菌战参与者和中国细菌战受害者的身心状况，揭示了参与者和受害者截然相反的生活处境，描述了细菌战的恐怖记忆对受害者身体和心理上造成的巨大伤害。③ 总体而言，在医学和历史学学科的介入下，目前学界关于细菌战受害者的研究总体呈现了丰富的数据与详实的历史文字记录，而且有的研究还深入到受害者个体，开始对细菌战受害者的"口述史"进行整理与挖掘，倾听他们的声音。④

二、作为案例的衢州"烂脚老人"

1. 衢州"烂脚老人"——细菌战的特殊符号

衢州是一座深受细菌战苦难的城市。正如前述，尤其是被大概率推断为炭疽病毒导致了烂脚的那些"烂脚老人"，给这座城市增添了细菌战的特殊的符号意义。

"烂脚老人"并非衢州一地独有，但很大一部分生活在衢州。本书关注

① 杨万柱、刘雅玲、陈玉芳：《侵华日军细菌战诉讼案回顾与思考》，《武陵学刊》2002 年第 6 期。

② 李晓方：《泣血控诉：侵华日军细菌战炭疽、鼻疽受害幸存者实录》，北京：中央文献出版社 2005 年版。

③ 王卫华：《侵华日军细菌战参与者和受害者身心状况比较研究》，硕士学位论文，江西师范大学历史与文化旅游学院 2008 年。

④ 韩晓：《关于侵华日军细菌战罪行的研究》，《常德师范学院学报(社会科学版)》2003 年第 3 期。

衢州细菌战,不仅是因为巨大的死亡数字、沉重的历史事实,还因为在这触目惊心的死亡数字背后,有一群目前存世的、饱受细菌战戕害、双脚皮肤溃烂化脓、最后面目全非的老人,以及这些老人带给我们的有关战争创伤记忆和传承的思考。正如本书前言部分所述,从未有过烂脚病发生以及记载的衢州,在日军实施细菌作战之后,此病就频繁高发。学者也曾指出,在日军细菌战的病菌中,炭疽杆菌会导致受害者全身皮肤溃烂,尤以腿部最为严重,其造成的症状也被俗称为"烂脚病"①。

炭疽病毒是细菌战中的一种病毒,它作为一种特殊的慢性病毒,危害大、毒性强且不易治愈。细菌武器所带来的痛苦是常规武器不能比拟的,受害者在肉体和精神上都得忍受非人的痛苦。而这一点,对炭疽受害者来说则更是如此。炭疽的危害不仅体现在死亡过程的痛苦,还体现在感染后痛不欲生的终身折磨。由炭疽病毒引发的烂脚多诱发于儿童期,经年累月病痛折磨的背后是无数老人苦难生活的缩影。根据相关医学著作的论述,大约95%的炭疽患者感染炭疽病菌的媒介是皮肤,炭疽病菌通过被切开或磨损的皮肤进入生物体内,并无法排出。日军将带有炭疽病毒的物品直接播撒在居民生活区、田间、草地和农作物上,使居民(很多是当地农民)在毫无防备的情况下触碰、误食、误用,导致出现烂脚,并且久治不愈。

总结日军对衢州实行细菌战时使用的病毒种类及其对人造成的伤害时,邱明轩写道,日军在1940和1942年两次对衢州实施细菌战期间,最先使用的是杀伤力较强的鼠疫、霍乱和伤寒病毒,这些病毒毒性大、传染性强、死亡率高,造成衢州鼠疫大流行,短时间内夺走上万条性命。这段历史也为人熟知。而到撤退前夕,日军就在农田中撒下了数量较大的炭疽病毒。与鼠疫等病毒不同的是,炭疽病毒是慢性病毒,它的致死率远低于鼠疫等烈性传染病,但具有较长的潜伏期,最长可以存活20年,因此对当地的危害持续时间最久。现有资料记载,直至1958年还有农民不幸感染炭疽病毒致病。由于日军把病毒主要播撒在田间地头,普通农民对此毫无概念,在下地干活时

---

① 丁晓强、何必会:《侵华日军浙赣细菌战中的炭疽攻击》,《武陵学刊》2004年第1期,第29页。

没有任何防护措施，就直接感染病菌。感染大多发生在膝盖以下。等到病菌发作，皮肤开始溃烂、化脓、扩散，恶化后便产生了强烈的恶臭，严重的甚至直接夺取生命。而幸存下来的，则往往大半生都受到病菌感染的折磨，身心备受摧残。大多数受炭疽病毒发作折磨的无辜民众在相关专家、学者及新闻界揭露与报道之前，并不知道他们所受的痛苦是当年侵华日军投放的炭疽细菌所致。日军撤退期间在浙赣线沿线田间大量投放炭疽病毒的这段历史罪行，在很长一段时间内，也不像1940年日军衢州空投鼠疫病毒那样被人们所熟知。①

　　这场灾难从发生之日起，直到今天还在延续。这群"烂脚老人"经历了至亲好友因病菌感染离世，自己也因炭疽病毒导致身体溃烂病变长达几十年的痛苦。可以说，"烂脚老人"是活着的"战争创伤"，他们用自己的生命历程见证了侵华日军的细菌战暴行。据邱明轩的研究，在1990年代中期，衢州地区大约有2000多位"烂脚老人"。在我们进行实地调研的2018年，根据吴建平先生的统计，衢州地区在世的"烂脚老人"已不足200人。随着老人年龄的增长，幸存者人数逐年减少。调查当时记录在案的"烂脚老人"中，年龄最小者为65岁，最大者为98岁。衢州地区的"烂脚老人"大多是孩提时代得病，他们在田间、林间或生活区等生产、生活时误染病毒，病毒所带来的痛苦伴随他们终身。

　　我们调研团队的随行青年医生毛书雷曾对衢州地区60多位"烂脚老人"进行过问卷调查，调查结果显示这一群体中男性明显偏多，男女性别比例大致在7∶1。他们的年龄大致集中在74岁至85岁之间，其中大部分人生活状况贫困，属于农村低保户。大部分"烂脚老人"都是在60岁以后进入烂脚的爆发、严重期，毛书雷对此的解释是，由于"烂脚老人"年轻时体力好、恢复快，因此呈现的症状并不是特别严重，而随着年龄增加，身体抵抗力下降，逐渐无法和体内的毒细菌抗衡，症状进入一个爆发期。在我们调研团队调查的被访者中，年龄最大的感染者在1949年之前即染病，年龄最小的感染者在

---

① 邱明轩：《罪证：侵华日军衢州细菌战史实》，北京：中国三峡出版社1999年版，第11—15页。

新中国建立之后染病。虽然他们各自染病的时间相隔了近20年,但表现出来的症状却非常相似,即自脚部开始发作,逐渐蔓延至膝盖以下,皮肤发炎溃烂、肌肉腐坏、散发恶臭、脓水不断,严重者甚至烂至腿骨。

对"烂脚老人"而言,"烂死"是一个最坏的结局。在我们所访谈的"烂脚老人"中,有人提到他的祖父、兄弟等亲属都是因"烂脚"去世,是"烂死"的。"烂死"的创伤记忆深深成为了个体生命的一部分。由于历史和社会的发展,今天已经少见"烂死"案例,"烂脚"更多时候被描述为一个过程,其间是身体机能的损坏,更是精神和心理上的创伤。在生理受损方面,受炭疽病毒感染的"烂脚老人"的主要症状表现为双腿创面腐烂程度高、创伤面恐怖、长时间的流脓血与脓水、剧烈疼痛、瘙痒难耐、臭气熏天、病情反复、难以根治,严重的时候甚至不能行走。鉴于炭疽病毒的难愈合性和再复发性,致使"烂脚老人"几十年来始终伴随难以治愈的伤口、无法摆脱病痛的噩梦。常年生活在恶臭环境下,"烂脚老人"的生活惨不堪言。由于当时医疗水平低下、农村消息闭塞,多数"烂脚老人"选择的治疗方式都是自己用采摘的草药、牙膏、草木灰、茶叶沫等涂抹伤口,用纱布、草纸、树叶、旧报纸等包扎,造成伤口多次感染、反复溃烂。在疼痛难忍时,他们选择吃止痛药来止痛。生理上的损伤造成"烂脚老人"劳动能力的受损同样残忍,干不了农活或者说干不了重活使得他们在劳动能力最强的青壮年期遭遇严重的不公,他们很多时候只能发出"没办法"的哀叹。这段记忆在新中国成立初期的人民公社时期,与生活的艰难、养家的重担、赚不够的工分紧紧联系在一起,成为无法抹去的伤痕。

在心理受损方面,由于流脓和散发臭气,很多老人不敢长时间居留在别处,身体上的缺陷导致了心理的自卑和胆怯。同时他们的社会参与受到限制,同辈群体的隔膜和家庭成员关系的疏离,最终使得正常的社会交往、社会互动受到阻断。社会互动是"在一定的社会关系背景下,个人与个人、个人与群体、群体和群体之间通过信息的传播而发生的相互依赖性的社会交往活动,在行为、心理上相互作用、相互影响的动态过程"[①]。社会互动是社

---

① 郑杭生:《社会学概论新修》,北京:中国人民大学出版社1994年版。

会学的基本分析单位之一,也是由个体走向群体甚至更大社会组织制度的转折点。社会互动的维系有助于有序的社会状态的维持,而社会互动的阻断则有害于个人行为和心理的发展。长期的烂脚折磨,与他人缺乏社会互动,使得"烂脚老人"在心理上自尊心受损,对生活麻木,孤立感突出。有"烂脚老人"在访谈中提到,他们因为烂脚不敢出门参加酒席等农村常见的社交活动,习惯性躲起来不敢让人看到自己的脚。当地衢化医院的医生在接受访谈时也提到因为烂脚,很多老人都选择躲在家中不外出,不敢进行正常的社会交往,害怕别人异样的眼光。而又由于农村环境的闭塞和大众传媒发展的滞后,导致烂脚污名化,负面标签随之而来,如"烂拷偬"(方言,意为烂脚人)、"老烂脚"、"神仙"、"烂脚老太"、"上辈子做过缺德事"之类。有些"烂脚老人"不仅面临同辈群体的孤立、排斥,还要承受子辈的嫌弃以及孙辈的戏谑、嘲笑。污名化和负面标签导致他们社会地位低下,甚至出现部分"烂脚老人"因为烂脚离群索居的现象。关于"烂脚老人"在经济生活、肉体和精神上所遭受的痛苦,本书将在第四章中运用访谈资料加以详细描述。

2. "烂脚老人"与社会支持

烂脚的内外困境的复合叠加对"烂脚老人"的正常生活构成了极大的挑战。如何对生理困境和社会困境的内外双重压力下的"烂脚老人"展开社会救助就显得至关重要。社会救助有其特殊的使命,即任何时候都要保障弱势群体的基本生存需求,维护社会底线公正。这是任何社会或国家都必不可少的重要组成部分,因此也被称为"最后一道安全网"。对"烂脚老人"的救助是一个漫长而曲折的过程,诉讼追偿无疑也是一种极其重要的社会救助。1997年至2005年,王选担任中国细菌战受害者诉讼团团长,代表细菌战受害者与日本法院进行了八年的法律诉讼斗争,要求日本政府道歉和赔偿。尽管诉讼最终以失败告终,但也带来了深远的影响。长达八年的法律诉讼以及在王选获2002年度"感动中国十大人物"的双重影响下,寂寂无闻的"烂脚老人"群体开始走入公众视野,由此拉开了对"烂脚老人"救助的序幕。本书第三章对王选诉讼日军细菌战的过程与意义进行了论述。

诉讼之外的社会救助活动主要由政府和民间两股力量参与,而以民间力量的推动为主。政府救助的开展源于 2008 年 1 月王选在浙江省政协十届一次会议期间提交《关于对日本细菌战"烂脚病"受害者提供医疗救助的建议》的提案。该提案得到了省政府的高度重视。2009 年浙江省政府出台了将细菌战"烂脚病"受害者纳入医疗救助范围的意见,对衢州柯城区范围内的"烂脚老人"进行了普查,并由"细菌战烂脚病"医疗小组对柯城区 39 名"烂脚老人"免费进行医疗救助。行政化主导的救助体系在中国当然意义重大,推动得力,会产生巨大而深远的影响。但实际运作中依然能见到一些不尽人意之处,某些方面需要进一步改进和提升。在民间力量方面,由王选、吴建平等人为主要代表的民间人士,和王正国创伤医学发展基金会、衢化医院等合作,建立起了较为成熟的民间救助体系,十年如一日地为衢州"烂脚老人"奔波服务,找寻治疗方案和提供治疗途径。这些民间力量在构建医疗救助体系为"烂脚老人"的疾病治疗提供医学支持、精神支持的同时,还通过著书立说、史料收集、修建展览馆等行动,让越来越多的人关注到"烂脚老人"这个群体。社会救助的成功不是一蹴而就的。在政府部分缺位的背后,看似弱小的民间力量成功救助"烂脚老人"这点值得深思和探讨。

　　黄旭生曾从社会工作角度探索"烂脚老人"的需求盲点,提出通过社会工作的介入解决他们的生活困境,指出针对"烂脚老人"的救助不仅仅是物质帮助,还应关注到精神需求。[1] 民间力量一方面作为社会救助的辅助者和社会福利的促进者,通过实施社会救助和提供福利服务为国家层面的社会福利事业提供了重要的补充,但另一方面,由于福利制度尚不完善,民间力量在救助过程中处于边缘、弱势地位,其救助体系也会面临一些困难和显现一些弊端。第七章与第八章通过实地案例、历史资料与相关理论相结合的方式,对"烂脚老人"的民间救助与救治,以及救助介入的空间与策略问题展开更为详细的阐述和讨论。

　　对"烂脚老人"这些战争受害者提供完善的人道主义救助和人文主义关

---

[1] 黄旭生:《侵华日军细菌战受难者烂脚老人的社会工作介入策略研究》,硕士学位论文,南京大学社会学院 2018 年。

怀应当提上议程。有关历史创伤战争创伤的言说，不应只有国家、政府层面的宏大叙事，我们也应注意倾听受害者个体的声音，正视他们每个人的创伤记忆。随着一个又一个表征着战争创伤的老人逝去，一段又一段苦难的战争记忆也直面着烟消云散的问题。面对这群平均年龄超过75岁的历史见证者与承载者，开展该群体的研究迫在眉睫。"烂脚老人"的死亡不仅是家庭的损失，也是一个国家的损失，甚至是全人类的损失。正如已经获得国际关注的慰安妇幸存者、南京大屠杀幸存者那样，"烂脚老人"也应当在辞世之前发出自己的声音，让世人知道这个群体，知道他们曾经遭受的苦难。本书将通过经验性的田野调查特别是访谈记录，展现这些"烂脚老人"痛苦的声音，包括他们自己的声音以及有关他们的声音，留住这段历史记忆。他们的声音，不仅能为我们探索对这一群体实施社会救助与救治的方式策略提供方向，也为我们深刻反思战争的痛苦与责任、学术性地探讨战争创伤记忆传承、如何进行有关战争的历史教育等问题，提供宝贵的材料和可能性。

三、调查与研究方法

1. 质性研究的深度访谈

我们的调研主要采用了质性研究方法特别是深度访谈法收集相关信息。深度访谈是质性研究者经常使用的一种社会调查方法，是访谈法中的一种，从概念上说，有两个层面的意思，一指半结构性访谈，二指有真正深度含义的访谈。[1] 有关学者将深度访谈定义为"研究者与信息提供者重复的面对面接触，以了解信息提供者以自己的话对自己的生活经验或情形表达的观点"[2]。本书的研究尝试从两个层面做到"深度"，一是通过深度访谈，发现研究对象遭遇某种体验或经历的方式，尝试深度了解他们生活的意义、痛苦的意义和实质；二是课题组成员在实际访谈过程中，虽然带着访谈提纲进入

① 贺晓星：《教育中的权力—知识分析——深度访谈的中国经验》，《北京大学教育评论》2014年第2期。
② 李晓凤、佘双好：《质性研究方法》，武汉：武汉大学出版社2006年版，第142页。

访谈现场,但并非逐字逐句照搬提纲,而是灵活应用,在与被访者"共情"其烂脚的痛苦中,共同实践对其生命史生活史疾痛史的阐释和理解,并将这种阐释和理解放置于民族、国家、人类苦难与记忆传承、和平与教育的大框架中。

2. 调研过程

我们于 2017 年 3 月至 2018 年 1 月期间,前后四次进入衢州市开展实地调研。调研团队由南京大学社会学院教授贺晓星与副教授杨渝东率领,由七名社会学系以及社会工作系的研究生及本科生组成。当时在南京大学社会学院就读的研究生台敏佳、刘慧、黄旭生、李婷婷、杨丹、杨医铭以及本科生杨涛伊参与了访谈和后续整理工作。第一次调研时间为 2017 年 3 月 28 至 3 月 29 日,贺晓星和杨渝东以及另外一位后来没有继续参与的老师对侵华日军细菌战衢州展览馆馆长兼衢州侵华日军细菌战受害者协会会长吴建平进行了访谈。第二次调研时间为 2017 年 4 月 3 日,贺晓星赴衢州参加了"细菌战诉讼二十周年"纪念研讨会,主要与细菌战诉讼团原团长王选进行了交流。在这两次预调研基础上,杨渝东与黄旭生展开了第三次调研,时间为 2017 年 11 月 13 至 11 月 18 日。他们访谈了"烂脚老人"以及相关人士 12 人。第四次调研时间为 2018 年 1 月 7 日至 1 月 12 日,团队全员赴衢州深入农村地区,采集影像和声音资料,访谈了"烂脚老人"及其亲属、民间救助人士、医务人员等相关人士。此次调研访谈的基本情况可参照本章最后的附录。第四次调研的部分访谈对象是在第三次调研基础上进行的更为深入的访谈。

调研过程中,团队成员通过吴建平的介绍与联系,分别在医院或被访人家中见到了"烂脚老人",并根据情况进行了相应访谈。每段访谈皆由二至三人完成,其中一人负责访谈与记录,其余的负责录音录像。每次访谈时间约为 1—1.5 小时。由于许多老人年岁已高且存在方言问题,为使访谈顺利进行,团队成员请能同时理解当地方言与普通话的人从旁协助,进行翻译。他们通常是医护人员或"烂脚老人"家属。我们采取了半结构访谈的方式,即参考事先准备的访谈提纲,但在实际访谈过程中保持一种开放态度,不框定提问的方式与顺序,同时根据访谈对象的反馈对某些特定的问题进行深化,扩展出新的问题。依据研究目的,团队成员设计了由被访者基本信息、患病期间经历、家庭关系、社会关系以及社会救助五部分组成的访谈提纲,完整的访谈提纲可参见本书最后的附录。需要指出,与社会学方法教材中规范的访谈不同,衢州调研,由于访谈对象的特殊性(特别是高龄体弱需要时刻有人照顾),绝大多数访谈并非是一个在排除了外部干扰因素的相对封闭的环境中、访谈者与被访谈者之间一对一的问答交流过程。提供了沟通帮助的被访者亲属、医生与护工等人,经常主动插入他们自己的、与"烂脚老人"相关的生活体验、所见所闻,甚至一定程度上转变成为计划之外的访谈对象。

　　访谈对象共包括"烂脚老人"21 名,民间救助人士 2 名,当地医务人员 2 名,老人亲属 3 名以及救助人士亲属 1 名。"烂脚老人"的年龄在 69 岁至 98 岁不等。他们遭受"烂脚"的肉体与精神的双重折磨至少 20 余年,其中部分人承受痛苦更长达 70 余年。老人烂脚的直接原因大多是幼年时期在田间干活或者玩耍时不慎感染病菌,开始"烂脚"的年龄小至 5 岁,大至 50 多岁。另有部分老人已经丢失了"何时开始烂脚"的记忆。老人中大部分在幼年或青少年期就已经开始"烂脚",到中老年阶段进入"烂脚"症状爆发期。

　　调研在内容层面具体分四个板块进行。首先,按照口述史的基本要求,访谈内容包括个人史、家庭史、村落史,并以"烂脚老人"的痛苦和治疗进程为主线,保留受访者的访谈或生活的音频影像资料;其次,就"烂脚老人"的社会关系,包括家属、邻里、村委会等与老人的关系融洽程度、日常生活中的关心支持进行了访谈,从而获知老人的社会关系融合状况、日常生活境况和现有的社会救助体系;第三,就烂脚的医疗救助、民间力量对"烂脚老人"开展的社会关爱活动以及社会救助体系、政府救助活动进行了访谈,了解政府、民间等多方力量对"烂脚老人"开展救助的始末;第四,对留有相关历史著述的人士或其家属进行访谈,并通过当地侵华日军细菌战受害者协会的力量,查找当地学者留下的研究资料,获得相关的文字、图像资料与统计数据。

　　本书主要展示"烂脚老人"以及相关人士的访谈,倾听老人的战争创伤记忆的声音。我们对访谈进行了录音,并根据录音进行逐字稿整理和文本分析。总计整理访谈文本共约 15 万字,保留了大量相关照片、音频视频等一手资料。由于存在衢州方言问题,意思不明之处,又另外招募了懂方言的学生一起参与了访谈整理。调研过程中我们还参观了当地与细菌战相关的纪念馆与档案馆,翻阅大量史料,收集了丰富的二手资料。

第三章　日军细菌战诉讼

一、王选——感动中国的人物

"她用柔弱的肩头担负起历史的使命,她用正义的利剑戳穿弥天的谎言,她用坚毅和执著还原历史的真相。她奔走在一条看不见尽头的诉讼之路上,和她相伴的是一群满身历史创伤的老人。她不仅仅是在为日本细菌战中的中国受害者讨还公道,更是为整个人类赖以生存的大规则寻求支撑的力量,告诉世界该如何面对伤害,面对耻辱,面对谎言,面对罪恶,为人类如何继承和延续历史提供了注解。"正如 2002 年这番感动中国的人物颁奖词所言,王选,从 1997 年到 2005 年整整八年时间,带领 180 位年老体衰的细菌战受害者,以一己之力牵动着 41 次在日诉讼的官司。从 2005 年诉讼审判结束到如今,王选也一直奔波在用实际行动救助细菌战受害者的路上。王选的行动使我们看到了几乎被掩盖的历史真相,也让我们把关切的目光放在了风烛残年、饱受细菌战病痛的个体身上。本章梳理王选的细菌战抗争历史,回顾她的诉讼原因、诉讼过程、所遇艰难险阻,以及她对未来的期待和担忧。

1. 研究方法

本章的研究方法是文献分析法,梳理从 1994 年开始关于细菌战、对日诉讼以及王选本人的书籍文献、学术期刊和新闻报道。国内关于王选诉讼的文章和新闻多集中在 2006 年以前,蒋中宣的《血不能白流——中国民间代表

团对日细菌战提出诉讼》①、曾祥生等人的《王选再讼日军鼠疫战》②、冉丹等
的《感动的价值——CCTV"感动中国 2002 年度人物评选"活动背后》③、张
启祥的《细菌战的真相终将大白于天下——侵华日军细菌战的浙江调查》④、
张年忠的《还历史真相扬正义之剑——访侵华日军细菌战中国受害诉讼原
告团团长兼总代表王选》⑤、吴志菲的《王选："一个人"的抗日》⑥以及王选
《王选：一个纯洁的独行者》⑦等。不过这些期刊文章多为某一诉讼时刻的报
道,对整体的诉讼全貌并无描述。南香红所著第一本最为翔实的关于王选
的书籍《王选的八年抗战》⑧写于 2005 年,具有较高的学术参考价值,但也只
描述了 1997 年至 2005 年 8 年抗战的具体事实和相关史料。近 15 年来王选
的活动在大众视野是较为模糊的。笔者查阅了近几年关于细菌战的硕博士
论文——高凡夫《追索正义与尊严的艰难诉求》⑨、金新林《侵华日军细菌战
中国受害者诉讼研究》⑩、黄旭生《侵华日军细菌战受难者"烂脚老人"的社会
工作介入策略研究》⑪,以及张丽梅的研究综述《近 10 年来侵华日军细菌战

① 蒋中宣:《血不能白流——中国民间代表团对日细菌战提出诉讼》,《今日浙江》2000 年第 1 期,第
　 38—39 页。
② 曾祥生、史久阳、吴王斌:《王选再讼日军鼠疫战》,《检察风云》2003 年第 22 期,第 54—55 页。
③ 冉丹、王旭升:《感动的价值——CCTV"感动中国 2002 年度人物评选"活动背后》,《新闻与写作》
　 2003 年第 4 期,第 27—28 页。
④ 张启祥:《细菌战的真相终将大白于天下——侵华日军细菌战的浙江调查》,《史林》2004 年增刊,
　 第 116—124 页。
⑤ 张年忠:《还历史真相扬正义之剑——访侵华日军细菌战中国受害诉讼原告团团长兼总代表王
　 选》,《今日浙江》2005 年第 15 期,第 42—43 页。
⑥ 吴志菲:《王选："一个人"的抗日》,《世纪行》2005 年第 8 期,第 15—19 页＋48 页。
⑦ 王选:《王选:一个纯洁的独行者》,《商务周刊》2005 年第 23 期,第 160—161 页。
⑧ 南香红:《王选的八年抗战》,北京:北京十月文艺出版社 2005 年版。
⑨ 高凡夫:《追索正义与尊严的艰难诉求》,博士学位论文,上海师范大学中国近现代史系 2006 年。
⑩ 金新林:《侵华日军细菌战中国受害者诉讼研究》,硕士学位论文,上海师范大学人文与传播学院
　 2010 年。
⑪ 黄旭生:《侵华日军细菌战受难者"烂脚老人"的社会工作介入策略研究》,硕士学位论文,南京大学
　 社会学院 2018 年。

研究综述》①、郭德宏等《近 10 年关于日军侵华罪行和遗留问题研究综
述》②、孟晓旭《日本侵华细菌战研究述论》③、陈致远、朱清如《六十年来国内
外日本细菌战史研究述评》④等乃至王选本人的微博文章、转发动态、视频采
访,将她近 25 年的社会活动做一个较为全面的整理。

　　2. 日美对细菌战的关注

　　中国是日军细菌战中的重要一环,是日本制造细菌武器和制造大量受
害者的地方,但是中方对细菌战的关注相较于日本和美国要晚很多。

　　细菌战对于日本来说是需要掩盖的秘密,日方竭尽所能企图掩藏这段
历史,直到 1950 年苏联公布伯力审判材料,首次将日本七三一细菌部队的秘
密公之于众,日本学者也相继刊出了许多涉及细菌战和七三一部队的书籍、
文献。1952 年,东京教育大学教授家永三郎秉持客观、公正的原则编写历史
教材《新日本史》,他在书中介绍了南京大屠杀、七三一部队对中国民众使用
细菌战并且批判日本军国主义发动的侵略战争。这本教材遭到了日本文部
省的否定,要求其全部删除关于七三一部队的相关内容。家永三郎坚持捍
卫历史真相,于 1965 年 6 月起诉文部省,要求保障学术和言论自由。经过漫
长的 32 年斗争,日本最高法院在 1997 年做出终审判决,认定文部省的修改
意见属于违法,家永三郎最终获得胜利。

　　在这场诉讼期间,许多作家、学者都加入谱写历史真相的队伍。1981 年
日本学者常石敬一发表《消逝的细菌战部队》报告,查明在活性出血热研究
中所用"猿"实为中国人人体。1981 年日本著名作家森村诚一采访了原七三
一部队成员,写下长篇报告文学《恶魔的饱食——日本细菌战部队揭秘》⑤,

---

① 张丽梅:《近 10 年来侵华日军细菌战研究综述》,《北华大学学报(社会科学版)》2006 年第 4 期,
　　第 53—57 页。
② 郭德宏、陈亚杰、胡尚元:《近 10 年关于日军侵华罪行和遗留问题研究综述》,《安徽史学》2006 年
　　第 1 期,第 116—128 页。
③ 孟晓旭:《日本侵华细菌战研究述论》,《抗日战争研究》2011 年第 3 期。
④ 陈致远、朱清如:《六十年来国内外日本细菌战史研究述评》,《抗日战争研究》2011 年第 2 期。
⑤ [日]森村诚一:《恶魔的饱食——日本细菌战部队揭秘》,骆为龙、陈耐轩译,北京:学苑出版社
　　2003 年版。

将七三一部队的恶行作了详细揭露,使其罪恶为世人所知。1989 年,东京新宿区发现七三一部队从中国带回的人骨标本。1993 年,日本中央大学教授吉见义明在日本防卫厅研究所图书馆发现了至关重要的担任支那派遣军参谋的井本熊男的业务日记①,这份日记表明日本天皇和陆军中央对细菌战的实施负有直接责任。细菌战的历史在日本得到了极大关注。

1980 年 10 月,美国记者鲍威尔在《原子科学家公报》上发表长篇报道《一段被隐瞒的历史》,首次揭开了日美之间关于细菌武器的交易以及美国替日本掩盖细菌战罪恶的事实。1993 年,谢尔顿·哈里斯的《死亡工厂——美国掩盖的日本细菌战犯罪》②一书出版,以大量真实的历史资料佐证了七三一部队的罪行和美日的利益勾结:美国获得七三一部队的所有研究数据,日本获得免于追究以石井四郎为首的七三一部队及其相关者战争罪责的承诺。③ 至此,日军细菌战在国际社会被广泛关注。

3. 王选的诉讼缘起

20 世纪 80 年代中叶是日本经济发展的高峰时期,发生了一件与日本近代历史有关的标志性事件:1985 年 8 月 15 日,中曾根康弘作为日本首相在战后首次正式参拜靖国神社。当时,以日本左翼为主要社会背景的和平人士组织发起了以"战后补偿"为主题的和平运动,主张日本应该反省殖民主义、军国主义的历史,认识日本的历史责任,要求对亚洲、太平洋地区的战争受害者做出道义上的赔偿。如其中的"追思亚洲·太平洋地区战争受害者,铭记在心"(简称"铭心会")团体,从 1986 年起向社会募资,通过日本各地的和平团体,组织亚洲地区的战争受害者到日本各地举行证言集会。

1980 年代,日本和平人士,包括旅日华侨林伯耀和他兄弟等,开始到中国邀请掳日劳工"花岗暴动"领袖耿谆去日本,支持劳工受害者与日本企业

① 杨崴:《抗战期间日本细菌战研究》,硕士学位论文,江西师范大学历史与文化旅游学院 2006 年,第 6 页。

② [美]S. H. 哈里斯:《死亡工厂——美国掩盖的日本细菌战犯罪》,王选等译,上海:上海人民出版社 2000 年版。

③ 郭成周、廖应昌:《侵华日军细菌战纪实》,北京:燕山出版社 1997 年版。

鹿岛建设公司交涉维权。1990 年 7 月,鹿岛公司发表谢罪声明,承认历史责任。后来,因解决问题的交涉无进展,1995 年 6 月,掳日劳工"花岗暴动"幸存者向日本法院提起诉讼,控告鹿岛公司。这是第一起中国战争受害者在日本法院起诉的案件。当年 3 月初的全国人大会议上,外交部长钱其琛就人大代表的询问做出这样的说明:虽然中国政府放弃了对日战争赔偿要求,但并不包括民间赔偿。[①] 关于这一发言,日本《朝日新闻》《读卖新闻》以"中国外长说民间赔偿没有放弃"为醒目标题作了报道,但国内未见报端。

　　1994 年,王选结束留学生活,从日本回家乡义乌崇山村探亲,同村同宗的叔叔王焕斌对王选说,就侵华日军在村子里撒播鼠疫细菌的事要向日本政府索赔,当时很多人染疫死亡,后来日本军队把村子烧了。王选一直以为政府已经放弃了赔偿,而王焕斌告诉王选,政府放弃赔偿不包括民间赔偿,民间受害赔偿是另一回事。王焕斌的这个认知来源于国内一位名叫童增的人士,他第一次提出中国民间对日战争索赔,日本的和平组织还为他颁发了人权奖。童增和一些支持者成立了一个全国性联络网,专门从事中国民间对日索赔[②],并联系到了王焕斌等人。之后崇山村的三个村民王焕斌、吴利琴、王国强联合起草《中华人民共和国浙江省义乌市崇山村在日本国侵华战争中,日军在崇山村使用细菌武器和进行细菌人体试验所造成的伤害,要求日本国履行"受害赔偿"的联合诉讼》。

　　这份诉讼清晰地表示:

　　　　崇山村离县城 8 公里,不设防,1942 年农历四月初七被日军侵占,同年农历八月廿二日,住在义乌县城日军前 731 部队和荣字 1644 部队在石井四郎策划下,出动飞机在崇山村撒播鼠疫苗菌……日军根据细菌人体实验需要,打着免费治疗的幌子,不择手段地把鼠疫感染者诱骗到离村一公里的佛门圣地"林山寺"关押禁闭,并进行活体解剖……18 岁的吴小奶在众多患者面前被日军捆在椅子上,用被子蒙上脸,用刀割

---

① 管建强:《从国际法看日本国侵华战争的民间赔偿问题》,《法学》2000 年第 3 期,第 50—53 页。
② 童增:《中国要求日本受害赔偿刻不容缓》,《法制日报》1991 年 3 月 25 日。

破肚皮,活活挖出心肺,惨叫声震动"林山寺";后来人们对吴翠兰收尸时发现少了一条大腿,小弟的妻子被割去一只手臂,王焕桂的妻子被割去子宫,还有的被细菌人体试验后见不到尸体……

日本政府应认识到践踏国际公法条约是知法违法,理应罪加三等的道理,日本政府应认识到由于日本侵华战争,对中国对我们崇山村所造成的生命财产巨大损失是不可估量、任何赔偿都弥补不了的事实;日本政府应认识到不对民间受害赔偿,实质上就表明你们要求加入联合国安理会和派员参加国际性维护和平组织是不真诚的伪善,是潜在侵略阴谋。

1992 年 4 月,中国国家主席江泽民在回答记者提问时说:中国放弃国家要求日本给予战争赔偿,但是对民间要求赔偿的动向不加限制。1992 年 3 月 11 日,中国外交部新闻发言人发表讲话时说:中国战争的民间受害者可以直接要求日本赔偿损失。1995 年是反法西斯战争胜利 50 周年,我们要求日本政府把握时机,切勿一拖再拖,对民间受害赔偿尽快作出决定。[①]

然而,这份掷地有声的讲话最终石沉大海。

王选记住了王焕斌要求她帮忙找日本和平人士继续诉讼的嘱托,1995 年 8 月 3 日,《日本时报》(*The Japan Times*)登了一篇共同社的报道,正是因为这篇报道,王选肩负起了她一生中最重要的使命。1980 年初,日本静冈中学的历史教师森正孝看到日本记者本多胜一发表在《朝日新闻》上日军在中国的暴行后,对这段历史产生疑问,自发来到中国调查。从 1991 年起,森正孝组织日军细菌战受害者调查团,根据《日军侵略军在中国的暴行》一书的线索,来到浙江省义乌市崇山村和宁波进行实地调查。在调查中,森正孝发现了南京荣字一六四四细菌部队的存在,而当时日本国内因为家永三郎教科书案对日本到底在战争中有没有使用细菌武器有巨大争议,于是他转

---

① 金新林:《侵华日军细菌战中国受害者诉讼研究》,硕士学位论文,上海师范大学人文与传播学院 2010 年。

向了对细菌战的集中调查。1994 年后，根据《井本日记》，他多次到杭州、宁波、衢州、江山、常山、广丰、玉山一带实地调查，走访细菌战受害者，发现浙江是日军细菌作战规模巨大、受害十分严重的区域。他根据这些调查拍摄了六部纪录片《侵略》。

　　1995 年 6 月，森正孝等成立"日军细菌战调查委员会"，目的是继续调查清楚日军的细菌战事实。日本全国有 600 余正义的相关人士参加该调查会，其中还包括一批律师。① 1995 年 7 月，森正孝在崇山村调查时，听说村民们向日本驻中国大使馆递交了联合诉状，要求日本政府对受害者道歉和经济补偿。于是森正孝与一濑敬一郎等律师决心帮助村民运用法律武器向日本政府讨还公道。之后一濑敬一郎、西村正治、鬼束忠则等律师组成了辩护团，免费为细菌战的受害者诉讼。②

　　1995 年王选看到的这篇报道正是在哈尔滨召开的首届日军七三一部队国际研讨会上森正孝、松井英介做的报告。七三一部队细菌战引起浙江义乌崇山村鼠疫流行，死亡近 400 人，烧毁房屋 400 多间，村民代表三人联名向日本政府提交联合诉状，要求就日军细菌战造成的灾难和损失作出赔偿。这三人其中一位就是王选的叔叔王焕斌。王选即刻联系上松井英介医师和森正孝先生，两人表示支持崇山村民向日本政府索赔，并与王选达成以下三点共识：第一，要把崇山村日军细菌战引起鼠疫的历史事实搞清楚；第二，在此基础上，要求日本政府承认这一历史事实；第三，在日本政府承认这一历史事实的基础上，要求日本政府就此承担责任。在与两人的交谈中王选知道了日本政府还没有承认过日军细菌战，她也想要知道村子里的鼠疫和远在哈尔滨的日军七三一细菌战部队的关系。这两个原因使她找到了研究此事的意义，从此她义无反顾地投身其中。

---

① 杨万柱、刘雅玲、陈玉芳：《细菌战诉讼案的意义与启示》，《湖南文理学院学报（社会科学版）》2008 年第 1 期，第 2 页。

② 杨万柱、刘雅玲、陈玉芳：《侵华日军细菌战诉讼案回顾与思考》，《常德师范学院学报（社会科学版）》2002 年第 6 期，第 3 页。

二、诉讼的过程

1. 诉讼前的准备

1995 年 12 月，王选从日本回到崇山村，和村民一起商量诉讼的事。同时，日本和平团体带律师前往崇山村调查，支持村民到日本打官司。于是团结一心的人们成立了"崇山村村民细菌调查委员会"。王选及村民就开始和日本律师、学者、记者、学生、和平人士一起调查村子里的鼠疫情况。他们对村子里 70 岁以上的老人平均每人访谈三次，王选做翻译，后期地方上的志愿者、受害者家属、个别学者也加入了受害者调查的历史整理。

调查从崇山村扩大到义乌市区和其他村落，再扩大到浙江省的其他细菌战受害地宁波、衢州、江山、东阳以及湖南省的常德市。一共组织了 180 名原告，其中 119 名来自浙江地区。

1996 年 3 月，于浙江省义乌市崇山村调查；7 月至 8 月，于江西省上饶、广丰、玉山，浙江省江山、衢州、金华、义乌、崇山村调查；10 月，于浙江省宁波市调查；11 月，于湖南省常德市和浙江省崇山村、江山、衢州调查；12 月，于义乌崇山村、宁波、湖南省常德市调查。受害者调查一直持续到 1997 年 5 月，除宁波以外，各地均成立了"细菌调查委员会"。

2. 细菌战诉讼过程

1997 年 8 月 4 日，第一次细菌战诉讼起诉。王选带着四名细菌战原告代表来到日本，分别是何英珍、何祺绥、王锦悌、王晋华。四人被分成三组前往横滨、大阪、京都、神户、名古屋、静冈等城市进行控诉演讲。8 月 11 日，四名原告与律师一濑敬一郎、西村正治、鬼束忠则一同前往东京地方法院递交诉状，诉状提出的要求是：第一，被告向每个原告支付 1000 万日元，并且在本诉状提交的第二天开始 5 年内分期支付；第二，诉讼费由被告负担。1997 年 12 月 22 日又增加了一项诉讼要求，即被告必须向每个原告提交由原告认可的谢罪文，并刊登于官方报纸上。辩护团团长由土屋公献担任。土屋公献毕业于东京大学法学部，1974 年担任第二东京律师协会副会长，1991 年起先后担任日本律师联合会副会长、会长。他年轻时就关注人权问题，一直致力于"慰安妇"问题的审判立法,被称为"日本司法改革的旗手"①。

由于王选1996年之前一直只是调查团的一名义务翻译人员,诉讼的发言只能由日本律师担任,中国的声音无法被听到。因此在1998年1月20日,召开了第一次原告工作会议,王选因其出色表现、精通中日英三国语言而被来自义乌、崇山村、江山、宁波、衢州、常德的21名代表推举为原告团团长。

1998年2月16日,细菌战诉讼案第1次开庭。辩护团团长首先陈词:日本承认以往犯下的反人道罪行,明确承担责任,向受害者谢罪,这绝不违反日本的国家利益。这是与亚洲邻国和世界建立信赖关系不可或缺的条件,是用金钱换取不到的巨大国家利益。② 之后椎野秀之律师、萱野一树律师、西村正治律师、鬼束忠则律师等列举了日军对衢州、宁波、常德、江山等多地实施细菌战,导致当地鼠疫、霍乱流行,给平民带来巨大的人员伤亡、财产损失。之后,则是原告做了受害陈述。宁波的胡贤忠、崇山村的王丽君,都声泪俱下讲述了日军投放的鼠疫病菌如何带走自己的至亲,以及残忍的日军如何活活解剖病人。但是,日本政府代表对原告的陈述没有任何答辩,要求法院"驳回原告的一切请求"③。

1998年5月25日、7月13日是第2次、第3次开庭,律师代表提交了一系列材料,包括《运用海牙条例驳斥被告答辩的反论》《对作为细菌战证据的井本日记及其作者井本熊男本人的证据保全申请》和《用受害论展开对答辩的书面驳斥》④以及来自衢州、义乌、江山、常德的6位原告作了受害者陈述。

1998年10月12日至2000年3月6日为第4次到第13次开庭,该时期的诉讼以原告律师团向法庭阐明法理主张为主。在这一阶段,律师团向法庭提出了两个要求,一是要求《井本日记》作为证据保全,二是要求在适当的时候

---

① 杨万柱、刘雅玲、陈玉芳:《侵华日军细菌战诉讼案回顾与思考》,《常德师范学院学报(社会科学版)》2002年第6期,第3页。

② 杨万柱、刘雅玲、陈玉芳:《侵华日军细菌战诉讼案回顾与思考》,第4页。

③ 杨万柱、刘雅玲、陈玉芳:《侵华日军细菌战诉讼案回顾与思考》,第4—5页。

④ 杨万柱、刘雅玲、陈玉芳:《侵华日军细菌战诉讼案回顾与思考》,第5页。

请井本熊男本人出庭。井本熊男曾任侵华日军司令部大本营参谋本部作战科科员、支那派遣军参谋等职,1935 年 12 月被安排在大本营参谋本部作战科以后,一直担任七三一部队等细菌战部队与陆军中央之间关于细菌战情报的联系工作。[①] 他的日记对日军在衢州、宁波、江山、常德等地区进行细菌战作了准确记录,记录了什么时间、在什么地点、投放了什么细菌以及投放方式。尽管律师团和井本本人都要求将日记作为证据,但日方政府以井本日记为私人日记,要求保护私人生活为由,蛮横阻挠该日记曝光于白昼之下。尤其在 2000 年 2 月 3 日井本去世之后,《井本日记》不再是个人日记,而变成了"公务秘密文件",并援引日本民事诉讼第 220 条第 4 项:有关公务文件没有公开的义务。

2000 年 5 月 22 日至 2001 年 12 月 26 日为第 14 次至第 27 次开庭,该时期的庭审以法庭调查和法庭辩论为主。除了受害者陈述受害情况以外,原告方日本证人、原七三一部队队员筱塚良雄,作证证明 1941 年、1942 年从事大量细菌生产,参与细菌战、人体实验、活人解剖等;原告证人、原七三一部队航空班驾驶员松本正一,证明亲自空投细菌进行实战攻击的事实;原告方日籍证人、立教大学教师、历史学者上田信,证明参加浙江省崇山村现场调查的事实证据。原告日籍证人、日本中央大学教授、历史学者吉见义明,陈述发现细菌战作战记录《井本日记》、发现日本参谋本部发布实施细菌战命令记述的证言等等,法庭以 6 次开庭听取证人证言进行法庭调查。

东京地方法院于 2002 年 8 月 27 日作出了一审判决,认定了侵华日军七三一部队、一六四四部队在陆军中央的命令下,在中国实施细菌战,造成衢州、义乌、东阳、崇山村、塔下洲、宁波、常德、江山等地万人以上无辜平民痛苦死亡的事实,"确实造成了悲惨的结果及特大的损害,不得不说旧日本军实施的该战争行为是不人道的""既违反了日内瓦协议,也违反了海牙陆战

---

① 杨万柱、刘雅玲、陈玉芳:《侵华日军细菌战诉讼案回顾与思考》,《常德师范学院(社会科学版)》2002 年第 6 期,第 5 页。

条例并产生了相应的国家责任"。① 但判决书还是驳回了原告的一切请求。2002 年 8 月 30 日,王选及原告团不服判决,向东京高等法院提交上诉状。2005 年 7 月 19 日,东京高等法院作出了基本维持原判的二审判决:承认细菌战的事实,但是以"国家无答责"②等理由驳回了中国受害者的诉求。中国受害者继续上诉至日本最高法院。2007 年 5 月 9 日,日本最高法院驳回申诉。王选及原告团漫长的诉讼之路遗憾地终止了。

3. 诉讼结果

总的来说日方以这些理由为据来反驳原告团:第一,根据海牙陆战条例,原告没有直接请求日本政府赔偿的权力。国际法为国家与国家之间缔结的协定,个人不能作为国际法的主体。海牙条例也没有承认个人对国家的赔偿请求权。第二,原告所主张的细菌战,是国家的权力作用下的公法上的行为,即是一种能适用公法的领域,因此不能适用规定于私法上问题的法例第 11 条。第三,"根据日本民法的规定,如果自从发生非法行为起经过 20 年,赔偿请愿权应在法律上作废(即二十年忌避期)"③。

实际在 1998 年 2 月第 1 次开庭时,王选和原告团就明确提出了关于诉讼的意义、目的、方针、目标等,主要目的一是为了受害者和中华民族的尊严,还原历史真相;二不是为了金钱,是为了追究日本军国主义的罪责。主要想要解决的问题是:日本在中国实施细菌战在历史上首次得到确认,细菌战违反国际法,日本政府负有责任。因此,尽管终审驳回了中国受害者的诉求,但王选等认为他们诉讼的最终目的是达到了的,重要的是日方认定了历史事实,通过这场跨国跨世纪的诉讼,让日军细菌战的罪行暴露于世。只有正视这段历史,将细菌战这个被掩盖的罪恶彻底澄清,才是中日和解的第一步,才能真正迎来中日友好和平的未来。

对于原告团来说,漫长的诉讼没能成功的原因还在于:首先,中国对日

---

① 杨万柱、刘雅玲、陈玉芳:《细菌战诉讼案的意义与启示》,《湖南文理学院学报(社会科学版)》2008 年第 1 期,第 3 页。

② 日本明治宪法下的一条法律原则,指因行使国家权力而出现伤害的情况下,国家不承担赔偿责任。

③ 杨万柱、刘雅玲、陈玉芳:《侵华日军细菌战诉讼案回顾与思考》,第 9—10 页。

个人索赔声势不够。日本法院对受害者个人索赔诉讼的判决有一个基本模式，即承认事实（强掳劳工、"慰安妇"、实施细菌战），但以种种借口开脱日本政府的赔偿责任。比较对德诉讼和荷兰对日本的道义赔偿请求就可以看出，中国对日民间索赔诉讼还仅是初级阶段，尽管细菌战诉讼已经是中国历史上持续时间最长、规模最大的一场国际大诉讼。其次，民间组织的脆弱。虽然民间诉讼已经汇聚了各方面力量，形成了原告、志愿者、社会活动家、律师等参与者群体，但对于民间诉讼来说，筹钱是最难的事情。以细菌战为例：8 名原告到日本参加开庭的费用，以及 1997 年 8 月起诉时 9 名受害者、研究者、翻译从中国到日本的费用，都是日本和平运动集资负担的。1998 年下半年，为了维护受害者的主体性，原告团才开始经济上独立自主，寻找华侨和社会赞助，解决去日本开庭的费用。这场诉讼规模较大，180 名原告，来自中国 2 个省 6 个市、县，需要解决许多日常性工作，诸如交代有关诉讼的准备事务等，人力物力的长期汇聚是个难题。

4. 诉讼之后的工作

2002 年 8 月 27 日一审判决之后，王选联同郭岭美前往卫河沿岸，启动了 1943 年战时霍乱大流行的社会调查。2005 年二审判决后，香港启志教育基金赞助了山东调查。2006 年山东大学成立了细菌战调查会，开始了霍乱的区域性地毯式调查。学生们寒暑假，由志愿者社团"鲁西细菌战历史真相调查会"组织，每次行动人数大多三四十人，总共有 500 余人次参与，共走访了 30 多个县，采访了 3000 多名亲历者，调查记录 12 卷。中国文史出版社已经在 2017 年出版了王选主编的《大贱年——1943 年卫河流域战争灾难口述史》。①

2006 年王选开始将更多的时间投入浙江省宁波大学细菌战调查会，进行细菌战受害者"烂脚病"群体调查规范化。由于鼠疫的因果关联比较明显，之前细菌战调查研究大多限于鼠疫，对霍乱、炭疽等细菌武器的调查力度远不够。炭疽热是由炭疽杆菌引起动物和人类炭疽的病原菌。这种疾病的症状类型之一是引起皮肤等组织发生黑炭状坏死，故称"炭疽"。这是一

---

① 王选主编：《大贱年——1943 年卫河流域战争灾难口述史》，北京：中国文史出版社 2017 年版。

种人畜共患的传染病,炭疽杆菌一旦进入人体,便会繁殖产生毒外素,引起组织水肿、出血和坏死,使人丧失劳动力,甚至死亡。[①]

正如前述,日军对浙赣地区进行了两次大规模的细菌战,均使用了炭疽杆菌。1940年,日军七三一部队组成远征队,与南京的一六四四部队在杭州览桥机场集结,由石井四郎指挥,对浙赣沿线城市进行细菌攻击。又据日军战俘交代,1942年的细菌(包括炭疽)撒布时间是1942年6月至7月,次数、数量等不详,撒布地区为以浙江省金华为中心的一带,中国居民中出现众多患者。由于炭疽杆菌在阴暗潮湿的条件下能存活三四十年,因此一旦炭疽杆菌孢子渗透到地面,它致命的传染性将会无限期地污染整个地区,并形成一个长期污染源。在浙江衢州,至今仍可看到"烂脚老人"的身影:腿脚溃疡、坏死,肉一小块一小块地掉下来,溃疡处烂到最后只剩骨头与筋,伤病的痛苦折磨他们最多的已逾70年。[②]

王选诉讼后投入的工作就是调查这些"烂脚老人",为他们提供救治。2008年初,王选作为浙江省政协委员,在浙江两会期间提交提案,呼吁对细菌战"烂脚病"受害者提供医疗救助。在王选的牵头下,民间集中了一大批爱心人士,介入"烂脚老人"群体,对细菌战受难者开展积极医疗救治,包括定期下乡开展义诊活动。2015年6月,王选联合上海王正国创伤医学发展基金会,在腾讯公益频道发起公募行动,资助金华、衢州、丽水地区细菌战烂脚病人的医疗救助;2015年7月16日,浙江衢州日报集团"周到工作室"与王选合作,联合侵华日军细菌战衢州受害者协会(筹)推出"橙色接力第四季·关注日军细菌战幸存者"大型公益活动,正式启动对衢州地区细菌战烂脚病人的全面救助。衢化医院于2015年9月19日加入橙色接力。[③] 以民间为主的救援力量开始正式全面开展对"烂脚老人"的救助活动。

在衢州地区,对"烂脚老人"开展医疗救助活动的主要负责人是吴建平

[①] 张启祥:《细菌战的真相终将大白于天下——侵华日军细菌战的浙江调查》,《史林》2004年增刊,第117页。

[②] 张启祥:《细菌战的真相终将大白于天下》,第117页。

[③] http://news. qz828. com/system/2015/12/04/011063263. shtml,下载日期不详。

先生。活动以浙江衢化医院为救治点。作为浙江医学会烧伤外科学分会副主任委员、省创面修复学组副组长，衢化医院副院长、烧伤科主任的张元海对"烂脚病"治疗充满信心。

从 2015 年至今，在吴建平等人的努力下，已经对 70 多位生活在农村地区的"烂脚老人"开展医疗救助。除了农村医疗保险报销的 30% 费用，其余 70% 的费用全部由协会承担。此外，术后的医药用品也全部免费赠送。"烂脚老人"纳入医疗救治的标准也不繁复，只要是在 1949 年之前出生、经衢化医院专家认定符合烂脚病病症的老人，就属于医疗救助的范围。不同地区的协会负责人时刻保持沟通联系，最快时间内将发现的"烂脚老人"送往衢化医院，进行手术治疗。因此，对于受到细菌战伤害而烂脚的老人来说，这一套民间医疗救助体系几乎是有求必应、有病必医、有伤必好。① 一生烂脚的老人能在晚年享受与家人共处的和谐时光，过上一段没有心理压力、没有病痛折磨的日子，是对这些经历战争苦痛的老人最大的安慰，也是对王选、吴建平这些社会活动家、社会公益人士最大的赞美。

5. 诉讼的未来

诉讼已经告一段落，当下除了以实际行动关爱细菌战受害者，还有一些工作尚待开展。

鉴于细菌战受害问题的现状，根据目前的情况，急需设立一个专门机构，组成一支专业队伍，与努力推动日本政府部门公开细菌战资料的日本和平团体一起，把这段历史整理出来，保存下来，出版文献。② 这也是两国之间全面解决历史遗留问题的基础条件。细菌战诉讼已经提出了问题，通过诉讼，中国和日本各界人士，包括出席法庭的日本政府代理人有了较为深入的交流。在交流的基础上，原告团和许多日本人建立了广泛的互相信任，使诉讼成为两国人民克服过去的共同努力。诉讼本身，对于参与诉讼的中国人

---

① 黄旭生：《侵华日军细菌战受难者"烂脚老人"的社会工作介入策略研究》，硕士学位论文，南京大学社会学院 2018 年，第 23 页。

② 新浪微博，https://weibo.com/ttarticle/p/show? id=2309404446489089802342，下载日期不详。

和日本人，都是一个走向"和解"的过程。在这个过程中需要思考，在共有历史的基础上，两国人民如何形成共同的历史观，继而如何共同努力将历史保存下来，以纪念受害者，教育后人。

诉讼的另一项至关重要的工作是调查。调查是诉讼最重要的组成部分之一，首先要把历史整理出来。目前所知道的受害者历史仅是冰山一角，许多都没能很好地调查和记录下来。随着时间流逝，经历过细菌战的受害者和知情者不少已经去世，个体的珍贵的口述资料来不及留存就消失在了历史长河之中。因此，学术上的受害者历史调查、口述记录也是当务之急。细菌战调查也是战时的流行病调查，流行病调查是区域性调查，涉及诸多专业知识以及对于疾病基本特征的了解。这些调查仅通过民间志愿者会力不从心，需要更多具有学术能力的专业人士参与。

三、诉讼的意义

（一）诉讼本身的意义

王选作为原告团团长的这场细菌战受害诉讼，从准备工作到最终结束历经十余年，经历了一个漫长而艰难的过程，虽然遗憾以败诉告终，但是王选、受害者以及律师等为此案奉献的人们的努力和付出并没有白费，诉讼本身有着巨大的积极意义。

1. 对细菌战事实的认定

首先，东京地方法院于 2002 年 8 月 27 日作出的一审判决认定了侵华日军七三一部队、一六四四部队在中国实施细菌战，造成衢州、义乌、东阳、崇山村、塔下洲、宁波、常德、江山等地 1 万多无辜平民痛苦死亡的事实。[①] 这在日本司法裁判中还是第一次。这是原告方的一个胜利，是广大受害者及其亲属、揭露和研究日本细菌战的专家、正直的史学工作者、主持正义的日本律师、愿意忏悔的日本老兵坚持斗争的结果。此前，在日本政府方面，从未承认进行过细菌战。正如原告团团长王选所说，重要的是打开了"死亡工

---

① 杨万柱、刘雅玲、陈玉芳：《侵华日军细菌战诉讼案回顾与思考》，《常德师范学院学报（社会科学版）》2002 年第 6 期，第 9 页。

厂"的盖子,揭开了日本细菌战的黑幕,让公众了解了事实真相,向世界传达了中国受害者的声音,这就是一个胜利。① 日本法院对细菌战事实的认定,是因为不得不直面大量坚实的证据,包括人证、物证,这与王选等人在诉讼之前的细致调查有关。这个事实认定,将会成为未来许多工作的基石。

王选和松井英介医师、森正孝先生在诉讼前的三点共识,最终前两点得以达成,最后一点虽未通过诉讼实现,但相信最终会通过其他途径彰显正义。

2. 对受害者的治愈和激励

早在 1998 年,为细菌战诉讼出庭作证的日本立教大学文学部教授上田信,问王选"为什么要参与细菌战诉讼",后者的回答让上田肃然起敬:"打这个官司,并不在于输赢,而是通过这个诉讼,让生活在中国农村的受害者能够了解国际社会,让他们知道这个世界到底是怎样的;让他们在诉讼的过程中,学到很多东西,学会怎样发出自己的声音,这是最重要的。"正是在王选的引导下,一个又一个文化程度不高的农民勇敢地站出来,发出了自己的声音。2001 年 12 月,跨国诉讼在日本东京地方法院一审最后一次开庭,中国的记者和王锦悌、王晋华、张曙、楼良琴四名义乌原告一起赴日。其间,记者和原告们一起走上日本街头游行,还手挽手在靖国神社前集体抗议。四名从未出过国门、老实巴交的义乌原告用不标准的普通话,辗转日本东京、大阪等城市,以饱含血泪的亲身经历愤怒控诉,大小场合从不怯场,非常勇敢。还有衢州的杨大方、宁波的胡贤忠、湖南常德的徐万智……。②

这场诉讼,让受到日军细菌战伤害的人们受到激励,站了出来。在重述自己的悲惨经历的过程中,他们勇敢面对战争的创伤;在参与诉讼,叙述自己亲身经历作为证据的时候,他们坚强地捍卫了自己的权利,伸张正义,讨回公道和尊严。在这个过程中,他们的创伤也得到了某种程度的治愈。

---

① 田苏苏:《战后中国民间对日索赔综述》,《文史精华》2003 年第 3 期,第 11 页。

② http://www.jhdsw.org.cn/ztjj/jhyj/201811/t20181128_3512661.html,下载日期不详。

3. 对细菌战的关注度增加

诉讼使得中国乃至国际社会对于细菌战的关注度大为增加。细菌战诉讼的报道层出不穷,使得我国大众对这段历史的关注度大幅上升,有助于国际社会了解这段真实的历史。王选当选为 CCTV"感动中国 2002 年度人物",是官方和大众重视这段历史的一个反映。这对我国未来的历史教育走向也有影响,有利于年轻一代铭记历史。

4. 对战争历史、正义的一次深刻记忆

这虽是民间提起的一次诉讼,但它不仅是受害者及其亲属多年压抑内心痛苦的一次宣泄,更是中国人民为世界和平、为人权和民族尊严进行的一场理性斗争,是人们认识的一次提升。这次诉讼中,一些参与过细菌战的日本老兵公开站出来揭露当年日军的暴行,谴责侵略战争的罪恶,向受害者跪地谢罪,敦促日本政府向中国人民承认细菌战,这些都是此次诉讼的巨大成果。① 如果没有王选,没有跨国诉讼,日军细菌战的罪行不会如此广为人知,受害者也不可能成为历史记忆的一部分。他们会像很多其他受害者一样,默默无闻,平淡地活着和死去。② 这场诉讼为我们保留了这段历史,实现了一次正义的铭记。在这个过程中,中日两国仁人志士共同努力,为捍卫历史真相、捍卫正义而战,超越了民族和国界。

在宣判前,王选曾说过,这次诉讼对整个人类是个道德提醒,以防止历史悲剧重演。某种意义上,这个诉讼是日本对自己的审判,判决日本民族是否有决心承认细菌战战争罪行,承担战争责任。至今,日本对亚洲各国受害者的战争责任问题,依然没有一个正确的解决姿态。这也只有在日本端正了对历史的认识之后,才有可能解决。③

(二)诉讼对于未来工作的开启

东京地方法院在认定原告主张的事实的同时,指出:"大半的原告没有

①③ 南方网,http://news. southcn. com/community/shzt/wangx/susong/200501200671. htm,下载日期不详。

② http://www. jhdsw. org. cn/ztjj/jhyj/201811/t20181128_3512661. html,下载日期不详。

提出能够证明其主张的客观证据,为使上述的事实能够得到准确的认定,我们认为有必要检讨追加提出证据的可能性。"这提示我们,要赢得这场诉讼,仅凭气愤、声势并不可行,必须更加扎实地调查取证。[1] 细菌战诉讼虽然败诉,但是通过对这次败诉的思考,可以为未来解决侵华日军细菌战问题找到一些其他方案和途径。正如王选所说,一场诉讼不可能解决所有问题。中日战争这样的历史遗留问题尤其如此,最终的途径更可能是两国政府通过外交途径一揽子解决。[2] 但无论未来的解决可能性何在,这场诉讼最重要的启示还须得把一些基础性的工作做得更加扎实。重要的是进一步做好证据的搜集和调查工作,不仅调查事实,而且要在法理学、流行病学以及史学上寻找新的证据。前文已经提到,王选在诉讼结束之后就投入到了更多的调查工作之中。在和北京大学历史学系共同完成《日本侵华决策史料丛编》等两个与抗战有关的国家级项目后,她又带领学生投入《浙江省战时烂脚病调查报告》的整理、编撰工作中。该报告共收录了 1000 多位烂脚病人的调查表以及 1000 多个知情者的口述历史。[3]

王选奋战在调查一线,但仅靠她一人努力绝对不够。这场诉讼已经迟到了 50 多年,受害者、见证者已皆年逾古稀,活着的证人也日渐减少。该案起诉以来就有 25 位原告相继去世,时至今日,更多的证人不在人世,取证的难度日渐加大,时间越发紧迫。更何况该诉讼原告所在地仅是日军细菌战受害地域的一部分,尚有许多地方的受害事实未彻底查清。如果视野放宽,其他战争受害的事实也亟待一一挖掘。

我们还需更多的新生力量加入到细菌战的调查甚至未来的诉讼中来,这些力量包括三个方面:

一是受害者家属和后代。如前所言,随着受害者年龄渐长,许多有亲身经历的受害者都逐渐离世。因此,一方面要和时间赛跑,记录受害者的亲身经

[1] 杨万柱、刘雅玲、陈玉芳:《侵华日军细菌战诉讼案回顾与思考》,《常德师范学院学报(社会科学版)》2002 年第 6 期,第 11 页。

[2] 搜狐新闻频道:http://news.sohu.com/21/24/news215122421.shtml,下载日期不详。

[3] http://www.jhdsw.org.cn/ztjj/jhyj/201811/t20181128_3512661.html,下载日期不详。

历;另一方面要动员受害者家属、后代,使得年轻人对祖辈父辈的苦难不忘却,并有所关怀,让他们行动起来帮助记录。

二是更多的专业调查人员和研究人员。本次诉讼的回顾表明,国内对细菌战还缺乏深入、系统的研究。美国、日本的学者都在研究这段历史,而我们作为最大的受害国,理应研究得更为深入。我们需要研究的问题还很多,既要研究历史,又要研究法理。法理上的创新与发展不仅是对本案的支持,也是对全世界维护正义的贡献。同时,细菌战调查牵涉更多的专业知识,包括流行病学等,需要更多的专业人员加入其中,大学和研究机构的参与必不可少。①

三是政府、民间力量的帮助,以及协调这些力量的组织。细菌战诉讼,促进我们去思考未来解决相关事件应该如何进行,采取何种组织,包括基金会、研究组织、NGO 等方式,在组织过程中,如何动员起各方力量,这需要国内外和平力量的合作以及向国外相关先例学习。未来的调查和其他工作需要更多的人员投入,大家共同努力,真实可靠地记录这一段历史。

除了对疾病的救治之外,也需要关注细菌战受害者及其家属的心理创伤问题。这既需要相关研究者的调查,也需要社会工作者的参与。只有这样,才能帮助经历了长期生理病痛、心灵创伤乃至社会隔离的受害者,从创伤状态中走出来,得到真正的治愈。

---

① 杨万柱、刘雅玲、陈玉芳:《侵华日军细菌战诉讼案回顾与思考》,《常德师范学院学报(社会科学版)》2002 年第 6 期,第 11 页。

第四章 细菌战的创伤痛苦

本章着意呈现访谈资料。让我们首先接触两段触目惊心、谈到"烂死"的访谈。

访：那当时村庄里还有死人的吗？

涂：村庄里面，我们这个村庄里面四五十人都烂脚了，以前跟我一辈中我都是最小的，他们**都是烂死的**。① 像我爷爷、兄弟他们**都是烂死的**。

访：你爷爷、兄弟什么的都是烂脚啊？

涂：都是烂脚啊。

访：日本人来之前他们脚烂不烂啊？还是日本人来之后他们才有烂脚的问题啊？

涂：日本人来了以后，他们到这里之后才开始烂脚的。（涂茂江）

访：当时这个村子里烂脚病多吗？

华：多啊，都是些七八十岁的老人，大多数都去世了。

……

华：烂脚的人很多的，有些人整只脚都烂完了，村子里多啊，隔壁村的全部**烂死掉了**。这个毒性也不知道是哪种毒性，我们也看不见。我们肿起来了，弄破了，然后就这么肿。（华东良）

---

① 黑体字为作者所标，若无特别说明，本书后同。

访：那你们村里面还有其他的老人跟您一样吗？

孙：有，都死了。那个本家的兄弟，和我同年的，也是烂脚。和我一模一样的，也是烂得不行了。以前有的，好几个现在**都烂死掉了**。有一个就睡在床上烂死了，**肠子都烂进去了**。

访：他们是因为烂脚烂死的吗？

孙：嗯，烂死的。

访：那爷爷，就是其他人也是跟您一样是上山放牛或者是下田啊什么才导致烂脚的吗？

孙：放牛哇，房子烧掉了，屋里也有毒气的啦，那时候日本鬼子把有毒的食物散到村庄各个地方，叫小孩子捡去吃啊。（孙徽州）

在长达 40 年到 70 年不等的时光中，从稚童到青年中年再到耄耋老人，侵华日军细菌战的受害者遭受了种种经济、生活上的困苦以及肉体、精神上的痛苦，这些痛苦伴随着同村人以及血脉相连的亲人染病甚至"烂死"的记忆，伴随着自己的切身感受，深深刻印在"烂脚老人"的记忆与日常生活中。

随着政府部门和一些历史研究机构对侵华日军细菌战相关资料的收集、整理以及成果公布，人们对于细菌战的认识不断加深。而随着科学技术的进步，医学专家也在不断地寻求治疗"烂脚病"的方法，目前已经取得了卓有成效的进展。然而，记录和回述"烂脚"如何成为一个无法摆脱、挥之不去的梦魇，时时存在于"烂脚老人"的日常生活中，造成他们无尽的痛苦，甚至唤起他们"烂死"或者近如"烂死"的内心惨痛记忆，对我们讨论细菌战的战争创伤问题，声讨日军对中国人民犯下的战争罪行，依然具有重大的历史意义和现实意义。

一、经济生活的困苦

丁晓强等学者指出，日军细菌战中的炭疽杆菌会导致受害者全身，尤其是腿部皮肤严重溃烂，造成"烂脚病"[1]。由于症状主要集中于脚上，行走时

---

[1] 丁晓强、何必会：《侵华日军浙赣细菌战中的炭疽攻击》，《湖南文理学院学报（社会科学版）》2004
年第 1 期，第 29 页。

带来剧烈的痛苦，"烂脚病"直接影响病人的日常行动。伴随着行动能力的受限甚至丧失，受害者的劳动能力也被弱化甚至被剥夺，造成或者加剧了"烂脚老人"经济、生活上的困苦。

日本对浙江的细菌战始于 1939 年 6 月、终于 1945 年夏，历时六年多，波及大半个浙江省。[①] 在受害者群体中，许多人自小便受到细菌的感染，苦于烂脚病的折磨。这种折磨的痛苦一直延续很久，并不能因为时代的变迁而即刻消失。许多从小受到日军细菌战毒害而后来成为"烂脚老人"的人，都是跟着新中国一起长大，亲历了翻天覆地的各种变革。从 1958 年开始，我国推行一切生产资料和公共财产转为公社所有的"人民公社"制，实行统一领导，分级管理和组织军事化、生产战斗化、生活集体化。在人民公社时期，他们中的很多人正值青年壮年，本应处在劳动能力最强的生命阶段，但却因为"烂脚"，遭受了正常人无法体验和想象的痛苦。烂脚病是与养家的重担、挣不够的工分等苦难记忆紧紧勾连在一起的。

> 我家里三个小孩子，一个女儿，两个男孩，**加上我们夫妻俩，五个人吃饭**。以前生产队干活，哪像现在这样，一年里做做稻田，还要拿工分分红，不够啦，还要用毛驴拉了稻子去卖，到生产队去卖。那个时候稻子还是几块钱 100 斤，现在的要 50 块。（涂茂江）

涂茂江老人的回忆可以说是对"烂脚老人"年轻时生存处境的真实写照。在传统小农经济制度下，对农业的投入，主要就是劳动力的投入[②]，而嗷嗷待哺的子女和需要照料的老人都缺乏劳动能力，因此在正常的家庭结构中，成年夫妻二人便是支撑整个家庭的核心力量。但在当时，人们只能种植经济利润不高的农作物来补贴家用，维持基本的生存并非易事。如果夫妻一方或双方同时患有烂脚病，家庭便会面临劳动力短缺、收入来源减少的问题。这对当时普遍并不富裕的农村家庭的打击，无疑是致命的。

"烂脚老人"杜世渭的妻子在访谈中也表达了"苦"：

---

① 包晓峰：《日军对浙江实施细菌战的罪行综述》，《党史研究与教学》2005 年第 4 期，第 38 页。
② 程念祺：《中国小农经济的传统与现实》，《社会科学》2006 年第 2 期，第 72 页。

访：影响工分吗？

杜妻：工分要少一点的。

访：那你跟他还是很累的哦，要洗啊要弄啊？

杜妻：**要洗，生产队还要干活。**

访：你要干活？

杜妻：我要干活的嘞，我要挣工分，**不干活不行的嘞**，我有两个孩子，哈哈哈。我嫁过来的时候家里面很穷的嘞，什么都没有。

……

访：你觉得你最苦的时候是什么时候啊？

杜妻：最苦的时候就是孩子小，他不会干活，你说**这里还要照顾他那里还要照顾孩子，还有生产队上要干活。**

访：也就是里里外外都要操劳。（杜星仙，杜世渭妻子）

虽然自己没有烂脚病但丈夫患上烂脚病之后，作为妻子的杜星仙需要为他定期换纱布，在皮肤溃烂处涂抹药膏，清洗脚面。因为皮肤溃烂处会一直流脓弄湿被子，她间隔不了两三天就要清洗一次被褥。这些事情消耗了她大量的时间精力。而在照顾丈夫的同时，她还要去挣工分帮助养家糊口，身上的负担十分沉重。"屋漏偏逢连夜雨"正是他们家庭生活的真实写照。对"烂脚老人"的看护和烂脚病的治疗费用，给本来就不富裕的家庭带来了沉重的经济负担和精神压力。

再稍长地录一段"烂脚老人"涂茂江更为详细的回忆，体会一下他们在当时的集体劳动生活中是如何因为烂脚病而面临巨大困难的：

涂：**到生产队里干重的活干不了，就干少的活。**

访：什么少的活啦？

涂：那个生产队里晒稻谷，再有就是在那个地方种点豆子和玉米，干少的活，不是种水稻，**种水稻是要有水的。**

访：这个病不能弄水？

涂：**不能碰水，碰水的话就痒、痛。**

访：痛到什么程度啦？

涂：痛到你不敢走，你一走那血水就流出来了，痒就要烂，有细菌就会烂，有细菌就会发痒。

......

访：流脓了？流血水了？

涂：流血水，脓没有，一盆子的血水，很疼。这个脚还是让我很苦的，要干活啊，**白天干活，晚上痛得睡不着觉。** 不干活的话，到冬天做一天的活都是四五毛钱，做一天 5 毛钱的分红，一天 10 工分，5 毛钱。现在 5 毛钱没用，一个鸡蛋都要 2 块钱。

......

访：你当时觉得这个病给你生活带来最不方便的是什么？

涂：**带来生活最不方便的就是家里劳动痛苦啊**，你不去不行，家里小孩子买不到，去的话就是痛苦。就是这样，**不去也得去，无论如何也得去。 不去的话，人家有的东西你不种就没有。** 那时种那个甘蔗，白天生产队里做活，晚上要用那个桶去浇水，不浇水的话那个甘蔗就要晒死了。甘蔗拿去做糖，过年拿来做发糕什么的，做些吃的东西。你不种的话就要拿钱去买，**不种人家有我们没有，那不就可怜了。**

访：所以脚也不管了？

涂：就不管它烂了痛了，反正要去的。就像那个牛耕地一样，你把它放在水里，它也是怕的。**我们不去做，生活条件就没有别人家好，人家有的东西你没有，小孩子多可怜。 只要是烂的不为过，烂狠了再说，反正就是要去做。**

......

涂：人家有的东西我们都有。我家里的人身体都没有我好，我一个人干活，我不叫她到田里去。人家老公、老婆两个人到田里干活，我老婆有病，我不叫她去。都是我自己去，今天做不完明天，明天做不完后天，总有做完的时候。时间拉长一点，春天的稻谷要播种，**人家只要 10 天，我都要 20 天。**

（涂茂江）

　　这些访谈材料生动展现了"烂脚老人"劳作过程中的不便,也清晰地描述了烂脚病对家庭生存境遇的恶劣影响。烂脚病对身体的破坏影响了他们对劳动种类和劳动强度的选择。因为烂脚碰到水就会痒、就会痛,不能种水稻,所以"烂脚老人"只能退而求其次,少干点活,种点不需要大量接触水的豆子和玉米。而如果白天干活时间过长,到了晚上,皮肤溃烂处就会疼得难以入睡,因此病人又不得不减少工作量。但在日常食物都无法得到充足供给的情况下,对于工分的渴望,为子女提供更好的生活条件的责任感,也迫于同辈群体的相互比较的生活压力,"烂脚老人"其实没有什么选择的权利:"不去也得去,无论如何也得去","只要是烂的不为过,烂狠了再说,反正就是要去做的"。

　　虽然"重的活干不了,就干少的话",但因为肩负着养家的重担,想到"我们不去做,生活条件那就没有别人好,人家有的东西你没有,小孩子多可怜",即便拖着烂脚,"无论如何也得去"。而在实际劳动过程中,他们不是种稻米就是种甘蔗,这些都是与水打交道的农活。虽然烂脚不能沾水,碰水就会溃烂,但却又不得不沾水。"不种人家有我们没有,那不就可怜了。就不管它烂了痛了。"这些充满无奈与辛酸的叙述,生动而且充分展现了"烂脚老人"努力吃苦讨生活的艰辛。

　　另外几位被访者也同样述说到了烂脚与劳动、挣工分之难的情况:

　　访:那得了这个病以后是不是会给您干活,比如去生产队里干活带来很多的不方便?

　　符:是不方便的嘞,管他什么事都是不方便的,别人能去,我去不了,去了(鞋子里面)水灌进去,回来要洗,洗了又要发起来的。(符水莲)

　　访:当时就您和您父亲两个人是家庭里赚工分的劳动力,您的烂脚会影响到您家里的经济条件吗?

　　余:那是很正常的。

　　访:那当时您觉得您家的经济条件在当地属于什么水平?

　　余:那时跟农村里的其他正常人相比,比工分我们就是比他们要少了三成，不是特别好。

访：家庭条件在农村还是很重要的，那您的家庭条件有没有影响到您找对象？

余：**我大儿子、大媳妇都受到影响了啊**。他们都说我们家赚工分少，这样子挣不起来工分，分不到红。结束分工分的时候，我们也分得很少，没有人家多。别人家好比分到一担稻谷，我们只有半担稻谷。

……

访：当时您大媳妇家不同意的主要原因是什么？

余：说我们家庭不好啊！说我们家庭工分挣得少，每次拿东西都是落后的。…**脚就是会影响挣工分**。

……

余：**我不去干就没有工分，没有工分就没办法分东西啊**。生产队也都是找一些轻松的活给我干，水稻田比较难。这些活我能干的都要去干的，不去干不行的。

……

那个时候我不会搓麻将，我挣工分都来不及，不能赚工分怎么能有时间去打麻将、打牌，什么都不会打的。**那时候有些人活都不想干就想去打麻将，那种样子我是不会做的**，可以赚工分我都去赚工分的。（余敦祥）

访：那当时影响到您在生产队挣工分吗？工分会比别人少吗？

华：挣工分还是要去挣的，**就是皮肤有点烂也是要去挣的啊**，少也没办法，没办法。那会儿身体差，挣的工分少没办法的。

……

访：那当时会不会有人说你这个烂脚是传染病？

华：没有没有，烂脚会发炎，烂来烂去都在那一块，不会传染的。不如说夫妻，烂脚病老婆也不会传染，儿子也不会传染的。这个烂脚病是我们人皮肤弄破了，然后那个毒跑进去了。毒性跑到皮肤里了，再然后脚肿起来，发炎起来，让脚就这样大起来了。真到这样大起来了，就不能够走路了。如果

发炎了，分肿的和不肿的，不太肿的话走还是能够走的，就是**干活挑担吃不消的，一般的轻活能干的。**（华东良）

"烂脚老人"的亲属对于当时的经历也深有感触：

> 刚开始的时候不严重，后来越烂越深，就送到上海医院去了。不种田也没有办法，不种就没得吃，兄弟姐妹又多，吃饭也痛，睡觉也痛，眼泪都出来了。（徐朝顺妻子）

> 你看这个脚黑的嘞，我们正常的脚不会这个样子的。他这个脚受苦啊，夜里睡觉睡不着。脚上三个洞，洞都很深的，还往外流脓水，一年到头血水都留在外面的，只要稍微一走就流下来的。以前很臭的，都不能闻。以前在生产队还要去田地里干活，**干不了也没有办法，只能咬紧牙关干啊**，不干就没有工分啊，没有工分就没有吃的。（吴发贵儿子）

徐：家里主要经济来源就是种水稻。

访：即使烂脚后，还得继续干农活吗？

徐：**这个没有办法**，我们小的时候，他以前是家里主要劳动力，要经常下地干农活的。（徐规富儿子）

在不得已的情况下，"烂脚老人"仍然需要坚持干活来挣工分、养家糊口，但这又进一步加重脚部皮肤的溃烂，皮肤溃烂又导致劳动能力的降低，因此不可避免地陷入到"贫困—症状加重—贫困加剧—症状恶化—贫困"的恶性循环中。

孙：我父母亲都是我负担的。所以要砍柴，要种田。

访：那这个脚烂了它怎么方便下田呢？它不会更严重吗？

孙：那也没办法嘞，就用那个塑料的、那个塑料的麻袋包起来。

访：最严重的时候能走路吗？

孙：走路痛啊，痛，**那没办法嘛**。家里面什么东西都没有，父母亲年纪大了。

访：它流这个水，您又去下田，那岂不是烂得更严重吗？

孙：烂，那个蚂蟥，哎，要吸血的，蚂蟥要来叮的嘛。这个烂脚的地方，最招蚂蟥了。**蚂蟥咬到，就越咬越严重。**（孙徽州）

访：有没有女的烂脚的？

涂：有啊，那三个女的烂脚的都死了。**有的女的不到水里去，在家里干活，脚要好一点。** 我妈妈不是烂脚，我爸爸烂脚，我爸爸兄弟六个，我那些婶婶都不会烂脚，都是男人烂。男人在地里劳动，又要遭受那些细菌，在水稻田里面。以前也不知道那个水稻有毒气。最早最早以前，40 年前，杭州有一个人到这里调查，告诉我们就是鬼子，日本人在这里放细菌，就是那个毒气。

……

访：对你生活有影响吗？

涂：好有影响的。（涂茂江）

在"那没办法嘛"的哀叹中，可以想见"烂脚老人"挣工分之艰辛。熟悉农村生活的人都知道，在当时那个还谈不上"机械化"的年代，又累又重的农活主要就是靠自己的手脚和称不上先进的农具，而"烂脚老人"恰恰正是在对于农民而言最重要的手脚上出现了问题。对于他们而言，干不了活或者说干不了重活是没有办法维持一家老小生计的，这在农村生活中无疑很致命，因为这意味着生活收入的断崖式滑坡。

"烂脚老人"被排除出了农村青年中的第一梯队，在劳动力层级上只能沦为末流，不能从事重体力劳动。有的只能试图通过增加劳动时间来弥补劳动强度上的不足，以期凑够与别人一样的工分，来填饱全家人的肚子。他们自然也不可能有多余的时间进行娱乐消遣，比如打牌听戏曲，来使自己疲惫而痛苦的身心得到一些放松。日子枯燥而艰辛。

烂脚病造成的不利的家庭条件，有的也为子女组建家庭带来了负面影响。从功利主义层面来说，经济条件是婚恋市场中的一个重要影响因素，而在当时的社会环境里，工分少就意味着分红少："我们家赚工分少，这样子挣不起来工分，分不到红"，"那时跟农村里的其他正常人相比，比工分我们就是比他们要少了三成"。在余敦祥老人的访谈过程中,他提到自己的大儿子和大儿媳就受到了烂脚病的影响。可以说"烂脚老人"身上的战争创伤,不仅影响他们自身的生存境遇生活质量,而且在一定程度上也影响了后代的发展条件。

二、肉体的痛苦

在上文的一些访谈片段中,已经提到"烂脚老人"干农活时沾到水,脚就会痛会痒。这类体表的疼痛对他们而言还不是最主要的折磨。在感染烂脚病的患者身体中,炭疽菌会通过坏死的皮肤和肌肉组织渗入血液循环系统,患者出现浑身乏力、出虚汗、发烧、打冷颤、脸色苍白、头痛、虚脱等症状,严重时还会出现休克。[①] 朱香老人的女儿在接受访谈时说"母亲烂脚后如果把伤口包扎起来,眼睛、鼻子、都会痒,好像有虫子在里面爬一样。肚子上也都要出红疱"。这些无法根除的并发症,造成了病人污秽的形象,引起他人的嫌恶。长久的疼痛、视觉上的恐怖和恶臭的气味,这三个关键词概括了烂脚病人之病症和形象的基本特征。

1. 长久的疼痛

因感染炭疽病毒造成的烂脚,是一种长期的身体残疾,久治不愈。几十年的烂脚经历,往往伴随剧烈的疼痛。烂脚病也会反复发作,病人几乎没有喘息机会。

> 反正发作起来就会痛,好的时候就不痒,有时候就像**被辣椒辣到一样痛**。(余敦祥)

> 流血水,脓没有,一盆子的血水,很疼。这个脚还是让我很苦的,要干活啊,白天干活,**晚上痛得睡不着觉**。(涂茂江)

---

① 丁晓强、何必会:《侵华日军浙赣细菌战中的炭疽攻击》,《湖南文理学院学报(社会科学版)》2004年第1期,第30页。

　　睁着眼睛痛,晚上也痛,一直痛。床上一夜下来,哼,淌得棉花都是水,都要擦掉。(陈春花)

孙徽州老人是这样描述他的病情的:

孙:我以前,日本鬼子到村子里,房子烧掉了,我放牛啊,放到 20 来岁的时候,脚就烂起来了。烂起来,额,这里看好了那里又烂起来了。一双脚全部都烂起来了。

访:全部都烂完了啊?

孙:嗯嗯,**这里看好,哪里又烂起来了。**

……

访:您烂脚这么多年,有什么最想说的吗?

孙:什么想说的?**烂脚啊。痛死了喂。**(孙徽州)

　　"烂脚老人"发病时常常会感受剧烈疼痛,而由于烂脚病很难得到彻底治愈,他们只能靠自己的意志力来忍受长久和反复的疼痛。被访者之一的衢化医院①主治医生张元海说:"这些老人都烂了六七十年了,好了又烂、烂了又好,反正就是反反复复的。""这个人是烂掉掉的【对访谈者指着 PPT 中的图片】,不是截肢截掉的。我也是第一次看见烂脚病把脚给烂掉的,你可想而知这些病人忍受了多少痛苦。""烂脚老人"在回顾生命历程时,也用他们自己的语言,很生动地描述了这种"反反复复":

　　每年都有发的,发起来会好,好了也要发的,被什么弄到,吃了什么东西,都会发的,**每年都要发的,没几年不发的。**(符水莲)

　　就是痒,痒得不得了,没有办法,以前农村没有工资,拿开水洗,或

---

① 衢化医院,全称"浙江衢化医院"。在衢州地区,对"烂脚老人"开展医疗救助的主要是细菌战受难者协会,以衢化医院为救治点,以受害者自荐、乡镇负责人推荐为主要联系方式,对当地"烂脚老人"开展人道主义救助。从 2015 年至今,已经对 70 多位生活在农村地区的"烂脚老人"开展医疗救助。只要是在 1949 年之前出生,经衢化医院专家认定符合烂脚病症的老人,都属于医疗救助的范围。被确定的"烂脚老人"送往衢化医院,能够接受有效的手术治疗。

者上山采草药，农村里没有办法。天天烫，痒了三四年，天天洗，治不好，发作，到省人民医院看，4000 多块钱，再回家吃药，再到衢化医院。……报名，医生检查，再到衢化医院……天天洗没有办法。（王玉莲）

今天烂，明天烂，天天烂，没有办法只能让它烂喽。……一块都烂起来了，先是皮肤烂开，然后是肉，慢慢往里面走，慢慢变大起来。……看到自己的伤口知道它要烂，我也没有办法。……我一开始也不严重，就是发痒，没有现在烂的这么严重。我们也不知道这是病。一开始痒的时候抓一抓就变红了，然后就慢慢腐烂了，腐烂的时候脚**很痛**。小时候化脓了还可以擦掉，擦掉之后还是会继续化脓。后来就慢慢的越来越严重。（余敦祥）

张：哎嗯，**好了烂，好一下，又烂一下**，不开刀不会好的哇，开了刀，把里面那个碎骨头给它弄出来。（张双根）

访：怎么烂法？你能讲讲怎么个烂法？
姜：……刚开始就是起的像泡一样，烂泡样的，痒的哇，有时用本土药煎起来洗，洗洗开始好了一些，后来 20 几处又大起来，越来越厉害。（姜春根）

华东良老人谈了很多：

访：您是几岁的时候染上这个烂脚病？
华：十三四岁，那个脚有点肿，我们农村的人都是在田里做事的，有一点划伤，它慢慢就发炎，肿起来，十多岁。

访：您十多岁就下地干活啦？
华：唉，那时候哪里有书读的啊，我父亲，七个孩子，在田里帮忙。有些事十三四岁都可以做了，有些事还帮不上忙。做着做着有点破了，然后发炎肿起来了。……到卫生院看，人民医院看，零零散散的。
……
华：唉，要挣工分的，自己买点药吃下，腿烂起来了，抹点药膏，以前那种黑药膏,擦擦烂也蛮好的,我们都叫黑药膏……当时如果哪里发炎或者烂进去,拿那个药一擦上去,五六天一个星期新肉就会长出来的,就是烂的洞好不了。就是那个烂的洞,肉长不了那么饱满的啦。再过段时间,重新又要发炎起来的,里面筋脉都胀出来的,毒水就是那样不停地流出来。

访:那当时那个创口是什么样的情况?

华:就是烂个洞啊,总归是洞好不了的,整只脚都会胀起来的。

……

访:您当时说不能走路了,是一步都走不了还是站都站不起来?

华:烂了当时就痛,**不会走了**,就在床上睡觉,再用碘酒涂一涂。烂脚烂起来,总之是最肿的时候才痛得厉害,没到最肿的时候不太会那么痛的,那个洞是烂的,但是走路还是能够走的。我去医院里治疗开刀的时候,吃饭都是我自己下食堂里去吃的,我一日三餐都是自己去吃的,就是那个药包上去呢,会不那么痛一点,药擦上去当时是不太痛的,再一旦那个药性过了,两天三天没换,在烂疤上面重新要痛起来的。(华东良)

他们的亲属对于病情的反复也同样记忆深刻:

平时看着好好的,突然告诉你又烂开了,又开始发作了。而且烂得很快的,一开始我们打算过一天再去医院,第二天一看不得了了,又烂了一大片。一个晚上烂了一大块,我们只能急急忙忙赶到县城去看一下,因为它一烂开就很快的。我们得时刻关心,千叮咛万嘱咐,要小心啊要小心啊。每次打电话回家,那个脚要是好的,我们就很开心,就是怕这个脚。(朱香女儿)

访:那他这个病几十年是一会儿痛一会儿不痛?

杜:**都是痛的喂,我碰到他了都痛死的喂。**

访:不能碰?

杜:不能碰,干重活也不行。

访:那他年轻的时候就不能干那些重活了哦?

杜：嗯。

访：晚上睡觉盖着被子睡觉痛吗？

杜：被子盖起不痛的哇，就是那个血水，要渗出来的。用塑料的包起来也不行的，不透气。我棉絮都用掉好几条。（杜世渭妻子）

　　在长达 40 年乃至 70 年的时间里，身体上的疼痛和不适已经成为了"烂脚老人"生命历程中不能分割的一部分。作为一种慢性病，烂脚病破坏了日常生活的结构以及作为其基础的知识形式[1]，它对生理机能的破坏使"烂脚老人"的日常生活和劳动都受到了严重的影响。发病的"烂脚老人"会痛得走不了路睡不着觉，他们之中有些症状特别严重的，甚至完全丧失活动能力，只能躺在床上接受家属或医护人员的照顾。

　　烂脚病也影响到了病人的思维观念、其想当然的假设和行为，使他们关注先前未曾进入意识的身体状况，以及是否去看病等。[2] 许多"烂脚老人"的人生轨迹由此发生翻天覆地的变化，他们不得不通过改变自己的思维和行动来适应新的身体条件和生存条件。"烂脚老人"虽然一直在寻求治疗方法，但受到当时医疗知识和治疗手段以及经济能力的限制，他们基本上只能自己上山采草药，或者在农村找土郎中开药方。"这些家庭条件很差的，就在家里用点报纸什么的包一包。"（张元海）

　　患病的苦难不仅是个人的痛苦体验，也是患者本人与其父母、配偶、兄弟姐妹以及孩子等共同拥有的生活经历。"烂脚老人"的家属也受到他们病情发展的影响，有喜有忧：病情又恶化了，那么全家都会陷入悲伤和担忧；如果变好了全家人的心情也会为之稍有振奋。在这样一种长期反复的病情中，"烂脚老人"与亲属建立起了一种具有特色的交往互动关系。病情极大地影响家庭氛围，整个家庭常常都为之饱尝辛酸与苦涩。

---

① 郇建立：《慢性病与人生进程的破坏——评迈克尔·伯里的一个核心概念》，《社会学研究》2009 年第 5 期，第 229 页。

② 郇建立：《慢性病与人生进程的破坏》，第 230 页。

2. 视觉上的恐怖

感染炭疽病毒造成烂脚的另一个特征是创伤面恐怖,比如腐肉、流脓血、皮肤发黑等。"看着都怕,那些护士看着都躲起来,太可怕了。都讲,哎呦,这么可怕啊,烂得很厉害。"(陈春花儿媳)访谈者在访谈中经常听到诸如"可以看到骨头了"的描述。对于笔者而言,虽然没有亲眼看见,但在自己脑海中进行想象时,仍然不免胆战心惊。被访者在接受访谈时,他们自然而然就提到自己的身体因为烂脚而发生的外在表征和变化,烂脚病所造成的恐怖创伤面对他们而言已成为了一种经常面对的日常和平常。通过身体记忆,被访者的战争创伤记忆已经被"具象化"为外显和真实可感的"血水""脓水""烂肉""骨头"等名词了。

几位"烂脚老人"以形象但近乎平淡的口吻描述自己的伤口:

访:那就是你治这个病治了两年?

张:没有治到两年,在家,就是**骨头烂掉,直接把它拔掉了呢**!

访:你直接把骨头拔掉啦?

张:嗯,直接拔掉了呢!

访:就是你小时候啊? 9 岁?

张:嗯,9 岁还是 10 岁拔掉了。

访:那当时不会痛得要命吗?

张:不痛呢。当时已经烂…**烂翘起来了**。

访:但是烂的时候是很痛的吧?

张:烂的时候很痛,但后来就自己好了。(张双根)

我烂就是个洞,这里一大块,那里一大块,**肉也烂掉**了。到冬天那要好一点,那个洞里的肉会生出来,到春天你去干活的话,它又要烂起来……流血水,脓没有,**一盆子的血水**……到衢化开刀,到以后脚上这么大两个洞,这么深,要到骨头里,**看得见骨头**了。(涂茂江)

小时候化脓了还可以擦掉,擦掉之后还是会继续**化脓**。后来就慢慢的越

来越严重。……**流水是要流的**,要拿纸给擦掉的,**脓水要流出来**。(余敦祥)

家里造房子工作很多。后来干着干着静脉曲张**血飙出来了**(手比划着血喷出来时候的场景)。我到田里去……(血喷出来的)有一两斤哦!(黄忠惠)

"烂脚老人"的家人也提供了他们的证词:

> 以前没有治疗的时候,一年到头都**流脓血**,夜里睡觉都睡不好的,很痛的。晚上起来上厕所,**那个血水流的啊**。睡觉的时候也流,我妈妈给他洗,什么被子上都是。(吴发贵儿子)

> 有时候只要稍微碰到点伤口,就会持续性扩大,伤口处的**血水流个不停**,晚上睡觉**床单都会给打湿**的。苍蝇、蚊子也会在伤口附近飞。他也不敢给别人看的,怕别人看到要恶心的。(徐规富儿子)

> 他以前以为一只脚烂得厉害,另一只脚就会好很多。那四年不会走路的时候,一天要**滴一大盆脓水**,就是脚放在盆上,伤口就滴答滴答的往下流(脓水),一分钟有四五十滴,一直不间断,一天到晚都在流。我卫生纸都是十沓十沓一买,一年到头都不断纸的,就是用来收水的。里面用布包着,外面就用卫生纸收水,一天要用好多包。刚开始去衢化医院的时候。棉垫铺了三层,都要湿透的,人家两天换一次,他一天要换两次。水喝得多就流得多,气味很臭的。一晚上要换四次,都睡不了觉的,那纸还是湿的。而且还疼,疼得要叫出来、哭出来为止,眼泪都流出来。……
>
> 以前都没穿过鞋,都是光脚。都是光脚,大冬天的光脚。那没办法,他没法穿鞋,又烂脚,漏水的也没法盖被子。(姜春根儿媳)

除非从事医学等相关行业,在日常生活中,我们基本只会在影视图像中看到涉及人体的"血水""脓水""烂肉""骨头"等部位和画面,很少在现实世界中接触到这类触目惊心而又完全真实的展现。但在"烂脚老人"那里,"血水""脓水""烂肉""骨头"已经融入到他们和他们家属的生命体验中,构成了他们日常生活的一部分。在接受访谈过程中，"烂脚老人"往往也是用相当平静的语气叙说他们在肉体上遭遇的折磨，他们对此似乎已经习以为常，处之泰然了。

细菌战给"烂脚老人"带来的苦难和创伤，远非笔者的记录或当事人自己的讲述可以表达。他们是如何在一种极度痛苦和非比寻常的处境中艰难生存，他们又是如何仅凭个人之力默默承担和忍受着日军侵略的后果，也许已经远超我们所能想象的程度。

3. 恶臭的气味

"烂脚老人"往往因自己的病状陷入深深自卑，对他人的目光十分在意，担心会让别人觉得恶心或嫌弃，只能选择把自己的烂脚藏起来，遮掩起来"不给别人看"。但无论怎样，经常还是无法掩饰烂脚所带来的恶臭气味。"烂脚老人"在访谈中谈到恶臭对他们生活的影响：

吴：到药店买那个牙膏，抹在纱布上包上去。

访：那个牙膏是医生推荐给您的吗？

吴：我自己去买的。

访：那您是怎么知道这个牙膏有用？

吴：都没有用。抹上去不会痛，用起来都没啥用的。

……

访：一款牙膏大概能用几天啊？

吴：两天就要用完，一烂就从这烂到那，好大一块，脚背上都有，牙膏包在纱布上要好大一块。气味很大，3 岁小孩子都能闻到那个臭味，**臭的受不了**。（吴十一）

访：味道大的时候房间里都是？

徐：房间里都是，夜里的时候睡觉得把门窗开着。

访：冬天很冷也开窗啊？

徐：**很冷，窗户也要开一点点。**（徐朝顺）

访：在家里的时候脚有气味吗？发臭吗？

涂：以前那当然臭啦，每天晚上都要洗一次，三百六十五天，每天都要洗一两次，有的时候要洗两次，一般都要洗一次。

访：洗一洗气味会好一点？

涂：洗了之后用牙膏包起来，**不洗不用牙膏包的话，夜里就睡不着了，痛。** 烂的时候很臭的气味，我把袜子鞋子穿起来的时候要好一点。（涂茂江）

参与"烂脚老人"救助的相关人士也证言道：

原来都不敢靠近的，一靠近就是一股恶臭，那是什么气味呢，就是**死尸腐烂的恶臭**，看到那个创面，饭都吃不下的，**很恐怖很恐怖的**。（吴建平）

这个是家里人给他包裹的，**很臭的**，渗出很多很多，那个纱布放了好几块都湿透了，到我们医院来垫了两大块棉垫都湿透了，很恐怖的。（张元海）

你那么严重的话，有的小孩子就是说"我宁愿出钱"，但是不愿意住到我那去，因为他感觉到**这个气味很难闻**，特别是严重的时候。我记得最早我是把吕友全（音）、就是上次说的吕友全那个人哦，他那个特别臭，到医院里面医生戴着口罩都受不了，后来医生叫护士赶快给他清洗，然后把腐肉给它剔掉。我去以后，把车开走，轰隆隆地往衢化医院跑，像救护车一样，一直超过去超过去。因为你不敢开空调，**你不敢关窗户也不敢开空调，那个一关就真的非常难闻，自己要吐的。** 所以我后来送他到医院后，他们那个医生赶快就是说啊把他清洗掉，就是把他的腐肉给弄掉，因为你在一个房间里要影响大家了。因为其他人已经处理过了就不会有气味，他这个是没有处理的，气味太大。……你比如说我们这么一次接触到都这么难受，那儿女要长期和他住在一起，你儿子同意媳妇不一定同意，媳妇儿子同意孙子啊什么的都不一定同意，哎

呦，你太臭了。你再做工作，但是这个现实摆在这里是吧？就是现实摆在这里的。（连忠福）

即使"烂脚老人"可以忍受身体上的疼痛，也可以遮住视觉上可能令人感到恐怖、恶心的创面，但他们对于恶臭气味的遮掩往往无能为力。有病人选择涂上大量的牙膏来遮掩其气味，但也是徒劳无功。无论是"烂脚老人"自身还是他们的亲属，参与救助的相关人士包括医护人员，都对恶臭表示了极大的反感。弥漫在空间中的气味无法被掩盖掉，唯一的解决方式便是远离气味的来源。因此，在医院里，医生会让护士尽快清除掉病人的腐肉，以免气味影响同一个病房里的其他人。而"烂脚老人"的子女是老人们在社会中最亲近、血脉相连的人，他们中的一部分人即使主观上想要尽孝，客观上也无法接受烂脚创面处视觉上的恐怖和散发的恶臭气味。

访谈叙述中我们可以深刻感受到"烂脚老人"在肉体上，与"长久的疼痛"，与"视觉上的恐怖"，与"恶臭的气味"，紧紧捆绑在一起。即便在自己家里也有人成为被厌嫌的对象，何况面对其他没有血缘关系的陌生人了。

三、精神的痛苦

日军细菌战除了给"烂脚老人"造成了经济生活以及肉体上的种种困苦痛苦，给他们精神上也带来了长期和持续的恶劣影响。受疾病的困扰，他们无法再维持或建立以往以"劳动"来建立的社会角色认同，自然也无法再通过社会的认可而获得自我认同。他们的"自我"仿佛已经被患病的身体所取代，除了疾痛，对于自己的想法和周围的环境已经无法及时做出思考和回应。[①] 在精神层面，"烂脚老人"的战争创伤又具体体现为被歧视的感受、自卑、无助与孤独。

1. 被歧视

由于身体原因，"烂脚老人"往往无法在日常生活中得到与常人一样的

[①] 王梦怡：《乡村慢性病患者生活世界破坏的社会学研究》，硕士学位论文，南京农业大学社会学系2015年，第22—23页。

平等待遇，遭受别人言语上的攻击和语气中的嫌弃，但却无力应对。

> 小时候看见我脚烂了就叫我"**烂脚**""**烂脚**"，然后就一直这样叫下去了。……他们都叫我"**神仙**""**烂脚**"。那个时候戏里的神仙不都是烂脚，他们就叫我"神仙"。……那我自己肯定有想法的。他们这样子叫我"烂脚""神仙"，肯定就不好了。那"神仙""烂脚"肯定不能好啊，我这个烂脚肯定也治不好。我是有这个特点，没有这个特点别人肯定也不会叫的。……**他叫总归他叫，我烂也没办法不烂。他们这样叫我也没有办法。**（余敦祥）

> 我们那里原来好像是有个叫花子，在我小的时候就烂很大的一块，就是这一块全部烂掉，然后他就要饭，就没办法呵，从小要饭。就是那个时候小孩子不懂事的，就跟着他后面就是……噢……就是说：**你这个"臭疯子""臭疯子"哦，赶快走赶快走**。小孩子嘛就好玩又不懂，那么那个时候肯定不知道，都以为他是自然啊什么东西烂起来的，因为很多的人对烂脚……不知道这个为什么烂。（连忠福）

以上两段访谈，前一段是"烂脚老人"自己的回忆而后一段则是相关救助人员对一段历史情景的描述。这两段访谈都涉及到"烂脚老人"被歧视的现象：在儿童的眼里，"烂脚"被定义为"疯子"。虽然这是儿童不涉人世的无心之语，但不可避免伤害了"烂脚老人"的自尊心。另一方面，充满歧视之意的"烂脚"还成为了指称患者个人的一个固有名词：患者个人在本质上就是被自己的疾患所定义的。此时，"烂脚老人"个人的其他自然属性社会属性都被忽视和遗忘，只留下一个充满歧视的标签。另外一个对他们的称呼是"神仙"，这个名词其实同样也充斥了贬义。访谈对话中的"神仙"特指戏里烂脚的神仙——同他们一样，"烂脚老人"的烂脚同样也是被歧视和嘲讽的对象。

患病之初，"烂脚老人"以及同村村民都不知道烂脚病是日军撒播细菌造成的："以前没有人知道，没人读得起书，文化程度低。都以为是自己搞破的，那个时候都觉得日本人走了那么多年了，哪里想到这跟日本人有关。"
（徐规富儿子）由于他们不知道烂脚病病因，因此就会沿用传统思维方式进
行解释。姜春根儿媳向我们转述了旁人对烂脚病的看法："我们一家很多人
都烂脚，我公公，他妈妈，我奶奶还有我叔叔，还有姑姑，五个人中有四个人
烂脚。他们都说是传染病，实际上不是的。人家都说我们一家人烂脚，说我
们家德行不好，说我们家是做了坏事的报应。"可见，在一种迷信的思维里，
患上烂脚病被视为是"报应"，是应得的惩罚。姜春根整个家族都受到了同
村一些人不同程度的歧视排斥，唯恐避之不及。但从根本而言，"烂脚老人"
都是日军细菌战的受害者，他们中的大部分都是在下水田干活、山上砍柴或
者修葺房子时，在自己不知情的情况下感染上的烂脚病。

　　对于"烂脚老人"而言，感染炭疽病毒本身就是一件极其不幸的事，内心
已经十分痛苦，而几十年的医疗费用也早已掏空了他们的口袋，消磨了他们
的希望和期待。日常生活中不仅无法得到充分的帮助和安慰，反而遭受到
种种歧视和偏见。在"他叫总归他叫，我烂也没有办法不烂。他们这样叫我
也没有办法"的声音中，可以体会到"烂脚老人"心理上的无奈与煎熬。

　　2. 自卑

　　"赶快走赶快走"的驱赶声，使得"烂脚老人"更加自卑，把"烂脚"作为了
自己不能见人的丑事。"烂脚老人"往往选择用各种方式把脚部皮肤溃烂处
遮掩起来。杜星仙就曾提及，她的老伴在闷热的夏天也要穿上长裤长袜，因
为"他怕别人看到的"。"他从来夏天不穿短裤。一年到头他这个脚都是穿
解放鞋的。"毛水达老人也担心被人看见他的脚，虽然觉得难受觉得闷，还是
选择用布把脚包起来，才敢在白天出门干活。他们都惧怕别人的目光，害怕
自己的"丑陋"暴露在他人眼前。

　　访：哦，用布包起来的。包起来你难不难受？闷不闷？

　　毛：……包起来就不会让大家看见。

　　访：噢，但是你个人很难受是吧？然后包起来难不难受，个人难不难受？

　　毛：……包起来还不难受哒？

　　访：啊，就是晚上睡觉的时候一个人在家里边把它解开？

毛：嗯。（毛水达）

访：孙子他们看到你的脚怕不怕啊？

徐：他们都没怎么看，**我以前都不怎么给他们看，怕他们害怕**。

访：你换药什么的不给他们看？

徐：不给他们看，我儿子他们都不晓得，不给他们看。（徐朝顺）

为了不被当做"臭疯子"一样的异类，"烂脚老人"通常拼命掩饰自己的烂脚，试图逃离人们的视线——"躲""藏"是常用的策略。

访：上次学生来问，然后后来你讲到你以前脚烂的时候，**不肯见人得躲起来**。想详细地了解一下！像你怎么躲起来？

姜：……**别人看到，不好看**。

姜：……看到感觉饭都吃不下去。（姜春根）

这种看法也反映在对"烂脚老人"家属的访谈中：

怎么敢出去啊，人家也不敢到他的家来。他现在的生活就是早上去镇上的茶馆里喝喝茶，和人家聊一聊，心情要放松一点。他裤子放下来，尽量**不让别人看见**，**怕别人嫌弃**他脚有气味。自己遮遮掩掩的，**藏**在桌子底下，不想让别人知道的。他对人说，是蚂蟥把他的脚给叮坏的哎，夏天干农活，四五十只蚂蟥会贴在伤口处吸血，赶走一会儿，又会游回来。一直要流血，所以一直很瘦。（徐规富儿子）

没有出去找。这个脚很自卑的，以前都不出来的。以前呢我都结婚了十几年，**十几年才看过他的脚**，**都不让我们看见**，等我们睡着了，他才洗脚。都不让我们这些小辈看见哦。……他都把裤子拉下来了，等我们睡着了他再……（姜春根儿子）

反正以前烂脚没截肢的时候，他就**躲**在房间里不出来，他也不见他们，就**躲**在房子里不出来……他裤子放下来，尽量不让别人看见，**怕别**

人嫌弃他脚有气味。自己**遮遮掩掩**的，**藏**在桌子底下，不想让别人知道的。……他都把自己**躲起来封闭起来**，一般都不怎么出门，反正没有办法才出去一次，就是能不接触人就不接触人。他以前很**自卑**的，我以前相亲的时候，他都**躲**起来不见我的，就**躲**在灶台后面烧火都不起来的。（姜春根儿媳）

在最后这段短短的"声音"中，"烂脚老人"的儿媳竟下意识地用了五个"躲"字来描绘老人的"怕"和"自卑"，可谓极为生动传神，其中充溢的悲哀与沉重，令人难以承受。"我以前相亲的时候，他都躲起来不见我的，就躲在灶台后面烧火都不起来的。"

虽然这些只是"烂脚老人"家属的描述而非老人自己直接的声音，但都是对日军细菌战罪恶的血泪控诉："躲"和"藏"意味着"烂脚老人"其实清醒认识到别人对自己的抵触心理，因而"尽量不让别人看见"，"也怕别人嫌弃"。"烂脚老人"只能无可奈何地通过逃避和躲藏的方式待在"安全区"里，通过降低存在感来维护自己的尊严。

参与了救助和治疗的相关人士也指出，治好之前和之后"烂脚老人"最大的区别就在于"现在变得比以前更乐观了。他自己心态好，没有因为烂脚表现得很自卑"（养老中心工作人员）。如果把患病比喻成冬天，"那么在把它治好了以后，就寒冬过去了，就是春天了"。"对老人来说就是提高了这个老人的社会体验、人生价值。"（连忠福）只有治好烂脚病后，"烂脚老人"心里长期存在的重石才能落地，才能摆脱烂脚病带来的种种精神阴影，重构自我认同，进而肯定自我的生命意义；才会选择以轻松的心情自信地、积极主动地与他人交往，回归正常的社会生活。

3. 无助

"烂脚老人"不仅会因溃烂造成外形上的变化产生自卑，而且也会有一种巨大的无助感。几乎所有接受过访谈的老人都说自己曾赴各地求医，但却怎么都医治不好。有时即使当时治好了，也是治标不治本，经常还会复发。心理上经济上都疲于应对：

访：那是用什么擦呢？就是没有看医生的话，自己用草药还是？

孙：这个看不好，只能用那个药慢慢……用那个冰片，就是那个地方，那个肉都死掉了，就给它割掉，割掉后又发起来。没有办法嘞。它这个地方看又看不好。那个时候土郎中说，**你这个脚哪个地方能看好，哪个地方能看好医药费他就给你报**。哎……去了很多地方，人家一说哪个地方好就到那个地方去，**就是看不好**。（孙徽州）

访：大爷，问一下，您大概是十几岁开始烂脚的，是吧？您觉得这个烂脚给你带来的特别痛苦、特别难过的事情是什么？

华：当时没办法，治不好，**到处都看过都看不好的**。

访：那现在治好了心里感受怎么样？

华：当时补好的时候是好的，以后不能够保证就不会复发的。我前年补好的，**哪里知道今年又复发了**。前年这个小洞补好了，这么一块，哪知道今年又发炎了。

访：就平常还是有些担心害怕的，是吧？

华：不是担心害怕，那个毒气散不出去，我别的病没有的，就是那个烂脚病哇。**发的东西不敢吃**。那个牛肉、海鲜都不敢吃的，牛肉一吃下去就要烂起来的。（华东良）

对于这种顽疾，其实过去的医护人员本身也无能为力，由于无法确知根本的病因，自然也就不知该如何治疗。当时的"烂脚老人"，只能默默忍受疾病的长期折磨：

访：哦。那会儿去哪里看啊？

杜：……哦……看的地方多呢，**别处的赤脚医生都看遍了**。

访：那医生怎么讲？

杜：……赤脚医生说静脉曲张，要开刀。

……

杜：……**医生都说是静脉曲张**。（杜世玉）

访：医生怎么说的，当时？

华：**医生也不知道什么毛病**，就是破了就发炎了。（华东良）

余敦祥老人也说：

> 那个以前刚烂的时候，有一点像破开了。我们就到处去看，他们都说这个脚要断去的，**那些看过的医生都是这样讲，你这个脚看不好，没有办法看**。还有一个医生说过要医好**这个脚得神仙过来才能医好**！我们这里治不好的，都是这样子讲的。都这样说那我也没办法，今天烂，明天烂，天天烂，没有办法只能让它烂喽。直到吴会长到我这里来，把我拉去看，把我治好了。（余敦祥）

一些"烂脚老人"迫于经济压力，年轻的时候没能去条件好的医院治病，高龄后身体抵抗力又持续下降，症状越发严重，治愈机会也越发渺茫：

访：那当初刚烂脚的时候，您父母带您去看过病吗？

余：**以前哪里医师比较好的我们都去看过的**，都说看不好的。

访：那这些医生是乡镇医生吗？有去过大城市看过医生吗？

余：大城市那个……去过衢化医院看过。

访：那去过像杭州上海这种城市吗？

余：没有去过！**没有办法去啊，没有钱去啊**！杭州上海那个医院是不能去的，因为家里要攒工分。那个时候家里有六七个人要吃饭，还有妹妹弟弟，我不能到处去看病的。（余敦祥）

访：就是衢化这次把你彻底治好的？

张：嗯嗯。

访：那你之前找医生看，看不好？

张：到杭州，他要2000块，**那个时候没钱**，那个医师要2000块帮我治。但那个时候过年，过年不能干活呢，我们家没办法的。

访：这个大概是什么时候？

张：好像是八几年。当时是外孙，去外孙那里，**家里不能负担呢**！

访：你有几个兄弟姐妹啊？

张：我们有七个呢！（张双根）

就以前的医疗条件而言，烂脚病确实可以被定义为一种绝症，根本不可能完全治愈。治疗又必然会给老人们带来不能轻易承受的沉重经济负担。从这一点也可以想见"烂脚老人"的绝望和无助。华东良老人提到，最为难过的事情就是："当时没办法。治不好，到处都看过都看不好的。""烂脚老人"在不断面对治疗和复发的循环的同时，心理上无疑也因在希望和绝望之间反复转换而饱受折磨。一部分患者甚至早已丧失了信心，精神上处于一种消极和悲观的状态，觉得"已经烂了几十年了也没啥信心了，已经麻木了"，"这一辈子真是不容易啊"。

4. 孤独

烂脚及因烂脚引起的另一恶果是造成了"烂脚老人"与他人的疏离。从上文一些访谈片段可以明显看出，有的"烂脚老人"因为溃烂的伤口散发恶臭而被家属厌嫌，亲孙子、亲孙女也同样唯恐避之不及。受烂脚影响，部分"烂脚老人"无法与亲朋好友进行正常的情感交流，性格上也逐渐变得孤僻。以下访谈深刻反映了老人们在家庭生活和社会生活中的疏离与孤独的痛苦。

访：大爷，你平时一个人做饭吗？

余：**是，我一个人做饭**。

访：他们一个月回来几次啊？

余：不一定的，他们有时间就回来一次，没有时间就不能回来。

访：那中秋节、春节回不回来？

余：中秋节回来过，回来一下就出去了。春节也要回来的哦，**回来看看啊，回来一下就出去了**，平时就不回来。女儿是有事才回来，没有事就不回来。每个人都有自己的一个家了。

访：村子里亲戚不少啊，平时会有人来看看你吗？

余：平时这样子不来看的，**烂脚都不敢来的**。

访：那你每天没什么事，怎么打发时间呢？

余：就这样坐着，走走，**没有电视看的哦，也没有人跟我讲话**。（余敦祥）

访：老爷子有孩子吗？

护：没有孩子，一直都没有结婚，现在就自己住在老房子里。

访：那平时还有人照顾他吗？

护：**哪有人照顾他？就自己照顾自己**。

访：他一直都没有结婚跟他的烂脚有关系吗？

护：可能有吧，他烂脚烂了好多年了，人家看不起他啊，他脚不行。这个人腿又不会动，找了人怎么办，**养又养不起，又不能挣钱**。他以前会磨剪刀、磨菜刀，**这个又挣不了多少钱，养不了家的**。

访：老人生活已经不能自理，村委会有想过把他送到养老院吗？

护：人家养老院不要他，就是他的脚。他钱有的，生活费也有的，就是养老院不要他。进了养老院里面也会有一笔钱，**养老院怕他的脚影响别人**，不让他进去。（周文清老人的护理人员）

余敦祥老人平时一人独住一人做饭，既无电视也无交流对象，而从政府得到的补贴只能勉强维持基本生活。其子女因为工作关系，都在外地买房定居，分散在各地，节假日时才会回家看望。对他而言，人际交流的丧失和孤单早已成为习惯。"平时这样子不来看的，烂脚都不敢来的。"他日复一日年复一年过着这样的日子，内心的孤独及独自生活、照料自己的艰辛可想而知。

周文清老人因为烂脚丧失了挣钱能力一直没有结婚。养老院因为担心他的脚会传染、影响到别人而拒绝接收他，因此仍独自住在老房子里，主要是自己照顾自己。烂脚病对"烂脚老人"的生活造成了极坏影响，孤独与遗弃感常常像一片难于散去的阴云。

费孝通在《乡土中国》中提出，中国的乡土社会在地方性的限制下形成了生于斯、死于斯的社会秩序，常态的生活是终老是乡。① 如果一个村子里

———————————

① 费孝通：《乡土中国》，北京：北京出版社 2004 年版，第 6 页。

人人都如此,人际关系上就产生一种特征,每个孩子都是人家眼中看着长大的,孩子眼里周围的人也是从小就看惯的。换言之,这是一个"熟悉"的社会,没有陌生人。而在"熟悉"社会的农村,平时村民互相串门走动非常自然且常见。但对于长期处于乡村社会边缘乃至底层的"烂脚老人"而言,出门走亲戚都会成为一件需要克服自卑感或罪恶感的事。

> 以前都**不敢出门**的,你到人家家里去**把人家被子东西弄脏了怎么好嘛**!……像我们平时走亲戚都是中午吃一餐,下午就回来的,不会在外面过夜的。……女儿家去,他也一定要回来的,**他自己要求一定要回来的**。(杜世渭妻)

> 那时候啊,不想去唉……自己脚不好,跑到人家家里面,烂脚病,看见了恼人。……那痛的时候不想去。……孩子们代我去,我自己不想去。(孙徽州)

> 这个肯定会有自卑感的嘛! 你走到人家面前,人家当面不说,心里面也不舒服啊!**反正尽量少串门**,自己在家里面。(孙徽州之女)

医生张元海也提到"像这种病人,除非自己的子女,不然走亲戚是绝对不敢走的,睡了一觉把人家的被子全给弄湿了"。

再如在农村中非常重要、日常生活不可避免的"红白喜事"等重要社会交往场景,人们经常通过这些仪式和宴席等活动的操办和参与,建构、维持、扩大自己的社会网络。[1] 但"烂脚老人"依然很难参与其中。他们经常被这类社会大事放逐,被排除在正常的社会秩序之外,只能自我"监禁"在家里:

> (红白喜事、社区活动)**都不去**! 就在家了,就只有过年的时候我们**都在家他才出来**,平时就**躲**在自己的房间里。我们一起吃饭的时候就是用袋子把他烂脚给**套**起来,怕那个臭味影响别人。以前没法穿鞋子

---

[1] 胡荣:《中国农村居民的红白喜事网及其影响因素研究》,《社会学评论》2013年第3期,第49页。

没法盖被子,都是露在外面。晚上睡觉都是用什么东西一**包**,没法放在被子里,冬天也是。(姜春根儿媳)

他**不太喜欢去**,血缘很近的才去,一般关系的就不去了。(徐规富儿子)

甚至是正常的夫妻关系:

老婆都不跟他睡,**老婆都怕他**,子女没有办法只能照顾他。其实他们非常非常痛苦,很痛苦。(张元海)

从社会心理学的角度看,患病实际是一种"社会偏离"行为,是个体正常社会生活的被剥夺和失败。在正常的社会支持网络中,他人的积极肯定和病友之间的互相鼓励以及家属的帮扶理解,都有助于病人确立正确的自我认同,保持自我同一性。① 但对于"烂脚老人",几十年的痛苦境遇导致他们已经不能顺畅地与亲朋好友进行正常的社交互动,有的甚至只有过年才敢从自己房间里出来,还有的甚至不能与妻子同床。可以说,烂脚对于"烂脚老人"的家庭生活以及社会关系网络的打击具有毁灭性,他们很容易成为被排斥和被遗忘的存在。

日军的细菌战造成了烂脚病,烂脚又残忍地改变乃至摧毁了老人们的生活和人生。

① 蔡嵩:《社会支持对慢性病患者身心健康的影响》,《医学与哲学(人文社会医学版)》2006 年第 3 期,第 55 页。

第五章　从疾病叙事到治疗叙事

一、创伤与社会记忆

　　法国历史学家诺拉在其主编的记忆系列研究《记忆之场》中,创造了一个对记忆研究非常重要的概念——"记忆之场",它的意涵是储藏、浓缩、保留和表记记忆的空间,狭义而言可指博物馆、纪念碑、遗址等建筑性场所,广义而言则可囊括纪念文集、档案、歌曲、庆典、仪式、旗帜、体育比赛等凝聚记忆的表述性"场所"。之所以创造这个概念,是因为诺拉认为现代社会的话语生产机制,让历史正在加速消灭记忆。"我们曾在记忆深处体验到的深厚资源正在消失,现在它只能通过重构起来的历史学才能体验。"因此,"记忆之场诞生于这样一种意识,自发的记忆不再存在,应该创建档案,应该维持周年纪念活动、组织庆典、发表葬礼演讲、对文件进行公证,因为这些活动已不再是自然的了。"按照诺拉的本意,记忆之场需要在日益普遍的历史化过程中,为记忆的存续之道及其意义找到可资依凭的载体。

　　《记忆之场》是集120多位学者的论述而成的鸿篇巨制,但其各个篇章之间依然具有内在的统一性,那就是要在法国这样一个拥有深厚历史传统的国家去讨论"民族意识"中记忆居于怎样的位置。由于学力所限,笔者尚无法完成对所有文章的阅读,而在孙江所编译的中文版《记忆之场》中,因版权方面的问题,只包含了11篇文章,可以说我们很难拿中译本来涵盖整个《记忆之场》的研究。但是,站在社会学或者人类学的角度,从这些片断式的文章集荟中,我们也能管窥到记忆之场这个概念所具有的内在紧张感。最明显的紧张,就在从历史学的角度看,史学都要去讨论公共性或者大人物,而一旦它们与民族或国家的建构过程联系起来,记忆之场便具有了强烈的政治性,对于这些政治性主题的各种叙事,恰巧是历史学家们的专长。因此,《记忆之场》所选择的研究主题,大多属于法国的政治要素,它们是法国大革命以来法兰西民族具有世界典范意义地颠覆君主专政、消灭贵族统治的"文明化进程"的内在组成部分。成为国庆的七月十四日、成为国歌的《马赛曲》、埃菲尔铁塔、环法自行车赛,以及"圣女"贞德和"自由·平等·博爱"等等,无一不是在历史中由部分人所塑造,最后演变成法国整体民族记忆的要素。它们的"记忆铺陈"变成了某种关于记忆的历史,从而让原本具有以讨论记忆为主的《记忆之场》,显露出一种"历史"之场的意味,落脚点到了历史学家非常熟悉的"场"上,但他们所不熟悉的"记忆",则成为讨论"场"的点缀。①

　　换言之,在记忆之场,我们看不到记忆的主体性。这和社会学领域研究记忆的鼻祖哈布瓦赫在给记忆冠上"集体记忆"之名后,重点谈集体而少谈记忆有颇多暗合之处。② 从历史学的角度,记忆构成了串联事件因果关系的个体或心理要素,而从社会学的角度看,记忆却成为群体建构自我团结和认同的内发性资源。这些对于记忆的理解将记忆从个体心理的封闭空间解救出来,成为我们理解记忆的重要维度。人类学家莫里斯·布洛克也指出,不同文化对人及其过去、当下与未来的理解会影响人们处理记忆之物的方式。③ 这些不同学科的记忆研究都把记忆当作了一个对象或者客体,讨论记忆在事件、社会或文化当中的表达、属性和特征,他们的基本问题还是

---

① [法]P. 诺拉:《记忆之场——法国国民意识的文化社会史》,黄艳红等译,南京:南京大学出版社2017版,第45页。

② [法]M. 哈布瓦赫:《论集体记忆》,毕然、郭金华译,上海:上海人民出版社2002年版,第98页。

③ [英]M. 布洛克:《吾思鱼所思——人类学理解认知、记忆和识读的方式》,周雷译,上海:格致出版社2013版,第132页。

康纳顿所关心的"社会如何记忆"①,但却很少询问"记忆如何构造社会"。

从"记忆如何构造社会"的问题意识出发,再来讨论记忆之场,就能够和历史学的记忆之场进行比较。后者的"场"是一个浓缩了记忆的既定空间,而前者所指的场,则是一个正在发生的、由记忆为主导所建构的社会之场,它既带有布迪厄所说的"场域"的属性,又具有明显的实践性。换言之,在这个"场"里,记忆作为一种核心的要素成为影响个人和群体采取行动策略的"文化资本"和"叙事资本"。② 虽然从广义上讲,日常生活的世界离不开记忆的建构,但普通的记忆与日常生活中的行动策略之间的关系并没有明确的关联性,因此,日常生活很难称之为记忆之场。这也是笔者不采用埃利亚斯所谓的长时段的社会"形塑"(figuration)的概念,而用布迪厄实践理论来讨论此类记忆之场的原因。在这个"场"中,行动个体的记忆因较为独特的人生经历而成为其日常生活中最重要也是不得不经常需要面对和处理、并由此成为其行动选择主要的意义来源。而多个个体围绕着这些特殊经历形成的互动、交流与联系,也使得围绕着记忆而得以形成一个"社会",一个特殊的记忆之场。

在医疗人类学的研究中,有学者注意到医疗空间与患者个人生命史之间大多数时候是一个比较隔绝的关系。医生只从医学的角度对患者进行诊断和治疗,很少关心病痛本身的社会背景。③ 因此,患者的个体记忆根本无法进入到这个空间,也失去了发声的机会。这就造成医患之间不能进行富有"人格投射"的交流,也降低了他们之间的沟通效用,建立不起充分的信任,从而使治疗效果大打折扣,尤其是很多慢性病。因此,人类学者在介入医疗空间时,意欲在研究的基础上揭示医疗空间的"抽象关系",期待改变医患之间的沟通模式,将之改变为富有人际交流和人格投射的"具体关系",从而获得更为积极的治疗效果。哈佛大学医学人类学家凯博文提出"疾痛叙

---

① [美]P. 康纳顿:《社会如何记忆》,纳日碧力戈译,上海:上海人民出版社 2000 年版,第 12 页。

② [法]P. 布尔迪厄:《实践感》,蒋梓骅译,南京:译林出版社 2003 年版,第 36 页。

③ [美]A. 克莱曼:《疾痛的故事》,方筱丽译,上海:上海译文出版社 2012 版,第 9 页。

事"的概念,取代纯粹医学关系的"疾病叙事",强调医生应更主动听取患者在疾病方面的"精神困扰",从而采取相应的治疗措施。但凯博文的这一理论,依然忽视了一个非常重要的方面,即治疗者或者参与治疗的救助者自身的叙事。他的疾痛叙事更侧重于救助者听取患者的声音,并没有考虑救助者自己参与救助的主动性以及背后的个人精神世界。而事实上,医生或者救助者参与帮助和治疗患者,不仅是作为医疗专业人员参与其中,也可能具有和患者相似的生活经历、成长环境、伦理关系,甚至社会记忆,而这些个体内在的记忆,如果被置于一个特殊的关系中,就会不同程度地被唤起,从而也转变成一个"结构性的记忆"。医疗和救治工作,就不仅是一个简单的社会救助过程,而是一个交织了救助者和被救助者之间的精神关系、具有社会建构作用的"记忆之场"。救助者不仅在听取患者的疾痛,他也有自己的疾痛需要在此过程中得到表述。① 我们将这种表述以及由此产生的行为称作"治疗叙事"。这强调了救助者实际出于某种独特的伦理参与到医助过程,在此过程中讲述自己参与其中的目的,并通过这种叙事从而不断再生产自己的救助行动,提高了医助的效果,保证了可持续性。

二、积极的救助者们

几乎是从 2017 年 3 月到衢州开始调研,笔者就萌生了上述想法。某日下午,我与贺晓星,以及另外一位同事褚建芳走进了"衢州日军细菌战受害者纪念馆"。纪念馆并不大,展出的各部分布置得也很紧凑,我们很快就看完了全部内容。之后,我们向纪念馆工作人员提出和负责人见个面,了解一下情况,尤其是其中"烂脚老人"的情况。但是她们回答馆长另有公务出去了。我们只能要了馆长的手机号码,离开了纪念馆。由于当晚就要离开衢州,我们在中午时分给馆长打去电话,希望与他见面。馆长意外爽快地接受了我们的请求,并约下午 1:30 在纪念馆见。于是我们又折返纪念馆,在那里见到了馆长吴建平。当时不曾料到,此后的两年多时间里,围绕着细菌战的

---

① [美]A.凯博文:《照护》,姚灏译,北京:中信出版集团 2021 版,第 68 页。

疑似受害者"烂脚老人"群体,我们和吴建平建立了深厚的交往关系,不仅因此认识了多位"烂脚老人"及其亲属,还在此过程中了解和观察到他参与救助"烂脚老人"的诸多行为。我们发现,不仅"烂脚老人"这个群体值得研究,吴建平的救助行为也构成了这个事件"整体性"的一部分,成为我们研究关注的对象。

以往的医学人类学研究,大多侧重于医患之间的关系,从两者之间的"权力"关系和沟通方式入手进行讨论,没有注意到两者之间还可能存在一个关键的"第三方"①。事实上,社会救助的层面在医疗系统中也起到非常重要的作用。作为"中介"的社会救助力量,可以推动医疗系统去发现他们不曾关注到的疾病,也可以更多地收集患者的信息,了解病情,进行资料的汇总和整理,甚至根据这些情况去选择和甄别更适合患者的医院和治疗的团队,然后与医生合作去动员患者积极接受治疗,从而提高医治的针对性,达到更好的治疗效果。因此,在医学人类学的研究中关注社会救助机构和力量,讨论他们在其中发挥的"双轨"作用,对于发现医疗过程中的一种新模式,并由此探索一条提高医患沟通的渠道具有十分重要的意义。

第一次与吴建平会面,就让我们注意到了他身上具有的双重身份。他不仅是"侵华日军受害者纪念馆"的馆长,同时还兼任"衢州侵华日军受害者协会"的会长。这一协会并非官方组织,而是一个民间机构,大约有300多名会员。这些会员主要是现在的"烂脚老人"和他们的家属,以及少量的志愿者。协会的主要工作是在衢州,乃至整个浙西南地区,包括丽水、金华等地,寻找依然健在的"烂脚老人",鉴别他们的病情是否符合日军侵华细菌战疑似受害者的状况。如果符合,就给他们进行义诊。

根据吴建平的介绍,"烂脚老人"被"发现"已近20年的时间。实际上自1960年代开始,这个群体在当地就一直存在,且患病人数达到了2000多人。但是当时没有人把这个病和日军细菌战联系在一起,而是把它视作地方上的一种怪病。有的家庭一家好几口人同时染病,同村的人就说他们家的祖

---

① Donald Joralemon, Exploring Medical Anthropology(New York: Routledge, 2017), p. 4.

坟埋得不好。地方上的村民用各种民间的说法解释这种怪病的生成，也用了各种正式和民间的医疗手段治疗这个病，但大多收效甚微。不少患者最后烂断骨头，在痛苦中去世。最早把这个病和细菌战联系在一起的，是1995年开始从事日军细菌战诉讼的王选。她当时为了收集诉讼的证据，到家乡金华的乡间，"意外地"发现了这种困扰很多村民的"怪病"。她和许多日本的律师、医疗工作者、社会科学者一起调研这些地方，后又把范围扩大到浙西南的衢州和丽水，发现了更多相似的病症。他们发现产生这种病的村庄，地理分布上和日军占领时使用的交通线路有关，烂脚病的"症状"也和感染炭疽病毒的症状有高度的相似之处。据此，王选团队认为，这并非简单的地方病，而可能是日军细菌战遗留下来的病菌，在土壤中潜伏且依然具有活力所致。虽然至今没有找到医学方面的证据证明她们的推测，但她们一方面在日本展开诉讼，另一方面出于道义，也开始组织资金和社会力量展开了对这些烂脚病老人的救治。

　　然而救治之路并不顺利。主要原因是这个病极其顽固，表面上治愈以后，还会多次复发，创面的流脓难得到根治。王选回忆说，当时在衢州地区，起初并不是吴建平在搞社会救助，而是他父亲，还有杨大方、邱明轩等老一辈在做这个事情。杨大方是第一届"衢州侵华日军受害者协会"会长，邱明轩是衢州地方上退休的防疫专家，后来参与到王选的诉讼团队。王选既是诉讼的主要参与者，也是救助的发起人。她自己出资救助病情严重的姜春根老人，治疗方案是请镇上的一位医生定期去姜家换药包扎，但姜的病情还是频频反复。除此之外，王选也委托杨大方的协会想方设法救治衢州地区的"烂脚老人"。

　　杨大方积极参与到这项工作。他家中有多位亲人在日军侵华战争中死于细菌战，因此格外投入。他们还向社会发出公告，宣传"烂脚老人"的病情，呼吁多方的救助。但由于当时对这个病的认识不清，加之急于找到治疗的办法，协会也走了一些弯路。杨大方接到南方一家医药公司的介绍，说用他们的药泡水洗脚，就可以治好烂脚病，而且该药可以免费赠送。杨大方治病心切，不经医院的确认，便让个别患者尝试，没有取得好的疗效。此后，王选团队与衢州人民医院合作,尝试找到根治该病的办法。衢州人民医院万少华医生组织了一个医疗队,参与到治疗队伍中,但由于在皮肤病的治疗方面并不擅长,所以他们更主要的是负责外部的护理和换药。

为寻找到根治烂脚的办法,王选及其团队投入了很多精力和财力,其间吴建平父亲、邱明轩和杨大方等老人相继过世。杨大方去世之前,把协会会长的重任郑重地交给了吴建平,坦诚叙说这个协会任重道远,希望吴能继承父亲遗志,接下这项工作。吴原本有自己的单位,并没有打算接任会长,但最终感动于杨大方的真情,接下了这个担子。此后他就和王选一起继续为救助"烂脚老人"群体而奔波。在他们的不懈努力下,2014 年终于发现了以张元海为主刀医生的衢化医院医治团队。因为在化工医院从事外科救治工作,张元海团队对烧伤类疾病尤其专业。张称现在国际烧伤治疗标准中有一项就是由衢化医院团队提出并得到了认可的。张医生了解到"烂脚老人"群体后颇感震惊,他们不仅制定出针对性的手术方案,而且还与吴建平等协会成员亲赴"烂脚老人"家中巡诊,察看创面,与患者和家属协商治疗方案,甚至动员害怕手术的患者一定要住院手术。到 2015 年,为了更好查找到分散在衢州各乡村的"烂脚老人",他们在《衢州日报》上进行"免费义诊"的宣传,广而告之,凡符合疑似细菌烂脚病病况的老人都可得到免费义诊。治疗费用主要由上海一家公益组织承担。经过多年的奔波和寻觅,王选与吴建平等人终于为"烂脚老人"找到了可以通过手术一定程度治好烂脚使之不再复发的治疗方法,许多乡村患者在他们的帮助下完成了手术,让他们多年治好病的愿望得以实现。

在让"烂脚老人"得到彻底医治的过程中,以王选、杨大方、吴建平等人组成的社会力量发挥了极大的推动作用。他们之所以这么做,更多是因为家人在日军侵华战争中遭到杀害或者在细菌战中受到摧残,这铭刻下了他们的细菌战创伤记忆。他们也共同参与了对日诉讼,在诉讼过程中结成了紧密的关系,决心把洗刷过去的冤屈和伤害作为斗争的目标。因此,访谈"烂脚老人",从老人那里收集证据,是以他们受伤的身体为武器与历史的苦难进行抗争,而把老人的烂脚治疗好,则是诉讼团队感到的一份历史道义。

对于遭受创伤的人而言,最重要的记忆经验往往包含三个方面:首先是如何遭受创伤,第二是创伤带来的痛苦生活和心灵经历,第三是创伤治疗或者是摆脱创伤回忆以恢复到正常状态的过程。如果创伤的伤害程度或者说对精神的冲击程度较小,对常态生活造成的破坏力度不大,个体恢复到正常状态的可能性就较大。相反,如果创伤伤害较大,带来明显和持续的生活折磨,则个体摆脱创伤记忆的过程就更为艰辛,有些个体甚至一生都会为创伤所致的精神疾患所困扰。[①] 在战争、集中营或者屠杀等公共事件中,个体所遭受的创伤往往因施害主体在特定的去个体化情境下对受害者的遭遇持冷漠态度,而造成受害者极大的身体和精神创伤。这些事件虽然极容易变成"民族"或者"国家"的公共记忆,但其中个体所受的伤害却很难在公共纪念仪式中得到治愈。因此,在纪念馆、公祭典礼中所见的集体创伤记忆之外,还有发生在个体身上,由个体承担,并内化到个体生命经历中的个人创伤记忆。而王选等人首先是通过集体诉讼尝试让历史的冤屈得到申诉,从而减少或者消除创伤记忆对个人的影响,其次则在治疗"烂脚老人"的过程中,通过行动的方式来表述自己历史的记忆。

这一做法,让人联想起纳粹德国奥斯维辛集中营受害者亲属表达其创伤记忆的方式。波兰裔社会学家鲍曼在《现代性与大屠杀》第一页就表达了其在奥斯维辛失去至亲的伤痛记忆,而他毕生的研究和书写,也就是在这样一种浓厚的创伤气氛中展开,直到他晚年随笔式的《此非日记》,创伤记忆也没有随着理性书写的"疏泄"而得以痊愈,反而因增长而愈显沉郁。[②] 作为一名波兰人,即便前德国总理在波兰下跪谢罪,代表国家对波兰人民进行了道歉,从民族和国家层面上象征性地消解了历史的创伤,但鲍曼的个人创伤却始终挥之不去。与之相似的是埃利亚斯,双亲都在德国人的集中营中罹难。这位思想深邃感情细腻的学者终身难以接受这一事实,以至于他早年的研

---

① [德]H. 韦尔策:《社会记忆:历史、回忆、传承》,季斌等译,北京:北京大学出版社 2007 年版,第 145 页。

② [英]Z. 鲍曼:《现代性与大屠杀》,杨渝东、史建华译,南京:译林出版社 2002 版,第 1 页。

究都特意避开对德国的研究,而只谈法国的《文明的进程》和《宫廷社会》,或者英国的《局内人与局外人》。直到晚年,当多年的创伤已经渐归平淡,而他也成为可以淡然接受一切的老者时,才开始写作《德国人》,去探讨为什么会在德国发生类似希特勒集权崇拜这样的现象。可见,创伤记忆对人的影响极为巨大,失去至亲的伤痛记忆可以转化为持续的动力,让个人以不同的方式参与到对过去的某种"清算"当中。①

正是在此意义上,王选、杨大方、吴建平等人的行动才具有了"历史的道义性"。他们是在记忆之场中,成为了积极的救助者。只存有国家记忆的人,往往难于理解这样具有"家仇"的人为何会作如此的选择。这是因为国家式的记忆可以通过集体的仪式象征性地予以消除,但个人记忆则难在集体仪式中完全消失。此外如第二章所述,由于对日诉讼并不完全顺利,虽然取得了部分胜利,但日方却拒绝道歉赔偿,王选他们所期待的正义并未得到伸张,反倒有"二次蒙冤"的感觉。因而,从精神上讲,他们有强烈的意识,治疗好"烂脚老人"以消除历史带来的"污染"。细读一下邱明轩编辑的《罪证》中受害者的控诉,就很容易理解他们这种蒙冤的想法。

幸存者之一,许家燮(男,1929 年生,衢县〈今衢江〉樟潭镇下埠头村人,现住衢州市区新华苑 14 幢 1 单元 301 室)诉述:"1942 年 6 月,日本鬼子到樟潭镇一带扫荡后,日本飞机紧接着就在这里播撒细菌。当时我的父母带着我的哥哥、妹妹和我,全家五人先后躲避到附近郭家村的稻田和墓地里。我们亲眼看到日本鬼子进村杀人放火、强奸妇女的暴行。就在逃避日本鬼子的日子里,母亲全身生疮,妹妹和我两人都患皮肤溃烂的毛病,后来当地医生诊断为炭疽致病,当时没有特效药,多次医治无效,我妹妹不久就死于炭疽菌,那时她才 3 岁。而幸存的我,左右两只溃烂的下肢,仍长期无法治愈,至今已足足烂了 60 年,造成我的终身痛苦。据我所知,当时在樟潭镇附近农村得炭疽的人很多,病死的人也不少。"②

---

① [英]N.埃利亚斯:《文明的进程》,王佩莉、袁志英译,上海:上海译文出版社 1998 年版,第 225 页。
② 邱明轩:《罪证:侵华日军衢州细菌战史实》,北京:中国三峡出版社 1999 年版,第 46 页。

对于"烂脚老人"来说,身体突生病变,脚开始出现发痒、溃烂、流脓等症状是最为深刻的记忆。由于感染病菌几乎都是幼年或者童年时期,他们都记得父母想办法为自己治病的过程。但当时医疗条件较差,这样的顽疾很难治愈,于是开始了反复发作的经历,而这种反复与他们相伴了一生,成为一生最深重的记忆。大多数老人一生饱受烂脚所致的身体和精神损害的折磨,并不断尝试与这双重疾患进行抗争。由于感染疾病的时间离抗战结束、日军撤离已经过去十多年,况且感染者大多文化水平较低,缺乏充分的医学认知能力,他们很少将自己的病与日军侵华,甚至细菌战联系起来,这就使得此病完全成为"地方知识",从而进入了当地传统认知和解释的体系,而没有上升到国家或民族战争的后遗症这个层面。这使得他们的烂脚与国家层面的存在相分离,进而也与历史相分离,从而比较彻底地成为个体的、地方的理解与记忆。王选等的介入为老人们带来对于烂脚病的全新认识和理解,这对于许多人来说如释重负,因为消除了他者曾经强加给他们的污名化对待。同时,新的医疗团队和治疗方式的介入,也使老人们获得了肉体上的新生,一生的痛苦在生命的最后阶段终于得到彻底的消除。这无疑是一件富有特别意义的事件,老人们对参与救助和医治的人员的感激之情也是难以言表。

这样,在身体和精神的层面,医生、救助者和患者之间构成了一个道德共同体。在救助期间,彼此信任和深入沟通,使得他们超越了简单的医患、救助者与被救助者,而成为了彼此熟悉、相互支持的朋友关系。这对于患者接受治疗,配合医院的工作具有重要的意义。甚至有患者就是在医生的劝说之下才消除了内心的恐惧,到医院接受手术的。在手术之后,定期的上药和保养也至关重要。张元海团队的年轻医生不顾路途遥远,经常开车下乡为患者换药包扎,这也让患者感到温暖。在这个共同体中,连接医院、医生与患者的枢纽就是社会的救助者团队。如果说王选是整个浙西南地区烂脚病救治的总发起人,在衢州地区担任主要角色的就是现任"衢州侵华日军受害者协会"的会长吴建平。

三、新的医患关系的建立

笔者对吴建平的评价是———一个性情中人。上一节提到他爽快地答应了见面,然后在我们离开衢州前的三个小时里,向我们介绍了日军侵犯衢州、发动对衢州的细菌战,"烂脚老人"的不幸遭遇,他们发起的救治,以及他自己家庭受到的日军侵华创伤。我们第一次见面,在交谈中谈及"公共"层面的内容,比如日军侵华历史、"烂脚老人"治疗等,这在情理之中。但他谈到激动处,讲到自己的家史,爷爷怎么死在日本人的刺刀之下尸骨无存,父亲因没有等到日本人的道歉而死不瞑目,杨大方老人临终前托付会长的重任等,就让人觉得他很容易突破生人的边界,似乎把我们几位远道而来初次见面的生人当成了熟人。说到动情处,"那个时候,我差点眼泪都下来了",他热泪盈眶。他的真诚很快拉近了我们之间的距离,这也使我们可以观察到他对自己会长一职的投入,以及在这个过程中他是以怎样的方式参与到"烂脚老人"的救助中。

王铭铭在撰写个人生命史时曾经提出,当下的社会科学过于强调分析,而丧失了对于整体的关照。个人其实不仅是一个简单的个人,也是一个结构,一个复线的历史汇聚的点。[①] 书写个人生命史的时候,要把个人放到他在这个世界中的位置,考察他与周遭世界结成的世俗和神圣关系,以及他个人的意义如何并接到其他意义框架中,其整体性才得以彰显。根据这个观点,可以说每个人在他的世界里都有可能是一个复调曲谱的音符汇聚点,要理解其人就需要看见他身上多元性的杂糅,从而真正理解其生命价值。

循此思路,我们可以对吴建平作一个类似的画像。从身上承载的符号而言,他是铁路局的员工、纪念馆的馆长和受害者协会的会长,这些身份给他一个稳定的社会结构中的位置。其位置只能说明他是结构中的一点,还无法成为一种"结构"。从何种意义上讲,他能成为一种结构呢?那就在于他的家史和"历史之场"赋予他从精神上联接了死去的先辈,与他有相同遭

---

① 王铭铭:《超社会体系》,北京:三联书店 2015 年版,第 147 页。

遇的浙西南地区的个人,以及"烂脚老人"与他们的亲属,使得他们过去受到的伤害在治愈烂脚过程中得到一定的疏解,从而实现这个群体共同的夙愿。如果把分散在衢州各县乡村的"烂脚老人"当成一个个有自己生命史的个体,那么他们原先的求医之路就是个别的点的运动,少有交集,而这些点的运动在王选等人的病源追究和寻求新疗法的过程中,汇集到了吴建平这个中心当中,形成一张治疗烂脚创伤和治愈心灵创伤的关系图。因此,在此意义上说,吴建平构成了重塑地方创伤记忆生命史的一个结构,使记忆的活力得到彰显,并不断在其具体的实践中得到"述行"。

访谈结束后,虽然我们对吴建平讲述的"烂脚老人"的故事感到"震惊",认识到了研究价值,但由于行程安排,不得不在当天下午离开衢州。在回程的高铁上,我们都有愧疚之感:虽然我们是从社会学角度研究衢州的细菌战的,但事先竟然对"烂脚老人"群体几乎毫无所知,更不用说对吴建平等人参与治疗的过程有所了解了。我们意识到,对细菌战的创伤进行社会学和人类学的研究,必须再到衢州,走访和调查这些烂脚病患者,了解其患病经历,以及在其漫长一生中病痛对他们的生活、家庭、社会交往造成的影响。

我们再次到衢州是大半年之后。2017 年 11 月底,我与研究生黄旭生来到衢州,展开了对衢州"烂脚老人"的实地考察。考察调研的过程中,吴建平提供了大力的支持,不仅安排了车让我们能够方便地到"烂脚老人"的家里去访谈,还引荐了若干参与救治过程的医生和医护人员。在此过程中我们亲眼看到了他如何与医院工作人员和患者交流,对他扮演的枢纽角色和发挥的作用有了更深的了解。同时我们看到了因烂脚病的医治而构建出来的一个道德共同体的整体,认识到要理解这个共同体是如何存在,具有怎样的社会学意义,就必须把吴建平参与救助的行动纳入研究的范围,而不是仅仅聚焦"烂脚老人"。

我与黄旭生来到衢州后,吴建平便安排了我们调查的行程,但他告诉我,第二天早上有一位患者从丽水来,他要去接站,安排好这位病人后,才能带我们下农村。我们表示如果方便,愿和他一起去衢州站接病人。第二天大清早,我和黄旭生赶赴衢州站。令我意外的是,车站上只有吴建平一人在等丽水来的患者。我原先以为,接烂脚病人并非一件易事,因为他们的身体状况都不好,需要精心护理。当我拿此疑惑询问吴建平时,他很自然地说,哪有其他人来帮忙啊,基本上都是我一个人在接。协会根本就没有经费,而且里面的人主要是患者和家属,他们也不方便来做这个事。我接着追问,那所有患者来,都是你一个人接吗? 他说,当然,都是他一个人接,有的甚至还要开车到乡下把患者接到衢州来接受治疗。

在等人过程中,吴建平告诉了我患者到他这里来接受治疗的步骤。首先,由于患者过于分散,他们其实无法掌握哪个地方有患者,因此就通过报纸和电台,以公益广告的方式宣传免费义诊活动。但乡村烂脚病的原因多样,不少静脉曲张的老人也会出现烂脚,而这些患者就不在他们的治疗范围以内。当患者跟他联系,提出治疗诉求的时候,他就让患者发来患处的照片,然后做出甄别和判断。但并非所有患者都对此表示理解。有个别患者家属在遭到他的拒绝,告之这个病不符合烂脚病症状,不能享受免费义诊时,会质问和辱骂他,"半夜都会有人打电话来"。对此,他也渐渐适应了,坚持只有疑似细菌感染的烂脚病才能治疗的原则。第二步,当他认定患者发来的照片符合烂脚病症状后,就会把照片发给医生,请他们进一步确认。得到专家的肯定答复后,他才会联系患者家属,请他们把患者带到衢州来进行治疗。然而并非所有患者都有行动的能力。在这种情况下,他就会和衢化医院的医生一起下乡到患者家里亲自查验,再把患者接到医院进行诊治。他跟我讲到去家里接一些患者的情况,真是特别的不容易。烂脚病的一个特点是皮肤大面积溃烂,脓水从破皮处流出,目视上去很让人难受。不仅如此,脓水流得太多,就会散发出特别难闻的气味。吴建平好几次刚到患者家,就忍不住呕吐。他坦言那种感觉无法用言语形容,虽然呕吐对患者不礼貌,但他确实无法忍住。最后,患者如果愿意接受手术治疗,他们会在医院为每个患者做针对性的检查,然后由张元海医生领衔制定手术方案。令我颇感意外的是,并非每位患者都乐于接受手术和治疗。有些患者,比如姜春根、涂茂江两位,听很多人说这个病的主因是体内有毒,皮肤溃烂流出脓液是一个排毒的过程,而一旦手术把创口给修复,脓液排不出去,就要留在体内毒害身体，人反而会更难受。由于老人长年听信这种"地方性解释"，也担心手术的风险，就不愿去医院治疗。对此，吴建平要耐心地给他们做解释，解释手术方案，主要是拿患者身上好的皮肤植皮，从而修复溃烂处，让皮肤不烂不疼。

一边聊他过去接治患者的往事，一边等新患者的到来。大概半个多小时的"临时访谈"，已让我们体会到了这项工作的不易，以及吴建平在其中的付出与投入。很快，丽水的患者出了站。患者大约七旬，身材比较高大，在老伴和儿子的搀扶下走出车站。吴建平安排他们上了面包车，自己坐在了驾驶室，我和黄旭生就和患者一家三口坐在后面。到了衢化医院，吴建平让患者家属把身份证、医保卡等证件递给他，然后让我们坐在挂号大厅里等他。他自己先去给患者挂号，然后又到楼上的病房登记，安排床位，再下楼把患者接到病房。到了病房之后，我看到他和护士、医生已经非常熟悉，旁人可能会以为他是医院的职工。之所以这么熟，是因为之前他已经安排过30多个"烂脚老人"来进行治疗，并且还经常和医院的护士一起下乡给术后出院的老人送药换药。

患者进到病房后，拉开裤腿给我们展示脚部的情况。他的脚从脚面直到小腿，都是发黑和肿胀的皮肤，让他的腿看上去比常人的腿要粗不少。就在我认为这腿已经很严重的时候，吴建平私下告诉我，他这个没有化脓，情况还算好的，许多病人来的时候都烂得不得了了。这是我第一次看到"烂脚老人"的创处，本来感到这个腿的状况已经比较糟糕，没想到在吴看来，这还算比较好。由此可见，他们之前处理过的病人是一个什么样的情况。但吴建平也说，之所以敢把病人都拉到这家医院来，就是因为再烂的脚在这家医院都能达到较好的治疗效果。

随后，吴建平把我们引到主治医生张元海的办公室。张医生给我们展示了电脑里储存的患者资料，如数家珍地对一个个患者的情况做了介绍。他说："这些人过得很痛苦的，我们去看他们的时候，皮肤都是坏的，不能穿鞋，也不能走路，亲戚朋友都不理他们的，活得很自卑。可惜的是我们常年在处理工厂里面的烧伤患者，对这些烂脚病人根本就不清楚，到2014年才知道。我和吴建平去他们家里看了,觉得可以植皮,然后就开始搞了,一直搞到现在。刚开始的时候,有些老人还不愿意来做手术,说做了手术身体里的毒就排不出去了,我们还做了好几次工作才来手术的。做完手术,我还不大放心,怕他们会复发,这个病最麻烦的就是会复发,就让我的学生去盯着,给他们送药换药。有的老人不大自觉的,稍微有点痒就去抓,一抓就破,这个很可惜,因为也不大可能给他们再来一次手术了。所以我必须找人盯着,明天要陪你们下去的那个小毛医生,每隔一个礼拜就下去换药。"

　　张医生的这番话,以及吴建平早晨接人的过程,让我认识到他和吴,以及他手下的学生和医生,形成了一个很有凝聚力的团队。从鉴别患者类型,上门看望患者,劝说患者接受手术,接患者入院,针对性的手术治疗,再到最后的送药和换药,构成了一个较为完整的"救助—医疗"闭环。救助者能够首先了解患者情况,然后向专业的医疗工作者汇报,再由他们派出专业队伍,在救助者的协助下,进入患者家庭,了解患者病情,以及更重要的是了解患者的心理、家庭关系和社会网络,从而和患者及其家属沟通建立较好的关系。在此过程中,医疗工作者就治疗的原理、方案及患者家庭可能会承担的费用等情况做出详细的说明。而患者也在此过程中,能够清楚地了解自己的病情,医生建议的治疗方案,治疗会达到怎样的效果,治疗过程中会有哪些风险,以及术后要怎么护理、会不会复发等问题。在此,凯博文所说的医生的"专断权力"转化为"沟通渠道"①,患者的"被动承受"转变为"主动接受",这就使治疗过程的"单轨政治"转变成双方可以顺畅交流的"双轨政治"。而治疗费用,由于整个治疗过程在王选等人的努力下已经由一家基金会出面基本解决,患者在医保报销之后需要支付的部分就由该基金会承担,这很大程度使得救助者和医生对患者有一种"施恩"的指向,患者及其家属几乎不付出什么代价,只是因为这个病的特殊性,就能够获得接近免费治疗的资格。患者及其家属对救助因此抱有一种感恩的心态。这种包含着"施恩"与"感恩"的互动关系,就更加显著地加强了双方的信任,使得他们在各

---

① [美]]A. 克莱曼:《疾痛的故事》,方筱丽译,上海:上海译文出版社2012版。

方面的交流都比较顺畅。

在以往的医疗社会学和人类学研究中,医患沟通的信息不对等成为学者们重点关注的问题。[①] 他们之间沟通信息的具体内涵成为分析的重点。一般来说,患者的"社会性"信息很难在正式的医疗空间中表达出来,医生和医院也没有了解这些信息的义务或者兴趣。因此,在这个交流的过程中,医生与患者之间缺乏"具体信息"沟通,他们之间难以从"抽象的"医患关系转变成"具体的"人际关系,从而导致医患之间停留在一般性的层面上难以建立具体的个人联系。这对于双方而言,就形成了一种明显的不对等。从医生角度说,医院设置的看病人数,使得他们根本无暇顾及单个人的情况,导致看病的方式成为一种"机构式"的。而从患者角度看,疾病处境使得他们更期待得到一种"人际的"关怀,这显然又是机构式看病的医生无法给予的。因此,吴建平和张元海的这种"救助—医疗模式"在医患之间建构了一种可以深入交往的模式。救助者和医生在此过程中投入了很深的"道义",从而强化了他们对于患者的责任意识。

在随后几天的调研中,我们发现吴建平和患者及其家属之间已经建立了非常深厚的关系,他们之间不仅是一般性意义上的救助者和患者,而且是彼此了解的"熟人关系"。他带我们去探访的第一位"烂脚老人"是 85 岁的余敦祥。我们远远就看到老人独自坐在屋前发呆,吴建平大声喊他的名字,老人似乎是听到老朋友的呼唤一般,立刻想要站起来招呼我们。吴建平赶紧走过去把他扶住,然后又问起脚的情况,听说药不够,就吩咐同行的衢化医院的毛医生帮老人换药。边看换药,吴建平就边向老人介绍我们。之后,他开始给我们讲述老人的"家事"。老人的老伴已经去世多年,育有两个儿子一个女儿。儿子都在衢州城里打工,在城里买了房子,女儿还在附近的村子,隔三岔五回来看望老人。老人手术的时候,儿子也来照顾,儿子家是楼房,没有电梯,老人住不习惯,最后还是选择在村里居住。因为家里经济比较困难,两个儿子在村里没有盖房,这间平房是老人早年自己建的,已经有

---

① Donald Joralemon, Exploring Medical Anthropology(New York: Routledge, 2017), p. 5.

三四十年历史。听着吴建平的讲述,我竟然有一种诧异感,因为这些事情本是希望从老人那里直接了解,没想到吴先给我们做了一个铺垫,而且他居然对一个患者的家事"如数家珍"。我不禁开玩笑说,你怎么这么熟悉别人家的事。他随口回答说:"这里我来了好多遍了嘛!"然后他又给我解释,这个烂脚在手术结束以后还可能复发,植皮处也有可能会再次破皮和溃烂,所以必须换药。许多老人对如何换药、多长时间换一次药都不了解,容易让手术效果前功尽弃。于是安排衢化医院的医生定期来换药,每次自己都会带路,顺便来看望老人。"刚开始每次来,我还要带点水果来看他们,现在混熟了,反而不用带了。"

　　吴建平把他和"烂脚老人"关系的改变说得很形象,也描绘出他们之间那种无需"礼物"就能随便进出对方家门的熟悉感。在许多地方文化中,"门"是一道界线,区分着内与外,标示着一种对生人的禁忌,跨过门槛往往意味着对门内的人形成一种威胁。因此,生人或者不熟悉的人之间,进出彼此的门,通常需要"礼物"作为媒介,来消除这种紧张感。吴建平来看老人,带上他的礼物,虽然在一定意义上表示他对老人生活和健康的关心,但也表明他们之间关系的"不自然"。而到我们去的时候,他已经很自然地进出老人家的门,也无需专门为他准备礼物了。这种自然,是他们关系变得熟悉的一种反映。

　　我们去第二位"烂脚老人"吴发贵家,吴建平经常来看望老人的事实,在吴发贵儿子嘴里很自然地流露了出来:

访:现在基本上没有问题了吧?

吴子:他这个脚啊,植皮植过的地方不会烂了,但其他地方好像有点要复发的迹象。第二次又去住了一个月了,等于下面的皮肤又有点烂开了。以前没有治疗的时候,一年到头都流脓血,夜里睡觉都睡不好的,很痛的。晚上起来上厕所,那个血水流的啊。睡觉的时候也流,我妈妈给他洗,什么被子上都是。农村里面的人要是手脚不好就麻烦了,农村就靠手脚干活,干不了活怎么生存呢?

访:您父亲算是这批人里比较小的?

吴子：那是的，比他年龄大的都去世了。现在社会上对他们的关注好像多了，像你们啊，会长啊，王选啊，有好多人都在做这件慈善的事情。如果没有这些人做的话，你像他这种情况就等于更加麻烦。你们这样子一报道以后，社会上有很多人来关注这件事情，虽然说你们也是少数派，但是你们是蛮正能量的。吴会长不用说么，来我们家十几趟都有了，那个夏天那么热，会长这里那里全都跑的。（吴发贵儿子）

在这段访谈中可以看到，吴发贵儿子估算了吴建平看望他父亲的次数，"十几趟都有了"，这虽然不太精确，但随口说出的话又非常清楚地表明，吴建平确实去了很多次，因为一般来说，一两次或者三五次和"十几趟"之间，还是能做出明确的划分。而且他还强调，即便是在炎热的夏天，吴建平也会到家里来看望。虽然之前吴建平给我们讲他经常下乡看望烂脚病老人，但听到患者儿子这么说，还是感觉到一种不同的认可。这种认可来自被救助者和他们的家属。一个原本陌生的人，愿意多次而且几乎是无偿地来访，带来医药和照护，确实会给患者和家属一种强烈的印象，让他们产生一种内在的感激。

在农村，一般表达感激或者感谢的方式就是提供食物。每次我们去调研，患者家属都会挽留吃饭，虽然大多时候我们都谢绝，但也有一些经济条件相对较好或者家里人手比较充足的家庭会提前和吴建平约好，让我们尽量选择靠近午饭或者晚饭时间去访谈，这样调研结束后就可以留下吃饭。我们第二次到姜春根老人家时，老人的儿子和儿媳就事先和吴建平约好午餐。当吴建平告知这个消息时，我们觉得十分过意不去，参加调研的共有八人，这会让姜家准备很多饭菜。但吴建平告诉我们，老人有一个好儿媳，因为很细心地照顾老人，获得了衢州市颁发的"衢州好儿媳"奖，应该去好好聊一下，感受一下他们家庭的氛围。我们也意识到能一起吃饭，当然是一个"深入调查"的大好机会。于是便没有再次推辞，接受了姜家的邀请。调研团队进入姜家后，受到了姜家人很热情的欢迎。对姜春根老人的访谈进行到一半时饭菜就准备好了，我们不得不暂时中断访谈，吃完饭之后再继续，姜春根儿媳后来也主动加入进来，谈了她对公公的烂脚从不了解到起初的害怕、到后来如何悉心照顾的过程。

姜家的调研过程,和之前我们做的许多调研都不同。在那些调研中,我和被访者之间需要经过长时期的交往、磨合之后才能达到彼此熟悉程度,然后才能顺利获得我们想要的资料。而被访者往往心怀顾虑,和我保持距离甚至有所防备,难以想象摆出酒宴来款待。这样一种迅速拉近距离的调研,让我既感到兴奋,又感到疑惑,因为调研并没有在一个"自然的"状态下开展,而是在一个关键报道人的熟悉关系中建立起来的。虽然这有可能导致我们真正的研究对象在回答问题时出现偏差,但却呈现了一个新的社会场景,即被救助者与救助者之间那种亲密无间、相互信任的"纽带关系"。借用姜春根儿媳的表达,如果不是吴建平他们来帮助和治疗她的公公,老人可能早就不在人世了。而吴建平也说过,姜春根是王选老师组织民间力量治疗烂脚病时最先开始救助的人,若非早期干预治疗,老人可能早就不在了。

四、作为生命再造过程的救治

在救治"烂脚老人"的过程中,除了吴建平这个关键的中间性人物之外,还需要有一支专业的医疗队伍。由于烂脚病本身具有顽固慢性病的诸多特点,而患病老人大多长年住在农村,离接受治疗的医院都非常远,加之行动不方便,这些因素都为治疗和后期的恢复带来诸多的困难。据吴建平说,早年没有找到好的治疗手段,许多老人去世之前都没能治好烂脚,是带着一生的痛苦和遗憾走的。而有些老人就直接因为烂脚病导致各种其他疾病去世,去世时,烂脚的状况相当可怕。我们可以从连忠福回忆他三爷去世时的身体状况,体会这个病对身体的折磨。

连:这个我所说的我那个三爷的话,就是说他这个自己不会走路的时候就是痒啊。就自己爬到那个天井里面,那个天井里面不是有烂泥吗,用那个烂泥来擦。

访:擦什么?

连:就是擦那个烂口。

访:就是他用烂泥把伤口给包住吗?

连：嗯，对。

访：有作用吗？

连：它没有作用，但是他到最后没办法啊、没办法啊。包括用盐水去洗，但是你供不起啊！你不要说弄这个餐厅吃饭啊啥的，当时就连那个很厚实的、加工得很粗的纸都没有。唉，然后后面最后呢，他死的时候就死了以后的话这个全身都是……因为他本身脚很不好，蛆虫在他死了以后很快爬满他全身，就是说那个收尸的老人去收尸，根本就近不了身啊，你根本不敢去动他，全身都是。再一个就是气味太大，他不是弄了两瓶烧酒嘛，那嘴巴要一大口喷一下，然后就用那个烧酒，因为那个气味很大，然后就赶快把他收到棺材里去。这样才能接近的啊。

连忠福的这一段话是我们在调研过程中听到的有关"烂脚老人"最令人动容的讲述。这一场景虽然我们没有亲见，但听着很受刺激。一个人的一生都受到这个疾病的折磨，死的时候忍受巨大的苦痛，身体严重溃烂到让人无法靠近。这对于一个人的生活或者生命而言，意味着某种"非人"的境遇，用常言表达就是，病已经把人折磨得没有人样了。按照医疗人类学的观点，疾病和疼痛也能改变个人及其周边人的生活状态，创造出独特的"文化"，在这个文化中，患者经历着疾病对身心造成的影响，对机体活动带来的改变，患者的亲人和家属也通过患者与疾病产生密切的关联，共同经历病情的变化，寻找新的治病手段，接受疾病顽固难治的现实，并渐渐接受疾病可能永生相伴的事实。显然，对于已经被诊断为无法医治的疾病而言，人们对治愈的期待会跌倒最低，身体似乎注定受它的折磨，而生命也将在它的支配下走向终点。此时的疾病虽然在身体之内，但又仿佛超越了身体的控制，成为一个外在于身心的异化的存在。在此之际，一股外在力量突然闯入，把疾病从身体上驱除，还身体一个相对健康的状态，人也不再受到病痛的折磨，最简单的身体机能（比如穿鞋）得到恢复，这就是一个生命的再造过程。疾病作为一种身体和精神上的"污染"被清除，身体获得了第二次新的生命。

这一生命再造的意义，是吴建平与衢化医院医疗团队之工作所蕴含的价值。要了解这一点，需要对患者无效的治疗和吴建平他们有效的救治进行"深描",从对比中读出生命再造的意义。首先确认一下烂脚病的难治。如前所述在衢化医院介入治疗之前,当地人对此病完全一无所知,找不到好的解决办法。此病突然在这个地区出现,历史上从未有过类似疾病的记载,连最有经验的皮肤科医生和赤脚医生都对之束手无策。最早介入治疗的王选,曾经请姜春根所在镇的医生给他开方治疗,并定期为其换药,但该医生不识病因,只以普通的皮肤溃烂进行处理,导致治疗没有起效。而"烂脚老人"患病的时候,家庭经济条件和医院治疗水平都较低,父母虽然急于把病治好,但即便问遍当地所有的正规医院和民间医生,都不见明显的效果。涂茂江老人对他烂脚的讲述,可以代表发生在大多数患者身上的经历。

访:您上小学的时候已经有烂脚了?

涂:上学的时候就烂了,一年多就好了,到冬天就好了。

访:它是怎么好的呢?

涂:好了就是肉啊、皮啊这些你不要给它刺破,它就好了,如果你一刺破、扎破,发炎了它就要烂。就是那个血水流出来。

访:那您上学的时候烂得厉害吗?

涂:一般都是到春天、夏天,到冬天它就不会烂了。冬天穿袜子不到水里面去要好一点。就是特别到水里去,就要腐烂。(涂茂江)

由于治不好,便成了一种"怪病"。而又由于在知识库里无法对这个病进行解释,病况又比较严重,当地人就把这个病打上污名化的"标签"。涂茂江家是感染的"重灾区",全家有七口人得了烂脚病,其中父亲一辈六兄弟全被感染,村里人就说他们姓"涂"的前辈人造了孽,所以会遗传。

访:你爸爸兄弟六个人,你爸爸是老几啊?

涂:我爸爸是老五,前面还有老大、老二、老三、老四。

访:都是烂脚?

涂:嗯,都是烂脚,我一个叔叔老六也是烂脚。就是都是烂脚,我不是姓涂吗?人家就说你们姓涂的烂脚都有遗传性。(涂茂江)

涂茂江年幼时,周期性地发炎、流血水和腐烂,家里束手无策。父辈患了同病无法治愈,给他提供的"治疗"也非常简单。

访:年轻时干活的时候痛吗?

涂:白天干活的时候不痛,我一天都要给它洗一次,自己洗,**就弄那个牙膏**,它就不会痛的。到晚上睡觉了,它要痛了。(涂茂江)

涂茂江的病对肉体伤害明显,不仅在夜晚钻心的痛,而且不断扩展,吞噬着周边的好皮肤,这对患者身心打击巨大。但对脚的"治疗"只是非常简单的"弄那个牙膏"来涂。这种治疗显然没有任何实际效果,涂茂江的生活也因此受到严重的影响。

访:流脓了?流血水了?

涂:流血水,脓没有,一盆子的血水,很疼!这个脚还是让我很苦的,要干活啊,白天干活,晚上痛得睡不着觉。不干活的话,到冬天做一天的活都是四五毛钱,做一天五毛钱的分红,一天十公分,五毛钱。现在五毛钱没用,一个鸡蛋都要两块钱。

访:在家里的时候脚有气味吗?发臭吗?

涂:以前那当然臭啦,每天晚上都要洗一次,三百六十五天,每天都要洗一两次。有的时候要洗两次,一般都要洗一次。

访:洗一洗气味会好一点?

涂:洗了之后用牙膏包起来,不洗不用牙膏包的话,夜里就睡不着了,痛!烂的时候很臭的味道,我把袜子鞋子穿起来的时候要好一点,那个解放鞋,我们一年穿那个解放鞋要四双。一年到头都要穿那个(鞋)。(涂茂江)

烂脚病带给涂茂江的记忆,是很"苦"。这个苦是疾病对身体的控制,而他不得不忍受病痛,看着血水流出一盆子,却无能为力。疼痛不仅影响睡觉,还影响劳动。不劳动就没有分红,日常的基本开支都受影响。疾病产生的伤害而且从个体层面延展到社会层面。社会层面的影响包括臭气,不得不每天清洗和包扎,而为了保护创面和遮掩臭气,一年四季都穿密闭不透气的解放鞋。而脚上的疼痛,也只能通过涂牙膏暂时予以缓解。在这种情况下,在几十年的过程中,烂脚病就从最初的一个小创口,渐渐发展到十分严重的程度。

访：现在脚基本没有问题了？治好了？

涂：现在没有问题，到衢化开刀，当时脚上这么大两个洞，这么深，烂到骨头里，看得见骨头了，40 多天才出院。（涂茂江）

　　到涂茂江做手术时，这个病已经扩展到后脚，烂出了两个大洞。这两个大洞给涂茂江带来了怎样的痛苦，我们不得而知。但我们发现，在漫长的岁月中，涂茂江似乎已经和这个痛苦达成了某种程度的"和解"，甚至赋予了这种溃烂以一定的合法性。他们用自己的知识认为，流脓水并非坏事，是在给身体排毒，甚至还据此拒绝衢化医院的手术。

访：那你去衢化医院之前，痛了很多年了，对吧？

涂：有四五十年了，那个姓吴的来我家四五次了，让我去衢化医院，我都没去。要开刀，烂起来我怕痛。就怕最后会烂起来，他说不会的不会的。他来我家四次了，劝我去我都没去。我听人家说开刀好以后，你吃点什么易发的东西或者我们种田走路，那个疤里面的新肉就要烂掉。有人说你身上一身毒，这个烂的地方毒素出来了，你把它治好了，这个毒素不会出来了，身上就会有其他毛病了。我老婆的妹妹那边有个人治好两年（又因）癌症死掉了，她来我家跟我说，姐夫，你不要去看，你这里看好，你那里身上的毒跑不出去，要死掉了。（涂茂江）

　　从涂茂江患病到发展，到自我解释，再到最后的接受手术治疗，可以看到一个明显的身体和意识在疾病摧残下遭到破坏，而又无奈地予以接受的漫长过程。在这一过程中，生活原本的健康让位于与疾病共存的状态，患者一方面想办法缓解痛苦，另一方面又创造出病灶对身体健康有利的"臆想"。他们对身体的看法发展到依靠溃烂的创口进行排毒的程度，而不再想办法治愈疾病。这样的一个翻转，是患者对疾病彻底失去治疗动机的一种表达，他们只能接受身体慢慢被破坏的事实。他们似乎还相信，虽然腿部溃烂，但人的整体生命没有受到它的严重威胁，因此当有人鼓吹治好烂脚反而会威胁生命时，居然犹豫不定而没有选择手术。经过手术治疗，他们的腿"现在没有问题"了。我们调研的时候,涂茂江已经可以穿鞋走路,还端着凳子让我们坐,行动相当便利了,而这是他原来脚后跟上有两个洞时无法想象的。他告诉我们,没想到自己的脚还能治好,还能像健康人一样走路和行动。从染上疾病到与疾病妥协,经营一种残缺和病痛的生活,到最后重新获得相对健康的身体,对"烂脚老人"漫长的一生而言,无疑是具有难以言表的生命意义的。

五、从疾病叙事到治疗叙事

本章讲述的是积极参与救助的人,他们建构起的特殊的医患关系,以及他们的救助对于患者具有的生命再造意义。这三个部分所凸显的,不是一个封闭在医院的医疗关系,而是一个敞开在医院之外的交往关系。烂脚病有其独特的形成背景和历史,它远离医院这个空间,在衢州一些医院工作的医生原来也不知有这么一种"怪病"散布在衢州的乡村社会。疾病叙事很大程度上已经中止。涂茂江这样的患者对疾病已经妥协,虽然他还在周而复始地用牙膏止疼,但是基本上不再尝试寻找根治的办法了。带病生存,甚至是与病一同故去,是许多"烂脚老人"原初的想法。他们并没有把这病和宏大的道德性联系在一起,而是接受了自己命运的不幸,承受身体所遭受的痛苦。

直到以王选为代表的民间力量"发现"这个病,重新对这个病进行界定,烂脚才被赋予了更多的意义。而其中最重要的一个意义是,它极有可能是侵华日军留在衢州土地上的细菌导致的一种怪病,是当年在衢州发动细菌战的"后遗症"。这就使得"烂脚老人"溃烂的身体不仅是他们自己苦痛的承载者,也是侵华日军犯下的战争罪行的见证。从此意义上,"烂脚老人"的苦痛不仅是自己的,还是受到侵华日军伤害的所有人和他们的后代的。这种见证,有的比较间接,比如对于我们调研者而言,伤害主要通过民族共同体这个形象而被感知。但对于衢州许多人而言,他们的祖辈和父辈直接受到侵华日军的伤害,因此他们对于细菌战"后遗症"的感受就更加的直接和强烈。

　　因此,已经在民间中止的疾病叙事,在此转变成了救助者的治疗叙事。治疗叙事把治疗过程变成诺拉所讲的"记忆之场"。在这一场里,救助者的施救行动具有历史的脉络,他们不再是单纯的"社会工作式"救助,也不再是简单的医疗工作治疗,而是一种浸润了自己创伤记忆的救助行为。治疗变成了救助者自己在讲述一个故事,他们需要通过救助"烂脚老人"从而完成对更大的道德污染的清扫。我们看到救助者积极的施救行动,这个行动的投入程度是普通的医疗行动不可比拟的。吴建平一次次劝说涂茂江接受治疗,在这个行动中,他没有任何利益可图,医疗的费用由医院理清后,直接从出资救助"烂脚老人"的公益基金会负责结算。可以说,吴建平的劝说,变成了救助者的一种"治疗叙事"①,它要把救助者的治疗方案和效果摆在患者面前,通过反复的言说,才能够最终达到施救的目的。

　　当患者一旦同意接受治疗,这个救助网络便得以建立,从而构成一个"施救"和"接受救助"的道义型社会。维系这个社会运作的,是几方相互的信任与合作,并在这个过程中不断加深对彼此的了解和认识。也是在这一过程中,原先已经中止的疾病叙事重新被唤醒,被救助者重新燃起治好烂脚的希望和期待。他们也愿意向救助者和治疗者讲述过去的痛苦记忆和当下的困境,交流治疗的经历和遇到的挫折,并在治疗过程中放弃过去的成见,接受新的治疗建议和手段。由于治疗效果显著,老人们更是把身体的痛苦减轻到最低,从而获得了生命再造的重生感。治疗叙事与疾痛叙事在此得到交汇,彼此的记忆在此也得到交融,建构出一个共生的治疗型社会。这也彰显出治疗叙事在救治"烂脚老人"过程中独特的文化意涵。

---

① [美]A·克莱曼:《疾痛的故事》,方筱丽译,上海:上海译文出版社2012版,第46页。

第六章　创伤记忆的实践之场

一、问题意识

从 1940 年 10 月开始，侵华日军在浙江西南部的衢州、丽水、金华等地开展大规模的细菌战，以飞机播撒谷物、豆类、破布、棉花，向普通百姓"赠送"粮食和在田间放置玻璃瓶等手段，将带有鼠疫、伤寒、霍乱、炭疽等病菌的物体投放到市区和田间，致使大量中国军民感染或传染各类烈性疾病而死亡、致残或感染，给这些地区带来了不可估量的生命和财产损失，使得绝大多数家庭离散崩解，社会秩序严重混乱。更令人难以预料的是，播散在田间地头的炭疽病毒，具有很强的潜伏力，直到日军投降之后多年，当地仍然有不少人因下田劳作不幸感染炭疽病毒，由此罹患可怕的"烂脚病"，饱受折磨直至今日。

从 2017 年 3 月开始，笔者先后四次到衢州进行实地调研，造访"烂脚老人"家庭，对他们进行访谈和日常生活空间的观察，同时还访谈了衢州日军细菌战纪念馆馆长吴建平、衢化医院烧伤科主任和普通医生，从事日常入户护理的乡村卫生院医生以及患者的家属。我们也访问了江山档案馆。通过对访谈资料的逐字整理、分类和阅读，我们看到腿脚的溃烂对当事人造成了极大的身体和精神创伤，而这些创伤一方面还在延续，一方面已经凝聚成他们个体的记忆。

这场灾难，从发生之日开始直到今天，就没有离开过承受它的这些地区。几乎每个家庭都有死于细菌致病的至亲,还有很多受细菌感染的患者一直生活在疾病所带来的痛苦当中。如果说侵华日军的暴行在许多地方已经成为过去的历史,仅出现在各种"表述"手段中,那么衢州、丽水等地依然还有不少人在用他们的日常生活直接控诉这些暴行。他们身体的病变与溃烂,已经不仅仅是"个体"的生活与事件,而成为了"呈现"日军暴行的一类"公共景象"。因此,对这些饱受日军细菌战伤害的个体日常的研究,便成为另一类"战争的历史"。它是活着的历史,相对于那些已经编辑成册、历数日军罪行的历史而言,这样的历史既是一个必要的补充,同时又更具有表露历史之普遍"人文意义"的价值。这恰是社会学/人类学者介入这起公共事件与这段历史所看到的生命、身体与生活在遭受"非人伤害"之后,与所谓正常生活之间的巨大差异。如同奥斯维辛之后,人类便没有诗歌可言一样,面对这样的身体承载的暴力的历史,我们若不反思,还会有怎样的未来?

　　本章结合既有文献和实地考察所得的经验资料,从社会学/人类学关于身体与记忆的视角,讨论衢州地区炭疽细菌感染幸存者的社会现存状态,分析这一特殊群体在遭遇"细菌"伤害之后,生活形态发生了怎样的"扭曲",以及从这种扭曲中,如何能深切地领会罪恶本身如果不予以揭露和荡涤,它将给人类继续制造怎样的灾难。

　　从个人层面看,伤害直接影响受害者的身体,而治愈伤害则与个人记忆密切相关。但由于细菌战的伤害是群体性的,针对它的情绪、认知、记忆和表述通常也超越了个人的层面,成为公共性事件。个体身体也由此变成一种参与公共性表述的符号,其表征的内涵呈现出"文本的重叠性",多重意义在身体上汇聚从而产生了复合性的历史具象。① 个体的、亲属网络的、地域社会的、民族的、国家的、人类的多元价值表述浓缩在一种对身体的"注视"之上,相互叠加、补充甚至出现分歧,最终将历史、记忆与现代实践性的"诉求"紧密地结合在一起。从此意义上,受细菌伤害的身体不再是个人的"血

---

① [美]C. 格尔茨:《烛幽之光——哲学问题的人类学省思》,甘会斌译,上海:上海世纪出版集团 2013 年版,第 75 页。

肉之躯",而是叠合了多重意义的"历史之场"①。

　　在社会学/人类学的研究传统中,身体首先是用来反思西方"身体"与"灵魂"二元分化的一个知识领域。在原始部落社会,身体的构造往往与宇宙世界具有相通的结构,同时与灵魂构成相互不可分离的生命原质。在最早倡导身体研究的莫斯看来,身体是人类最先利用也是最重要的一个工具,人类通过对身体的操作表达与外部世界的关系。身体既是自我的组成部分,同时又是自我的表达工具。莫斯认为,身体具有其"主动性",通过对身体的训练,我们具有了某种动作、技巧、机能,它们成为人类在现实与精神领域进行实践最重要的手段。② 然而这种能动性的身体观之后受到福柯的权力思想很大的影响。身体不再表述,而是被规训,主动性变成了一种被支配性。权力的话语性与去主体性使得它成为通过对身体的强制而实现对精神与灵魂的控制。在其关于性史的研究中,对身体的忏悔成为教会控制精神的主要手段。西方刑罚制度的演变,又让身体变成了被"窥视"和监督的全敞性景观。动作、姿态、行为方式表面上的主体性实际上都成为权力自身建构要跨越的必经之路。③ 在这种认识论和分析方式的影响下,身体的人类学研究逐渐与话语、权力、记忆、知识等内涵结合在一起。华琛在对蒙古摆脱苏联影响之后普通民众对佛祖身体的膜拜研究表明,身体除了具有宗教的意涵之外,还映射着政治上人们对于苏联集权统治的恐惧与不满,并期待通过恢复过去的宗教崇拜确立对未来的期望。④ 在这一过程中,集体记忆的重建与身体化的仪礼成为重要的策略,用以化解曾经的权力所塑造的秩序与思维方式。那么我们今天看到的"烂脚老人"的身体及其治疗,又怎样以"躯体化"的方式,表达了历史中形成的创伤,以及对这种创伤进行消除并重新找回自我的过程?

---

① [法]P. 诺拉:《记忆之场——法国国民意识的文化社会史》,黄艳红等译,南京:南京大学出版社2017版,第125页。

② [法]M. 毛斯:《社会学与人类学》,佘碧平译,上海:上海译文出版社2003年版,第95页。

③ [法]M. 福柯:《性经验史》,佘碧平译,上海:上海世纪出版集团2005年版,第91页。

④ James Watson. State, Memory and Modernity(New York: Penguin. 1991), p.212.

二、烂脚病与日常生活

　　衢州的实地调研,对我们造成最大冲击的并非细菌战实施本身,因为我们都知道日军七三一部队曾经发动过这类战争;也不是巨大的伤亡数字和幸存者对日军暴行的回忆,因为我们所生活的城市——南京——早已控诉过更多的恐怖事实。冲击最大的是依然生活在衢州,以及浙西南其他地区的细菌战受害幸存者,他们大多感染的不是致死率更高的鼠疫与霍乱,而是会造成皮肤溃烂化脓最后深入骨髓的炭疽病。据我们的调查,截止 2017 年,仅在衢州地区还有 220 余名炭疽病人尚在人世。这些炭疽病人几乎无一例外都是“烂脚病”患者,年龄最小者 65 岁,最大者 98 岁。他们都因为烂脚长期生活在肉体与精神的双重痛苦之中。

　　据衢州本地学者邱明轩的研究,日军在 1940 和 1942 年两次对衢州实施了细菌战,起初使用的是杀伤力较强的鼠疫、霍乱和伤寒病毒,后来到日军撤退前夕,日军在农田中撒下了数量较大的炭疽病毒。与鼠疫等病毒不同,炭疽病毒具有较长的潜伏期,对当地的危害持续时间最久,迟至 1958 年还有农民不幸染菌致病。由于日军把病毒主要播撒在田间地头,普通农民对此毫无概念,下地干活时没有任何防护,就直接感染病菌。感染大多都发生在膝盖以下,等到病菌发作,皮肤便开始发痒溃烂、化脓、扩散,恶化后产生强烈的恶臭。严重的被直接夺去生命,而幸存下来的,则往往大半生受到该病的折磨,身心备受摧残。①

　　这些受炭疽病毒侵染的身体和生命,成为日军细菌战的“活证”,他们得以幸存的一生,则因身体被打上特殊的“烙印”而一直向着过去而生。社会学家埃利亚斯在讨论时间的社会学时指出,线性时间观是现代资本主义体系的一种“文化创造”,在此之前许多社会认为“过去”比现在更为重要。② 借用他的说法,我们可以认为,这些受炭疽病毒伤害的普通人,他们的生活在

---

① 邱明轩:《莫忘历史——抗日战争在衢州》,香港:香港天马图书出版社 2008 年版。

② 〔德〕N.埃利亚斯:《论文明、权力与知识》,刘佳林译,南京:南京大学出版社 2005 年版,第 138 页。

各个方面都因"烂脚"而与常人不同,人生轨迹因此也发生巨大的改变。在这一过程中,身体上的"伤痕"一直刺痛着他们以及周围的人。无论从个人生命史还是从"日常生活"角度看,这种无法抹去的刺痛时刻把他们带回过去与历史。他们的渴望,伴随着深切的痛恨与冤屈,并由此无法从沉重的"肉身"中摆脱出来,获得真正的具有"新生"意义的、指向未来的生活。而事实上,根据我们的调研,这种心理也存在于那些没有感染炭疽,但有亲人罹难于细菌战的许多当地人中。过于强烈的痛苦记忆给内心制造的"污染"无法彻底清除,生活的表述变成了各种围绕生活、生命、肉体的仇恨历史叙事。在这样的氛围中,炭疽患者的身体便更演变为强化和验证这种仇恨叙事的一种公共符号,这些叙事与符号交织在一起,构成意义多重的身体政治学和身体美学(当然是邪恶意义上的)。

从社会学/人类学角度说,"日常生活"是探寻意义的重要场域。而根据常人方法学的理论,日常生活中出现的"例外"成为理解规则或者秩序的特有方式。因此,对于炭疽患者身体的多重意义的探究,我们可以从"日常"入手,看在日常生活中身体上的烙印如何制造了非秩序的"异类",进而讨论社会层面上对受害身体的"治疗"。从社会学意义上讲,治疗不仅是治病,而且还在表达恢复秩序的诉求。关注精神层面"拯救"受难身体的尝试与努力,肉体的折磨之源更多在于精神上的污染无计可消。国家与民族层面上的抗议、诉讼、索赔事实上并无法从生物性角度治愈患者的苦痛,但是对长年受到炭疽折磨的个人而言,这些行动更像是一场宣泄的公共"仪式",他们需要将内心挤压的记忆之痛、难鸣之音通过这些仪式具体而真切地表达出来。

炭疽如何进入了日常生活?如果我们接受所谓创伤就是"对身体或精神造成较大中断或改变的事件或者过程"的说法①,那么炭疽可以说是以一种创伤生产的方式进入到受害者的日常生活当中,并持续不断和效果增长式地对受害者的日常生活制造影响。

---

① Cathy Caruth. Trauma：Exploration in Memory(Hopkins：The Johns Hopkins University Press, 1995)，p. 67.

访：您是几岁的时候染上这个？

张：9 岁。

访：那当时是什么情况呢？

张：9 岁的时候，我们有玉米苗，那个脚要下去，我们要去修那个玉米苗，回来就膝盖痛，就烂开了。

访：您都不痒就直接开始烂啦？

张：嗯。

访：那当时像你父母有没有带您去看过？

张：看过，但是不好呢，看不好，医生很差，条件不好，那个时候 57 年呢，我 47 年出生的。

访：应该是 56 年吧？55 年 56 年左右是吧？那您上学了吗？

张：没有了，烂掉以后，就两年时间以后辍学了。

访：两年以后又去念书的？读到啥时候？

张：念到初中。初中毕业，到 60 年回去，那 60 年很艰苦的嘛，没有饭吃，我家里去挖山根吃。

访：那就是说您治这个病治了两年？

张：没有治到两年，在家，就是骨头烂掉，直接把它拔掉了呢！

访：您直接把骨头拔掉啦？

张：嗯，直接拔掉了呢！

访：就是您小时候啊？9 岁？

张：嗯，9 岁还是 10 岁拔掉了。

访：那当时不会痛得要命吗？

张：不痛呢！当时已经烂……烂翘起来了。

访：但是烂的时候是很痛的吧？

张：烂的时候很痛。（张双根）

　　张双根在一栋装潢较精美的三层小楼里接受我们的访谈。因儿子长年在外做生意，他现在的生活比较富裕。当他以非常平静的口吻讲述童年时期感染病毒并很快烂掉骨头时，已经看不出他有任何的情绪夹杂其中。但一个 9 岁的孩子,突然就开始烂腿,并烂掉了一根骨头,这种经历通常会让父母和个人遭受较大的打击。他也很明确地提到,烂脚发生之后就暂停去学校读书,直到两年之后。与张双根突然烂掉骨头相比,其他受害者更多的是感染之后出现发炎、破皮、流血水、疼痛的症状,而且这些症状也没有迅速发展到致残的情况,而是在一年四季中不断地反复复发。

访:主要想问问您小时候这个脚一开始是怎么弄出来的?

涂:开始的时候就是我小时候喜欢跟我爸爸到田里抓小青蛙,就很危险。就那个很小很小的青蛙。刚开始这个脚就起泡,然后就开始烂起来。到冬天又好了,一到春天就又烂起来,一直烂到了八九岁。它就开始腐烂很多了。那个小时候我们不到水里就好了,到了水里又烂了,反反复复。

访:您上小学的时候已经有烂脚了?

涂:上学的时候就烂了,一年多就好了,到冬天就好了。

访:它是怎么好的呢?

涂:好了就是肉啊、皮啊这些你不要给它刺破,它就好了,如果你一刺破、扎破,发炎了它就要烂,那个血水就要流出来。

访:那您上学的时候烂得厉害吗?

涂:一般都是到春天、夏天(烂得厉害),到冬天脚就不会烂了。(因为)冬天穿袜子不到水里面去。就是特别到水里去,就要腐烂。

访:痛到什么程度呢?

涂:痛到你不敢走路,你一走路那血水就流出来了,痒就要烂,有细菌就会烂,有细菌就会发痒。

访:当时走路什么的有问题吗?

涂:那小时候小孩子要贪玩的,痛不痛都到晚上才知道,白天跑来跑去,不管疼不疼。小孩子要见父母,到了晚上就知道痛了。

访:痛到什么程度?

涂:睡不着觉。(涂茂江)

　　涂茂江是访谈中比较特殊的一位,其特殊性在于家族中共有八人患烂脚病,除他以外,爷爷、父亲六兄弟都感染了这个病并都去世,以至于多年以来都认为这病是家族性的遗传。与他的描述相似,在刚染上这病时,病情的发展并不很严重,许多人回忆只是脚上破了一个小口,"有个洞",但并不会出现大面积的溃烂、流脓、皮肤变黑。感觉这些口子就是"痒",就会伸手抓,最后伤口变大,开始痛,"痛得睡不着"。

从两位被访者的回忆可以看到,病毒进入日常生活的方式对个体而言具有断裂性和具身化的特征。断裂性指的是原先正常生活的轨道因身体突然出现原因不明的疾病而发生暂时或长期的停顿和改变。而具身化则是医学人类学的一个重要概念,指的是某种精神上的偏差导致身体出现了一些习惯性的姿态、动作或者症状。多数受害者都是童年或青年时在田里或者泥里玩耍、干活时"偶然"感染此病毒,而当地人对此病无法做出确切的诊断,不知病因,更没有治愈此病的医疗手段,从而导致患者的生活轨迹迅速发生了改变。张双根是一个典型的案例,他不得不面对腿骨烂掉的身体伤痛,并暂时放弃了上学。而以涂茂江为代表的多数患者,则开始受到病痛的影响,疼痛的折磨,周而复始的发作,不能碰水,晚上无法入睡。父母都曾想方设法为他们医治,但由于家里经济不富裕,医疗条件水平低,许多人实际上只得到了极为简单的治疗。一旦发病痒痛难忍时,他们就只好涂一些牙膏或者包茶叶来缓解。

除了身体的伤痛不适,烂脚给患者的精神也造成了极大的影响。虽然年轻时病情还没有恶化到后来的整体性溃烂程度,但已经产生了"社会分化"的效果。他们的身体开始变得和其他人的不一样了。更明确地说,他们开始变得不正常了。

访:当时您得病的时候,您老伴知道吗?

余:她一开始不知道的。我一开始也不严重,就是发痒,没有现在烂的这么严重。我们也不知道这是病。一开始痒的时候抓一抓就变红了,然后就慢慢腐烂了,腐烂的时候脚很痛。小时候化脓了还可以擦掉,擦掉之后还是会继续化脓,后来就慢慢的越来越严重。

访:当时你们村里人什么时候开始叫你"烂脚"?

余：这么长时间了，什么时候叫我"烂脚"的真忘记了。小时候看见我脚烂了就叫我"烂脚""烂脚"，然后就一直这样叫下去了。（余敦祥）

　　许多患者都有被村里人叫做"烂脚""老烂脚"或者"神仙脚"的经历。农村是一个熟人社会，个人或家庭的事情很快就会在全村传开，因此谁得了"烂脚"，大家都会知道，少不了会被赋予"烂脚"的绰号。按照戈夫曼的污名化理论，当个人被贴上某一类污名标签之后，他就被赋予了一种特殊的身份，这种身份将他与其他人相区别，并招致不公正的对待。虽然现在的老人谈及此事时，大多以一种释怀的方式，把这种叫法当作戏谑性的亲密关系的表现，但我们也很难确信当这个病刚生起来、这个不雅的称呼刚出来时，他们没有感受到一种来自外界的异样眼光，把他们归为了另一类人。而从病痛伊始，这样"另类"的生活就已经表现在他们日常生活的肌理中了。

访：那他年轻的时候，气味还是有一点点的吗？

杜妻：气味有的，他这只脚最厉害啦，每年都要烂啦。

访：那不管它它自己会好吗？

杜妻：不会好的，要自己管的，那时候我们都是用那个纱布，用那个膏啊，反正一天两次，最少两次。他被子上都是水啊，被子要盖上去的嘛！（杜世渭妻）

　　被访者在回答我们关于染病之后个体是什么症状的问题时，经常提到的词包括"痒""痛""脓水""有气味""被子（或床）"。这些富于"感性"的词汇说明，烂脚的创伤已经从身体渐渐进入到生活，进入到饮食起居、生活生产。这些日复一日同质或日益加重的身体表现使得疼痛不表现为一种事件，而是一种无事件的记忆。它们摆脱了时间记忆的序列，进入了一种现象学式的意向的记忆。比如陈春花老人的儿媳，在回忆烂脚给她婆婆造成的痛苦时，用一种视觉感极强的方式来表达她的记忆，"那个血迸出来很高很高的，那个血管像爆炸了"。

访：奶奶没治好之前痛吗？怎么样的痛？

陈媳：痛，还流脓水。

陈：睁着眼睛痛，晚上也痛，一直痛。床上一夜下来，哼，淌得床上棉絮都是水,都要擦掉。

陈媳:每天每天都要包。

访:有气味吗?

陈媳:有的,妈呀,肯定有气味的。

陈:眼睛捂下去就根本看不到了……

陈媳:有一次她在田里干活,那个血迸出来很高很高的,**那个血管像爆炸了。**

陈:【作出向上迸出的手势】像龙头自来水一样。

访:有没有晕过去?

陈媳:晕过去了,她摔倒好几次。

陈:赤脚医生就给我打针,止血针,毛巾,棉布……包一包。

访:什么时候不能走路?

陈媳:我来的时候你【指老人】还会走,一只脚一拐一拐,大概有 20 来年。过了六七年,另一只脚开始一点点烂,之后两只脚都不能走路。所以不会走路大概 20 来年。

访:不会走路大概是什么情形? 是完全不能动坐在家里,干活也不行了吗?

陈媳:干活也不行了,就是稍微能迈点步,从房间到厨房,从厨房到房间,不能在外面走。(陈春花及儿媳)

　　陈春花婆媳两人以非常画面感的方式呈现了一个较长时段中烂脚的发展与个体日常生活状况的变化。在这个画面中,可以看到人被疾病所支配的生活场景以及难以扭转的"失能化过程"。这一背后,就是患者的主体性渐渐被剥夺的无助感。疼痛感每天都从神经末端传来,血管崩裂,脓水沾染干净的床单,行走的能力越发衰退,病痛成了支配性的主体,带有持续且不可抗拒的蛮力,化解了人类的一切努力,从而将人对象化和客体化。人的意志除了用来应对疼痛之外,几乎无法与疾病抗衡。在此,可以从一个没有患病的儿媳那里,体验到一种人类学意义上的"疾痛叙事"①。讲述疾病情况的不再是患病者个体,而是疾痛自身。疾痛仿佛一个有意志的主体,以自身的

①[美]A. 克莱曼:《疾痛的故事》,方筱丽译,上海:上海译文出版社 2012 版,第 67 页。

控制力在人的躯体上表现自己的发展轨迹,由此也深刻展现了个体在此中的另类化过程。对此最具表现力的,是我们初次访谈衢州日军细菌战纪念馆馆长吴建平时,他讲述的那个无法对应于哪一位患者的故事。

> 有一个住在江山的,他知道自己大概大限到了,就求他老婆陪他睡一个晚上,他老婆不干,第二天老人就含恨走了。他说他洗得干干净净的,那还是不行,有气味。他老婆说就不行,就不陪他睡。这个老人,我听到这个太伤感了,真的是。(吴建平)

这一故事中的主人公姓甚名谁已经无法得知,甚至这件事情是不是真的这样发生,其中的细节到底怎样,也无法考证。但这样看似"极端"的故事却成为当地人对"烂脚老人"生活之无助加以诠释的典范文本。它表面上看是患者的主体诉求,但背后却是一个典型的"疾痛叙事",讲述了疾病在面对基本的人情和道义的破坏,彰显出患者本人可怕的结局。对于这样的无助,只有当疾病得到了较大程度的干预,个体从另类朝向正常转变,才会得到扭转。我们听到的关于涂茂江治好脚之后的表现,可以为彰显这种"疾痛叙事"向"患者叙事"的一种转变。

> 还有那个衢江的涂茂江,那老涂跑到展览馆来拉着我的手说:吴会长你看,我终于可以穿皮鞋了。那个《衢州日报》和电视台的记者听傻掉了,直问我什么意思什么意思。我终于可以穿皮鞋了,他说这双皮鞋是他女婿20年前给他买的,以前没法穿啊,烂脚啊!(吴建平)

给"烂脚老人"造成一生严重伤痛的疾病,他们几乎都比较清楚地记得这病起初怎么发生、什么时候发生。这属于阿斯曼所言的"敲击式记忆",即顷刻就在大脑储存器上"撞击"下较为深刻的印记。如果再把个体记忆的"遗忘"机制考虑在内,我们就可以理解,为什么童年或青年时许多事情都从记忆里淡忘了,但感染病菌的那些不同源头却记得很清(张双根是修玉米,涂茂江是抓青蛙)。这也说明事件具有明显的标志性。从日常生活的角度,这一标志是原有生活轨迹被破坏,不得不发生改变,患病个人也因此在村庄里被贴上污名的标签。虽然标签随着日后交往的日积月累或许会变成亲密的戏谑关系中的一个符号,但起初,对于刚刚得病正处于肉体折磨和精神焦虑的个体而言,无疑是雪上加霜的一件事情,因为标签给疾病增加了社会分类,甚至有文化的内涵。而随着病情的发展和周期性的变化,对它的记忆变成了日常的"刻写式"记忆。这种记忆如同背诵课文一样反复地出现、刻写在储存器中,而内容则变成了病症所侵入的日常生活的改变与体验,比如痒、抓、痛、不能下水、流脓、晚上睡不着、弄湿床单、涂牙膏、包裹伤口等等。这些对于常人来说属于特殊形态的体验,成为了烂脚患者身体化的"文化",在创口还没有大面积溃烂之前,这些"文化"周而复始地得到实践。而高龄以后,创口完全溃烂无法愈合,皮肤黑化腿部肿大之后,这些"文化"就成为了生活的常态。在此情况下,疾病自身在与宿主的"共生关系"中占据了主导性,开始自我演绎叙事逻辑,而宿主则越发出现身体"失能化"的表现。只有借助外来特殊的医疗和社会纽带,这种叙事逻辑才重新被扭转,宿主或患者才重新掌握叙事和表达的主动权。因此,通过这样一种理解疾病的角度,就能更好地理解本章第四部分所讨论的对"烂脚老人"晚年进行救治所具有的多重意义。

三、烂脚与社会生活的记忆

病毒导致脚部溃烂,不仅对个人造成身体伤害,同时也因伤害影响到他们的社会生活。绝大多数患者都是在农村感染了病毒,而他们当时的社会生活主要就是村庄里的生产和人际交往。由于衢州地处衢江流域,水利灌溉便利,乡村普遍种植水稻。在他们感染病毒初期的 1960—1970 年代,中国乡村实行集体劳动和分配制度,农民按年出工多少计算工分,年底把总的粮食按工分进行分配。工分计算的规则往往要求农民不仅要出工,而且还要按照工作的类别进行区分,其中水田的耕种与管理则是最为繁重的一项,得的工分也最高。而脚部感染烂脚病的人恰恰下不了水,无法参与种植水稻的工作,得的工分不如健康人,到了年底,粮食就分得少。在那个粮食缺乏、边际效用极高的年代,粮食分得少就意味着家人忍饥挨饿,这导致了强烈的道德愧疚感,并由此成为"烂脚老人"一生最为重要的"创伤记忆"。"烂脚老人"谈及脚烂之后对生活造成的影响,多人提到干不了水田的活,挣的工分低。

访:那个时候您自己看到自己的伤口是什么样的感受?

余:看到自己的伤口知道它要烂,我也没有办法;也不能干活了,那个时候还有生产队,都得到水少的地方干活,晒稻谷啊,水田是不能去的。

访:如果不能下水田干重活,那工分是不是也会少?

余:工分是有的,比起其他人要少一点,跟其他人比起来就是一个十分、一个九分那样子。

访:那这个工分减少会不会影响您的家庭?

余:那肯定会影响家庭啊!(余敦祥)

访:像他这个病下水去干活行吗?

杜妻:不行的,下水肯定不行的,要么就晒稻谷。

访:也就是他干一些不用下水的活。

杜妻:哎哎,不用下水的。

访:影响工分吗?

杜妻:工分要少一点的。(杜世渭妻)

访:那得了这个病以后是不是会给您干活,比如去生产队里干活带来很多的不方便?

符:是不方便的嘞,管他什么事都是不方便的,别人能去,我去不了,去了水灌进去,回来要洗,洗了又要发起来的。

符子:就是到生产大队里去,下田也不敢下,一下去碰水会痛,就很不方便。

访:因为当时不是会有那个工分嘛(**符子**:有的),对,那会不会行动不便,干的活比较少,所以得的工分比较少呢?

符子:嗯,那对,会减少的。(符水莲)

　　在农村社会,具备劳动力是一个人之成为"人"的重要条件,否则个人就会面临多重压力,因为劳动力意味着在土地分配均衡的情况下,个人通过劳动获得基本的物质资源,而这些资源往往是家庭生计、礼物交换、婚姻缔结所需要的必要条件。劳动力方面出现问题而导致收入相对他人的减少,在一个本就比较贫穷的乡村社会,个人和家庭的生活会受到极大影响。根据我们的调查,存在着"烂脚老人"没有结婚,或者结婚对象带有腿脚不便的残疾,以及因家庭较为贫困而导致下一代未婚的情况,其中比较典型的是吴发贵老人。

吴发贵的父亲和他本人都患烂脚病,导致家庭生计受到较大影响。他的妻子来自五公里之外的外村,患有小儿麻痹症,劳动能力也受到影响。虽然只生育一子,相对其他家庭三四个小孩的情况家庭负担并不算重,但家庭经济能力依然较弱,至今生活在 30 年前盖的两间平房里,儿子已经 42 岁还是"老光棍"。"老光棍"在强调传宗接代的乡村社会通常意味着"局外人"。埃利亚斯在研究"局内人与局外人"时强调不同类型的人可以相互转化。"烂脚老人"原先是村里的局内人,但因烂脚在经济能力上成为另外一类人,同时在社会制度和经济制度的安排上,又逐渐被排斥在常态之外,因此他们在村中虽然不是彻底的局外人,但实际上已经变成了"局内的局外人"[1]。用鲍曼的语言表达,这种身份不明确的人带有"黏性"特质,难以得到局内人的完全认同,两者之间存在模糊不清的边界。[2]

这种界限感,因烂脚本身的溢出效应在患者与村庄其他人的日常交往和公共空间中表现得更为明确。在调查过程中,会否因烂脚而遭家人嫌弃或遭外人排斥是一个敏感话题,当问到这样的问题,被访者会采取简略的方式回答,而调查者往往为维护对方的自尊心无法继续追问。然而如果亲属或者有密切接触的人在旁边,这些人会提供一些比较明确的说法。比如衢化医院为"烂脚老人"动手术的张元海就从医生角度谈到了他对患者的看法。

---

[1] N. Elias & J. L. Scotson. The Established and the Outsiders(London: Sage. 1994), p. 87.
[2] Zygment Bauman. In Praise of Literature(Lundon: Polity Press 2014), p. 27.

做了手术最起码睡在被窝里（那个）被子是干的，没做手术被子是湿的，袜子是湿的，走亲戚都不敢走。那我们给他做了手术后，都正常了，那个涂茂江跟我们说可以穿袜子了，可以穿上皮鞋了，他很开心。他完全好了，睡觉也可以睡了。像这种病人，除非自己的子女，不然走亲戚是绝对不敢走的，睡了一觉把人家的被子全给弄湿了，老婆都不跟他们睡，老婆都怕他，子女没有办法只能照顾他们。其实他们非常非常痛苦，很痛苦。

这种是之前渗出物很多的，亲戚都嫌弃的，到我们家也嫌弃的。子女没有办法的哦，这个确实是一个问题，他们自己也感觉得到的。被子也不好睡的，主要就是流脓水，治好后就没多大关系了。这些病人很可怜的哎，给他们治好后他们的生活质量提高了很多很多的。以怎么个模式去救这些人很重要。你们明天要去拜访的余敦祥，人多的地方他都不去的，去了人家嫌弃他臭的，特别是夏天，浓水到处流、苍蝇围着他们转，都嫌弃他的。人家还骂他，或者很难受的。现在他治好后就没事了。（张元海）

在对局内人和局外人的经典研究中，埃利亚斯认为一个社区中，局内人与局外人不是用阶层的方式相互看待，更多看重的是对行为准则的遵守和由此表现出来的身体状态。比如穿着是否整洁、家庭是否收拾干净、在社区俱乐部聚会时举止是否粗野等等，都可以看出个人作为局内人与局外人的内在差别。干净、整洁、清爽与肮脏、混乱、杂芜成为评判社会差异的重要标准，而收入高低等阶层化标签倒在其次。[1] 从埃利亚斯的研究我们看到，干净与整洁是重要的社会指针，是自我塑造与认同的基本范畴，直接反映在身体的自我呈现当中。从这一角度看"烂脚老人"，就可以明白脚部的溃烂与恶臭让他们根本无法进行自我认同的建构，甚至与亲人的交往中，都要刻意避免让对方直接接触到溃烂的腿部。

访：那他一直没有出去做过工？

---

[1] N. Elias & J. L. Scotson. The Established and the Outsiders(London：Sage. 1994).

姜子：没有出去找。这个脚很自卑的，以前都不出来的。以前呢我都结婚了十几年，十几年才看过他的脚，都不让我们看见，等我们睡着了，他才洗脚。都不让我们这些小辈看见哦。

访：是这个样子的？

姜子：他都把裤子拉下来了，等我们睡着了他再……

访：他有专门的那个套脚的那个……

姜子：哪有啊，都是破布。以前都是破布裹裹的，现在好了，都给他们发那个弹力绷带什么的。（姜春根儿子）

　　在调查过程中，吴建平特别向我们介绍姜春根的儿媳，称她是照顾"烂脚老人"的一个楷模。姜媳因对公公的烂脚不嫌弃，坚持给他擦洗，受到政府表彰，不仅受到了"孝敬老人的好媳妇"奖状，还收获奖金5000元。然而姜春根在媳妇刚嫁给其子的前十几年，却十分小心地向她隐瞒了自己烂脚的情况。当时脚的溃烂程度尚不严重，用布裹起来尚可遮掩，但后来就遮掩不住了。第一次看到公公的烂脚时，心地善良的姜媳，也感到"震惊"。

访：当初您第一次见到您公公的烂脚，是什么感受？

姜媳：我都没见过，他以前会走路的时候，都不让我们看到的，都是躲起来洗的，等我们睡着之后才出来洗脚。他怕我们看见恶心，都是避开我们，亲戚来都不出来的。第一次见到烂脚后，我还是很震惊的。以前烂得很厉害，我下班回来给他洗包脚布，洗那个包脚布的时候里面都是烂肉，后面见多了也就不稀奇了。（姜春根儿媳）

　　创伤记忆的人类学研究表明，在创伤的代际传播中，受到身体创伤的个人往往向不曾经历创伤的后代隐瞒身体受伤的情况，以此创造一种"沉默"的过去，让已经发生的伤痛不直接影响到他们的后人。这种刻意的隐瞒，按齐美尔的说法即不与后代"分享秘密"的做法，就是试图与后人在精神层面保持距离。犹太人大屠杀的后人都有切身的体验，父母与他们保持良好的关系，但是在生活中很少做亲密的动作，因为他们曾经十分亲密的人都死于集中营。这一种隐秘的、只有家庭成员之间才能够感受到的"文化"，借用亚历山大较为宏观的"文化创伤"理论，这体现的是一种微观的文化创伤的展演。上一代试图用隐瞒的办法，隔开创伤与下一代之间的距离。在"烂脚老人"这里，他们起初的隐瞒或许是出于羞耻，不想给儿子丢脸，不想给后代添麻烦，不想影响后代的生活，但都体现了他们精神上对于这种创伤的自我消化的诉求。问题是，随着脚的溃烂程度越发厉害，这种在家庭中故意隐瞒的文化很难再继续下去。

而在社区的公共空间中，由于亲密关系的缺乏，以及烂脚形成一种"景观化"的效果，因此戈夫曼所说的"另类符号化"或者埃利亚斯所讲的"谣言"机制就自然而然出现，对患者个人及其家庭造成一种通过类别划分达到社会控制的效果。

> 我们那里原来好像有个叫花子，在我小的时候就烂很大的一块，就是这一块全部烂掉，然后他就要饭，从小要饭。就是那个时候小孩子不懂事的，就跟着他后面就是……噢……就是说：你这个臭疯子臭疯子哦，赶快走赶快走。小孩子嘛！就好玩又不懂，那个时候肯定不知道，都以为他是……因为很多的人对烂脚……不知道这个为什么烂（连忠福）

"谣言"代表着两类人相互不友善的戏谑性想象，充满了臆想与攻击性，而这通常构成社区生活中最基本的感知空间。"烂脚老人"的日常便被这样的言论所包裹。他们会被大小孩贴上"臭疯子""老烂脚""臭脚老太婆"这样的标签。这样的"谣言"或标签使得他们成为村庄公共事务的缺席者。吴建平讲述过衢州江山的一个例子。一位"烂脚老人"的妹妹给儿媳妇摆婚宴，不敢去请他，后来还解释说并非自己没想到哥哥，而是实在担心他来了之后会让其他客人难以忍受，所以先把喜糖喜酒亲自送到哥哥家里，请求谅解。

创伤记忆的人类学研究大多侧重宏大的纪念仪式和国家叙事，而把创伤的个体化表达留给精神分析和"创伤后应激障碍"的心理学研究。而创伤本身如何在日常空间中出现，或者在日常的现象学表现中显露自己的投射性,是近年来创伤人类学中出现的一个新的趋势。其中以色列人类学家基德伦(Kidron)关于犹太大屠杀受害者创伤的研究极为典型,提供了一个比较重要的范式,即从日常生活的微观层面分析受害者的记忆,以及这些记忆如何塑造他们的生活,有哪些特殊的交往方式,哪些是纪念仪式、集体活动无法消除的记忆。我们上一节讨论了个体层面上创伤的身体和行动后果,这一节关注烂脚对患者在社会生活中的影响。如果说,基德伦(Kidron)提出了"沉默"在犹太受害者记忆中的倾向与表达[1],"烂脚老人"及其子女的记忆所表达的就是"遮蔽"。"烂脚老人"参与社会生活,更多的是以一种避免被看见、被闻到、被厌恶的方式在进行。他们自己和留给亲属的记忆,就犹如犹太受害者一般时时想遮蔽自己的伤口,只是这个伤口残留在身体上,依然给身体带来伤害。他们无法像犹太受害者那样逃脱被折磨的命运,直到新的救治手段和救助者出现。

四、烂脚病治疗背后的个人创伤记忆

烂脚病虽然在衢州存在了 50 多年,其间有许多人去世,但对此病的治疗一直都无有效手段。2015 年之后,烂脚病治疗进入一个由"民间组织"担纲的阶段。活动最先由王选发起,她是义乌人,曾经在义乌遭受细菌战破坏最为严重的崇山村当过多年知青,对该村的苦难有深切的认识。在 1997 年发起对日诉讼之余,她认为还有必要对至今仍在义乌、衢州、丽水等地遭受炭疽病毒折磨的烂脚患者进行治疗,让他们重获新生。在她的倡导与组织下,义乌的商人捐款,上海的医院捐助设备,衢州铁道医院的烧伤科具体医治,各地的受害者协会负责调查、安排和组织患者治疗。在这个过程中,受害者协会的负责人还要劝导患者听从医生的治疗方案,能通过手术彻底治愈的就直接治,腐烂过于厉害或者已出现癌变的,就只能选择截肢后再安假肢,

---

[1] Carol Kidron,"Toward an Ethnograghy of Silence: The Lived Presence of the Past in the Everyday Life of Holocaust Trauma Survivors and Their Descendants in Israel," *Current Anthropology*. Vol. 50,No. 1(2009).

尽量保证患者治疗后还能够行走。上海的一家医院给截肢者免费安装假肢，并负责教会他们如何行走。

　　而在衢州负责寻找遍布各村的"烂脚老人"，鉴别烂脚是否属于治疗范围，把病人送到医院并负责后期费用支付的，是前面提到的吴建平。他身兼衢州日军细菌战纪念馆馆长和衢州日军细菌战受害者协会会长。虽然起初我们把他救助"烂脚老人"的行为理解为组织化的个人行为，但随着田野调查的深入以及对他的了解的加深，我们意识到他是一个创伤记忆社会学的典型个案。他的救助行为可以从组织化身份之外获得更多的解释。

　　初次衢州调研，我们就与吴建平交谈三个多小时。在此个过程中，他不仅介绍了许多衢州的"烂脚老人"、衢州的抗日战争史，更让人印象深刻的是，他还讲述了自己的家庭史。

　　　　我的祖籍应该是浙江绍兴诸暨。侵华日军发动战争以后，爷爷奶奶带着我父亲还有姑妈叔叔逃难来到衢州。1942年发动浙赣战役以后，日军攻陷衢州。1942年的7月份，两个日本兵抓到我爷爷和隔壁邻居，到郊区地主家找金银财宝，结果呢，没找着。没找着日本兵的气就发到我爷爷身上，就说你没有带好路，捅了几刀就把我爷爷捅死了。另外一个一看情况马上逃回来，回来跟我奶奶一讲，但（我奶奶）又不敢去，日本鬼子还在那里。等两个日本兵撤走了以后，再去找，连尸体都找不到。所以我爷爷到现在埋在哪里都不知道。我奶奶带着我父亲还有一个小姑妈，要生存，没办法改嫁到衢州一个吴家，但那家人没有儿子，一定要逼着我奶奶：你要嫁过来，你儿子要跟我姓。（日本兵）弄得我们家破人亡了，所以我们家跟日本人（有）血海深仇。就家破人亡了嘛，你一家六口人，从诸暨逃难到衢州，一下走了一半，是吧，一下走了一半。那么，我父亲那年十二岁，要生存，没办法，（我奶奶）只能改嫁到人家家里。（吴建平）

　　以上这段话说明了一个简单的事实，吴建平本人是日军侵华战争受害者的后代，与日本侵略者不单是"国恨"，还有直接的"家仇"。他是日军暴行受害者的第三代。

> 我们从小就听，在我的印象里，就是说每年的大年三十晚上，一家人吃团圆饭的时候就是忆苦思甜。那时我父亲就告诉我们爷爷是怎么死的。我看人家都有爷爷奶奶，我们怎么没有。我奶奶我也没见着。反正我就听我父亲把家族史讲给我们听。所以呢，我们从小我们兄弟姐妹四人都是在这种熏陶下（成长），所以我们对这段历史的记忆非常深刻。那么一直到我父亲参加诉讼，我们都很支持他。包括1998年创建这个展览馆。是当时的老会长杨大发，就是去年去世的杨大发，还有邱明轩，邱是当时的老防疫站站长，细菌战的主力调查者。他调查得很详细。他出过好几本书，得奖的。罪证一、罪证二，都拿到日本法庭上去作证的。我父亲等（杨大发、邱明轩）三个老人创建了这个展览馆，当时就这么一间。（吴建平）

亚历山大曾经对南京大屠杀以后，一直到1980年代才成为中国民族记忆的对象进行过研究。在民间，对于日本侵华造成的创伤，在个体层面一直没有得到过"治疗"。家庭中有先辈在日军侵华中遭遇伤害的，只是一直以家庭记忆的方式年年讲述，代代相传。吴建平的父亲在12岁的懵懂年纪，遭遇父亲被杀、母亲改嫁、自己改姓的打击，因而久久不能忘怀，年年春节都为"不知所终"的父亲祭拜，给子女讲述家庭的故事，让他们耳濡目染，将创伤记忆传递了下来。1997年，王选赴衢州开始收集细菌战相关证据，并组织当地人向日本政府提起诉讼时，吴建平父亲便与杨大发、邱明轩一起在衢州协助王选，并参加了对日诉讼。其中，杨大发家中也有先辈被日军细菌战所害。邱明轩虽然没有直系亲属受害，但他本人曾亲眼目睹邻居受害，也跟着父亲为躲避细菌战逃离过衢州城。弗洛伊德在研究集体创伤记忆机制时，曾提到过一个重要概念，即潜伏期，他的模式是"早期创伤—防御作用—潜伏期—神经症发作—被压抑材料的部分再现"①。遵照这一模式，吴建平父

---

① ［奥］S.弗洛伊德：《摩西与一神教》，李展开译，北京：生活·读书·新知三联书店1992年版，第23页。

亲等人，经历了较长的潜伏期之后，表达出了对于治愈创伤的强烈愿望。杨大发协助采访了许多烂脚老人，邱明轩则借助自己县卫生院防疫站站长的身份，深入地方调查，查阅史料，先后撰写近 100 万字的手稿，出版了八部关于细菌战史实的著作。他们三人又在 1998 年决定建立一座民间细菌战博物馆。对此，邱明轩的遗孀姜雅琴有很深的印象。

> 纪念馆的资料，最早开始创建的时候，90％的资料都是我老头子提供的。都是他一个人提供的，包括文字内容、烂脚老人的图片、地图都是他提供的。而且我跟你讲，(纪念馆建成)刚开始的时候，老头子还是很满意的，因为里面的资料都是他提供的。结果到了第二次整修的时候就给改了一下。2012 年年底政府给了一点钞票，重新给整修了一下，(里面的内容)全部都给拿掉了，而且有些就再也没有贴过了。我跟你讲啊，本来里面的内容很多都是我老头子提供的，后来都给换掉了。(姜雅琴)

姜雅琴的访谈澄清了这样一个事实，衢州侵华日军细菌战纪念馆的建造最初并非官方组织行为的结果，而是三位老人自发的民间行为结果。对此我们该如何理解？在对德国犹太人集中营幸存者的创伤记忆研究中发现，个人很难忘却年少时亲眼目睹的残忍场景，记忆会在一生中都产生持续的影响。一个曾在奥斯维辛集营中见过德军殴打父亲的小孩，后来成为历史学家，在书写这一时期的历史时，就一直陷入历史事实和个人记忆的纠结中，不断追问到底哪一个是真实的"历史"。而个体疏泄或者治疗创伤记忆的方式，并非国家纪念仪式一种方式，而是可以呈现出多元化。有的是参加受害者心理支持团体[1]，有的是找一对一的心理医生咨询，有的则通过自身不懈的写作，如鲍曼、埃利亚斯、阿伦特等人。比较而言，三位老人多年只能够在家庭成员当中表述他们的创伤记忆。而借助王选发起诉讼的契机，他们得以通过创办纪念馆，向更多的人展现日军的暴行。这是一种通过"向外

---

[1] Carol Kidron, "Surviving a Distant Past: A Case Study of the Cultural Construction of Trauma Descendant Identity," *Ethos*, Vol. 31(2003).

人公开呈现集体创伤"来疏导创伤的手段。与此同时，在这一时期，创伤治愈的手段变得更为多样，除了创办纪念馆，还包括积极参与对日诉讼、书写相关著作。他们三者的共同性，就是"公开呈现事实"。其中对日诉讼的作用更大，创伤受害者的后代可以把先辈的受害证据和自己的诉求直接向加害方的法人机构提出，从而拥有一种更大的心理期待。然而2007年，对日诉讼并没有取得实质性的成功。由于既有的官方协议，日方迫于相关证据虽然承认了细菌战的真实性，但不赔偿也不道歉，参与诉讼的三位老人遭受较大的打击。

> 打官司结束到现在十年了。2007年判决，日本法院承认有这段历史，但不赔偿、不道歉。按照国际公约，生化武器是不能使用的。通过调查，证实了当时是使用生化武器的，也就是违反了国际人道主义。我们中国人不在乎金钱赔偿，我们要让他们认罪。但他们到现在死不认罪。三个老人都死了，我父亲死了都不瞑目啊。（吴建平）

当受害者第二代（他们年轻时是创伤的亲历者）创伤治疗遭受挫折时，这显然造成了"二次创伤"，第二代的精神创伤并未因前期的行动达成疗伤，反而得到了一个相反的结果，造成了较大的心理落差，加剧了原有的创伤。这样的创伤效应在代际之间会具有较大的传染力。2014年吴建平接任细菌战受害者协会会长。前会长是杨大发。由于吴建平是公务员，尚未退休，按照组织规定他不能兼任社会各类协会职务，所以他对接任一事一直犹豫不决。某日他上杨大发家去协商接任与否，杨大发爱人对他喊了一句，"建平啊，想想你死去的父亲"！他颇受震动，心情难过，于是痛下决心扛起了重担。

就在吴建平接手职务之后不到半年，一个对他而言和对"烂脚老人"而言都极为重要的事情发生了。通过多年的医学尝试，"烂脚老人"的治疗出现了转机，亦即通过定点医院的清创和植皮手术，烂脚基本可以得到控制，创口不复发，不流脓，脚部的红肿程度下降等。得知这一消息后，吴建平表现出了近乎韦伯所言的"响应天职的号召"的积极性参与其中，成为整个衢州乃至浙西南地区烂脚病治疗事务的中心人物。

简单用韦伯对行动的分类加以评判,显然吴建平的行为首先不属于传统行为,协会成立的时间尚不满 20 年。其次对照看工具理性行为。接手会长并要从原先工作岗位离职,工资收入从 9000 多降到 5000 左右,而在协会位置上还没有收入。治疗"烂脚老人"的经费靠民间捐款和网络募捐,起步时经费紧缺,而按照医院的标准每位老人的费用都一目了然,难以从中渔利。事实上吴建平不仅没有渔利动机,反而拉来自己在商界的朋友捐款。而且每次去"烂脚老人"家,他都自己掏腰包或买礼品看望老人。"那个情况让你不忍心不掏两百块钱表示一下。"显然,吴建平并非从经济利益得失的角度从事这份工作的。再次是他的价值理性行为。吴建平没有任何政治和宗教信仰,也不存在任何集体组织性的公共道德投射在其行为选择的契机之中。最后一个是他的情感行为。吴建平与救助对象之间没有任何个人的情感关系,而他能够克服烂脚的恶臭,长年牺牲自己的时间,每家每户走访,把患者的情况了解得一清二楚,安排他们的治疗,并在手术后定期送去医疗组巩固后期效果,赢得几乎所有治疗对象及其家庭的认可,这似乎又超出了简单的情感关系范畴。如果把他父亲的创伤未愈考虑进来,可以说其中有一种创伤情感的化身(incarnation)过程,用吴建平自己的话来说,他干这些事:"如果没有我老爷子这些精神支撑在这里,我真的是干不下去的。"

因此,我们可以把吴建平的行为理解为创伤记忆的代际传递之后激发的情感行为,他父亲未尽偿还的创伤化身在他身上,而他救助的对象所受的伤害,又与他父亲所受伤害来自于同一个加害者。显然,这里的一个转换就是,治疗"烂脚老人"的创伤如同治疗父亲的创伤。作为创伤记忆的第三代,吴建平在布迪厄所说的实践感当中,创造了一个"记忆之场"以治疗"烂脚老人"的创口,治疗他死去的祖辈,包括爷爷和父亲以及他自身的创伤记忆。

法国历史学家诺拉所言的"记忆之场",是以宏大的叙事讲述国家或政治符号通过不同意义相互作用得以建构的过程。在此我对之的借用,主要是用于微观和行动层面,以及其建构的过程。用诺拉自己的话来说,这是"活的记忆"。吴建平化身先辈的创伤记忆,并靠这样的情感力量动员了身边的其他人,让他们一起加入到这一救治病痛与创口的"记忆之场"。

篇幅所限,简单地描绘一下这个"场"的构成与行动生成的逻辑。首先是以吴建平为中心的关系网络,包括(1)远在上海和北京的医疗专家团队和医疗器械公司,他们负责慈善捐赠和医治;(2)衢州衢化医院以张元海为首的医疗团队,他们负责主要的手术与后期护理工作;(3)地方上一些乡镇卫生院的医生和护士,他们负责后期的换药治疗,巩固治疗效果;(4)衢州或浙西南本地的企业家,他们由吴建平介绍捐款捐物;(5)接受治疗的"烂脚老人"及其家庭,他们是受害者,是接受救助的对象。田野调查中我们发现,除了与第一类人保持一种组织层面上的关系之外,与其他几类人,吴建平几乎都用一种熟人化关系的方式建构起与他们的联系,而浸润在这些关系的行动逻辑,是人类学意义上的礼物与道义融入原则。

首先,治疗基本上是免费的。"烂脚老人"家庭只需要付极少的费用,就可接受手术甚至义肢的安装。其次,相互沟通非常深入。为了了解各烂脚病家庭,吴建平和医疗团队要一家家走访,看望"烂脚老人",一次次动员他们接受手术(地方上的很多说法阻止老人接受手术,比如破洞可以排毒,治好了体内毒排不出反而死得更快等)。经过数年的奔波,吴建平对衢州每位"烂脚老人"的情况都了如指掌。由于许多"烂脚老人"的脚长年溃烂没有得到治疗,初次上门检查时,目视与鼻嗅都受到严重的挑战。再次,到衢化医院手术治疗后,后续还须在家接受换药。吴建平联系到乡镇卫生院协助。并非所有卫生院都愿意协助,而积极配合的卫生院都能按时、高质量地为患者提供服务,甚至半夜 12:00 接到断药的求助电话,都能及时送药上门。最后,患者接受治疗之后的反馈或者"回赠"(莫斯意义上的),体现为吴建平到很多家庭都会受到隆重接待,喝酒吃饭。更重要的是,患者打电话告诉吴建平他们身体上所发生的改变。

> 他们现在激动啊,那个毛水达大晚上打电话给我,吴会长,我现在可以走亲戚了,那语气中的激动,是发自内心的。我听了后眼泪都要掉下来了。还有那个衢江的涂茂江家里,那老涂跑到展览馆来拉着我的手说:吴会长你看,我终于可以穿皮鞋了。那个《衢州日报》和电视台的

记者听傻掉了,直问我什么意思什么意思。我终于可以穿皮鞋了,他说这双皮鞋是他女婿 20 年前给他买的,以前没法穿啊,烂脚啊。真正的跟这些老人接触过后,你今天也看到了那个周文清见到我那个激动,要爬起来接我。

我们只要把老人治愈了,能够让他们有一个有尊严的晚年,活在世上能够开开心心,(且有)尊严地走掉,我就满足了。(吴建平)

五、结语:创伤与创伤的叠加——记忆的实践

两类创伤的结合,构成了治愈性的创伤"记忆之场"。"烂脚老人"的病痛自己无法痊愈,祖辈死于日军之手的创伤记忆也因诉讼无果而加深。两者的叠加,创造了医治烂脚与创伤记忆的"场域"。前者的伤痛转化为后者治疗自己内心创伤的一种资源,祖辈创伤记忆的"化身"构成了强大的情感力量,最终使得救治在两个空间同时得以展开:肉体之创与精神之伤。

"烂脚老人"感染病毒之后,由于病毒对肉体具有巨大的破坏性,且身体要遭到极大的痛苦。痛苦的强烈与持续性促成了他们鲜明的、难以忘怀的疾痛叙事的创伤记忆,这些记忆与他们极为个人化的日常生活紧密相连。晚上痛得无法入睡,脓水沾湿被褥,走路寸步难行,这些都成为"烂脚老人"最深切的肉体的"疾痛叙事"。

个体层面的疾痛,往往带有社会层面的后果。在患者的社会层面上,疾病造成的身体失能最为常见。在经济困难时期,身体的失能导致本人无法完全承担家庭的责任,这给"烂脚老人"留下巨大的创伤记忆。而村庄对待这个疾病的态度,以及疾病本身的"公共景观"性色彩,使得"烂脚老人"从村庄的局内人转变为"局内的局外人"。这是带有黏性色彩的模糊身份,制造出他们人际交往中的一种行动习惯,亦即尽力拉开与他人的距离,包括与亲人的距离。如同奥斯维辛集中营受害幸存者用沉默拉开与后代的精神距离,"烂脚老人"也试图用"遮蔽"和"包裹"拉开与后代及周围人的距离。

当疾痛被揭示是日军细菌战的恶果之后,他们的身体及疾痛叙事就不再仅属于自身。城市、民族、国家都可以变成他们疾痛叙事的主体,并将这

一疾痛"对象化",生产出多重的意义。比如现在的衢州侵华日军细菌战纪念馆,就是这样一个"记忆之场",它扮演着将"烂脚老人"的疾痛抽离出来对年轻一代进行爱国主义和世界和平理念教育的角色。这种教育显然也构成一种回馈,构建了一个记忆的实践之场,以治疗"烂脚老人"的伤痛。

　　"抽离"有提升为宏观整体的意义,但吴建平的方式更为具体和独特。吴建平的家庭创伤,使得他以创伤记忆实践的方式构建了一个鲜活的、以道义的回馈关系为行动原则的行动之场,建构出了一个"社会",在这一社会里,吴建平一系列貌似组织化的行为,实际上无法用组织理性和个人理性、个人价值和组织价值包括信仰价值来解释。他父亲未尽偿还之个人创伤,化身于他,构成了情感的个体,使得这种"前在"存在的文化内涵将他的所有行为都变成了一种仪式,实质就是"祭奠"他的父亲。因此,"烂脚老人"受惠于他,按照礼物关系回馈于他"可以穿上皮鞋"时,便迅速造就了他情感上的巨大满足。

第七章　民间社会的救助与救治

一、民间力量与社会救助

　　"烂脚老人"的救助主体涉及到民间组织、民间团体、公民个人等多个主体，本章将使用民间力量这一概念来概括多个主体的参与。民间力量，顾名思义，就是非政府力量，指政府部门之外的其他所有组织和个人，包括非政府组织、非营利组织、各种社团协会、社区组织乃至公民个人。这些民间力量的公益性互益性活动，独立于政府和市场体系之外，凸显了其非营利性、自发性的特色。而社会救助是指国家和其他社会主体对于遭受自然灾害、失去劳动能力或因某些原因造成生活困难的公民给予物质帮助或精神救助，以维持其基本生活需求的各种措施。社会救助的实施对于实现社会公平、维护社会稳定有着至关重要的作用。尽管我国目前逐步形成了以最低生活保障、特困人员供养、受灾人员救助、医疗救助等基本温饱救助为基础，以教育救助、就业救助、临时救助和慈善救助等为补充的社会救助体系，但随着经济社会发展和生活水平的不断提高，不同弱势群体对社会救助的需求是迥然不同的。社会救助的需求不断多样化的同时，其救助体系的完善更是一项长期工程。这项工程应该包括民间力量参与下的民间救助，与政府救助内容相互补充。

　　细菌战造成的伤害是常规武器无法比拟的，受害者在生理和心理上都忍受非人的痛苦。炭疽病毒作为一种特殊的慢性病毒，危害大、毒性强且不易治愈。炭疽的危害不仅表现在死亡过程的难以忍受,还体现在感染后痛不欲生的终身折磨。在衢州细菌战的案例中,炭疽病毒经年累月的病痛折磨背后是无数"烂脚老人"苦难生活的缩影。

正如本书第四章的详述,受炭疽病毒感染的"烂脚老人"的主要症状表现为双脚双腿创面腐烂程度高、长时间流脓血、疼痛、臭气熏天,严重时无法行走。由于炭疽病毒的难愈合性和再复发性,致使老人们烂脚久久不能治愈,几十年摆脱不了病痛噩梦。多数"烂脚老人"选择的治疗方式是自己用牙膏、草木灰、茶叶沫等土办法"随便"对付。又由于流脓和散发臭气,许多老人背负污名,自卑和胆怯,社会参与受到限制,不敢长时间居留在别处。同辈群体的隔膜和家庭成员之间关系的疏离,致使正常的社会交往、社会互动受到阻断。

美国著名社会学家戈夫曼对污名的定义是:"看着眼前这位陌生人,会自然而然地联想到他拥有某种特征,这种特征使他与他可能成为的其他类型的人相区别开,使他变成不太令人欢迎的一类——换而言之,此人要么邪恶透顶,要么及其虚弱,于是他在我们心中沦落了:一个健全的平凡者因此被沾上了污点,被轻视,这种特征就是污名。"[1]背负污名的"烂脚老人"社会地位低下,生活麻木、孤立感突出。

日暮残年、贫困、被孤立、受歧视、体弱多病、有失照护几乎是"烂脚老人"的人生常态。如今多数老人已迈入耄耋之年,许多已经离去,一些老人仍在烂脚的痛苦中挣扎,对"烂脚老人"的社会救助刻不容缓。

二、民间救助系统的构建及实施

在衢州,一大批民间力量介入了"烂脚老人"群体的救助,其中包括杨大方、邱明轩等民间人士、王正国创伤医学发展基金会、侵华日军细菌战衢州市受害者协会、衢化医院医护人员、志愿者团队、《衢州晚报》记者等等。这些民间力量一方面通过为细菌战受害者提供医疗救治,定期关怀和慰问老

---

① [美]E.戈夫曼:《污名:受损身份管理札记》,宋立宏译,北京:商务印书馆 2009 年版。

人,举行纪念仪式,开展义诊等多方面活动;另一方面,通过多年走访收集资料,著书立说,修建展览馆等方式记录这段历史,保留了一大批珍贵的史料,同时也唤醒了更多的人去关注"烂脚老人"这个群体。

(一) 医疗救助

1. 王正国创伤医学发展基金会

在现有政府体系救助不足的情况下,民间救助体系以更加灵活多元的方式展开了救助活动。2014 年,上海《新民晚报》记者对浙江衢州、金华、丽水以及江西上饶等地开展实地调查,其调查报告的公开,在上海医学界引起不小轰动,同时也吸引了中华医学创伤峰会、上海市创伤修复研究中心及所属基地专业医院——上海市瑞金医院以及中国工程院院士付小兵、王正国等相关专家的关注。首个被成功救助的"烂脚老人"在上海市第九人民医院接受了手术治疗,开创了治愈的先例。至此针对"烂脚老人"的救助在医疗技术上取得了一些突破。在此基础上,后又组建了由中国工程院院士王正国命名的王正国创伤医学发展基金会(以下简称"基金会"),以基金会筹款、第九人民医院治疗为主的救助体系开始逐步形成。

此后,在中国工程院院士付小兵带领下,经过对救治的多次研究和完善,总结出了一套针对烂脚病患者的价廉有效、安全系数高的治疗方案,为久治不愈的烂脚病患者带来了新的转机。其中治疗方案的实施主要由上海市第九人民医院、上海市创伤修复研究中心及所属基地专业医院——上海市瑞金医院、上海市中西医结合医院等专业医院、专业医师全面负责。

2. 侵华日军细菌战衢州市受害者协会

在衢州地区,民间救助体系的构建主要是以侵华日军细菌战受害者协会会长吴建平为代表的民间力量发起。该协会主要由原会长杨大方等一手促成。2014 年吴建平接任会长。协会为民间草根组织,其会员多为"烂脚老人"和曾遭受细菌战伤害的老人的亲属,少数为爱心志愿人士。目前在衢州、金华、丽水、义乌等地均已成立侵华日军细菌战受害者协会。衢州市下辖的几个乡镇如衢江区、柯城区、江山市、常山县、龙游县和开化县等都已设立分会,其中各乡镇地区组织会长分别负责各地区的"烂脚老人"相关救助工作。吴建平这样介绍协会：

> 我们有一个协会,受害者协会,义乌、丽水有一个。我们协会有 300
> 多人。都是老烂脚,我们后面要去调查的。凡是符合条件的都是协会
> 成员。协会现在主要就是负责治疗这些烂脚老人。(吴建平)

3. 浙江衢化医院

2015 年 3 月,通过吴建平的多方争取,王正国创伤医学发展基金会和基金会秘书长付小兵院士决定将衢州救治地点设在浙江衢化医院,避免了"烂脚老人"来回奔波上海和由此带来的高昂治疗费。衢化医院始建于 1958 年,现为二级甲等医院和浙江省文明医院。其中,烧伤科为浙江省屈指可数的省级重点学科之一,衢化医院也因其高超的烧伤治疗技术在国内享有盛名。在对"烂脚老人"的救助中,由于其出色的医疗技术等原因,衢化医院成了衢州地区的主要救治点。

吴建平联同衢化医院烧伤科医师、《衢州晚报》记者启动了针对"烂脚老人"的救助。救助主要采取受害者自主报名、乡镇联系人推荐、媒体定时报道的方式,利用《衢州晚报》刊登救助信息,每月两期。各乡镇联系人不定期保持联系,以便及时将发现的"烂脚老人"送往救助点。收到报名信息后,由吴建平、各乡镇联系人以及记者跟随进行实地走访、排查、筛选。其筛选的条件是 1949 年之前出生、经衢化医院医师和上海专家鉴定属于烂脚病症的病人。一旦确定,即可纳入救助的范围。

> 一回来我就跟《衢州日报》的记者开始启动针对这些烂脚老人的救助,为了避免不必要的医疗争端,就让这些老人自己报名。大家都知道,如果是我们去把他请来的,老爷子万一出点什么事,这个情况我们承担不起,真的承担不起,所以我们让老人自己报名,记者陪同我下乡走访。我们利用《衢州晚报》刊登(信息),每个月两期,就是希望这些烂脚老人的子女自己来报名,愿意来进行手术治疗的,你们自己来报名。我们通过媒体的宣传,当时就有 30 个人来报名,我们第一个月推出去的时候就只有 30 个人。记者陪着我,我们每步每步全部进行到位的排查。

到了那个村庄我们先不找老人的,我要先找村里比较年长的,而且对这户人家有所了解的人,包括这个老人什么时候开始烂脚的,什么情况下烂脚的,我们都要做得相当相当到位。为什么?因为很多人一听是免费治疗,就冲着你免费来的,所以我们的工作要做得相当的深入,做得相当的到位;而且我们根据名单对照,以排除法,当场就排除掉了20个。那根本就不是啊,有些人很恐怖的,有些人编电视剧编得非常的真,连他自己都不相信,假的。(吴建平)

就偶尔有一次我那个女儿看报纸上面宣传,她说,老妈您把外公带到衢化医院去看一下,衢化医院能看好烂脚的。她说比外公更严重的都看好了的。(孙徽州女儿)

烂脚有四五十年了,那个姓吴的来我家四五次了,让我去衢化医院,我都没去。要开刀,烂起来我怕痛。就怕最后会烂起来,他说不会的不会的。他来我家四次了,劝我去我都没去。后来就是吴会长他们那边来了很多次,这么挂心我,而且去了也不要钱,我们就去了。(涂茂江)

(报)纸上,看到的。……有个人到我家里看,看是不是痒,拍照片,然后报上去。后来痛,到医院里去,赶紧让我在那边治疗。这些医生好得劲好得劲。(陈春花)

此外,鉴于衢州地区有救治点,考虑到路程和费用问题,离衢州较近的金华、丽水、义乌等地也都选择将"烂脚老人"送到衢化医院治疗。其筛选步骤严格按照"拍照取证—衢化医院医师鉴定—上海专家鉴定"三步来执行。

丽水那边过来的老人,他们先是把照片拍过来,我呢请张元海看,再发到上海由上海专家组看,确认是"烂脚老人",然后再了解他们发病的年龄。像毛水达,他5岁就烂脚了,正好是日军撤退的时候。如果都吻合了,那么我们就把他们纳入救治体系,我这边就马上安排病床,跟医院协调好,然后开始接受病人。丽水来的,我到火车站去接,一般都是我亲自去接的。每个病人都是我亲自接的。我们碰到一个丽水的孤寡老人,衢化医院派出救护车,我亲自跟救护车一起过去接的,还带着一个医生。(吴建平)

4. 资金来源

救助费用的保障一直以来都是亟待解决的问题。尽管目前烂脚已被纳入城乡医疗救助范围,但由于报销比例过低,昂贵的手术费用对于普通家庭仍是一个沉重的负担。由于城乡医保的比例只占到60％,多数老人终身孤寡贫困,无力承担医保之外40％的手术费用及住院期间的护工费、生活费以及后续的术后疗养费。鉴于此,王选和上海王正国创伤医学发展基金会联合腾讯公益发起募捐,医保范畴之外的剩余费用全部由基金会担负。其中关于老人术后的疗养费由基金会每人补助1000元,术后需要的护理药品也全部由基金会免费赠送。

2014年12月在衢化医院治病的,住了11月、12月两个月,吴会长他们那个协会做的,免费的,这个药膏也是从医院免费拿的。轮椅是协会送的。(陈春花)

那个吴建平会长说的,他说这个(手术)是免费的,以前有两批了,我是第三批。我第三批是一个人补助1000块钱。那个1000块钱是打在我卡里的。(华东良)

访:衢化医院是吴会长介绍您过来的吗?
黄:嗯。2月22号浙江省记者到这里来采访我这个脚
……
黄:我进去(衢化医院)的时候……第三次使用大脑上的皮植过来的。第一次将不好的搞掉,过一个礼拜检查是否挖干净,没有挖干净又第二次挖。第三次开始补。

访：三次手术花钱了吗？现在平时还吃药吗？

黄：没花钱，不吃药，就用袜子包一包。走路很好，干活也能干，就是脚背还有些肿。（黄忠惠）

考虑到部分老人是孤寡老人，吴建平等协会成员主动安排护工陪同，另外部分老人由于烂脚过于严重面临截肢的窘况，协会等成员积极寻求企业、基金会等民间力量的扶持，为老人安排康复训练、假肢安装等事项。

> 因为姜春根腿截掉了，我们马上向基金会申请做一个假肢，假肢是2万块钱，那么我们就做通了（工作，由）这个企业还有衢化医院，还有基金会他们三家各出1/3，那么把他的假肢费用给解决了。那个企业还免费把他接到厂里去进行义肢训练，原来姜春根都不会走路的。（吴建平）

> 他们【指着吴建平】来看我的，我就知道治疗烂脚这个事情了，然后把我接到医院里去了。（毛水达）

> 他【指毛水达】去医院后我们安排人照顾他的，我们安排护工的。孤寡老人全部安排的，由我们来负责。（吴建平）

（二）著书记录历史

历史需要铭记。"烂脚老人"是活着的历史，相关资料搜集是在与日趋消亡的历史作斗争。民间力量在提供治疗方案外，也一直不遗余力地挖掘历史、记录历史。被誉为"衢州细菌战真相调查第一人""打开死亡工厂黑匣的衢州证人"的邱明轩，几十年如一日奔波在为"烂脚老人"调查取证的路上。邱明轩生前是衢州市防疫站站长兼浙江省防治地方病专家组成员，鉴于从小对"烂脚老人"的熟知和职业的敏感性，他一直认为如此大面积雷同一律的烂脚症状背后必定另有隐情。基于人道主义责任感，他从上世纪80年代就开始利用闲暇时间调查走访和搜集资料，前后共花20多年时间，潜心调研侵华日军在衢州地区实施细菌战犯下的罪行。他夫人姜雅琴对投身调研的邱明轩作了充满深情的回忆：

> 大概是(上世纪)80年代吧,那个时候还没有退休。退休后就写得更多了,他说有些内容在肚子里,不写出来太可惜了。那个时候下乡还可以看到好多烂脚老人,他看到后就觉得一定要写出来。这本《罪证》就是当初诉讼的时候作为证据呈上去的,里面的资料都是老头子自己调查写出来的。(姜雅琴)

> 他自己讲是他要写的东西太多了,因为他从小看到大。他记忆力很好,很小年龄看到的东西都还记得。他讲如果不把这些东西写出来,好像对不起后人似的,所以他要写一下。这都是他利用休息时间到乡下去采访的,还让我给他拍照片。(姜雅琴)

> 他一有空就下乡去调查,几乎都是自己掏钱的。……那个农村的交通很不方便,都是自己坐车过去,到了山区偏僻的地方,到了镇上再下到乡里就要走过去的。(姜雅琴)

> (访谈的人数)一两百人起码,估计不止。吴会长父亲陪他下乡就有七八十次了。这些都是没有报销的,都是自己骑自行车下乡。(姜雅琴)

> 这项工作一点都不轻松,我是从2000年起去受害区进行专门调查的。由于资金不够,也没有帮手,我们只调查了5547位死难者,这只是全市人口的9%。这对于整个衢州3000多个村庄来说,还只是九牛一毛。如果可以在全市进行全面调查的话,可查出1940年—1948年(期间),(因)细菌战死难人数将超过5万人。① (邱明轩于生前接受腾讯网采访时自述)

1999年,邱明轩决定将搜集到的资料编撰成书并出版。其中,由邱明轩

---

① 腾讯网:http://zj.qq.com/a/20170418/022188.htm,2019年2月21日。

编写并自费出版的《孽债难忘——侵华日军衢州细菌战死难者调查与名录》
《罪证——侵华日军衢州细菌战史实》《细菌战与隐患》三本有关日军在衢州
实施细菌战罪行的著作,为研究细菌战提供了有力的佐证。《罪证》一书,更
成为对日诉讼中最有力的证据之一,在使日本承认细菌战事实中发挥了至
关重要的作用。除上述三本书,邱明轩还留有《衢州市卫生志》《莫忘历史》
《侵华日军细菌战资料选编》《三代人》等著作。

> 出版《罪证》的时候,他是想公家出,自己钱少啊出不起。我们两个
> 人加起来也就 5 万多一点一年,这点钱怎么出书啊! 所以一开始他是希
> 望公家能够出,但是公家不敢出。那时候跟日本关系很好,出这个书不
> 行。组织部不给出的,后来拿给政协看,他们说这个书好像不能出。他
> 们不给出那我们自己掏钱出,这里好几本书都是我们自己掏钱出的。
> 我们两个人啊,当时那些工资全都贴进去了。我们这个房子很破的,周
> 围的人都搬走了,我们没有钱啊,老头子都把钱(用于)出书了。……完
> 全是我们自己在做。大部分书都是我们自己出的钞票。(姜雅琴)

由访谈可知,对"烂脚老人"的走访、调查以及包括出版书籍在内的所有
费用均由邱明轩自主承担。在得不到资金支持的情况下,邱明轩仍日复一
日、年复一年地跋山涉水走访老人、登记取证,笔耕不辍地书写历史。

> 一共 100 多万(字)要有的,还不止吧。具体多少数字我们算不清
> 楚。你看,出一本书要十来万,要买书号的,书号贵,如果没有书号,(出
> 版价格)就会便宜点。……这些年也没有估计,我们都没算过花了多少
> 钱。(姜雅琴)

除编撰成书外,邱明轩还积极参与对日诉讼并出庭作证。他曾多次应
邀参加国内、国际学术会议,赴日本讲学,在对日诉讼时与细菌战中国受害
诉讼原告团一起出庭作证,在迫使日本法院承认细菌战事实上做出了极大
的贡献。邱明轩还将自己 20 多年来调查、搜集的珍贵历史资料悉数无偿捐
献给衢州市档案馆,此部分历史材料也为后期侵华日军细菌战衢州展览馆
的创建打下了重要的资料基础。

访：那邱老先生当时在写书的时候，有没有去高校作讲座什么的？

姜：有的，去过温州医学院作讲座的。上海也讲过的，再有在日本也讲过的，还出庭作证的，书里都有照片的。

访：那这些活动是邱老先生自己安排的还是由王选安排的？

姜：那边通知的，基本上都是王选通知的。

访：这些活动都是义务的吗？

姜：都是义务的，没有报酬的。就是说去那边的车票都是她寄过来的，吃饭住宿都是他们负责的，基本上他自己也没有掏钱。

访：后来生病以后还出去（开展讲座、参加社会活动）吗？

姜：去的，生病都会去。他很敬业的，为了"烂脚老人"做了很多（事情）。（姜雅琴）

细菌战的调查是由邱老爷子（原衢州市防疫站的站长）完成的，根据他的调查报告，他出版了《罪证》，对日民间诉讼，打官司。又是凭着他这个铁证，官司虽然打败了，但是日本法庭以法律的形式承认了犯下细菌战的事实。政府没承认，但是法院承认，所以我父亲说这是一（次）伟大胜利。（吴建平）

（三）修建展览馆

侵华日军细菌战衢州展览馆最初由杨大方、细菌战受害者遗属吴世根、邱明轩联合发起创建。1997 年，在王选带领下，针对日本细菌战残害中国人的犯罪事实，由 180 名中国细菌战受害者及其家属组成的"侵华日军中国受害者诉讼团"正式向日本提出诉讼并要求赔偿，其中杨大方和吴世根均出庭作证。此后，为了谨记历史，杨大方等人开始考虑筹建细菌战展览馆。2005 年，侵华日军细菌战衢州展览馆于清明节正式开馆，并对公众免费开放。此后，随着国家层面的关注度增加和多次修缮升级，衢州市政府开始接手展览馆的修建工作，并于 2008 年以官办身份重新正式对外开放。展览馆于 2010 年荣获"省级爱国主义教育基地"称号。2014 年，展览馆被纳入第一批国家级抗战纪念遗址名录。

侵华日军细菌战衢州展览馆坐落于衢州市罗汉井五号,是细菌战受害区遗址之一,也是侵华日军对衢空投致命性细菌第一批罹难者之一的黄廖氏的故居。

在这座面积仅 300 余平方米的简陋纪念馆里,展出的内容主要包括"衢州的深重灾难""七三一细菌部队的罪行""正义的呼声""为尊严而战"等。其中,展馆内的所有展板资料都由细菌战受害者后人杨大方、吴世根与邱明轩等人搜集汇编而成,无偿捐献给展览馆,每一部分内容都配有图片和文字说明。

> (杨大方、吴世根与邱明轩)他们三个都是转业军人,所以他们有共同的语言。搞这个馆是 97(1997)年的事情,就是去日本打官司。之后大家就想搞这个馆,就筹钱,就这么弄起来了。(吴建平)

> 最开始是 98(1998)年的时候搞的。现在我们展览馆那个石碑的地方,我们现在放 3D 电影的那间房子就是最开始的展览馆,现在其他地方都不是的。05(2005)年关工委接手了,把面积扩大了一半。没有人提供照片的,全是邱叔叔提供的。就连衢州市档案馆都没有,全部都是老邱叔叔提供的。再后来到了 12(2012)年年底要升格为浙江省爱国主义教育基地,就拨了 100 万,省政府拨的,衢州市拿出了 90 万,一共 190万,然后进行重新翻修,资料重新做过。(吴建平)

(四)纪念日义诊活动

利用纪念日的方式给老人进行免费义诊一直以来也是民间力量不遗余力推进的救助方式。每逢清明、九一八、国家公祭日等大型纪念日活动,民间爱心人士汇集于侵华日军细菌战衢州展览馆内,为烂脚病患者举行义诊。纪念日义诊由吴建平发起,他携手衢化医院、王德裕堂国药公司组成的医生团队、当地大学生志愿团队,于纪念日当天在展览馆内举办关爱"烂脚老人"活动,为老人讲述烂脚的护理方法和相关注意事项。对于出行不便和偏远地区的"烂脚老人",协会定期组织相关专家医师下乡义诊,进行清洗和换药,及时追踪术后恢复情况。协会也不定时下乡看望"烂脚老人",为老人送去营养品、绷带、药物等必需品。

> 我们每年清明利用祭拜死难民众这个仪式,跟衢化医院还有其他医院在我们展览馆举行关爱"烂脚老人"大型义诊,所有的(人)管你是不是(烂脚),所有烂脚的(人)都可以免费给看。我们义诊每年都做,反响非常好,而且我们还当场收治、救治这个"烂脚老人"。(吴建平)

> 这个是义诊,我们清明节、九一八还有纪念日都下去义诊,也有不少人来看。能走的就自己过来看,不能走的我们就到他家里随访。一般来说能过来还是过来,我们总不能一直下去。(张元海)

> 专门包(脚)的袜子。这个是之前去衢化医院拿的纱布,不要钱,拿了很多,那个吴会长拿来的,这么大一袋子,纱布,药啊,晚上脚洗好,包上。(徐生泉妻)

长期以来,烂脚给老人的身心带来极大的痛苦与折磨,纠缠着老人的一生,伤痛久久难以抚平。多年来,由于贫困和缺乏教育以及烂脚病人多为农民的缘故,在面对痛苦时他们只能选择默默忍受。民间力量的成功救助,一方面缓解了疾病带来的机体痛苦,另一方面随着"烂脚老人"社会关注度的不断提高,孤寂的心灵得到了一定程度的慰藉。从 2014 年至今,侵华日军细菌战受害者协会联手衢化医院等已成功救助 100 多位"烂脚老人"。随着主流媒体关注的增多,近年来愈来愈多的社会机构和爱心人士开始加入其中。

> 高家镇中心卫生院有一个医疗团队,再一个江山大陈乡的医生,现在这两家卫生院也为这些老人上门提供免费医疗服务,《衢州日报》也开始发起了爱心捐款,越来越多的志愿团队和爱心人士开始加入进来……(吴建平)

三、民间救助系统的优势、困境及对策

（一）优势分析

1. 运行机制灵活、社会救助效率高

政府一直被认为是社会救助的主要力量,但随着社会发展水平的提高、社会矛盾的复杂化,政府在社会救助的某些方面,还存在一些缺位和缺憾。我国社会救助体系庞大,救助内容繁杂,任务艰巨,政府单一力量的支撑,有时会有单薄之感。民间力量作为政府力量的相对面或者说一种重要的补充,其运行机制与救助方式有灵活多元化的一面,不受限于严格的登记程序与繁琐的规章制度,有时也相对少受中日关系走势等国际宏观环境的影响,申请程序简单,审批过程短,其救助作用能得到较大程度的发挥。民间力量在组织结构、活动方式上存在较大的弹性,能够依据具体情况及时调整社会救助的方式与手段。在"烂脚老人"救助案例中我们可以看到,民间力量开展的救助,审批程序较为简单,甄别细菌战受害者的原则是 1949 年之前出生,经衢化医院医师和上海医院专家鉴定属于烂脚病症的病人,即可纳入救助的范围。连忠福用以下充满反问的语调强调了"民间"的弹性或者叫灵活性。

> 因为政府部门做这个事情呢你真的比较难鉴别,哪一个是属于细菌战? 他们原来划了一个线,就是 75 岁的可以去治疗,75 岁以下的就不能。但是民间,就是我自己组织的力量然后筹集的钱可能就会好一点。你政府出的钱,他们呢,就会揪这一块。为什么说你凭什么就是说是这个标准? 什么医学依据是吧? 这个你要做到你就比较难了,是吧? ……参与进来呢,我觉得会造成的一些难以调和(的事情),但是民间的(组织)就比较好调。我这样规定那就这样(执行)。(连忠福)

2. 服务意识强,救助纠纷少

民间力量在参与社会救助方面具有独特的优势。民间组织多自发性形成,服务于弱势群体,因其草根性、非营利性等特点能够扎根基层,广泛准确

地了解社会救助信息,及时关注弱势群体,提高社会福利水平。在志愿精神和专业技能的双重保障下,民间组织的救助工作人员具有较强的服务意识,能够依照组织的公益宗旨、服务理念以及对社会做出的承诺,将社会资源合理地运用于救助。民间力量的社会救助资金多来源于公共募捐,民间主体对于资金的使用和救助范围的界定具有绝对的话语权,不用受困于社会救助的均等化问题,可依照自身实力的实际情况提供社会救助,可以避免不必要的救助纠纷,提高整体福利水平和救助效率。上一段访谈中连忠福就表达了这样的看法,他认为民间的基金会可以根据自己定的标准严格把关,来确定细菌战受害者标准以及该怎样进行救治,"这个事情民间来做,不会比政府做得差。政府做实际上是比较难的",因为政府,需要考虑的因素更为复杂更为全面。

(二)困境分析

1. 救助方式零散化、碎片化

目前"烂脚老人"现有的民间救助体系存在零散化、碎片化和救助模式单一化问题,其主要体现在三个方面:第一,救助主体的零散化和救助方式的碎片化。民间力量介入下的救助体系,其救助主体主要包括基金会、侵华日军细菌战受害者协会、爱心志愿团队、爱心医疗团队、民间个体等,除基金会有正式的规章制度外,其余多是凭借爱心和志愿者精神参与社会救助,救助时间多为业余空暇时间,救助的方式过于碎片化。零散化的救助力量,虽然面对日暮残年的"烂脚老人",在救助上做出了很多且巨大的努力,但在有些问题的解决上无疑仍有势单力薄之感。第二,救助区域碎片化。救治点设在衢化医院,市区下辖的柯城区、衢江区,离救治点距离近,救助便捷。但对于偏远地区的常山、江山等地,救助难度大,术后护理困难,这无疑在一定程度上降低了救助的质量。第三,多元化的救助需求得不到满足。经年累月的烂脚导致一些老人的身体机能已无力承受手术风险,老人更多需要的是专业照护和护理,能够有尊严地安享暮年。而目前的救助体系由于专业化程度低、救助一方多为民间爱心人士,难于很好地满足老人多元化的救助需求。

2. 监管力度弱，缺乏有效防欺诈机制

烂脚手术治疗的义务性也经常伴随诚信缺失的风险。由于烂脚救治手术费用的免费性，以及目前对烂脚的筛选手段较为薄弱，致使部分欺诈现象出现，个别并不是因为炭疽病毒烂脚的老人的家属，采用欺骗手段谋取治疗利益。吴建平就欺诈曾讲过一个例子：

> 我碰到被人家威胁的，救了他的爷爷，他就想把人推在我们头上，碰到两个，还有一个，出院一个礼拜，然后死掉了。半夜打我们电话，吴会长，我爷爷烂脚严重起来了，明天送过来。那我说你送过来吧，再后来过来一检查，肝癌晚期，心脏病，不能做手术的，就基本上快死了。我讲，我们是治烂脚的，马上接回去，不来接我马上打120，后来接回去，5天就死了。后来我从侧面了解到，（他们）是想讹诈我们的。他就想让这个老人死在我们医院，然后敲诈我们的。（吴建平）

协会的草根性导致组织化运作程度不高，对"烂脚老人"的筛选程序监管力度较弱，不能从根本上遏制欺诈现象。欺诈现象的遏制，也关联到协会骨干和志愿者的积极性和热情。

3. 资金短缺，人才匮乏

资金短缺一直是困扰慈善事业发展的巨大壁垒。资金是组织发展的生命线，是保障组织机构目标实现的重要条件。以民间力量为主的社会救助，其资金多来源于公共募捐。在"烂脚老人"的案例中可以看到，尽管"烂脚老人"的手术治疗费用在一定程度上有了基本保证，然而手术费用之外的如义诊、定期下乡探望老人及其他活动的额外费用等都需协会承担，这无疑给协会带来沉重的经济压力。由于侵华日军细菌战受害者协会的公益性和非营利性，协会的工作乃为无偿的爱心劳动，经济压力下的困境致使部分民间爱心人士对协会工作望而却步。对于志愿工作而言，一两次的救助工作容易，长期的坚持却很难。持续性是困扰志愿工作发展的一贯难题。

> 一个是经济上我就受不了，我每个月的工资要贴1/3进去的。成立协会要交会费，每个人20元都不愿意交，那我没办法啊，举办活动只能

我自己贴钱。这个是没有任何工资可以挣的。很苦的,真的是,很现实的。比方说,我们下乡去看这些"烂脚老人",没有人给你一分钱。贫困的家庭,我自己掏点钱买点东西,200元、300元,很贫困的给500元。我自己的钱啊。(吴建平)

除了资金问题,对于草根民间组织来说,人才,甚至最基本的人员问题都是制约民间组织良性运行和发展的主要因素。由于协会工作多为无偿劳动,主要依靠兼职人员和志愿者的爱心,无法保证人员的长期性和持续性,导致没有稳定的人才渠道,人员流失率高。员工一缺乏,救助事宜多数仅靠协会负责人一力支撑。从前期的筛选取证、烂脚患者的接送、住院手续的办理到后期手术期间的事宜、术后经费的结算以及定期的下乡拜访等,协会负责人承受巨大的工作压力。这一点,本书第六章已就吴建平的个案做过详尽生动的描述。

4. 政府参与力度不足,术后护理困难

社会救助作为社会保障的"最后一道防护网",是保障民生和维护社会公平的重要手段。民间组织作为社会救助的第二大主体,鉴于我国现有救助管理体制和法律细则的缺失,对弱势群体的救助仍存在一定的缺口。尽管衢化医院的手术治疗已成功治愈老人的烂脚,但术后的护理仍是阻挡许多"烂脚老人"成功康复的绊脚石。由于"烂脚老人"多分散在农村地区,有些甚至是在偏远的山区,这无疑给术后护理和换药造成了极大的困难。

他们全分散在农村各个地方,不可能一个个跑去换的。这些人要是能到医院里来就到医院里来,把他们封皮,彻底治好。不能到医院来做手术的应该要乡镇医生去换药,乡镇医生没有技术我们可以给他们做培训,这种才是可行的。(张元海)

吴建平还牢骚满腹地谈到另外一个问题:

我有时候想想这些老人觉都睡不着。我找到他们当地的村干部(帮助解决烂脚老人换药难题),他们表面上对我说没问题,结果到老人真的回去了,(他们)不管不问。特别是后期维护。手术治疗以后的维护一定要让乡村医院承担起这个责任。主要是距离太远了,去峡口镇需要一个多小时,而且是专车开过去的。如果是老人到医院里来,那就要坐班车,班车一路过来到衢州最起码要两个多小时。而且他们走路也不方便,又没人陪同,下车以后到衢化医院也要一段距离,那老人怎么找得到? 所以说老人很难很难。我们当时就提出来发展乡村医院、利用现存医院的资源把"烂脚老人"的后期维护做起来。你们没有这个技术我们可以放在衢化医院培训的,我们16年(2016)就搞了一次培训,来了200多人,结果都是空的呀,培训完以后(什么也没做),他们是为了拿学分来的。(吴建平)

从以上这段访谈可以看出,民间力量的薄弱性和无偿性,是很难支撑一个庞大的术后护理体系的,而基于政府支持下建立的"区—镇—村"三级医疗救助体系,在监管力度、利益保障等方面也有不到位的问题,导致术后护理仍是困难重重,未能十分成功地给"烂脚老人"带来福音。

(三) 关于救助的几点对策思考

1. 加快社会救助立法,建立专项救助制度

法律是治国之重器,良法是善治之前提。社会救助是基于社会公平基础上的防护网,是保障民生的重要手段。完善的社会救助法规的制定是保障社会救助工作得以顺利实施的必要条件。我国社会救助工作的历史,从实际角度看,就是一部没有法律界定的历史,从一般原则到具体的内容操作,在缺乏法律规章的同时也缺少恒定化的程序,存在很大的主观随意性。[①]"烂脚老人"作为特殊的弱势群体,在现有救助体系不足的情况下,政府应加强社会救助立法,建立专项救助制度。第一,在国家相关法律体系中,应将"烂脚老人"的救助以法律形式确定从而加强救助的执行力度;第二,借鉴五保户等救助标准,将对"烂脚老人"的救助纳入到现有政府救助体系板块,建立"烂脚老人"专项救助制度。政府作为政策的制定者,应出台相干法规,制定相应的帮扶政策和照顾措施,完善"烂脚老人"救助的对策方案。

[①] 种明钊:《社会保障法律制度研究》,北京:法律出版社2000年版。

2. 设立"烂脚老人"专项救助基金

政府在加大扶持力度的同时应建立专项救助基金。财政支持是"烂脚老人"救助体系成功运行的重要保障。尽管目前政府将"烂脚老人"的救助费用纳入医保解决了一部分经济压力问题,但贫穷、高额的治疗费用问题依旧突出。一方面政府应保障老人在治疗期间的手术费用和其他额外费用;另一方面,政府应定期给"烂脚老人"发放福利津贴,在维持"烂脚老人"基本生活的同时,减轻家庭由于烂脚带来的赡养负担。政府应积极拓宽渠道增加"烂脚老人"的救助基金,加大救助补贴力度,在满足基本救助需求的同时,提供更多多元化的优质的救助服务。

3. 加强监督管理,完善评估机制

术后护理一直都是阻碍成功救助的头等难题。如何从根本上解决护理难题值得我们重视和深思。考虑到地理因素和老人身体状况的限制,"烂脚老人"在术后护理方面尚不能得到有效的照顾。鉴于此,政府应建立完善有效的监督机制,优化"区—镇—乡"三级救助体系,加强对乡镇医院换药工作的监督力度和评估机制,确保"烂脚老人"术后治理得到保障。第一,设立监管机构、建立标准的监督体系。政府应加强监督管理,将换药工作落实到监管部门。无规矩不成方圆,一套完整标准的监督管理体系是保障社会救助正常运行的基础。第二,针对术后治理的各乡镇医院护理点,将"烂脚老人"的医疗护理纳入医务人员业务考核指标,并设立奖惩机制,确保护理事宜落实到位。

4. 建立政府—社会互动的综合救助体系

救助主体的多元化互动有助于社会救助政策的进一步完善。从"烂脚老人"的现有救助体系看,政府和社会组织任何一方独揽社会救助都存有瑕疵。随着社会救助需求的多元化,政府和民间组织应建立政府—社会互动的综合救助体系,多元主体的联合参与对于满足"烂脚老人"的多方面救助需求具有十分重要的作用。第一,政府可利用购买社会救助服务,以委托、承包、采购等方式,把有关救助的服务转移给专业的社会服务机构来运作;第二,建立健全专业性社会组织参与社会救助工作的信息对接,加强政府部门对相关组织的联络机制，同时定期对社会组织承接的项目进行定量化的绩效考核，建立奖惩机制，提升项目制帮扶救助的实效性，形成政府和社会组织的有力合作。

5. 吸纳专业人才和专业社会工作机构的加入

救助后续事宜的持续跟踪一直也是现有救助体系的一大困境。针对此，救助体系应积极吸纳专业社会工作机构和人才的加入。第一，在"烂脚老人"术后护理方面，民间组织应吸收大量具有专业性知识和技巧的管理、统筹和医疗人才，帮助解决老人术后护理难题，整合现有救助资源，建立完善有效的评估机制。同时，对于老人多元化的救助需求，由专门的医护人员进行评估，开展针对性的需求服务。第二，由专门的社工机构提供专业救助服务。目前，对"烂脚老人"的救助工作并无专业的社会工作机构介入，而社会工作作为一门致力于服务弱势群体的学科，与非营利组织和政府相比，能够从更为专业的角度帮扶弱势群体，积极发掘潜能，及时有效地整合多方资源，提升服务的整合性和综合性。

第八章　救助介入空间及策略

上一章指出了民间力量在救助"烂脚老人"过程中发挥的重要作用以及存在的一些困难和不足,总体肯定了民间社会救助的意义,并结合"烂脚老人"的实际状况,呼吁政府力量的介入。在"烂脚老人"的救助上,民间力量是诸多救助力量中的一支,作用和意义极大,但依然在不少方面存在势单力薄的问题。上一章重点关注的民间力量中,较少谈到相对更为专业的社会工作专业人士这一支力量,也没有重点涉及政府的作用。而我国是一个行政力量强、政府主导能够决定救助成效的国家,因此,将政府作为一个重要因素,将专业社会工作作为一个重要概念,时刻放置于视野之内,更为全面、更有深度地思考救助介入空间及其策略,是本章的主要内容。

一、救助介入空间

侵华日军细菌战受难者"烂脚老人"是一个被边缘化的群体,他们身上承载了太多值得书写和记忆的东西。正如我们在实地调研中亲眼所见亲耳所闻,"烂脚老人"因为烂脚,承受了比普通农村老人更多的生活困苦和肉体痛苦。虽然现有民间救助力量做出了很大努力,但许多问题的解决,仍然需要政府的强力介入,需要社工专业人士的积极参与,也需要一些社会工作服务理论的指导。

从理论角度,本章首先提出救助介入空间这一概念。这一概念的提出,借鉴了目前社会工作服务理论中的"社会工作整合服务模式"的理论框架。"社会工作整合服务模式"是一套强调助人自助、平等双向的社会支持网络体系的理论范式。它试图构建一套多标准(正式—物质、正式—精神、非正式—物质、非正式—精神)、多层次(个案、家庭、社区)、"以个体为本"的混合式社会工作介入图式。更具体地说,这一图式包括了四种社会工作介入策略以及相应的可操作办法:第一,支持导向的社会工作介入策略;第二,治疗—增能导向的社会工作介入策略;第三,认知重建导向的社会工作介入策略;第四,政策倡导导向的社会工作介入策略。这一图式一方面对社会学意义上的群体性研究视角提出反思,延续了社会工作中对个体感同身受式的人文主义关怀;另一方面在社会工作介入策略的各个面向上,突出了政府力量介入参与的操作性与可能性。

这一图示由"正式的—非正式的""物质的—精神的"两大维度构成。根据救助方向、救助效果、救助方式等指标,可以对政府力量和民间力量介入下的救助措施进行分类,详见图 8-1。

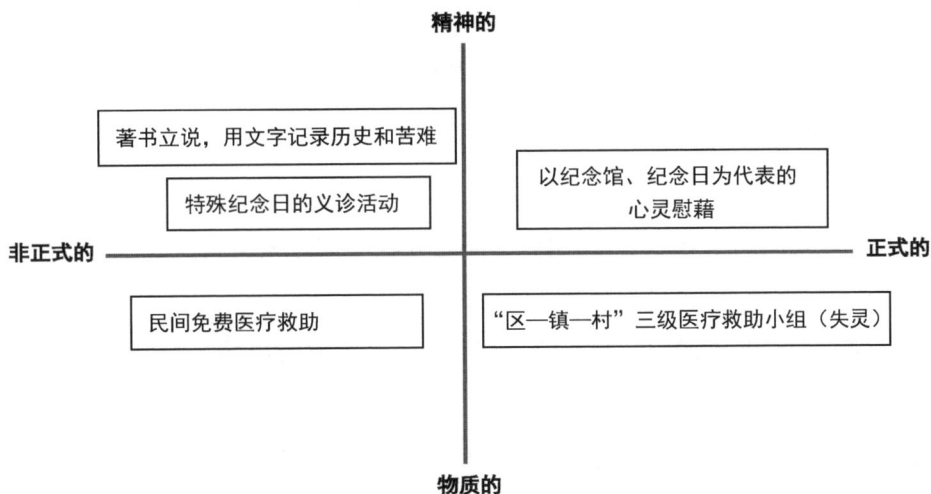

图 8-1　现有救助体系的象限分布

"正式的—非正式的"救助评判标准是救助力量来自政府、社会正式组织的各种制度性支持,还是民间的、家庭的、亲友的非正式支持;"物质的—精神的"救助评判标准是对"烂脚老人"而言,获得的救助是身体、经济上的资助,还是精神上的安慰、尊重。以此为标准,结合前述现有救助体系所造成的差异和矛盾,我们也可以利用这个象限分布图清晰地指出,对"烂脚老人"而言,"正式的—物质的""正式的—精神的"象限上的政府介入、社工专业人士介入的社会救助是比较欠缺的。

图8-2将"烂脚老人"未被满足需求的具体表现概括为:

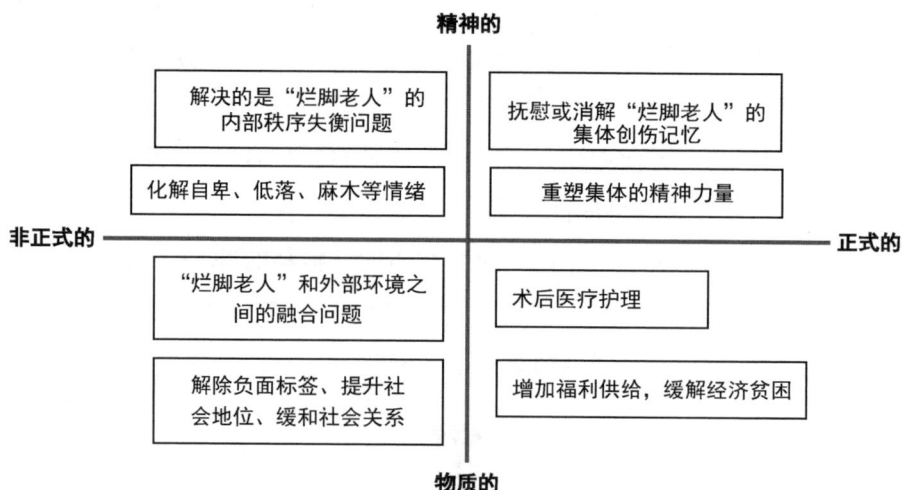

精神的

解决的是"烂脚老人"的内部秩序失衡问题	抚慰或消解"烂脚老人"的集体创伤记忆
化解自卑、低落、麻木等情绪	重塑集体的精神力量

非正式的 ———————————————— **正式的**

"烂脚老人"和外部环境之间的融合问题	术后医疗护理
解除负面标签、提升社会地位、缓和社会关系	增加福利供给,缓解经济贫困

物质的

图8-2　需求回应的象限分布

第一,在"非正式的—物质的"救助空间内,需要解决的是"烂脚老人"和外部环境之间的融合问题,即如何帮助老人融洽家庭成员间的关系,修补社会关系网,解除负面标签,提升社区地位。

第二,在"非正式的—精神的"救助空间内,需要解决的是"烂脚老人"的内部秩序失衡问题,即如何运用合理的措施抚慰"烂脚老人"的个体创伤记忆,化解自卑、孤立、麻木等情绪。

第三,在"正式的—物质的"救助空间内,"烂脚老人"最迫切的需求主要有两点:其一,在政府力量支持下,为"烂脚老人"群体的"术后护理"提供一定制度性支持;其二,增加福利补助,缓解"烂脚老人"群体的经济贫困。

第四,在"正式的—精神的"救助空间内,需要探讨的是为"烂脚老人"集体创伤记忆的抚慰或消解,提供实质性的支持,帮助他们重塑精神的力量。

之所以强调专业的社会工作介入,解决需求回应的难题,主要有以下三方面原因：

第一，在解决"烂脚老人"未被满足的需求上，社会工作者经验丰富，具备政府力量和民间力量都不具有的专业优势。"烂脚老人"未被满足的需求需要专业人士的介入提供专业的救助办法。个体创伤记忆的抚慰、社会关系的重建、内部秩序的重塑，对提供服务的人有着较高的技能需求，而社会工作，在多年的实务经验中积累了大量的介入技巧和服务经验，在实际问题的解决上可以更快上手。

第二，所要解决的问题比较复杂，需要专业人士介入提供专业服务。"烂脚老人"未被满足的需求呈现为多面多元的结构，因此解决问题的方法也变得更复杂。这些问题涉及到个人、家庭、群体、组织、社区等各个方面，单靠政府力量或民间力量都不足以很好解决。社会工作者作为专业人士，能够用专业视角介入"烂脚老人"群体，提供更为专业的解决办法。

第三，作为第三方机构，发挥连接政府力量和民间力量的粘合剂作用。社会工作者能够运用专业的知识和技能，更好地整合民间和政府力量，为"烂脚老人"构筑更为完善的救助体系。整合政府和民间救助力量，完善现有的救助体系，是为"烂脚老人"提供更好服务的基本保障。

二、四种导向的介入策略

传统的社会工作介入往往采取单一的策略模式，如单一的行为主义治疗、家庭治疗、社会支持等，但是不同模式之间的差异以及以往社会工作对"个人"与"社会"的双重偏好，使得具体的实务工作无法取得预期效果，其原因在于单一的介入模式经常割裂服务对象作为一个人的完整性。[①] 正如"烂脚老人"的生存和生活困境所体现的，服务对象面临的问题和困境是多情境、多层次的相互交织的复杂结构。现有救助系统中的民间力量主要从生理、医疗的层面进行救治干预，在实际执行中存在着资源不易整合、效度不易提升等

---

① 文军、吴越菲：《灾害社会工作的实践及反思——以云南鲁甸地震灾区社工整合服务为例》，《中国社会科学》2015 年第 9 期。韩江风：《社会工作的整合介入模式：理论基础与介入过程》，《中国社会工作》2019 年第 19 期。

问题,导致在某些情况下,难以对"烂脚老人"的困境进行及时有效的回应。

表面上,"烂脚老人"作为弱势群体急需的生存和生活支持,尤其是身心健康改善与人际关系重建的需求,与社会支持理论及其介入模式更为契合。但是,传统的社会支持理论和工作模式主要表现为单向施助与受助的过程,更关注支持的结果,更适用于应急式的帮助,由此导致支持过程的简化,带有较多的形式主义色彩。而作为支持来源的政府和民间力量或者说社团之间缺乏有机、高效的互动,甚至社团与社团之间也缺乏沟通,进一步导致实施支持过程中资源的分散。① 这与调研团队在实地调查中的发现近乎一致。政府与民间力量的不统一甚至存在着矛盾的张力,不能很好满足"烂脚老人"的实际需求。单向的社会支持模式虽然给予饱受折磨的心灵以极大安慰,但依然治标不治本。另一方面,虽然社会支持既可以是客观的、物质的或可见的,也可以是主观的、精神的或情绪上的,但是目前对"烂脚老人"提供的社会支持类型单一,很少将主观与客观、物质与精神有机结合起来。仅靠单一民间力量的努力无法彻底满足"烂脚老人"的多方面需求。

文军指出,灾难不仅开启了一个从个人、群体、组织、社区乃至更大社会层面的问题域,也开启了一个内部世界、外部世界及其相互关系陷于失衡的危机域。② "烂脚老人"面临的生存与生活困境虽然与其社会关系的断裂有直接关系,但是也与他们长期以来饱受的病痛折磨、观念行为变化、家庭关系弱化、政府和社区等组织救助不到位有着千丝万缕的联系。因此,构建有效的社会支持网络,"有效地帮助弱势群体能够获取其所需资源",以实现"助人自助"③,还需要统筹政府、社工、民间、社区、家庭和个人的力量④,建立一种多元的社会支持结构。进一步说,就具体的社会工作实践而言,使用

① 张友琴:《社会支持与社会支持网——弱势群体社会支持的工作模式初探》,《厦门大学学报(哲学社会科学版)》2002 年第 3 期。

② 文军:《新型冠状病毒肺炎疫情的爆发及共同体防控——基于奉献社会学视角的考察》,《武汉大学学报(哲学社会科学版)》2020 年第 3 期。

③ 张友琴:《社会支持与社会支持网——弱势群体社会支持的工作模式初探》,第 93 页。

④ 丘海雄、陈健民、任焰:《社会支持结构的转变:从一元到多元》,《社会学研究》1998 年第 4 期。

任何一种单一的实务模式都无法有效应对细菌战创伤的多面影响,及其导致的复杂的现实问题。我们需要探寻多元知识之间合作的可能,并以整合的服务形态更有效地推送社会工作专业服务。这就是一种"社会工作整合服务模式"。这种模式的介入过程需要遵守四点原则:"第一,视服务对象为一个完整的人,综合运用心理、行为、社会关系等多个层面的介入方法。第二,整合运用个案、小组、社区三大工作方法,重视个体—家庭—社区—社会的联动。第三,重视多方资源的整合与利用。第四,重视一线工作者创造力和组合能力。"[①]通过此种介入,紧紧围绕"烂脚老人"建立起社会支持网络,才能有效实现个人的治疗与增能。

"烂脚老人"是拥有独特经历和记忆的鲜活个体,他们虽然共享、传承着同一份历史记忆,却因为自身生活史的不同,在理解和体验上有所差异,这也造成了他们各自由于烂脚病生出的心结和脆弱的社会关系。这是群体性与个体性的交融。既往社会学意义上的群体性审视以及现有的救助体系,倾向于将"烂脚老人"看作一个整体,作为日军细菌战的受害者进行群体性的发问和思考,这当然具有宏观的历史意义和社会救助意义。但我们也应该指出,在既往的视线中,"烂脚老人"作为鲜活个体的层面却被或多或少忽略了。我们看到的更多是他们作为战争受害者的符号性印记。就此而言,从社会工作角度出发、以个体为中心的考量,不仅具有感同身受式的人文主义关怀,还更容易避免被国际关系走向所左右的、种种道德假想式的意识形态陷阱。

当然,以个体为中心的专业社工介入策略并非要弱化烂脚病和日军细菌战战争创伤作为一种集体记忆和历史创伤的意义,而是要在解决"烂脚老人"的生存困境生活困境的基础上探寻一种可能:既贴近和反映"烂脚老人"个人的生活痛苦,又能具体生动地践行历史传承和爱国主义教育。

基于社会工作整合服务模式的理论,本章尝试提出一套"以个体为本"的混合式社会工作介入策略,表述为图8-3。它旨在整合现有救助体系,发

---

① 韩江风:《社会工作的整合介入模式:理论基础与介入过程》,《中国社会工作》2019年第19期。

挥专业社工的介入效力,贴近"烂脚老人"面临的生存生活困境,为老人安度余生构思一套比较完整有效的社会支持系统。

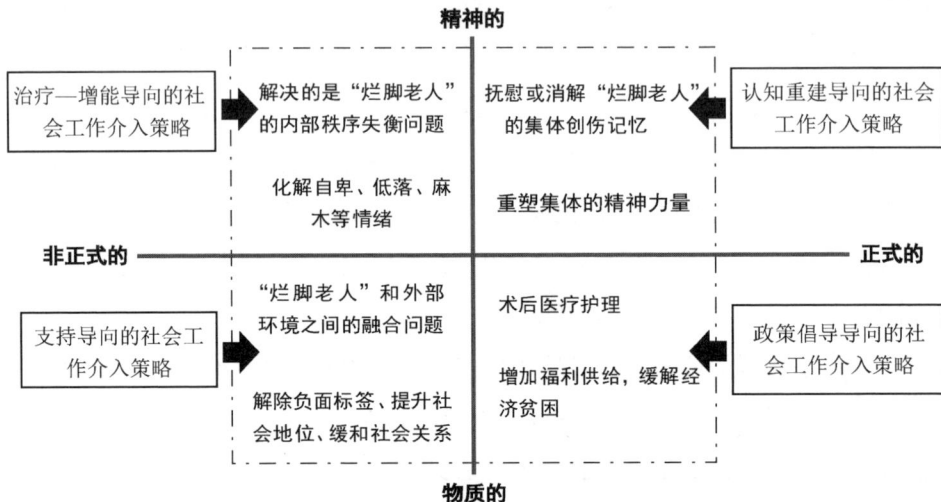

图 8-3　混合式社会工作介入策略

虽然这套策略在某些方面还停留在设想、愿望的阶段,我们还是能够根据图中四个象限的不同需求,提出四种相应的社会工作介入策略。

(一)支持导向的社会工作介入策略

支持导向下的社会工作介入,关注的是"烂脚老人"和外部环境之间隔膜的问题,涉及到"烂脚老人"与家庭成员之间、同辈群体之间、社区组织之间关系的重建,目的是让治愈后的"烂脚老人"更好地适应生活环境。具体的社会工作介入策略可以从"家庭层面""同辈群体层面""社区层面"三个角度切入。

1. 家庭层面:融洽家庭成员关系

在家庭层面,进一步强化情感沟通交流的功能。可以考虑的具体方法有:

(1)专业社会工作者与照料老人的子女进行个别会谈,在会谈中了解影响和制约双方关系的因素,让对方提出认为无法解决的问题。针对具体问题,社会工作者基于经验和专业知识提出切实可行的解决办法,在此过程中与家庭成员进行沟通与互动的训练；

（2）开展家庭生活史生命史回顾活动。在社会工作者的主持下，家庭成员一起回忆家庭往事中最痛苦、最开心、最难忘、最感动的事情，在彼此叙述过程中加强情感共鸣；

（3）根据老人的活动能力，开展一些家庭小游戏，让家庭成员在简单的小游戏中增强情感交流；

（4）开展"最美媳妇""最美女儿""最美儿子"的评选活动，对那些尽心尽力服侍"烂脚老人"的子女给予物质和荣誉的双重褒奖。

2. 同辈群体层面：强化良性社会互动功能，修补社会关系网络

（1）加强"烂脚老人"和邻里间的互动。在农村，邻里关系具有重要的地位，"远亲不如近邻"。对于一些独居老人而言，邻居的重要性不言而喻。社会工作者可以对"烂脚老人"的邻居展开社工干预，定期集中在老人家里开展小组活动，如一起喝茶聊天，积极引导邻居的参与，也积极鼓励"烂脚老人"参与大家的话题，在沟通交流中增强邻里关系社会网络；

（2）有条件的，还可以积极引导"烂脚老人"走出家门，参与社区集体活动。社会工作者可以就近选择一些农村老人活动的公共点，如带着治愈后的老人去当地茶馆、老年人活动中心、广场活动中心等人群集中地，多鼓励老人参与公共活动，在此过程中加强老人间的沟通交流。

3. 社区层面：积极整合现有的社区资源

（1）联合村委会相关负责人，在村委会、村活动广场等人群集中地，积极展开科学宣传，讲解细菌战和"烂脚老人"之间的关系，为"烂脚老人"正名；

（2）搜集整理老人在面对烂脚、治疗烂脚过程中充满正能量的生命故事，借助农村宣传平台、微信公众号等，讲述老人忍辱负重、饱受苦难但积极生活的顽强一面，去除老人身上的污名；

（3）根据老人的苦难经历、顽强意志等，在农村社区开展"最美烂脚老人"的评选活动，提升老人的自我认同及其社区地位。

（二）治疗—增能导向的社会工作介入策略

治疗—增能导向的社会工作介入，关注的是解决"烂脚老人"内部秩序

失衡问题,涉及到心理、精神健康的恢复,试图通过专业的治疗化解自卑、低落、麻木、对生活无望的负面情绪,目的是为"烂脚老人"增能,增强个体心理承受能力,调动个体的积极性和主动性,能够在晚年积极面对人生。社会工作者运用个案、小组工作方法,具体可以从以下两方面入手:

第一,采用倾听和共情的方法,鼓励"烂脚老人"吐露心声,表达自我感受,将压抑已久的负面情绪释放出来。几十年的烂脚经历,内心必然承载着太多的苦和泪,诉说苦难本身就是宣泄心中负面情绪的一种有效手段。

第二,寻找"烂脚老人"身上的闪光点,增强自尊自信。有些老人承受了几十年的烂脚折磨,与腐肉、脓血、恶臭进行了积极的抗争,他们身上有许多值得赞扬和肯定的品质。社会工作者注意去留心、关注"烂脚老人"的积极行为,并从历史、现实的事件中寻找闪光点,以此作为重拾信心的切入点,恢复"烂脚老人"的自尊自信,增强他们重拾生活的动力。

(三)认知重建导向的社会工作介入策略

认知重建导向的社会工作介入,关注的是"烂脚老人"集体创伤记忆的抚慰或化解,涉及到正名、宣传、推广、纪念的议题,目的是进一步提高"烂脚老人"的社会知名度,获得更多社会关注,为记住历史、记住战争创伤做努力。

1. 拍摄专门的纪录片

在实地调研中,我们虽然留下了一些访谈的视频资料,但还远远不够。对"烂脚老人"认知的重建,需要正式组织力量的介入。可以由政府或高校相关研究团队牵头,只要有"烂脚老人"在世,就拍摄专门讲述该"烂脚老人"的影像资料。目前已有部分相关的影像资料,如侵华日军细菌战、日本七三一部队等,让人意识到"烂脚老人"是那场战争的见证者和受害者,是历史宏大叙事中的一个重要部分。

2017 年 8 月 14 日在中国内地公映的纪录片《二十二》,是一个很好的模范样版。该纪录片 2014 年开拍,聚焦中国内地仅剩的 22 位"慰安妇"幸存者,以这 22 位慰安妇的遭遇作为大背景,以个别老人和长期关爱她们的相关人员的口述,串联展现出她们的生活现状。全片无解说,无历史画面,旨在尽量客观记录。该片通过与老人的深入交流，用客观的镜头将历史的碎片打捞起来。只是客观纪录，让人在平淡中去体会、去感受这份历史记忆的重量。这种纪录片形式也可以运用到"烂脚老人"身上，拍一部专门属于他们的纪录片，为这些老人留下历史的影像。

2. 继续宣传，提高社会知名度

加强以展览馆为依托的纪念、宣传功能，利用抗日战争的重要时间节点，借助知名人士的微博、微信，利用腾讯新闻、今日头条等宣传平台，大力宣传"烂脚老人"群体，并积极和南京大屠杀幸存者、慰安妇幸存者等国际知名群体关联起来，普及和牢记侵华日军细菌战及其受害者的历史事实。

"烂脚老人"作为侵华日军细菌战的受难者，本来就应该置于与"南京大屠杀幸存者""慰安妇幸存者"同样的高度。1995 年赴日本东京诉讼而引起部分人关注的"烂脚老人"，由于后期的宣传力度以及各种现实状况，他们的社会知名度以及社会关注度依旧局限在一个相对较小的圈子里，甚至难以走出衢州，走出浙江。这与他们遭受的社会苦难极不相称。之所以要努力提高该群体的社会关注度，是因为现有救助资源的稳定性、系统性和延续性都存在不足。提高"烂脚老人"的社会关注度，对链接社会资源，保证民间医疗救助的延续具有重要意义。

3. 特殊纪念日，政府部门相关人员开展慰问

"烂脚老人"作为细菌战的受害者，需要国家相关力量的介入。日军侵华是中国近现代史上一段不堪回首的记忆。1995 年前，对于侵华日军播撒炭疽病毒和老人烂脚之间存在的联系没有清醒的认识，这一联系所内含的历史意义也少有人去追问。1995 年之后，特别是当日本的法院都承认了细菌战事实，而许多人包括中国学者、日本学者和法律工作者等通过调研，明确推断出它们两者之间的因果联系后，国家力量需要介入。这是对细菌战受害者的心理慰藉和经受苦难的历史意义的承认。因此，每逢七七事变、九一八事变、南京大屠杀纪念日等重要时间点，各个层面的政府相关负责人员可以开展积极的慰问活动，对于"烂脚老人"充分表达政府的关心。

（四）政策倡导导向的社会工作介入策略

政策倡导导向的社会工作介入，关注的是宏观、制度性的外部资源的输入，解决"烂脚老人"的生活难题，目的是借助制度性因素可以持久地解决"烂脚老人"术后护理、经济贫困的难题。

"烂脚老人"的术后护理以及经济贫困难题，远非民间力量单独可以解决。民间力量介入下的救助体系最大的不足就是系统性的缺乏，而术后护理、解决经济贫困，是一个长久性、持续性的救助过程，民间力量常常有心无力，需要政府部门发挥作用。首先在术后护理的难题上，"区—村—镇"三级医疗护理体系可以被再次利用起来。目前该体系的失灵主要是因为缺少足够的利益动机和责任机制，护理成为可做可不做的事，结果最后没人去做。当前大部分"烂脚老人"已接受过手术治疗，解决了创伤面腐烂、流脓血、散发恶臭的生理难题，所以相关医疗卫生部门可尝试将对"烂脚老人"术后护理纳入当地乡镇医院的考核指标中，与医护人员的薪资奖金挂钩，可起到一定的督促、驱动作用。其次，在解决经济贫困难题上，因为这些老人已基本丧失劳动能力，所以需要相关社会福利的介入。可尝试根据"烂脚老人"双脚严重程度，纳入当地残疾人保障体系，用残疾人的救助标准来救助"烂脚老人"；还可以将"烂脚老人"纳入当地低保、特殊医疗救助对象等救助体系，提供持续性的社会救助。

需要指出的是，以上呈现的社会工作介入策略并不是孤立运作、单独存在的，而是相互协同、共同作用的。"烂脚老人"作为细菌战受害者，身份比较特殊。由于现实问题错综复杂，单一的社会工作实务模式并不能很好地解决问题，因此这种"以个体为本"的混合式社会工作介入策略，应该是一种可行的尝试。

三、历史的责任与政府的使命

比专业社工的介入更重要的是，在"正式的—精神的""正式的—物质的"层面上展开的政府力量介入。在对"烂脚老人"的社会救助中，政府力量也确曾参与其中。政府救助的开展最初源于王选的提案。2008 年 1 月，在浙江省省政协十届一次会议期间,王选领衔八位省政协委员提交了《关于对日本细菌战"烂脚病"受害者提供医疗救助的建议》,得到了省政府的高度重视。2008 年 7 月,浙江省民政厅和财政厅出台《关于进一步加强和改进城乡医疗救助工作的意见》,拓展救助范围,涵盖了细菌战"烂脚病"受害者,明确"将二战期间因细菌战造成后遗症受害者的直接治疗费用纳入医疗救助范围"①。2009 年,在衢州市防疫站原站长邱明轩的主持下,对衢州市柯城区范围内的烂脚病人进行了普查,随后以浙江省财政拨款的方式,浙江省民政厅在衢州市柯城区实施"日军细菌战烂脚病"患者医疗救助试点,对象是柯城区的 39 名烂脚病人。2009 年 3 月,根据柯城区委、区政府的部署,柯城区人民医院成立了"日军细菌战烂脚病医疗救助队",义务免费上门救助烂脚病老人。时任医务科科长的万少华医师率先组建了一支"细菌战烂脚病"医疗救助小组,对柯城区的 39 名烂脚病老人开展了免费医疗救助。2015 年 9月,抗战胜利 70 周年之际,在衢州市委、市政府的重视下,全市卫生计生系统都成立了"万少华团队",以柯城医院为总队、各个乡镇医院为支队的模式,建立起"区—镇—村"三级医疗救助体系,并承诺免费为所有细菌战烂脚病人提供换药治疗。② 政府的救助措施有一定影响,取得了一定的成绩。但在实际运作中,由于缺乏制度规范、行政化驱动以及运用的医疗技术不足等问题,试点工作并未能取得预期的效果。以政府为主要力量建立的一套救助体系有明显的不尽人意之处,"烂脚老人"所得到的医疗救助、社会救助效果有限。

本章最后特别就"正式的—精神的"层面的国家力量介入展开一些讨论。

"以个体为本"的混合式社会工作介入模式,从微观层面详细描述了如何借助专业社会工作者的力量整合民间与政府力量,以此为基础,多层次(个案、小组、社区)、多标准(正式—精神、正式—物质、非正式—精神、非正

---

① 中红网: http://www.crt.com.cn/news2007/News/jryw/15610143016A803G5EKII07FBFAC69A.html,下载日期不详。

② 黄旭生:《侵华日军细菌战受难者"烂脚老人"的社会工作介入策略研究》,南京大学社会学院,硕士学位论文 2018 年。

式—物质）、有针对性地以"烂脚老人"为中心建立完善的双向平等的社会支持网络，解决老人面临的生存困境生活困境，满足他们的真实诉求与需求。这里的"真实"，并非意味着个体层面的诉求与需求投射到了宏观层面便成为了虚假，而是强调个体层面与群体层面之间的差异。

　　访谈中调研团队意识到，许多老人其实更多是在述说着"偏离了"日军细菌战集体记忆的个体历史。在明确得知烂脚病是日军细菌战的恶果之前，老人们通常将得病的原因归结为倒霉、妖邪附体、命不好等等，再结合他们的成长经历和家庭社会关系，讲述烂脚病带来的病痛与折磨。这种"复数的知识形式"也正是格尔茨提出的"地方性知识"①。从此意义上讲，国家和以赴日诉讼的王选等为代表的民间力量，象征着一种要为创伤记忆的历史责任正本清源的意识形态或曰使命感，即审视、反思二战中"侵华日军对中国军民犯下了惨绝人寰的罪行"②，尤其是日军所称的致死中国人数实在是很有限的谎言。从靖国神社问题也可以看出日本军国主义阴魂不散，澄清历史、追究战争责任是中国作为战争受害国的必然要求，因此"真实性"是现有救助体系的根本性原则。宏观层面的这一历史诉求与微观层面的"烂脚老人"个体化需求之间不存在矛盾，而且必须融合在一起，只有在融合中才能更深入地思考现有救助体系暴露出的一系列问题。官方话语的介入和王选等人的诉讼活动及其相关报道，为"烂脚老人"数十年的痛苦找到了一个正确的理由，并且是感同身受地为他们提供了各种脚踏实地的社会救助。在一个同质化、符号化了的整体凝固了的战争苦难话语里，"烂脚老人"的个体痛苦从民族的创伤记忆及其痛苦的角度得到深入阐释。这具有重大的历史意义。而在强调民族大义层面的各种要素的同时，基于个体更多的关注关照也很必要。给予个体更多的关注关照也可以理解为对于"地方性知识"的强调。在国家民族视野的宏观话语和个体视野的微观话语的勾连当中，我们也有必要去关注一些、深入追问一些平时较少思考的问题。比如调研

① ［美］C. 格尔茨：《文化的解释》，韩莉译，南京：译林出版社 1999 年版。
② 杨军：《战后国内法院对日审判研究——以伯力审判为例》，《理论界》2017 年第 7 期，第 88 页。

团队在实际访谈中有时也体会到"烂脚老人"因为烂脚病而产生的对日本人或者日军痛恨的感情是比较复杂的，有一些甚至因为时间、无奈等问题表现出不如预想的那么强烈。如何跨越"时间"跨越"无奈"保持那份"强烈"？思考这一问题，对于我们讨论战争创伤问题、讨论"烂脚老人"的历史意义，具有不容小觑的重要性。

需要指出的是，有关"真实性"和"地方性知识"的思考，并非仅仅是为了提请注意作为复数个体的"烂脚老人"及其独特记忆，更不是意图解构、否定国家意识形态的意义和历史教育、爱国主义教育的意义，并非要模糊、淡化日军细菌战对于中国人民特别是"烂脚老人"犯下的不可饶恕的战争罪行，而是为了在历史传承和政府责任的层面进一步追问：历史传承应该如何平衡宏观话语（尤其是各种所谓的国际关系）和微观个体之间时而凸显的张力？如何为同质化、符号化的历史教育和意识形态话语注入鲜活的血液？这不只是要如同专业社会工作者一样感同身受地为"烂脚老人"提供各种社会关心社会支持，还要让学习者、观看者、聆听者真切体会到烂脚病、"烂脚老人"之于日军细菌战、之于二战、之于近现代中国的意义。显然，在这种精神的、情感的宏观维度上，我们必须多依靠政府的力量。而随着在"个体为本"的混合式社会救助模式基础上专业社会工作者的加入，更多个体性创伤叙事的展开，相应的历史教育和传承也能脱离空洞的符号性外壳，形成一种感同身受式的传承文化。

国家和政府对于历史传承与教育的不同态度，开花结果为不同的历史教育实践和文化传承模式，这一点清晰体现在中德两国的二战历史教育上。① 中国的抗战历史教育一直被赋予强烈的"勿忘国耻，振兴中华"的民族使命和对执政党产生认同感的政治使命。在马克思主义唯物史观的指导下，抗战历史教育的内容也一直遵循着传统史学研究中"背景—过程—影

---

① 阮一帆、郑丽、孙文沛：《战后德国政治"再教育"运动及其影响》，《中国地质大学学报（社会科学版）》2012 年第 2 期。孙文沛：《联邦德国"二战"历史教育的发展历程及其启示》，《比较教育研究》2013 年第 7 期。孙文沛、傅安洲：《中德两国二战历史教育比较及启示》，《理论月刊》2014 年第 2 期。

响"的叙述方式①,按照政治—经济—文化分版块,自上而下地进行历史教育和教学。这主要体现在博物馆、展览馆、纪念馆等各种爱国主义教育基地的"展示—讲解"模式,以及中小学和高校课堂上教师讲授为主的满堂灌方式。换言之,学习者大多情况下只是被动地接受知识,而缺乏主动的想象与思考。长此以往,历史教育与传承的效果大打折扣。学习者也会愈来愈认识到其中的灌输成分,质疑和反对其中赤裸裸的意识形态观念而开始追问叙述的真实。相比之下,德国的二战历史教育则呈现了一种不同的发展方向。以 1966 年西奥多·阿多诺的"奥斯维辛之后的教育"和 20 世纪 60 年代的世界性青年反叛运动为转折点,德国的历史教育一改原有的以教科书和课堂为主的方式,转而根据不同学习者的年龄特点组织策划多样的教育形式,比如举行知识竞赛、进行遇难者调查,参观集中营和大屠杀纪念馆等等。这种历史传承观念受新社会史学自下而上书写历史的观念影响较深,更加强调"公民教育"和"人格教育",以学生自主探索代替教师授课,使他们在反思德国二战中的罪责时,培养出应有的政治判断力。②

　　相比被动接受的模式,倡导学习者自主探索的学习方式更加契合本章所提倡的"感同身受"的社会救助体系。如果政府、社会工作者与民间力量除了在澄清历史罪责的宏观话语下展开各种必要的、人道的、具有历史意义的社会救助,同时又能在民族使命和政治认同感的基础上深入了解每一个"烂脚老人"的故事和创伤,有针对性、感同身受地解决相应的问题,"烂脚老人"的生活、生存境遇应该还能有进一步的改观和提升。"烂脚老人"讲述的故事、他们的影像资料、相关的历史数据、政府、社会工作者与民间力量的救助工作,都可以作为历史传承的绝佳素材,成为感同身受的历史教育的基础。

　　在这种感同身受式历史传承的构建中,政府必须承担起最主要的责任。

①　孙文沛、傅安洲:《中德两国二战历史教育比较及启示》,《理论月刊》2014 年第 2 期。
②　孙文沛:《联邦德国"二战"历史教育的发展历程及其启示》。孙文沛、傅安洲:《中德两国二战历史教育比较及启示》。

最关键的是，要把目光逐渐从宏观层面的澄清罪责与观念灌输的模式投向微观层面细致呈现"烂脚老人"所经受的痛苦，自下而上地开发和培养人们、当然最主要的是青少年的主体性思考的能力。二战的抗战史本身是一种讴歌民族坚强不屈，弘扬政党中流砥柱的政治教育，同时它也是一种历史教育，重在历史的传承。从历史传承角度说，值得去思考的是，有无可能、怎样才有可能，把日军细菌战的犯罪史实以及"烂脚老人"的生活苦难与创伤记忆，编进中小学教材，使之成为国家与国民不可忘却之历史的一部分。

与把细菌战与"烂脚老人"收进中小学教材一样，需要以国家力量去做的，是在适当的时候适当的地点，在比如"侵华日军细菌战衢州展览馆"的基础上，修建一座类似于南京大屠杀受难同胞纪念馆的国家级细菌战受难者纪念馆，展示不同"烂脚老人"的战争创伤和亲身经历、生活故事，展示相关的影像资料和第三方（政府、社会工作者、民间力量）的反馈与感受。这无疑是一个能发挥巨大作用的爱国主义教育基地。学校可以定期带领学生参观纪念馆，收集历史资料和数据进行思考与讨论。纪念馆还可以定期开放讲解员和志愿者的实习岗位实践岗位，招募社会人士，让他们在实际讲解工作中真切感受日军细菌战的残忍和残酷，以及"烂脚老人"遭受到的痛苦的恐怖。这些方式不再拘泥于课堂教学和书本灌输，而是让学习者自行探索，深刻理解何谓战争，何谓和平，何谓历史的责任，从而达到历史传承的目的。

第九章　战争创伤记忆的传承

一、创伤、污名与叙事的重构

本章以及下一章延续第八章最后部分提出的问题意识，尝试展开进一步的讨论。

日军在侵华战争中实施细菌战，中国民众深受其害。本书所描述的衢州"烂脚老人"，许多人自孩提时代便开始忍受双脚的溃烂，直至风烛残年，溘然长逝。溃烂的双脚不仅削弱了青壮年时期的劳动力，致其经济生活陷入困苦，身体残损更是带来了肉体、精神的双重折磨，为"烂脚老人"及其家庭乃至更广泛的社会关系网络印刻下长久的耻辱和痛苦的记忆。"烂脚老人"所遭受的苦难首先是一个民族的苦难，但同时也是个人化的，他们中的许多人终其一生只是默默忍受苦痛的生活，并不曾向外界发一声、言一语。讲述出来的话中原本蕴含的惊人痛苦，也在时间的不断打磨下最终定下了语调，用一种特定的方式表述着自己的苦大仇深。他们身体上的病变与溃烂，并非只是简单的生理疼痛，也绝非只是与旁人无关的个体生活事件，而是成为了"呈现"日军暴行的"公共景象"，连结着一段不能忘却的历史，连结着生者和死者，连结着所有人。尽管他们当中许多人直到去世都不曾知晓这经年苦痛的真正源头。

"烂脚老人"的烂脚乃是战争创伤，是日军细菌战留下的战争创伤。从孩提到老年，从强健到衰弱，"意外的""烂脚"给老人们的一生带来了种种精神、肉体的苦难。苦痛的记忆虽有时在公共领域陷入沉寂,但却不会在个体日常生活中停止搅动和翻涌。"烂脚老人"本身成为了活的历史——这句话既是说,对这些饱受日军细菌战伤害的个体日常的研究,足以成为另一类"战争的历史",一种活着的历史,也在很大程度表明了"烂脚老人"作为战争受害者,他们的生活之实质为所遭受的创伤、感染的病症所定义。当创伤不仅存在于记忆,更是作为病痛纠缠肉体,当对外抗争得不到期待的对创伤的补偿,历史记忆都会如同沉重的包袱时刻压在创伤背负者的身上,其度过的时间也趋于停滞。只要创伤不能成为"过去了的",负重者就始终活在不能翻篇的历史里,无法和那段历史告别,无法感受幸福,不能像今天的人们这样,完全潜入和消失于个体生活中。①

随着战争亲历者的相继辞世,对于我们中的大多数人而言,战争开始变得陌生。纷扬的尘土也好,痛彻的血泪也罢,似乎都只停留在不再与我们会面的另一个时空。然而战争的创伤没有停止流血,一些饱经战争折磨的老人仍然在世。对"烂脚老人"而言,创伤刻写在肉体上,以颜色、形状、气味和疼痛显示战争的在场;创伤更是刻写在其生活的每一个细节里,亲人的疏离、卑微的笑容和目光的回避,战争的暴力改写了他们的人生。考虑到国内对于"烂脚老人"群体的生活困境与痛苦的了解和关注还远不够,日本至今仍然每年有一些政府阁僚念念不忘参拜靖国神社,对侵略罪责丝毫没有反省意识,本书很重要的一部分内容,是以访谈资料的形式,再现这群老人的种种痛苦记忆,以及亲属和相关人士的证词。把他们的声音记录下来,使得人们能够牢记这个群体、这段历史,本身就具有历史意义和社会学意义。由这些材料构成的鲜活历史,是对那些已经编辑成册、历数日军战争罪行的各种书籍资料的一个重要也是必要的补充。这一补充,具有彰显历史之普遍人文意义的价值。对创伤历史的讲述和记忆传承,其意义并非只为留住一段历史事实。这种讲述和传承本身,就是一种对受创本人乃至其代际传递创伤的医治。这对仍在世的"烂脚老人"及其亲属而言,以及通过倾听和阅

---

① [白俄]阿列克谢耶维奇:《二手时间》,吕宁思译,北京:中信出版社2020年版,第X—XI页。

读分担这一创伤痛苦的创伤历史潜在继承者的我们而言,显得尤为重要。

　　"烂脚"的真正原由长期不被明确意识到,但作为"非人为"因素导致的烂脚仍然切实对"烂脚老人"的生活、交往、自我认知造成了灾难性影响。烂脚作为一种身体的物理性损伤,及由此带来的心理伤害和精神痛苦,是最须得到治愈的创伤根源。以王选、吴建平为代表的民间组织对"烂脚老人"的救助,尤其是对其烂脚的治愈,很大程度缓解甚至解除了本人及其家庭沉重的经济和心理负担,使"烂脚老人"能够作为不刺眼、不被歧视的正常人回归正常生活,将他们从"烂脚病是治不好的"无力感和绝望感中解救出来,重新赋予其自信和对生活的希望。而一旦创伤的真正源头追溯到日军侵华实施的细菌战,对创伤性质的认知就发生了颠覆性转换。创伤从"不积德""自己不小心、倒霉"的意外后果变成了能确定施害者的人为后果,这又在很大程度上减轻甚至改变了"烂脚老人"普遍具有的"天生低人一等"的自卑感和对家庭的愧疚感,洗刷了由"祖上不积德"等流传甚广的恶意猜测所施加的污名。对创伤缘由认定的转变,实质上重构了"烂脚老人"的创伤叙事。经由这段历史的重构从而达到治疗个体创伤的效果,也就构成了一种叙事治疗。治疗性过程就是开展叙述的过程,就是将遭遇的难以言说、不可把控的事件和体验外在化。在帮助受创个体的生活回归正轨的同时,对作为历史症候的创伤之叙事进行重构,还将凿开进入历史的通道,烛照无法被直接认识的历史层面。[①] 首先,"烂脚老人"虽然知晓同自身病症相似者的存在,但由于对病症起因"系属偶然"的认知判断,妨碍了对彼此间联系的感知。而向老人们揭示出细菌战这一创伤根源的历史真相,即扭转了其经历的性质,将已经完全融入生活日常的"烂脚"从普通记忆重新刻写为特殊记忆。通过对"起点"的重新锚定将之转化为集体性、民族性、灾难性事件,恢复老人们彼此间的认同,并实际构造出一种"受难者共同体"。由此,个人的创伤叙事得以同集体的战争创伤产生联结,使其情感有所寄托和归属,并将他人的命运同自身的命运联结在一起,从而某种程度上减轻个体的精神负担。在此意

---

① 何卫华:《创伤叙事的可能、建构性和功用》,《文艺理论研究》2019 第 2 期。

义上可以说,关系的疏离是创伤的核心体验,而再建联系则是创伤修复的核心经验。① "烂脚老人"遭受的不仅是烂脚病造成的"初级创伤",还有由烂脚引发的社会后果造成的"次级创伤",其所遭遇的社会排斥归根结底是难以解决的身份危机引发的。② 当这种身份危机通过构造新的共同体和重新融入原先社会群体并举的方式得到解决,其创伤就能得到抚慰。其次,这一背景给创伤治疗提供更为宏大的历史空间,使该群体的创伤遭遇获得某种对于自身命运不可抗拒的悲剧性和历史悲壮感,从而转向以自我解脱的方式治疗创伤的可能路径。③ 这种对历史的命定感虽然从社会效果上容易导致对个体遭遇的忽视,但对于深受自己所遭受的创伤乃为"自致"这种自我怀疑折磨的个体而言,当对"他致"式的因果解释指向非人格化的因而非人力所能改变的力量时,个体反而更能在无力感之下得到某种安慰。直面创伤历史则体现了对历史的尊重、理解,以及同过去自我的和解。最后,对事件历史背景的加入也使得叙述者在一定意义上获得全知视角,逐渐跳脱出受害者的狭隘视野而为叙事加入施害者面向,并把所经历的事件放在更宏大的历史视野中进行剖析,进而使原本对个体而言孤立的创伤体验成为历史事件的一部分同更广泛的命题相联结,成为全人类反思人性、文明、现代性等重大问题的切入点。④

对"烂脚老人"的子代、亲友而言,相似的经历或对创伤经历的直接接触,往往是新的创伤的触发点⑤,他们极有可能通过创伤的代际传递而形成次级创伤群体。如果不是选择以遗忘的方式来应对所遭受的心理创伤,其他一切对自身创伤进行治疗的努力就要求认真回应创伤起源的严肃问题。

---

① 丁跃斌:《战争·创伤·救赎——目取真俊笔下的冲绳小说评解》,《浙江工商大学学报》2015 年第 3 期。
② 何卫华:《创伤叙事的可能、建构性和功用》,《文艺理论研究》2019 第 2 期。
③ 徐德荣、和瑶瑶:《论莫波格少年小说中的创伤叙事》,《中国海洋大学学报(社会科学版)》2017 年第 4 期。
④ 赵静蓉:《创伤记忆的文学表征》,《学术研究》2017 年第 1 期。
⑤ 丁跃斌:《战争·创伤·救赎——目取真俊笔下的冲绳小说评解》。

以救助"烂脚老人"的主要民间力量——"侵华日军细菌战衢州受害者协会"来说,协会的成员大多是与细菌战受害者有密切联系的人,他们一方面通过情感的强烈外泄来表达抗议,一方面也努力开展宣传、纪念和义诊活动,并希冀借助国家乃至国际的力量,以使加害者承认罪行、公开道歉、予以赔偿等方式对历史的旧账进行彻底的清算。以协会主要负责人吴建平为例,因不忍父亲为对日诉讼所作的努力在其去世后付诸东流,最终放弃了自己的"小日子"而承担起了父亲肩上的责任和创伤记忆,成为受害者协会会长。虽然战争造成的死生离别无法挽救或彻底补偿,第二代创伤者的努力目标也不一定能即刻实现,但当创伤记忆成为幸存者赋予自身的历史使命的动因时,努力本身就成为了一种对精神的修复和灵魂的升华。① 而也正是从创伤者寻求创伤治疗的各种努力中,我们得以通过其处理痛苦的方式来理解创伤的意义问题。对此马克斯·韦伯提供了重要的思想资源。

在《新教伦理与资本主义精神》一书中,韦伯就西方的时代精神探讨了两种与宗教相关的转变。第一次转变乃从原始宗教到普世宗教,后者以"犹太—基督教"为代表,改变了西方社会多元宗教信仰的局面,提供了一种普适的世界观。宗教的诞生从根本上就同人们寻求解释和应对自身所遭受的不义与苦难的要求紧密相连,作为世界观的基督信仰通过对"神义论"的营造将尘世的苦难解释为获得救赎的必要步骤,从而赋予了苦难以形而上的意义。第二次转变则发生在个人"身上",这是从新教伦理向世俗世界的转变。② 这一转变中价值理性与工具理性的张力,导致新教伦理同资本主义的脱节,理性化进程中以一神"上帝"为核心的普适宗教隐退,多元的价值观再度兴盛,并造成现代社会价值领域"诸神之争"的景观。问题的要点在于,当对良知和命运的解释权从上帝手中四散而去,以致最终被交由个人处理时,现代社会中的个体将如何理解和把握自身的命运。不同于禁欲苦行的宗教

---

① 丁跃斌:《战争·创伤·救赎》,《浙江工商大学学报》2015 年第 3 期。
② 孙飞宇:《对苦难的社会学解读:开始,而不是终结——读埃恩·威尔金森〈苦难:一种社会学的引介〉》,《社会学研究》2007 年第 4 期。

伦理,理性主宰的现代社会赋予追求快乐以正当性,科层制的发展更是强化了人的工具属性,从而令个体变得多余。备受推崇的现代科学如此兴旺,却不能解决在此社会中的意义问题,正是在这种缺乏解释苦难的资源和主体构造的状况下,个体面对意义问题时的无力感会在其遭受打击、感到痛苦时被强化,以至于成为击穿了生活却无法被解释的尖锐异物。

无论对创伤者本人还是对创伤记忆的记录者而言,我们都发现了在对创伤进行理解乃至表述时根本性的困难,即"烂脚老人"的创伤虽然是集体性的,但其所造成的困境和痛苦却是个人化的,其作为一种内在的体验和感受很难在真正意义上被他人所感知和分担。同时,这种伤痛体验具有一种抗拒概念化的特性,对创伤苦难的叙事虽可能获得治疗与理解,但任何言说苦难的尝试无疑也可能加深苦难的感觉。[1] 在威尔金森看来,对苦难的关注势必关涉到探讨苦难在现代社会中发生的逻辑,以及理解苦难在受难者生命中的意义两个主题,但由于体验的私密性和特定境遇及主体生成的偶然性,理解他人的苦难在实质的意义上并不可行。社会学虽然指出了理解苦难的两个维度,却无力深入理解受难者这一主题。而如果不能深入阐明苦难对于受难者的意义,战争、苦难对没有亲身经历它们的人而言,就始终只是抽象的、得不到真切情感体验融入的概念,其内涵及其所指涉的记忆会被轻易地操纵和篡改,战争教训、受难者及其历史便面临着被"彻底忘却"。而正因为有彻底忘却的可能,无处不在的苦难与暴力才会成为我们的记忆难以企及之处。[2]

然而受难者的创伤体验是否完全不能被理解并获得公共意义,以及是否由于存在困难就不需再作出努力? 要对这些问题作出回应,威尔金森需要援引社会学"之外"的更多理论资源,并汲取更多的精神元素。诚然,经历可能相同,但经验无法复制,从本质上说,个体之间的创伤意识是绝不重复的。战争给人们带来的是普遍的灾难,虽然从个体有限的经历与经验出发,

---

① 孙飞宇:《对苦难的社会学解读》,《社会学研究》2007 年第 4 期。

② 赵京华:《忘却的洞穴与判断的责任——高桥哲哉对阿伦特政治哲学的解读》,《博览群书》2007 年第 2 期。

人们会因经历战争方式的不同而对灾难性后果产生不尽相同的判断与感受,并造成彼此间的疏离、隔阂与漠不关心。受创者渴望通过对亲友诉说内心的伤痛以安慰受伤之心灵,也会因听者与说者间没有共同的记忆,而无法跨越那不可用语言填平的鸿沟。① 但虽然体验的具体境遇不可复制,体验的形式却具有超历史、超个体的普遍性。也正是由于体验形式的普遍性,生活问题的意义普遍性才成为人性的要求。② 正是出于体验在形式上的共通性,我们才得以与他人共享经验与意义体系。个体性、私密化的创伤经历变成可公开言说与交流的外在化事件与经验的过程无疑非常艰难,但也恰是因为言说与共情的困难,才越发显示出言说与理解的必要与宝贵。③ 语言活动是人类社会得以存在与维系的关键,它内含着个体超越局限而与他人达成交流与合作的可能性。诚然,语言的表达有其自身的局限,创伤经历者、创伤制造者和创伤阅读者之间不可避免有本质上的距离与落差,但记忆在集体之中清晰的留存与传递几乎无法绕开语言。语言并非全然专注于对非语言感觉的照搬和效仿,而是以其同表述对象之间不定的距离为语言的使用者开启经验的第二视域,让人类的想象力得以于其中触碰更广阔的世界。人们对语言的使用注定是多次编码的过程,这既是其之于意义传递的局限,也是其无可替代的特点与优势。当经验和情感只被小心翼翼地保留在身体内部而并不试图外在化,当人们仅对深重的罪恶和苦难保持低头的沉默,错误和体验就面临着被神秘化、摘除社会性的风险。④ 那些被挡在意识之外或被当成秘密保守的创伤将始终以失声的方式在场,它们虽然仍会通过其症状震撼下一代⑤,并在结果上达成对某种记忆的"传承",但这其中凸显的是创伤本身,创伤者虽在无言的交流中得到某种安慰,却很难涉及对创伤的有

① 刘胡敏:《难以言说的战争创伤——巴克后期小说中的疏离与隔阂》,《山西青年职业学院学报》2014 第 4 期。
② 刘小枫:《这一代人的怕和爱》,北京:华夏出版社 2016 年版,第 25 页。
③④ 赵静蓉:《创伤记忆的文学表征》,《学术研究》2017 年第 1 期。
⑤ 刘胡敏:《论〈另一个世界〉里战争创伤的代际传递》,《华南师范大学学报(社会科学版)》2017 年第 3 期。

效治疗。同时,创伤传递的范围究其根本,无法突破受创者所在的小群体,因而不能在更具有公共性的场域中被看见。呈现可述性,不仅始终是实现创伤治疗的重要方式①,也是个体记忆"社会化"无法绕开的路径。留住记忆、铭记历史,既是对生命的尊重、致敬和缅怀,也出于其社会功用,即对历史的讲述始终具有"致用"这一面向,为的是投射当下的某种欲求②,其内涵是对公共议题讨论的需要和对人类社会反思能力的保留。所谓"以史为鉴",说的正是记忆的这种功用性和公共性。在此意义上,讲述个人记忆和个人故事,不仅是为了治疗个体创伤,也是为了展开公共对话。为此记忆不仅要求被记录,更需要被传承——被人们真正记住。真正被记住的关键则在于能否发人共情,以达成切身的理解。对此,究竟要采取怎样的形式来呈现记忆,就变得尤为关键。我们不仅要留存记忆和历史,还要求能感受这些历史记忆的鲜活。

二、记忆的传承与固有名词的意义

针对记忆的传承,无疑可以营造出诸多体验"形式":采集图像,收集文字,留存声音,开展救助,举办仪式,更有对这些要素的综合性表达,如会议、节日、艺术创作、博物馆等,目的在于通过民众日常生活中对这些"记忆场域"的参与实践,将这些历史影像文字资料转化为群体的公共记忆。而互联网时代,发达的媒体更是扩展了创伤的传播范围与速度,提升了人们接收创伤信息的数量。杰弗里·哈特曼就此断定,创伤体验已经成为现代人的日常体验,当下文化更是在很大程度上已经完全"浸染在创伤之中"。③ 然而以上种种,只是指出了创伤记忆传承一些可利用的条件,并未回答创伤体验何以传递的问题,也并未指出使这种体验得以可能的更为根本的"体验形式"。就此,我们意欲强调个体性记忆及其表述形式对创伤记忆传承的重要性。

德国学者韦尔策在其主编的《社会记忆:历史、回忆、传承》一书中收入

---

① 徐德荣、和瑶瑶:《论莫波格少年小说中的创伤叙事》,《中国海洋大学学报(社会科学版)》2017 年第 4 期。

② 何卫华:《〈重生〉:创伤叙事中的历史与伦理》,《当代外国文学》2018 年第 1 期。

③ 何卫华:《创伤叙事的可能、建构性和功用》,《文艺理论研究》2019 第 2 期。

了自己撰写的一章"在谈话中共同制作过去",展开了对于传承问题的讨论。他指出,"凡是可以传承的故事,都需要具备以下三个条件:一是要有可以跟听者自己的生活现实和想象世界联系起来的切入点;二是要有一种给听者予以补充留有空间的叙述形态;三是要有一个本身就具有经历品质的叙述场合","故事就是在这些条件下变得可以传承的,就是说从别人(叙述者)的故事变成了(听者)自己掌握的故事"。①

传承的以上三个条件,是韦尔策颇为得意的发现,他在这篇篇幅不长的论文中重复了两遍。他又举了一位名为"贝克太太"的德国妇女被访者讲述战后自己高中学历不被英国占领当局承认,资格被取消,被迫又补考了一次高中毕业文凭的故事。他复述道:"这里,我们又清楚地看到了传承一个故事所具备的那三个条件:一是跟听者自己的生活现实和想象世界联系起来的切入点(这里则是:妇女的教育履历);二是补充故事或曰给听者留有补充空间(这里,听者通过评价对故事进行了补充);三是具有品质经历的叙述形态或曰叙述场合(贝克太太叙述的这个故事,对她自己来说或许甚至只有次要意义,但对她女儿②来说却成了一次具有传承力量的经历)。"③

结合"烂脚老人"的战争创伤记忆,对照以上三个条件,我们自然会去思考,"烂脚老人"的战争创伤记忆,能与生活在当下和平时代的我们,具有怎样可勾连起来的切入点? 这是怎样的一种叙述形态,能给听者以可以补充的空白空间? 怎么才能实现从叙述场合到经历场合的转换,达成感同身受的效应?

韦尔策虽然对切入点、叙述形态和效应三点作了区分并放在一个平面上并列处理,但我们认为,这三点具有内在的关联且有层次之分。概而言之,从传承角度看,问题关键乃在于,何种战争创伤记忆能够成为鲜活、生动的故事,打动听者,获得"感同身受"的效应,而效应和记忆之叙述风格以及主题紧密关联。

---

① [德]H. 韦尔策:《社会记忆:历史、回忆、传承》,季斌等译,北京:北京大学出版社 2007 年版,第 116 页。
② 她女儿也是共同访谈者之一。
③ [德]H. 韦尔策:《社会记忆:历史、回忆、传承》,第 118 页。

我们先来关注叙述风格的问题。战争创伤记忆中叙述形态的意义问题,很多学者都做过深度讨论。诺贝尔文学奖获得者、日裔英国作家石黑一雄的小说引发人们深思。

> 石黑一雄的小说大多涉及重大历史事件,战争主题常常为其提供了故事背景,由此战争对个人与集体所造成的创伤得以呈现。……石黑一雄关注记忆,特别是创伤记忆运作的方式;他小说中的记忆书写都是通过个体回忆**碎片化**的过去,来再现个体或集体所经历的创伤,是创伤社会化的结果。①

应该指出,"碎片化"三字不仅是"过去"的定语,它还是"回忆"的修饰语,是叙事风格的体现。这一叙事风格,贯穿了石黑一雄的诸多作品,比如他的处女作也是其成名作的《远山淡影》。

《远山淡影》讲述的故事是,小说主人公悦子在移民英国多年后泛起了阵阵对于自杀身亡的大女儿景子的回忆。而相比故事内容更值得关注的是,这一回忆是碎片化的。译者张晓意指出,"读完整部作品,感觉就像它的标题所示,留给读者的只是一个模糊的印象、一种淡淡的感觉,整部书连一个完整的故事情节都没有,留下无数的空白让读者自己去想象。而且,即便是已知的信息,也得靠读者自己从小说的字里行间一块块拼起来,小说中没有多少介绍故事背景、人物来龙去脉之类的说明性文字"。② 郑亚捷也指出,《远山淡影》这部"小说通篇以平淡克制的对话来展开故事内容,叙述非常琐碎和细腻,在细碎的对话与回忆中,读者能慢慢地捕捉到一些关键信息,同时也留下了很多疑团和空缺"。③

"模糊""淡淡""拼起来""平淡克制""琐碎""细腻""疑团""空缺"等描述,形象地阐释了何谓"碎片化"。一方面,"碎片化"就是一种留有空白空间

---

① 郑佰青:《穿过遗忘的迷雾——石黑一雄〈被掩埋的巨人〉中的记忆书写》,《外国文学》2018 第 3 期。
② 张晓意:《译后记》,石黑一雄:《远山淡影》,上海:上海译文出版社 2011 年版,第 241 页。
③ 郑亚捷:《〈远山淡影〉中的战争创伤书写与代际差异》,《湘潭大学学报(哲学社会科学版)》2019 年第 3 期。

的叙事,不完整不连贯,而正因为不完整不连贯留有了空白,才给予听者在解读上更大的弹性,使之更能将自己的情感带入讲述者的语境,参与讲述者的创伤体验;另一方面,这种细碎、留白、跳跃、模糊的叙述方式带有强烈的个体印记,其所呈现的战争记忆与创伤往往同公众记忆不相一致、形成对抗①,也因此有利于激发人们对宏大叙事的反思,进而将视野从经典的战争叙事上挪开,关注到个体生命的价值尊严与战争的内在残酷性。

黎林、戴小春以艾米丽·曼的文献剧为例,谈到了"碎片化"的空白叙事与"感同身受"的关联:

马克创伤记忆的活跃使谢莉尔感到恐惧畏缩②,对痛苦的逃避促使她的记忆表现出和马克截然不同的特征,即空白性记忆。这种记忆类型"在症状方面表现为陈述性记忆损害、记忆不连贯或创伤性事件的选择性遗忘"。创伤研究发现有些创伤受害者会发展出一种心理防御机制:有意识或无意识地忘记创伤事件,避免接触创伤媒介物,情感出现麻木、冷淡、漠然倾向。⋯⋯曼以她自身的经历证实创伤事件是具备传播性的。对他人痛苦的感同身受使作家把这部作品看成是自己"对于他们所述故事的创伤性记忆"。③

战争创伤叙事经常是一种充满空白的"碎片化"表述。然而,这一特点,在"烂脚老人"的叙述中有另类的体现。"烂脚老人"的讲述,由于岁月的冲刷,其实大多已经不掺和了激烈的感情,"语气"经常是平淡的,有个别老人甚至表现出"恨也没有办法的啊"(华东良)的无奈。他们的语言在叙述风格上没有跳跃没有断裂没有大起大落,听者不难理解他们的叙述意义。虽然已到高龄,但烂脚的痛苦回忆保持了一定的清晰性和连贯性,深深刻印在老人们的内心深处。他们的"声音"中也能听到一些负载了强烈感情色彩的形

---

① 郑亚捷:《〈远山淡影〉中的战争创伤书写与代际差异》。

② 马克和谢莉尔都为曼之剧中人物。

③ 黎林、戴小春:《艾米丽·曼文献剧〈静止的生活〉中的创伤记忆模式》,《太原学院学报(社会科学版)》2018 年第 6 期,第 66—67 页。

容词,但内容层面的苦大仇深,主要不是通过形容词,而是通过名词和动词的写实叙述形态来表述,化在了每个个体的"不去也得去,无论如何也得去""少也没办法,没办法。那会儿身体差,挣的工分少没办法""今天烂、明天烂,天天烂,没有办法只能让它烂""很恐怖很恐怖""他叫总归他叫,我烂也没办法不烂,他们叫我也没有办法"等的重叠反复性表述上。重叠反复性表述形象地强化了"烂脚老人"的痛苦叙述,即便叙述不呈现为声嘶力竭的直接控诉,即便痛苦已经化为了日常生活的一部分,依然可以让我们"感同身受"地体会何谓细菌战的战争创伤,何谓战争的创伤记忆。

概而言之,在"烂脚老人"这里,战争创伤叙事的"碎片化",体现为表达的不流畅,这一不流畅并非跳跃,并非断裂,并非不清晰不连贯,而是咬牙切齿般的重叠反复。

那主题上又如何呢?主题上如果说有一个把"感同身受"的效应勾连起来的切入点,那就是身体。"烂脚老人"的战争创伤叙事围绕着"烂脚"展开,这是身体叙事,而且是痛苦的肉体叙事。痛苦的肉体叙事本身之鲜活性生动性,让人想到声音、文字与图像(摄影)的直接连接。听完"烂脚老人"的叙述,听者头脑中会浮现出一连串清晰的图画或照片,其风格是写实的。痛苦的肉体叙事之写实性,加上创伤叙事之叙述形态的写实性,构成了"感同身受"成为可能的一个前提条件。

被视为"文化记忆"理论奠基人的阿莱达·阿斯曼援引尼采所做的论述,在此很有启发意义。阿斯曼写道:

> (尼采)没有把心和灵魂,而是把敏感的和易受伤害的身体称为书写平面。在他的名作《道德的谱系》中,他对自己提出了一个问题,人们为什么会建立一个"意志记忆",这种记忆不仅是消极地保存某个"曾经被刻入的印象",而且还积极地参与某种特定的记忆内容。……在这种记忆中写入的不是个人生平的经验,这种记忆中充满了一种文化文字,这种文字被直接地、不可磨灭地写入身体之中。

尼采关于"痛苦是记忆术最为有力的辅助工具"的论点是用一个简

单的问答形式来表述的。他提出的问题是："怎么才能让这种人类动物产生记忆？他们半是混沌、半是顽固，只能抓取片刻的理性，这个遗忘的化身，怎么样才能让他们记住些东西，让这些东西如在眼前？"对这个问题的回答是："人们要让一些东西留下烙印，才能把它们留在记忆中。只有不停地**疼痛**的东西，才能保留在记忆里。"①

尼采和阿斯曼都在强调"疼痛"，这一疼痛，首先它是肉体的，然后它是精神的。在这个丰饶和平的时代，越发难有机会去切身体验肉体的疼痛，如何才能让我们这一代尤其是青少年能够"感同身受"地真正感觉到"疼痛"呢？阿斯曼谈到了"身体的写入"谈到了"确确实实的直接性"：

> 为了描述身体的写入这一现象，不仅可以援引文字，也可以援引摄影。在摄影的暗喻中，它被看作现实的一个痕迹，强调的是刻印的直接性。……摄影的隐喻不仅进一步强调了一个印象的直接性，而且强调了敏感的材料所受的破坏。由此摄影与创伤之间就产生了一种交流：人们把摄影将现实片断自行写入化学底片的银盐上的过程与创伤经验自我写入无意识的基质相比。我们已经引用过心理分析师恩斯特·齐美尔的一句话，他用摄影的图像来描述创伤性的"印象"："恐惧的闪电留下了一个像照片一样精确的图像。"摄影这一媒介的图像强调的恰恰是媒介性的反面，即一个印象的确确实实的直接性……②

无论是叙事风格是否"碎片化"，对于身体的疼痛，用现实主义的语言像摄影一样清晰地毫不含混地表述出来，是战争创伤记忆可以传承的关键。与之相反，在书写时对细节的忽略在很大程度上抑制了伤害性场景描写的出现。放弃以创伤者本人的视角进行书写，则是一种通过视角转换隔离创伤性记忆带来直接痛苦的做法，兼以对战争浪漫化、漫画化的美学处理，共同强化了战争叙事中对苦难一面的遮掩，以及对受难者自我经验和情绪的

---

① ［德］A.阿斯曼：《回忆空间：文化记忆的形式和变迁》，潘璐译，北京：北京大学出版社 2016 年版，第 278—279 页。

② ［德］A.阿斯曼：《回忆空间：文化记忆的形式和变迁》，潘璐译，第 280—281 页。

排斥①,从而在情感上同受难者和后来的听者拉开距离。这种在叙事中拉开距离的关系处理方式,乃为公共话语领域中通常采取的立场,保证了叙事人的冷静和客观,从而赢得更多的对事实的信任和认同。但是,"现实主义的语言"超越了所谓的冷静和客观,以一种"具体化"的表述形式,在内容层面上不抽象,不含混,不掩饰苦难,充满细节,体现并强调可以称之为"共同性"的双方共享命运与情感的"感同身受"的体验,并突显出名词尤其是固有名词(比如具体人名)之于创伤记忆的历史意义和现实意义,展现一个一个有名有姓的个体各自所体验到的细菌战创伤的痛苦。

以具体化的形式,通过固有名词之个体视角来反思战争,日本作家大冈升平曾有过一些独到的尝试。大冈写下了很多战争题材的小说,被认为是一位重要的反战作家②,但近年围绕着其文学的反战性质发生了争议,遭到了一些学者的批评和质疑。③ 虽然存在争议,但对于战争创伤记忆的讨论而言,大冈的写作却有一定的启发意义:他以近似报告文学的叙事风格创作小说。其代表作《莱特战记》④,某种意义上就是一部固有名词的安魂曲。大冈在书的最后部分用不小的篇幅,以索引的形式,固执地一一展示了"地名""人名""部队名",呈现了一连串不可取代的固有名词(proper noun)。战争的创伤记忆不是仅仅被处理为冰冷的数字,而尽可能是有名有姓的鲜活个体。

这表明他创作《莱特战记》一是想还原莱特岛战役的真相,二是想揭示在莱特岛"英勇战死"的日军的表现。大冈就创作意图解释说"我

---

① 王晓骊:《创伤性记忆的自我隔离和审美表达——唐宋词战争灾难叙事的特殊模式》,《南京师大学报》2017 年第 1 期。

② 蓝泰凯:《对战争的反思与控诉——略论大冈升平的〈俘虏记〉、〈野火〉》,《贵阳师专学报》2002 年第 1 期。戴焕:《大冈升平〈野火〉:重塑战争记忆》,《河南师范大学学报》2006 年第 2 期。

③ 丁国旗:《大冈升平的东南亚叙事与战争认知——文学文本的政治指涉阐析》,《东南亚研究》2007 年第 4 期。何建军:《〈莱特战记〉与大冈升平的战争观》,《外国问题研究》2012 年第 1 期。何建军:《从〈漫长的旅途〉看大冈升平的战争观》,《语文学刊(外语教育教学)》2012 年第 7 期。何建军、臧运发:《侵菲日军战死者的安魂曲——论大冈升平的〈莱特战记〉》,《世界文学评论》2012 年第 2 期。任越扬:《从〈野火〉看大冈升平的战争观》,《安徽文学(下半月)》2015 年第 11 期。

④ 大岡昇平「レイテ戦記」(上、中、下)、東京、中公文庫、1986 年。

的意图最初是从总体上把握莱特战役。然而在写的过程中变成了就战死的每一个士兵,一一列举出他们是在什么地方怎么死的"①。

何建军等重点在于指出大冈作品的反战局限性,而日本著名文艺评论家、与哲学家高桥哲哉一起编写了《超越民族与历史》一书、对日本二战战争责任作出了严肃追究和深刻反思的小森阳一则对大冈赞赏有加,强调大冈文学的反战意义。对于"在写的过程中变成了就战死的每一个士兵,一一列举出他们是在什么地方怎么死的"这样的具体叙事风格,小森写道:

> 为了在追究责任的整体中唤醒"战争"的记忆,为了将"莱特战"一个战场中所发生的事实镌刻在记忆里,诸如大冈升平创作的《莱特战记》这样的实践性活动是不可或缺的,因此,必须将复数的他者的记忆,作为自己的记忆来不断地加以书写。……问题在于下述的这一实践性上,即对于每一个他者而言的只存在差异性的复数的"战争"记忆,在其具体性中如何将其作为自己的记忆来加以统合。②

大冈是以突显固有名词的形式,"将复数的他者的记忆,作为自己的记忆来不断地加以书写"的。这也是一种"对于每一个他者而言的只存在差异性的复数的战争记忆,在具体性中将其作为自己的记忆来加以统合"的叙事风格。换言之,大冈通过这一方式,去尝试实践"感同身受"的记忆传承。

我国哲学家张志扬曾写道,"历史上有多少数字被淹埋,更何况,死去的人是不能化为数字的。那不是安息他的坟墓。倒不如说,它是活着的人为了忘却的记忆。数字,庞大的数字,也不是辉煌的葬礼。连这里写下的文字,我说过,都是偿还不了的欠负,何况一个一个的数字呢"?"重要的是记忆,特别是改变了质性、拒不重复的记忆"。③

---

① 何建军、臧运发:《侵菲日军战死者的安魂曲——论大冈升平的〈莱特战记〉》,武汉《世界文学评论》,2012年第2期。

② [日]小森阳一、高桥哲哉编:《超越民族与历史》,赵仲明等译,南京:南京大学出版社2017年版,第13—15页。

③ 张志扬:《创伤记忆:中国现代哲学的门槛》,上海:上海三联书店1999年版,第29页。

"拒不重复"四个字，不正是在此所说的固有名词吗。我们展开的记忆传承的讨论，表达的一个主要观点是：叙事越呈现为个体性的言说，传承就越有可能。记忆一方面确实是集体性的，是作为"复数的他者"的"烂脚老人"，是一种民族的历史记忆历史伤痛，但同时，叙事一定也是个体性的，是不可消解为数字的种种生活的体验、种种生命的鲜活。

三、社会学的反思与民族创伤叙事

对战争创伤记忆的研究有其特殊性，其中最大的特殊性在于，研究并非仅为了展现苦难和痛苦而叙述苦难和痛苦，而是将苦难和痛苦的叙述与记忆的传承勾连在一起，达到牢记历史、警示后人的目的。战争创伤记忆中的"记忆"两字必然带有两个层面含义：一是创伤主体自己的记忆，是对自己亲历过的苦难事件及其后续痛苦的回溯性叙述，这是表述的层面；二是创伤主体的叙述成为听者的记忆并化成听者的内在价值体验的一部分，也就是传承。在表述层面，重要的是把创伤主体的声音尽可能原汁原味地记录下来还原出来，使之成为一种确凿可信的历史文档；而在传承层面，怎么能够让创伤在时间的流淌中不失去疼痛感，使得下一代也能感受到这一伤痛并牢记这一伤痛，乃为根本。

对于传承的讨论，我们提出了固有名词的意义。人名无疑是一种重要的固有名词。当把调研的聚焦点定在一个特殊的群体但同时不忘这一群体中的一个一个鲜活的个体时，表示个体性的人名是不能被刻意抹消掉的。本书采用质性研究方法在呈现访谈资料时坚持把"烂脚老人"及其救助者的个人真实姓名做了明示而不是代之以别的符号，尽量把每个个体的口述材料、访谈材料一一呈现出来，也不把个人名字以隐私的名义掩饰起来含混过去，就是因为我们想去思考到底怎么来认识"固有名词"的社会学意义，去思考战争创伤记忆应该如何传承的问题。有关战争创伤记忆的调查研究，从其特有的研究性质角度说，相对于匿名化处理，将姓名具体呈现出来，是对被访者的一种更应有的态度，也是对如何传承问题的一种更应有的立场。

但也应该指出，强调固有名词之于"传承"的意义，强调个体创伤的不可失去的疼痛感,并非意在弱化集体层面的共同记忆和创伤的历史价值。个体记忆与集体记忆并非一对截然两分的对立概念,而是相互指涉,互为前提。有些个体的叙事指涉的状况虽然有可能在历史中真实存在,但由于违背了公众对创伤历史的认知和情感期待,这些叙事就会变得"虽然真实但不正确",因而无法得到社会的承认,甚至在其真实性上遭到质疑。① 公众对创伤历史的认知和情感期待,也是谈论个体叙事的价值意义、以及与集体叙事之间的勾连问题绕不过去的一点。在此,公众的概念是一个共同体的概念,各种共同体都会致力于记忆的建构,记忆作为强化民族这一历史共同体身份认同的重要手段,更是受到民族国家的普遍重视。在创伤记忆的确定、阐释和传播上,任何利益群体、组织和民族国家都始终小心谨慎,留意创伤记忆的凝聚力、激励功能和对主体的塑造作用,确保其被用于积极目的。② 不可回避的是,民族国家出于意识形态以及现实的需要,对记忆实行拣选、调整、修改乃至重构,从而使特定的创伤被提升到共同体的层面,更高效地促进共同体的运作,更好地实现自身所追求的各种目标目的。这本无可非议。但在提升何种特定的创伤这点上,一是需要始终持有一种警惕,警惕宏大的共同体叙事与鲜活的个体叙事之间的人为割裂,二是需要学会从历史的视角认识民族创伤叙事、战争创伤叙事的价值重估的意义。

　　抗日战争中的悲壮与苦难记忆建构本来是一个强化民族身份认同的绝佳材料,但新中国建立后很长时间,这一点做得尚有欠缺,乃至招来一些学者的批评。高蕊认为,新中国建立后的几十年,国家层面战争创伤叙事是缺场的。在全面考察了 1965 年(抗战结束 20 周年)出版物后,高蕊发现,"建构以抗日战争为基础的集体创伤所必须的任何一个基本要素均未能出现在公共领域";与此同时,中央召集的官方纪念活动不仅数量有限,"甚至不乏敷衍和心不在焉的意味"。以同为日军侵华战争中创伤事件的南京大屠杀为例,当时的众多历史教科书突出描述国民党对共产党人的"大屠杀",却对日

---

① 赵静蓉:《创伤记忆的文学表征》,《学术研究》2017 年第 1 期。
② 何卫华:《创伤叙事的可能、建构性和功用》,《文艺理论研究》2019 第 2 期。

本人实施的南京大屠杀轻轻掠过。南京大屠杀这一在教材上缺席或被压抑的状况，直到 20 世纪 90 年代才有所改变：首次作为一个特定历史词汇出现在历史课本中并得到详细的讲解。中华人民共和国早期公共领域中民族国家话语并不占据主导地位，因而遮蔽了能作为重要历史资源而为该话语所用的中国民众深重的战争创伤记忆。高蕊进一步指出，新中国抗战集体记忆中创伤叙事的缺席并非一种文化失忆，而是一个被积极建构起的宏大叙事的结果。除却战后国际局势上中美、中日相继建交，国家间友好交流、和平共处成为重要的政治目标，从而一定程度抑制了战争所造成的苦难的声音外，处在政治话语中心位置的阶级斗争叙事更是对战争创伤叙事的形成产生了决定性的阻碍和约束。中国共产党奉马克思主义为圭臬，开展了兼具民族主义革命和社会主义革命性质的抗日战争，而马克思主义理论的主要逻辑则为阶级斗争，中国的抗战叙事于是在相当长的一段时间以阶级创伤而非民族创伤为主导叙事逻辑。阶级创伤的内在逻辑决定世界必须按照超越人种、民族和国界的阶级身份为依据，横向组织人们的身份认同。在此概念图式下，对受害者和施害者的甄别无法以民族为界线产生具有合法性的集体或类别——中国人和日本人，这两类人按照阶级逻辑来划分都不够纯粹。一方面，中国人中存在代表冲突阶级的国共两党的对峙，抗战叙事中的受苦难者也并不以受害者的形象出现，而是在"英雄战胜恶人"的二元结构叙事框架下被有力地塑造成无所畏惧的抗战英雄，由此去除了其遭受苦难的沉痛基调，反而在革命浪漫主义的激昂美学中获得了一种强烈的集体正义感、效能感和凯旋感；另一方面，作为战争敌对国的日本及其军人也有相同的分化逻辑，其中，作为抽象符号存在的军国主义统治阶级成为邪恶资产阶级的代表，而作为被国家征召的穷苦日本军人，则具有可被救赎和转化为同样是战争无辜受害者的正确阶级属性，从而使实施了战争暴行的个体从中脱责。"抗日战争"的根本冲突是以民族差别的纵向界限来定义的，这与阶级创伤的内在逻辑背道而驰。而民众有关战争的创伤记忆要想从潜在的状态成功向共同体记忆转化，至少需要施害者、受害者、受难性质这几个必要元素得到澄清和强调。遗憾的是，这些要素不仅在以民族属性为界分的战争创伤叙事与作为主导性战争叙事的阶级斗争逻辑发生的根本性冲突中尽皆遭到压抑、扭曲和遮蔽,更是在对阶级斗争叙事"历史必进、英雄必胜"的浪漫化书写和表达中变得无足轻重。民族侵略与反抗战争中受害者与施害者的符号识别最终被模糊化,中国受害者的群体认同被回避,受害者由此成为一种非实体和非存在。这一切都使得受害者的身份难以实现,以抗战受害者身份为中心而构建的战争创伤叙事也难以形成。[1]

高蕊以实证性的分析和描述指出了阶级斗争叙事与战争创伤叙事之间的内在张力以及新中国建立后几十年这一张力的内卷模式。但应该指出,90 年代以后也确实呈现了国家层面的认识转型,表明了民族创伤叙事、战争创伤叙事被提升到了一个新的高度来认识,来重估价值。12 月 13 日被设定为国家公祭日,2014 年开始由国家主持南京大屠杀 30 万遇难同胞的公祭,即是最好的明证。重要的是,国家公祭中的遇难同胞,并没有被处理为一系列冰冷的数字。在南京大屠杀遇难同胞纪念馆里,陈列着许多作为个体的遇难同胞的姓名甚至照片,凸显了数字背后的鲜活的一个个个人。

不仅是遇难同胞数达到了 30 万的南京大屠杀,二战中惨绝人寰的奥斯维辛,以及本书研究的重点——贻害无穷的细菌战,每当有针对文明和生命的野蛮暴行发生,都不断对人类社会的继续前行发出尖锐而沉闷的质询:何以写诗? 何以使生存继续? 今人和古人、生者与死者、我们与他者,人类同苦难的联系,如果抛弃了具体的死难者个体仅做宏观层面的叙述处理,恐怕我们无法承担起充当历史车轮垫脚石的重任。我们需要去凸显有关战争所造成苦难的叙写,用以激活读者对战争的体验和记忆,从而深入反思战争、仇恨、暴力本身的破坏性和内在残酷性。对战争创伤的关注和对个体痛苦的了解需要成为进入历史的通道,使战争创伤能够被真正整合到共同体的集体记忆中去。

---

[1] 高蕊:《记忆中的伤痛:阶级建构逻辑下的集体认同与抗战叙事》,《社会》2015 年第 3 期。

第十章　战争、和平与教育

一、以史为鉴的叙事与教育

1. 关注"主线"的历史叙事

当课题组在衢州进行日军侵华细菌战调研时,在与路人随意的攀谈中,给我们带来很大震动的是,不论出租车司机、路边小摊店主抑或宾馆接待、过路学生,都对细菌战中衢州的受害历史知之甚少乃至毫不知情。相比于家喻户晓、人尽皆知的南京大屠杀,衢州细菌战还难说真正进入到了当地民众,更不用说是外地一般公众的关注视野,成为他们绝大多数人的历史记忆的一部分。迟迟难进民众视野的这一社会现象,不能简单归结于民众的历史知识匮乏。究其原因十分复杂,值得反思的一点是,我国的教育尤其是相关的历史教育叙事模式,尚存许多需要关注和提升之处。比如以史为鉴无疑是一种值得肯定的历史教育叙事模式,但历史本身复杂,有多条线索,在什么样的历史阶段,主要以什么样的历史为鉴,值得认真追问。如上一章所述,是以阶级斗争的历史叙事为纲还是以战争创伤记忆以及民族国家建构的叙事为主线,本身需要做价值判断和选择。重要的是,在这一价值判断中,如何去摸索一些超越了狭义的历史、狭义的民族,具有人类普遍伦理意义、道德意义、教育意义的东西。

　　与社会记忆相似,教育通常也多采取一种宏大叙事或思辨性模式。① 中国的历史教育注重爱国主义教育、宏观历史教育,但在方法上以教师传递式教学为主,对历史事件进行线性记录,遵循传统的"背景—过程—影响"思维。以中学历史教科书为例,一些学者的研究成果表明,抗战历史教育主要包括"日军侵华进程及其犯下的罪行""抗战的三个阶段——防御、相持、反攻""国民党领导的正面战场""共产党领导的敌后战场和根据地建设"与"抗战胜利的原因及意义"五个基本内容,其中隐含了两条主要线索,一是日本策划、实施侵华战争及其最终失败,二是中国共产党领导全国人民实现抗战的最终胜利。总体上说,抗战历史教育是按照传统历史学的框架进行设定的,即从宏观上阐述人类社会政治、经济、军事等事件的具体过程,进而揭示人类社会发展的规律和特点。②

　　以人教版初中《中国近代史》为例,第6单元《中华民族的抗日战争》分为五课,分别是从九一八事变到西安事变、七七事变与全民族抗战、正面战场的抗战、敌后战场的抗战和抗日战争的胜利。单元总体叙事严格遵照抗战爆发的背景(九一八事变、七七事变)、抗日战争的过程(正面战场、敌后战场)、抗日战争的结果及意义(抗日战争的胜利)的叙事结构,课后习题也大多为"×××的标志是什么""×××的意义是什么""从材料中可以看出×××发生的历史背景为何"这类设问。其中,南京大屠杀作为唯一被提及的日军侵华屠杀事件,安排在"七七事变与全民族抗战"一课当中,作为对全民族抗战过程中中国人民对日抗争之惨烈与艰苦的说明而出现,而后转入对中国人民抗日战争过程的叙述,起到承上启下、开启抗日战场叙述的作用。教材中南京大屠杀的章节对历史叙述过程的完整起到了至关重要的作用,已经成为展示中国人民的苦难和屈辱、培养学生爱国主义情怀和不忘国耻之精神的重要内容。

　　但从教学角度说,在"背景—过程—影响"的宏大叙事之下,历史教育更

---

① 丁钢:《教育学学科问题的可能性解释》,《教育研究》2008年第2期。
② 孙文沛、傅安洲:《中德两国二战历史教育比较及启示》,《理论月刊》2014年第2期。

注重对"主线"的把握,相对忽视对"个体"的关照。通过对人教版初中《中国近代史》教材中出现的人名的梳理,我们发现,即便在历史教育中提到个体,也多半是因为个体在"主线"叙事中发挥的作用,或因其体现了一种集体的、民族的精神。

表 10 - 1　人教版初中《中国近代史》教材中的人物和语境

人物	语境	身份
杨靖宇	中国共产党派杨靖宇等人在东北组织游击队,开展抗日游击战争。中国人民的局部抗战开始了。	历史"人物":作为事件的一部分出现(推动事件发展或作为事件的结果)
张学良　杨虎城　蒋介石	在中国共产党抗日民族统一战线政策的感召下,在西北"围剿"红军的爱国将领张学良、杨虎城与红军停战,要求蒋介石联共抗日。	同上
周恩来	中国共产党从全民族的利益出发,主张和平解决,联蒋抗日,派周恩来到西安参加谈判。	同上
张寒晖	《松花江上》的曲调……唱出了东北人民流离失所、家破人亡的悲痛,也唱出了全国人民对日寇野蛮侵略中国的愤懑……无数热血男儿高唱着这支血泪悲歌,奔赴抗日前线。	同上
赵登禹　佟麟阁	7月底,北平、天津相继失陷。保卫北平的战斗异常激烈,赵登禹、佟麟阁将军壮烈殉国。	同上
朱德　彭德怀　叶挺	中国工农红军主力改编为国民革命军第八路军,朱德任总指挥,彭德怀任副总指挥;红军长征后留在南方8省的游击队改编为国民革命军新编第四军,叶挺任军长……这样,以国共为主导的抗日民族统一战线正式建立。	同上
毛泽东	抗战初期,国民党内流行着"亡国论"和"速胜论"两种论调……为了向全国人民指出抗日战争的正确道路,1938年,毛泽东发表了《论持久战》。	同上

人物	语境	身份
李宗仁	日军占领南京后，为打通南北战场……企图与津浦路南下的日军会师台儿庄，再合攻徐州。第五战区司令长官李宗仁指挥中国军队与日军展开激战。	同上
孙立人	在仁安羌对日作战中，中国远征军新编第三十八师师长孙立人指挥一个团与数倍于己的敌人展开血战，解救出被围困数日濒临绝境的英缅军第一师，轰动英国。	同上
马宝玉　葛振林 宋学义　胡德林 胡福才	为掩护群众和主力撤退，毅然决然地把日军引上了狼牙山峰顶绝路，在子弹打光、石头砸光的情形下，宁死不愿做日军俘虏，纵身跳下万丈悬崖，三人牺牲，两人身负重伤。狼牙山五壮士用鲜血和生命谱写了一首气吞山河的壮丽诗篇，显示了中华儿女宁死不屈的伟大精神。	作为个体出现，但反映的是一种宁死不屈的"民族精神"

如上表所示，在消解个体的宏大历史叙事之中，个体存在之意义在于其对"主线"的作用或其所代表的集体意义。在这样的叙事框架下，描绘战事或屠杀之惨烈也就不再是纵向地叙述个体的痛苦，而是通过受害人数之众或是该事件的转折性意义来加以说明。在人教版初中《中国近代史》教材对南京大屠杀之惨烈的描述中提到，日军占领南京后6周之内，屠杀手无寸铁的中国居民和放下武器的士兵达30万人以上……1937年12月18日，日军将困于南京幕府山的男女老幼5.7万多人，全部用铅丝捆绑，驱至下关草鞋峡，用机枪密集扫射……12月，日本《东京日日新闻》以"紫金山下"为题，报道如下消息：日军少尉向井和野田进行砍杀百人的比赛，野田杀了105人，向井杀了106人，所以胜负难分，重新再赌谁先杀满150名中国人。

屠杀之惨烈在此被以"6周""30万""5.7万""150人"等数字展现了出来。不可否认，数字的展示确实自有其描述惨案、事件"骇人听闻""罄竹难书"的震撼力，饱含了对于反人道的残忍的血泪控诉。正是在此意义上，数字自有历史意义历史价值。但如果在凸显数字同时能够不忘将个体鲜活生命的描述置入战争创伤的叙事中，置入历史教育的教学内容、教学过程中，细菌战与"烂脚老人"就有更大的可能、就更容易跨入衢州民众，乃至全国一般公众的关注视野、记忆领域。

2. "逆反"与"仇恨"的一体两面

传统的"背景—过程—影响"的宏观历史教育，以教育学生把握历史"主线"、促进学生从宏观层面洞悉社会历史发展规律为目标，往往把"事件"作为叙述的基本单位，一定程度上对个体的命运关照不够。当今社会，历史虚无主义的"逆反"与民族主义的"仇日"都不鲜见，细看起来，虽然表面上针锋相对、水火不容，"逆反"和"仇恨"两种情绪却都有着共同的逻辑起点：以"总体"而非"个体"作为思考的基本单位。

不必刻意去寻找，很容易就可以在网络上看到许多仇日反日言论，基于的大多是以"中国""日本"两个国家为言说单位的逻辑，渲染一种民族层面的你死我活、势不两立：

> "无差别憎恨小日本""历史不能忘，我们也不能为替我们抛头颅洒热血的先辈英雄们原谅。想想那些侵略者的后代……日本朋友不能深交""想立马飞去东京来个还治其人之身了""我一直认为，凡是迷恋日本，对日本人抱有好感是真正的心理变态！""我觉得那十年超棒的，完全不需要道歉，而侵华则需要日本世世代代的道歉，因为倭是 inferior race(劣等种族)，就是这样，满意了吗？""当我想起 rb(日本)这个整体，就会生理性厌恶恶心。我一直在想，他们对我们犯下如此滔天大罪，真的万死不足以偿一，难道说我们真的只能这么大度地说国际法庭判了就完事儿了？说他们也被小胖子轰过了就算得到教训了？""每每幻想穿越时空，回到明朝前期成为朱老四，大刀阔斧开金手指的必要项目：拿下并踩踏日本""阻止我去日本杀人的不是法律，而是我的能力"。

与此相反，以一种不屑态度大肆宣扬历史虚无主义的现象也不鲜见。一篇一度流传于"天涯论坛"和"百度贴吧"的文章《还原一个真实的"奉系"

和"伪满洲国"》①将日本侵略占领东北地区的行为描绘成对东北地区的"改造"和"建设",丰富的"论据"包括日本在东北建立的新艺术运动风格的中东铁路哈尔滨车站、东北大豆在当时出口贸易中"其声誉几超丝茶"、一派欧风欧韵的哈尔滨建筑、大连港与旅顺港的建设、东北三省建成亚洲第一大兵工厂、吉林大学修建的美丽校舍等等,以"经济水平""城市建设"等标准来衡量和评价日军侵华战争的"积极意义",完全忽视了中国人民在日军占领期间被奴役和侵犯的悲惨。

　　"仇日反日"与"历史虚无主义"看似完全不同的两个极端,却有着一致的逻辑起点。如果能超越"背景—过程—影响"的传统历史教育模式,引导学生在关注"总体"或"事件"的同时也注意关注"个体"在历史之中的命运,时刻不忘"总体"或"事件"的同时还懂得从"个体"角度自主地探索历史,反思历史,也许就能为打破上述"逆反"与"仇恨"之观念的共同逻辑贡献一些力量,使得近代历史教育摆脱"仇日反日"和"历史虚无主义"两个负面作用的纠缠,真正做到促进爱好和平与爱国主义情怀的融合。

　　3. 复数的铭记:感同身受的历史教育

　　在中国现今"背景—过程—影响"的思维模式与填鸭式的知识性历史教学模式下,青少年容易获得基础的历史知识,但难以在生活环境中形成自己的历史意识和历史判断,更难以进行对历史的深度反思与人格的培养。在这种宏大叙事下,学生了解到的是历史舞台上的"精英"人物。② 虽然不可否认,精英人物发挥了关键作用,但也不能忽视底层民众在历史中的命运。比如细菌战中的"烂脚老人",他们就是触手可及的历史,这一段历史就体现在他们的日常生活中:如何穿衣,如何行走,如何与人交往,如何处理自己的伤口……。如前所述,虽然触手可及,但或许正因为过于日常过于容易触及,反而遭致了忽略。

　　细菌战的创伤,从一个角度看,它是宏大的、集体记忆层面的,但同时也

---

① https://tieba.baidu.com/p/1570064362,2022 年 3 月 21 日。

② 孙文沛、傅安洲:《中德两国二战历史教育比较及启示》,《理论月刊》2014 年第 2 期。

存在着另外一个角度,体现出微观的、个体的一面。需要去关注个体关注日常生活,并从中挖掘不同于宏大叙事的历史创伤记忆;强调关注个体的生活史、微小叙事、日常叙事,并以这种模式激发学生主动探寻历史的积极性。教育的目的是为了避免战争灾难的重演、"烂脚老人"悲剧的再现,可以通过宏观、微观两线并重的教育,给孩子传递正确的历史观、价值观,培养他们独立的、具有探究能力批判能力的人格。

历史上发生过许多惨绝人寰的大屠杀,有的在时间空间上都离我们很遥远,有的只是在时间上而非空间上遥远,有的则反之,更有的就发生在刚刚离去的 20 世纪甚至是 20 世纪末,就在我们身边甚至是我们的身上。比如南京大屠杀,成为了中国人民挥之不去的梦魇,永远成为了中华民族的一个惨痛的战争创伤。人类历史长河中大屠杀惨案的多次反复发生,即便用统计手法精确地计算出到底成千还是上万,但这千、万的数字依然丝毫不会淡化二战中日本军国主义给中国人民带来巨大灾难之罪责,不会掩盖掉南京大屠杀事件中被屠杀的一个一个鲜活个体的不忍直视的悲惨。在此,有两点需要反复、着重地强调,一是数字的多少绝不会淡化某一事件、个体事件的伤痛感;二是南京大屠杀事件会被我们特别铭记是因为我们就是受害者,我们的民族就是直接受害者,"铭记"之中一定涌动着共同体的"共同性"情感。换言之,不可否认的一点是,生命被屠杀这样的绝对意义上的惨无人道,发生在自己血脉一系的亲人身上(比如杀父之仇、夺子之仇)时所感受到的无以言表的伤痛以及对屠杀者的不肯饶恕的怒火奔涌,必定远强烈于素昧平生的人不幸遭难的场合。作为中国人,我们也只有从这一点出发,才能更深刻地理解南京大屠杀在我们民族的战争创伤历史中意味着什么。对于微观鲜活个体的伤痛的强调,并不意味着可以绕过宏观的、作为整体的民族感情、集体记忆。超越民族、站在人类的、普遍意义的高度去理解大屠杀等战争灾难云云,只有首先深刻意识到伤痛必然带有的民族性,但同时意识到它也必然带有个体性,才有可能。南京大屠杀如此,"细菌战"当然也是如此。共同体之"共同性"意义的追问,是感同身受的教育成为可能的一个起点。

二、共同性与公共性

1. 战后日本的"历史主体争论"

20 世纪末在日本思想界发生了一场加藤—高桥之争。这场争论又被称为"历史主体争论"。"加藤"指的是加藤典洋，文艺批评家，早稻田大学教授；"高桥"是指高桥哲哉，哲学家，东京大学教授。他们之间的争论，围绕加藤在《群像》(1995 年 1 月号)上发表的一篇文章"战败后论"展开。此文后收于《败战后论》(讲谈社，1997)一书，此书 2005 年又在著名出版社筑摩书房再版[1]，在学界广有影响。

加藤在《败战后论》中主张的要点可以归纳如下：

第一，承认天皇的战争责任。但认为天皇的战争责任主要针对日本 300 万本国的死难者而言，并非对亚洲的 2000 万死难者担有罪责。承担亚洲 2000 万死难者罪责的，是全体日本国民。

第二，由于战败，日本民族在主体上人格分裂，分裂为左翼与右翼。左翼拥护外来民主理念而右翼尊崇内在传统价值。要真正做到向亚洲的战争受害者谢罪，这一分裂的人格应该统一起来。比如改宪问题（尤其是宪法第九条——战争的放弃，对于国家交战权的否定）。加藤虽然赞同宪法第 9 条，但认为现在的日本宪法本身是一种外来的强加，其理念再好也应该抛弃，应该考虑由国民重新投票制定真正属于日本人自己的宪法。

第三，承认日本二战的那场战争是侵略战争，但对于战争的真正纪念，是应该在悼念"2000 万亚洲死难者"之前，懂得先悼念"日本 300 万死难者"。

加藤主张，不能"弃如敝履"般地处理"本国死难者"而应该"为那些作为侵略者的死难者提供'庇护'，与那些死难者一道承受国际社会打上的侵略者烙印。那才真正是一个具有人格个性的主体，在国际社会，把应背负的侵略战争罪责背负起来"。

针对加藤以上的主张，高桥哲哉在《群像》上发表了"关于污秽的记忆"

---

① 加藤典洋『敗戦後論』、東京、ちくま文庫、2005 年。

一文①,后又出版了《战后责任论》②、《国家与牺牲》③等书,展开了猛烈的抨击。高桥指出:

> 概而言之,我不能赞同是因为,通过建构面向本国死难者的自闭式哀悼共同体或者是面向本国军人战死者的自闭式感恩共同体从而制造出所谓的日本'国民主体'的共同体,这在结果上,却淡化了日本的战争责任。④

高桥认为,正确认识战争责任问题极为重要,对于死难者的责任首先就是对于记忆的责任。日本要成为对侵略亚洲战争责任担责的国民主体,首先就是直面这一"污秽的记忆",而不是优先去哀悼本国的"不洁的死难者"。高桥主张,所谓对于本国死难者的责任,正因为是一个侵略他国的国家,就必然不该体现为对于死难者的哀悼吊念,更不是在国际社会中对他们"庇护",而一定是从法律、政治、道义的立场,追问他们作为侵略者的战争责任,并与他们一起,或者是替代他们,展开对于被侵略一方的谢罪和赔偿。

一些著名学者先后加入了这场论战。为加藤摇旗呐喊的比如有写了《青年们,读马克思吧!》《日本边境论》的内田树,而支持、声援高桥的则是在中国也广有影响的文艺批评家小森阳一。

内田树在为《败战后论》(筑摩文库版)写的"解说"中写道:

> 高桥哲哉的理路是对的。但是,我读这篇文章(指"关于污秽的记忆"一文——笔者注),必须承认,和加藤的印象相同,"思想怎么会这样让人起鸡皮疙瘩呢"。⑤

内田对于高桥哲哉文章起"鸡皮疙瘩",并非是说高桥的主张是错的,而是拒绝全身心地从事"向日本国民彻底普及'正确思想'"这一想法,认为毫

① 高橋哲哉「汚辱の記憶をめぐって」,『群像』1995 年 3 月号。
② 高橋哲哉『戦後責任論』、東京、講談社学術文庫、2005 年。
③ 高橋哲哉『国家と犠牲』、東京、NHK 叢書、2005 年。
④ 高橋哲哉『戦後責任論』、168 頁。着重号同原著。
⑤ 内田樹「解説　卑しい街の騎士」,加藤典洋『敗戦後論』、東京、ちくま文庫、2005 年、358 頁。

无可能性可言。①

　　　　我身体起"鸡皮疙瘩"或许是对于这样"自残的结论"的一种生理恐惧吧。②

　　从"鸡皮疙瘩"一词反复出现就可以看出，内田的反应十分强烈。他本能地厌恶高桥的主张。只是对于"本能"两字，不能简单去做生理角度的解读。内田在其中注入了具有哲学高度的潜在含义，他要实施自己即便知道"对的"但也要把"对的"弄"扭曲"了的策略。内田写道：

　　　　事情一牵涉到政治，无论基于怎样的善意，我们就每每已经是不洁了的。无论如何，我都不能赞同将没有任何污点的、无垢的政治立场设定为无限的远点，不赞同把追求这样远点的行为定义为"政治正确"。

　　　　高桥哲哉的思路一直推到极限，最终必然是否认一切民族主义，否认一切民族集团、宗教集团的共同性。他所推崇的对于亚洲各国的谢罪，逻辑上讲，就必须去禁止亚洲各国政府把赢得作为加害国民的日本人的谢罪看作是一场外交胜利（因为这会让那些国家排外的民族主义亢奋起来）。也应该禁止日本人有这样的想法："终于有了能够在伦理高度上完全承担起战争责任·战后责任的国民主体（因为这不是别的，正是民族优越感的体现）。"③

　　内田认为在原理上追求正确的愿望总会遭遇我自身的存在所分泌出的"恶"。对此高桥应该自觉得出"如果说我存在的本身就是恶，那我自灭"的"结论"。④

　　　　加藤通过这场争论，表明了"正义"并非原理的问题而是现场的问题。换言之，这个世界如果说有一丁点积"善"的可能，并不是靠对于自己内心的无垢与纯洁的坚信，而是保持一种对自己内心之狡猾与邪恶

---

① 内田樹「解説　卑しい街の騎士」、加藤典洋『敗戦後論』、東京、ちくま文庫、2005 年、359 頁。
② 内田樹「解説　卑しい街の騎士」、361—362 頁。
③④ 内田樹「解説　卑しい街の騎士」、361 頁。着重号同原著。

的畏惧。①

以上的几段颇有深度，但概而言之，可以归之为一种极端相对主义认识。做个或许不太恰当的比喻，想像一下，比如遇到一位教育学者谈论何谓教育学，答曰"教育学是一门教人向善的学问"，而你即刻起鸡皮疙瘩，驳曰"教人向善本身就是一种恶，因为它是一种特定的价值灌输，因此教育学是一门恶的学问"。用内田的语言表述，就是"在原理上追求正确的愿望总会遭遇我自身的存在分泌出的'恶'"。然而这样的一种极端相对主义理解，以自身的"恶"去淡化甚至混淆现实世界中的善恶，丝毫不保证"正义"就必定不是"原理的问题"而是"现场的问题"。②

如果说"原理"一词指称绝对性的"信仰"而"现场"一词意味着个体的相对性，可以说，加藤本人还是在"原理"层面上展开对于高桥的争论的。

对于高桥的观点，最先起"鸡皮疙瘩"的并非内田而是加藤。加藤这样写道：

> 为何谈论南京大屠杀、朝鲜慰安妇、731 部队等问题时"感到无比羞耻，不能推脱责任"这样的语气，会引起"鸡皮疙瘩"的不自然感呢？
>
> 这种语气的特点在于，它是共同体式的，没有达到公共性的高度。
>
> 为何与死难者的关系必须做公共化的处理。因为只要是共同性的，我们就只能是以分裂了的主体出现在他者面前，形成不了一个能够

---

① 内田樹「解説　卑しい街の騎士」、加藤典洋『敗戦後論』、東京、ちくま文庫、2005 年、362 頁。着重号同原著。

② 内田并非日本右翼，他与石川康宏合著的《青年们，读马克思吧！》影响广泛，在中国，甚至成为了中纪委向党员领导干部推荐阅读的图书。但即便在此书中，他也表达了类似值得商榷质疑的观点：经验告诉我们，社会的恶，蔓延在整个社会中。社会的每一个成员，都在用自己的方式，为社会"变坏"贡献自己的"功劳"。所以，如果希望社会变得更加美好，我们要做的并不是在外界寻找"一般的障碍和约束""公认的罪恶""公然的压迫"等，而是首先要反省自己，从质问自己开始，看看自己固有的行为是否成为邻居的"障碍"，是否犯下了"不为人所知的罪恶"，是否站在了对于别人来说的"隐性的奴役阶级"的立场上，等等。这样做可能并不会让社会迅速变好，但是可以防止社会变得更坏。（［日］内田树、石川康宏：《青年们，读马克思吧！》，李春霞译，北京：东方出版社 2018 年版，第 87—88 页）

构成历史的主体：我们的社会，不能在与邻人之间拥有一个公共的空间。①

加藤质疑高桥哲哉"保留污秽的记忆，并一直以此为耻，意味着那场战争是一场'侵略战争'的认识必然归结出不忘所有责任，并将责任永远确定为当下课题"的观点，认为这里在用共同性的语气表达不能用共同性的语言表达的东西。简言之，"保留污秽的记忆，并一直以此为耻"云云的表达中，本质上存在着一种让这样的表达失效的东西。然而尽管如此，表达还是这样被陈述了。这使加藤"起鸡皮疙瘩"，产生不自然的感觉。②

可以看到，加藤反复摆弄一对概念来解释他"鸡皮疙瘩"的起因。这对概念就是"共同性"和"公共性"。关系这对概念的是语言表述方式——"语气"。加藤的意思是，"鸡皮疙瘩"起因于高桥语言表述的不自然，怎么能用"共同性"的语言（语气）去表达本该用"公共性"的语言（语气）才能表达的东西？！

加藤对到底何谓"共同性"和"公共性"，有一个阐释。

加藤认为，"语气问题"更进一步，就是要把与死难者原本的共同性关系改为公共性的，而这是对人格分裂的超越。与死难者的关系也可理解为与他者的关系。与他者的关系是共同性的，指的是建立在同一性基础上的连带性；而公共性指的是建立在相互不同个性与差异性之上的连带性。③

此阐释意思明确，唤起"机械团结""有机团结"（涂尔干）或"共同体"与"社会"（滕尼斯）的联想。共同性本质上是一种与对方命运、情感的共有，强调"感同身受"的体验；而公共性则是一种拉开距离的关系处理方式，缺少情感连带。加藤又用美国思想家汉娜·阿伦特的例子，进一步阐释了共同性、公共性问题。

2. 阿伦特的"语气"

共同性、公共性的问题，在阿伦特的案例里，集中体现在她对"语气"的

---

① 加藤典洋『敗戦後論』、東京、ちくま文庫、2005 年、286 頁。

② 加藤典洋『敗戦後論』、288—289 頁。

③ 加藤典洋『敗戦後論』、340—341 頁。

处理方式上。阿伦特被认为是犹太"民族的女儿",但这位"民族女儿",在自己写的《艾希曼在耶路撒冷:一份关于平庸的恶的报告》一书里,虽然处理的是纳粹大屠杀审判资料,谈论的是集中营种族灭绝犹太人的悲惨命运问题,却并没有表现出多少对于自己犹太"同胞"的同情。

《艾希曼在耶路撒冷》当年因而引起了极大争议,各种好评、恶评纷至沓来。恶评,很大程度上是针对这本书的"语气"。

美国学者埃隆认为这本书充满暗示性的文笔和**讽刺性挖苦的语气**,让人联想到马克思的《路易·波拿巴的雾月十八日》。①

而阿伦特被攻击主要是因为她说话的方式。……她的笔法总是咄咄逼人,狂妄不羁,语气充满学究范儿,盛气凌人,爱说**似是而非的话,她的讽刺挖苦与讨论大屠杀显得格格不入**。②

加藤关注到"语气"的思想意义,在《败战后论》一书中他专门腾出一章,名曰"语气的问题",讨论阿伦特带给他的启发,讨论为何在大屠杀这样的严肃主题上她会以"似是而非""讽刺挖苦"的语气来展开写作,以致表现得"格格不入"。

> 并非是不经大脑,阿伦特是试图有所为,把语气当作了武器。这一点毋庸置疑。为何必须是语气呢? 为何不诉诸语言,而刻意用语气、依仗语气呢?③

加藤指出,阿伦特对于"犹太同胞"给她贴上"民族女儿"这样"共同性"标签感到特别警惕,她甚至以"奸计"一词来谈论这样的标签,警惕标签带给她的思想压力。而"语气"是她一个强大的"抗压"武器、"消解"压力的武器。

只有非共同性的 tone(语气、语调、文体)能够消解共同性。④

---

① [美]A. 埃隆:《导言:对汉娜. 阿伦特的绝罚》,[美]H. 阿伦特:《艾希曼在耶路撒冷:一份关于平庸的报告》,南京:译林出版社 2017 年版,第 8 页。粗体笔者所加。

② [美]A. 埃隆:《导言:对汉娜. 阿伦特的绝罚》,第 13 页。粗体笔者所加。

③ 加藤典洋『敗戦後論』、東京、ちくま文庫、2005 年、282 頁。

④ 加藤典洋『敗戦後論』、266 頁。

　　阿伦特为了消解犹太民族的民族性、思想的共同性,自己需要公共性这样一个古代的、古典的、对立的概念。①

　　　　阿伦特坐在审判庭里看着,这是纳粹责任人中的一个,他们犯下了不可饶恕的、史无前例的暴行,但她眼角里捕捉的却也可能是海德格尔。她的脑海里,一直在追问自己,怎样才能撼动这个"无耻"的海德格尔顽固不谢罪的决心。这是身为犹太人的自然追问。这样去认识阿伦特,应该不完全是一种武断。……我认为阿伦特一定在思考,如果能够从一个第三者的角度,冷静地对这场审判做一彻底的现场报道,仅这一点就一定意味着在做些什么。②

　　可以完全赞同"语气"(语调、文体)本身就是一种思想的见解。对于共同性的消解,阿伦特和加藤都认识到了"语气"的意义,应该说,这一认识本身,并非是一个极端相对主义的"现场的问题",而是事关信仰的"原理性问题"。同样是起"鸡皮疙瘩",相对于内田,加藤还是把问题设定在了一个真正值得讨论的层面。

　　然而必须指出,共同性的消解,或者以公共性消解共同性,虽然一方面有其思想上的积极意义,但另一方面,在一些特定的相关问题上,比如涉及人类存在、人之生命意义的问题上,"消解"本身、"公共性的选择"本身,才是一种让人起"鸡皮疙瘩"的不自然。当直面一些严肃的、涉及人之存在、生命之意义的主题,这些主题不可能容下"现场问题"感,容下"讽刺挖苦的语气",容下以"公共性"话语来取代"共同性"话语。事关战争创伤的生活体验,共同性的"感同身受",必定比公共性的"似是而非"更具有存在论的价值。正如前述,大屠杀事件、细菌战与"烂脚老人"会被我们特别铭记是因为我们就是受害者,我们的民族就是直接的受害者,"铭记"中一定涌动着共同体的"共同性"情感。生命被摧残被屠杀这样绝对意义上的惨无人道,发生在自己血脉一系的亲人身上而感受到的无以言表的伤痛以及对加害者不肯

---

① 加藤典洋『敗戰後論』、東京、ちくま文庫、2005 年 239 頁。
② 加藤典洋『敗戰後論』、282—283 頁。

饶恕的怒火奔涌，必定远强烈于素昧平生的人不幸遭难的场合。

阿伦特对这一点后来应该也有觉醒。她虽然在种种场合避而不谈"语气"问题，但埃隆还是这样写道：

> 她的讥讽往往弄巧成拙。……阿伦特提出了真正的道德问题，却用不必要的讽刺（也许还有些肆无忌惮）而令问题变得晦涩难懂。①

埃隆指出此书最大的错误就是其著名的或曰败坏名誉的副标题。"平庸的恶"这个短语甚至进入了流行语词典以及熟语大全。阿伦特后来对使用这个短语感到抱歉。1971 年，她在一次电视采访中说，若是在今天，她决计不会用那个说法。②

3. 小森阳一、大冈升平以及我们如何记忆

小森阳一与高桥一起主编了《超越民族与历史》，表明了自己对于加藤的批评态度。在批评当中，小森特别提到了日本著名作家大冈升平。这是因为大冈也是加藤推崇的作家。加藤认为大冈明示了一条"无需通过靖国神社，我们有自己悼念死难者的方式……也无需通过 2000 万亚洲死难者，我们完全能与他国的死难者相遇"的途径。这就是大冈的《莱特战记》。③ 加藤认定自己在《莱特战记》中看到了可能性："大冈正是通过对'阵亡士兵'的哀悼——他很庆幸自己也是他们中的一员，与向菲律宾死难者谢罪直接联系在了一起。在此，他证明了也有这样一条路可行。"

虽然两人都推崇大冈，但看法却截然相反。小森写道：

> 加藤典洋认为，将自己的悼念日本的死难者之后再推及亚洲的死难者的观点进行了实践的是大冈升平的《莱特战记》。但是，加藤的话显然是在歪曲了大冈升平的观点。因为大冈升平是在从参与莱特战役

---

① [美]A. 埃隆：《导言：对汉娜·阿伦特的绝罚》，[美]H. 阿伦特：《艾希曼在耶路撒冷：一份关于平庸的报告》，南京：译林出版社 2017 年版，第 13 页。

② [美]A. 埃隆：《导言：对汉娜·阿伦特的绝罚》，第 15 页。

③ 大岡昇平『レイテ戦記』（上、中、下）、東京、中公文庫、1986 年。

的每一个士兵到日军司令部,进而从美军士兵到其司令部,甚至到菲律宾的居民等等这些数不胜数的他者的关系中,来讲述《莱特战记》和构建自我的。①

小森认为,为了唤醒"战争"责任,将某个战场上发生的史实镌刻在记忆里,《莱特战记》这样的著作不可或缺。必须不断地将复数的他者记忆书写为自己的记忆。对于这样的写作,是日本死难者还是亚洲死难者悼念在先这样的问题本身就是无效的。要点在于,对于每一个他者而言只存在差异性的复数的"战争"记忆,如何作为自己的记忆,在其具体性中加以整合。②

小森打动人的一个核心思想是,为了使战争的创伤记忆的传承成为可能,大冈将复数他者的记忆化作自己的记忆,并在具体层面展开书写。换言之,大冈是一位真正具有"感同身受"能力的作家。《莱特战记》的战争创伤记忆不是仅仅被处理为冰冷的数字,而尽可能是有名有姓的鲜活个体。《莱特战记》最后的大篇幅索引,详细分成了几类:"地名索引""人名索引""部队名索引",都是一个一个不可替代的固有名词。

共同性本质上讲是一种与对方命运、情感的共有,强调"感同身受"的体验;而公共性,则是一种拉开距离的关系处理方式,缺少情感上的连带。面对日军细菌战的滔天罪行,努力尝试将"烂脚老人"的记忆化作自己的记忆来处理,在个体的"具体性"层面,从"共同性"而不是"公共性"角度去体会"烂脚老人"的"血泪般的"痛苦,尝试自己成为"烂脚老人"或其亲属的换位思考,努力将集体记忆与个体记忆融合在一起,战争创伤记忆才得以具有传承可能的最基本保证。

三、阿多诺的意义

德国著名社会学家、法兰克福学派代表人物之一的西奥多·阿多诺写

---

① [日]小森阳一、高桥哲哉主编:《超越民族与历史》,赵仲明等译,南京:南京大学出版社 2017 年版,第 14 页。

② 小森阳一、高桥哲哉:《超越民族与历史》,第 15 页。

了《奥斯维辛之后的教育》一文,告诫我们不要只喊口号而要关注普通人的生活样态,尊重其主体性,要摆脱教师中心的教学,倡导学生主体式学习,要具体地去学会追问为何发生奥斯维辛的悲剧？为何要记住奥斯维辛？奥斯维辛与我们有何关系？只有主体地反思这些问题才能真正防止奥斯维辛悲剧的重演。

《奥斯维辛之后的教育》一文最初是以电台报告的形式公之于世的。20世纪50年代的德国,许多所谓的教育工作者,由于害怕自身在纳粹时期的不光彩经历被曝光而热衷于批判纳粹政权的罪行,却回避了对自身责任的反思。作为社会学家的阿多诺,思考却直逼核心剑指德国的人性、社会和文化。尤其进入60年代后,阿多诺对德国的文化样态、大众当时表现出来的态度愈加不满。随着1965年奥斯维辛审判首次将纳粹迫害犹太人的情况公之于世,阿多诺悲观地意识到:"我们过去经历过的那些事情,没有亲身经历过的人在今天依然感受得到。曾经导致了奥斯维辛的那个世界,到今天并没有多大改善。"[①]为助力德国社会深度反思纳粹罪行,1966年4月18日,阿多诺在黑森州广播电台发表了他最负盛名的电台报告——《奥斯维辛之后的教育》。

在文章开篇,阿多诺就严肃提出,毋庸置疑,"教育的第一任务是阻止奥斯维辛的重演"[②]。他看到纳粹暴行在德国并未真正成为深刻的历史教训警醒世人,担忧着同样的灾难和悲剧还会卷土重来,便积极从社会学角度参与了有关历史教育的讨论,以此文强烈警示那些对这一重任漠不关心的人。

阿多诺首先是揭德国的伤疤,提请人们正视德国曾经犯下的罪行,正视奥斯维辛。他强烈反对并明确表示"没人会认为这(指奥斯维辛)是表面现象,是偏离历史进程的误入歧途,似乎它同人类进步和启蒙的大趋势、与据说会日益发展的人道相比不在考虑之列"[③],他拒绝将大屠杀视为一时的误

---

① 孙文沛、阮一帆:《从"再教育"到"奥斯维辛之后的教育"——二战后德国纳粹历史教育的失范与重构》,《教育学报》2019年第2期。

②③ [德]T.阿多诺:《奥斯维辛之后的教育》,《现代哲学》2015年第6期,第61页。

入歧途,而是将之界定为人类的野蛮本身。"人们谈论着倒退到野蛮中去的
威胁,但这种倒退并非即将发生,奥斯维辛已经是倒退回野蛮了。"①他进一
步指出,只要致使奥斯维辛发生的那些条件还在德国社会中持续,野蛮和屠
杀就依然会有可能。阿多诺援引弗洛伊德《文化中的不满》的观点,指出文
明会从自身产生出反文明的东西并日益强化它。阿多诺想要阐明的是我们
应当如何看待大屠杀问题,想要表达的是不能将奥斯维辛看作一种文明的
"异常值"忽略不计,而应认识到大屠杀这样的野蛮暴行与人类所谓的文明,
与一个社会的文化、人格、教育问题紧紧关联在一起,必须认识到使施暴者
失去理性和反思、把仇恨和怒火向外发泄到受害人身上这一系列行为背后
的机制,就存在于我们今天身处的这个"文明社会"。人们那种毫无反思地
向外攻击不能仅被当作个体的气质性原因加以处理,而应当在社会性或制
度性层面加以理解。

　　导致施暴者"野蛮"和"非理性"的社会性一面应当怎样去理解呢？阿多
诺通过幽闭恐惧症来谈在"一个彻头彻尾社会化、编织得天衣无缝的关系网
里被拘禁的感觉。这个网络越严密人就越想逃出去,但恰好这种严密就是
阻止人们逃出去的"②,于是人们对文明的愤慨就增加了,并以一种非理性和
残暴去反抗文明:这种残暴和愤怒往往都落在了社会中处于弱势但同时被
认为是走了运的那些人身上。正是在社会越发趋向整体化的同时,也孕育
着解体的倾向。阿多诺写道:

　　　　占统治地位的"普遍"对一切特殊、对那些个别人和个别机构所形
　　成的压力,具有将特殊和个别连同其抵抗力加以摧毁的倾向。除了丧
　　失自己的身份和抵抗力,人们也丧失了自己的品质,凭借这种品质,他
　　们本来可以抗拒那在任何时候重新导致暴行的诱惑。也许当他们被强
　　大的权力命令去再次施暴的时候,只要这是以任何一种令人半信半疑
　　甚至根本不可信的"理想"的名义来做的,大概他们就无力抵制了。③

----

① [德]T.阿多诺:《奥斯维辛之后的教育》,《现代哲学》2015 年第 6 期,第 61 页。
②③ [德]T.阿多诺:《奥斯维辛之后的教育》,第 62 页。

这一严密的权力控制网形成的前提是极权主义在德国的兴起，而这一过程与旧的稳定的帝国权威被推翻后德国人的精神迷失密切相关；他们并未在心理上做好准备——"他们所表现的自由是他们不费劲获得的，而不是自主生长起来的。"①不是自主生长起来的自由，并非真正的自由，而是一种在"自由"的假面具下对于集体与威权的盲目服从。在极权统治之下，奥斯维辛向人们展示了一种未曾见过的"特色"：人们一方面对集体盲目认同，另一方面又在盲目认同之下疯狂操控群众和集体。在这一过程中，人们同时作为施暴者和被害者而存在："亲自执行（屠杀）的那些人，与那些幕后凶手和理论家相反，其行为是同自己的切身利益相冲突的，杀死别人的同时也在自杀。"②那些盲目服从集体和威权的人已经彻底磨灭了自身独立自主的本质，他们不仅"自己把自己造成了某种像物质一样的东西"③，同时也将别人看作同样"无定形的团块"④，可以随意拿捏。这样一种施暴者的人格类型被阿多诺称为"操控性性格"。对于这种人格，阿多诺用了很多词来形容和描述——"组织狂""情感麻木""现实主义""效率崇拜"，而它的本质性特征在于"物化意识"——"具有这种类型的人们首先把自己在一定程度上和那些物趋同了。然后如果有可能的话，他们就会使别人也趋同于这些物。"⑤除了不把自己当成人而是物，当然更不把别人当成人而是物以外，阿多诺敏锐地指出，这种人错误地把自身的存在形态视为天性或某种不可改变的被给予的东西，而不是一种形成起来的东西；他们对自己屏蔽了一切"形成过程"，把"就这样存在"的东西设定为绝对的。换言之，一切的价值设定都是"结果取向"而不是"过程取向"，恰如今天对于绩效的高低、成绩的排名成为了衡量教育、科研是否成功的决定性标志，而对努力过程中人是如何实质性改变了作为个体的自己、提升了作为个体的自己的，却从不置于考量的视域范围之内。

阿多诺指出，拥有"物化意识"的"操控性性格"的人，是一种彻底冷漠

① ［德］T. 阿多诺《奥斯维辛之后的教育》，《现代哲学》2015 年第 6 期，第 62—63 页。
② ［德］T. 阿多诺《奥斯维辛之后的教育》，第 68 页。
③④⑤［德］T. 阿多诺《奥斯维辛之后的教育》，第 65 页。

的、"爱无能"的人，他们不能忍受自己内心的冷漠，但又无法改变它。他们极少感受到被爱，因为他们极少能够去爱。除了几个与他关系亲密或有可能凭借明确的利益关系与之结合的人之外，他们从心底对与其他人相关的事漠不关心。奥斯维辛悲剧的发生，与德国社会充斥着这类人有关。彻底冷漠的、爱无能的社会，才会对奥斯维辛视而不见充耳不闻。然而阿多诺并非在宣传所谓"爱的教育"，因为这样的尝试不仅徒劳无功，而且对于爱的命令式的赞扬，"本身就是那种使冷漠永恒化的意识形态的基石"①。这基石是那种带有强制性的、压迫性的东西所特有的，它们正是对爱的能力的抵制。

在阿多诺看来，"如果有什么东西能有助于抵制作为灾难的条件的冷漠，那就是对冷漠所特有的这些条件的洞见，并尝试首先在个体的领域里抵制冷漠的这些条件"②。形而下地说，抵制冷漠的途径是帮助人们意识到自身的冷漠以及自身变冷漠的原因，以启蒙、理性、反思和自觉来对抗集体和威权。阿多诺认为，所有政治课程历史课程的中心任务都应当阻止奥斯维辛的重演，但这一目的能够达成的关键在于，这门课不能由任何一种权力来强制推行。③

如果说教育、课程肩负着抵制冷漠的重任，肩负着阻止奥斯维辛悲剧重演的重任，我们也不可以仅就教育谈教育重任，仅就课程谈课程重任。教育、课程的历史使命及其可能性，一定要放置在社会的语境里去思考。不思考社会整体的文化与思潮，不厘清"冷漠""物化意识"产生的社会根源文化根源，很难期待教育真正能做什么。阿多诺认为，"物化意识"的社会生产与下述三个方面密不可分。

第一，对"责任"的鼓吹。为了不让奥斯维辛的悲剧重演，人们频繁引用"责任"这一概念，但对这一概念的鼓吹事实上却是不祥之兆。任何以断然的"你不该这样做"来制止一切施暴的，都只是导向了表面服从的效果。事实上人们要么以证明自己是可靠的市民、要么以心理上对命令的抵触来回

---

①② ［德］T. 阿多诺：《奥斯维辛之后的教育》，《现代哲学》2015 年第 6 期，第 67 页。

③ 孙文沛、阮一帆：《联邦德国历史教科书中"二战历史"叙述的变革》，《德国研究》2015 年第 3 期。

应,这直接导致个体以外在的、无约束的、可替换的权威取代了理性本身。在奥斯维辛,那些多少是自愿承担"责任"的人,都被置于持久不断的紧急状态令的行为方式中。阿多诺指出,对抗奥斯维辛的唯一真实力量并非"责任"而是"自律",也就是个体的反思、自决、不顺从的力量。

第二,对"刚毅"的强调。强调"刚毅"的教育观认为,男子汉气概来自最大程度的忍耐力,而这种观点长久以来成了受虐狂的掩饰,使得"成为刚毅"在某种程度上等价为"漠视痛苦"。在德国的许多民间习俗、民族风俗或宗教秘仪中,人们往往被要求去克服这一过程造成的肉体痛苦(达到无法忍受的程度),以作为他被允许感到自己是其中的成员、是这个集体一员的前提条件。而纳粹就曾以这种"民间习俗"的名义赞美和保护过这样一些丑恶的活动。阿多诺强调,人不应当压制"恐惧",如果人们被允许拥有恐惧,也许那些无意识的、被推延了的恐惧所带来的毁灭性后果就会消失。

第三,技术的拜物教。阿多诺认为,在当前人与技术的关系中夹杂着某种非理性的东西,人们倾向于将技术作为目的本身或当作自己的一种本质力量,忘记了技术本是人类延长了的手。手段成了目的,原本那些"过一种有尊严的生活"的目的被遮蔽并从人们的意识中切除了。援引"技术的拜物教"这一概念,人们也许就能够明白为什么一个人可以挖空心思设计出一个运输系统,尽可能快和最少损耗地把受害者运往奥斯维辛,却忘了他们在奥斯维辛会有怎样的命运;人们也许就能够明白为什么有些人喜欢精美的仪器和精美的装置,却毫不关心这些仪器用以做什么。

《奥斯维辛之后的教育》引发了联邦德国教育界的剧烈动荡。20世纪60年代,以阿多诺和霍克海默为代表的法兰克福学派提出的社会批判理论得到了联邦德国的认可,并被运用到中学的政治历史教育中,促进了德国历史与政治教育的改革。阿多诺演讲之后,德国教育界对有关纳粹历史的教育范式达成了共识,决定不再肯定和回归传统,而是以批判的态度和方法处理纳粹历史,以历史教育为媒介推动全社会重建道德和价值共识,最终实现个人的全面解放。此后,德国的历史教育即被定位成"大屠杀教育",教育的重心也转变为关注普通人在纳粹时代遭受的苦难,其核心内容就是对以奥斯维辛为代表的种族迫害和屠杀的批判。与 50 年代相比,这一时期的历史教育不再局限于批判希特勒和纳粹政权,而是注重引导学生反思纳粹时代德国基层民众的软弱和冷漠,引导学生关注受害者的悲惨命运。

除了教育内容,阿多诺的演讲也推进了教育方式的转变。依照阿多诺的要求,教育应当宽容、平等、人道,因此一大批具有批判思想的年轻教师主导了中学历史教育,尤其注重鼓励学生主动参与教学、主动考证历史,积极实践师生平等、小组合作、公平竞争等教学模式,努力消解权威人格和物化意识。①

阿多诺对于奥斯维辛大屠杀的探讨,同样可以启发我们谈论"细菌战"、谈论"烂脚老人"。社会学家的阿多诺,一方面强调教育所肩负的阻止奥斯维辛悲剧重演的重大责任,另一方面把教育放在社会、文化的整体语境之中重估教育的意义、教育的可能性。

阿多诺主张的在"责任""刚毅""技术"(换言之"效率")取向的社会、文化环境里,不可能期待抵制冷漠、阻止奥斯维辛悲剧重演的教育,这一观点即便我们不能完全赞同但确实内含了许多值得深思、延展的东西。"自律"、"恐惧"(更恰当地或许应该表述为"懂得敬畏")、"过有尊严生活"的社会,乃是真正的历史教育得以可能的前提。个体的反思、自决、不盲目追随集体与威权、怀揣敬畏之心、将个体看做目的而不是手段,将尊严置于效率之上等等,直接关联着历史的种种惨痛悲剧,以后是否不再发生。

日军侵华给中国人民带来的种种深重的苦难、"细菌战"造成的"烂脚老人"难以言表的肉体和精神痛苦,乃为不可否认之历史事实。其责任,无论日本法院如何判决,都难以逃避。这也不是可用"公共性"话语轻易消解掉的。战争创伤记忆首先是一个"共同性"的问题,是一个再怎么否认也是枉然的民族感情问题。而只有在首先承认并深刻认识了这一点的基础上,我们才有可能探讨如何从特定民族的深仇大恨升华为对于人类消灭战争、

————————————

① 孙文沛:《20 世纪 60 年代联邦德国二战历史教育的变革——以阿多诺社会批判思想为背景》,《武汉大学学报(人文科学版)》2014 年第 2 期。

阻止"大屠杀""细菌战"这样的非人道灾难,在一个普遍意义上为人类争得和平的问题的思考。战争创伤记忆尤其是记忆的传承关涉到年轻一代,特别是受害国的年轻一代的同理心、换位思考能力,而普遍意义上的和平的追求也只能在记忆的传承不变成虚妄的前提下才有可能。换位思考能力又一定是一个感情的问题。不在"责任""刚毅""技术""效率"这样抽离了情感的、冰冷的词语里,而是在"自律""参与""恐惧""敬畏""尊严""个体"这样有温度的词语里来寻找在教育中,特别是在历史教育中的换位思考能力开发与提升的可能性,是阿多诺之于我们、之于"烂脚老人"调研的思想意义。

附录一 浙江衢州细菌战"烂脚老人"访谈提纲

一、访谈对象

浙江省衢州市侵华日军细菌战受难者"烂脚老人"。

二、访谈目的

留住"烂脚老人"的声音,记录"烂脚老人"的生活记忆。

三、访谈提纲

(一)基本信息资料采集

(1)老人的姓名、性别、年龄、文化程度、是否当地人、住处、患病时长、接受治疗的时间(如有)。访谈地点、时间、时长、访谈方式。

(2)何时、何地、因为何种原因(问老人自己的解释)导致烂脚病。

(3)以前这个村子里的"烂脚老人"情况?大概有多少人?有人因烂脚死掉吗?

(4)日军当初有来过这个村子吗?当年日军在村子里做的一些事情您还有印象吗?您能够简单描述这些事情吗?

(二)患病经历

(1)您还记得,刚开始得病的时候,自己的脚是怎样的状况吗?后来开始严重后,您的脚变成了啥样?您可以讲讲您脚烂最严重的时候,是什么样子吗？

（2）平时您是如何处理伤口的？您会定期清洗、包扎伤口吗？怎么包扎伤口呢？

（3）得了这个病，最痛苦的是什么？

（4）这个病对您生活造成了哪些影响？年轻时干农活是否会受影响？会感觉到自己被其他人瞧不起吗？

（三）家庭关系

（1）您有几个孩子？现在是单独居住还是和孩子一起住？

（2）您当初是如何和您老伴结识的？您老伴婚前知道您有烂脚病吗？她知道您有烂脚病后有没有表现得和以前不一样？

（3）您孩子当初看见您的脚感到害怕吗？您觉得现在和你的孩子关系亲密吗？逢年过节，他们会接您去他们家里生活一段时间吗？

（4）儿子女儿找对象的时候，您会特意隐瞒自己脚有毛病这件事情吗？孩子结婚后您会特意避开他们清洗、包扎伤口吗？平时您和他们在一桌上吃饭还是自己单独吃？

（四）社会关系

（1）您得了烂脚病之后，周围邻居或者亲戚朋友是如何看您烂脚这件事情的？

（2）村里或亲戚家有红白喜事，您平时会去吗？以前亲戚朋友会经常找您帮他们做事吗？

（3）以前烂脚的时候，您会走亲访友吗？在走亲访友的过程中，您有在亲戚家留宿过吗？

（4）您平时会和周围邻居、朋友一起打麻将、喝茶聊天吗？他们有活动的时候会主动叫上您一起吗？

（五）社会救助

（1）您当初是如何联系到吴会长的？你能详细说一说您在衢化医院接受治疗的过程吗？

（2）除了吴会长和他的协会给您提供帮助，您还接受过其他人的帮助吗？如果接受过其他人的帮助，那么接受过什么样的帮助呢？

（3）现在通过手术治好烂脚毛病后，您最开心的是什么？

（4）现在回想以前烂脚严重的时候，您想说什么吗？

附录二 访谈对象基本情况

访谈对象基本情况表

序号	受访者姓名	年龄	访谈时间	访谈地点及沟通上的处理	与"烂脚"有关的记忆;身份
1	涂茂江	73	2017.11.14/ 2018.1.9	衢州市衢江区横路镇西垄口村涂茂江家（第一次由老人儿媳帮助翻译并回答了一些问题）	1946年出生,5岁开始烂脚。烂脚的直接原因为小时候到田里去捉小青蛙
2	余敦祥	85	2017.11.14/ 2018.1.9	衢州市桥东村富家8号余敦祥家（第一次由吴建平担任翻译）	9岁开始烂脚
3	吴发贵	79	2017.11.14	衢州市杜泽镇吴发贵家（由老人儿子帮助翻译并回答了一些问题）	5岁开始烂脚
4	朱香	78	2017.11.15	衢化医院烧伤科（由老人女儿帮助翻译并回答了一些问题）	十几岁开始烂脚
5	徐规富	85	2017.11.15	衢化医院烧伤科（由老人儿子帮助翻译并回答了一些问题）	十几岁开始烂脚

序号	受访者姓名	年龄	访谈时间	访谈地点及沟通上的处理	与"烂脚"有关的记忆;身份
6	华东良	76	2017.11.15/ 2018.1.11	衢州市柯城区姜家山乡毛峰村 (第一次由老人的亲属帮助部分翻译;第二次访谈主要由本人回答,非常完整的一个访谈内容)	13岁开始烂脚
7	周文清	74	2017.11.16	衢州市江山市峡口镇卫生院 (卫生院护理人员帮助部分翻译,并回答了一些问题)	5岁开始烂脚
8	姜春根	78	2017.11.16/ 2018.1.10	江山市大陈乡乌龙村姜春根家 (第一次由姜春根儿媳帮助了部分翻译并回答了一些问题;第二次由姜春根儿子、儿媳帮助部分翻译并回答了一些问题)	第一次说大约8岁开始烂脚;第二次说十几岁开始烂脚。但说明了虽然自己记不清楚了,但他母亲说,他六七岁就开始烂脚了
9	毛水达	80	2017.11.16/ 2018.1.10	江山市上余镇敬老院 (第一次、第二次都由养老中心工作人员帮助部分翻译并回答了一些问题)	5岁开始烂脚。直接起因为用麦秆伸到水壶里喝水
10	陈春花	81	2018.1.9	衢州市柯城区大洲镇仓洲村陈春花家 (由陈春花儿媳帮助部分翻译并回答了一些问题)	"烂脚老人",小时候出现问题,40多岁开始发作

续表

序号	受访者姓名	年龄	访谈时间	访谈地点及沟通上的处理	与"烂脚"有关的记忆;身份
11	杜世渭	65	2018.1.9	衢州市衢化医院4楼烧伤科（老人妻子帮助翻译并回答了一些问题。其实主要是老人妻子杜星仙接受了访谈）	没问出几岁开始烂脚的信息
12	杜世玉	76	2018.1.9	衢江区杜泽镇杜三村（由吴建平帮助部分翻译并回答了一些问题）	始终未讲几岁开始烂脚，只记得15岁左右是最恶劣的时候
13	黄忠惠	75	2018.1.9	衢州市石室二村黄忠惠家（没有翻译，主要是本人接受访谈，老人妻子也在旁，偶尔插话）	烂脚时间记得不是很清楚，觉得烂脚有20年了，是50多岁开始烂的。父母以前都是城里人，自己也不是小时候干农活下田感染的
14	徐朝顺	75	2018.1.9	衢州市衢化医院（老人妻子在旁，也回答了一些问题）	他是丽水老人，因丽水也是日军细菌战的受害地。烂脚60多年，记不清几岁的时候开始烂脚
15	徐生泉	71	2018.1.9	衢州市石室二村徐生泉家快餐店（老人妻子在旁，也回答了一些问题）	20岁左右开始烂脚
16	张双根	75	2018.1.9	衢州市衢江区上方镇金坑村张双根老人家	1947年出生。9岁开始烂脚，清楚记得下田修玉米苗而感染

序号	受访者姓名	年龄	访谈时间	访谈地点及沟通上的处理	与"烂脚"有关的记忆;身份
17	符水莲	84	2018.1.10	衢州市常山县澄潭村符水莲家（老人儿子帮助翻译并回答了一些问题）	19岁开始烂脚
18	吴十一	83	2018.1.10	衢州市常山县紫港街道狮子口村老人儿子家	30多岁开始烂脚
19	孙徽州	84	2018.1.11	衢州市柯城区航埠镇孙家村（基本上没有翻译，主要是本人接受访谈。老人女儿帮助某些内容的翻译并回答了一些问题）	20多岁开始烂脚
20	王玉莲	98	2018.1.11	衢州市康久第二医院养老区六楼（98岁高龄，一个人住在医院养老区，耳朵听不见，但能看懂字，并会写字。老人就一直坐在桌边，估计行动不太方便。护工们平常也大都是通过写字或者大声在耳边才能与她交流，因而我们只能通过将问题写在纸上，老人看到问题后回答，老人的普通话还可以，但因为方言和听力问题，交流比较吃力。访谈时护工帮助回答了个别问题）	不清楚什么时候开始烂脚

序号	受访者姓名	年龄	访谈时间	访谈地点及沟通上的处理	与"烂脚"有关的记忆;身份
21	张沙埠娜	90	2018.1.11	衢州市民康医院 (主要是护工、医生和老人女儿在帮助回答问题。老人年轻时曾是国营企业制作豆腐的工人。谈到名字特别,老人女儿承认特别,但她不知道为什么起这么特别的名字)	不清楚什么时候开始烂脚
22	吴建平	/	2017.11.15/ 2018.1.8	衢州市丽珠饭店/ 衢化医院附近巫山饭店 (除了第一次摸底调研,专门的访谈是这两次。由于他是质性研究方法所说的"守门员",很多时候跟着我们访谈团队行动,在很多场合都有他的问答)	衢州市侵华日军细菌战受难者协会会长
23	张元海	/	2017.11.15	衢化医院烧伤科	衢化医院医生
24	祝医华	/	2017.11.15	衢州市杜泽镇卫生院	杜泽卫生院医生
25	涂茂江儿媳	/	2017.11.14	衢州市衢江区横路镇西垄口村涂茂江家	——
26	姜春根儿媳	/	2017.11.16/ 2018.1.10	江山市大陈乡乌龙村姜春根家	——
27	吴发贵儿子	/	2018.1.9	衢州市杜泽镇吴发贵家	——
28	姜雅琴	/	2018.1.8	衢州市妇幼保健院家属楼	前衢州市卫生防疫站站长邱明轩遗孀
29	连忠福	/	2018.1.10	衢州市常山县某饭店	常山县作协主席

附录三　衢州"烂脚老人"部分访谈记录①

编号1——被访者：陈春花（标示为"陈"），陈春花儿媳妇（标示为"陈媳"）；访谈者：台敏佳、刘慧（统一标示为"访"）。访谈地点：衢州市衢江区大洲镇仓洲村；时间：2018年1月9日12：30—13：30。

【我们到达大洲镇上，陈春花老人的儿媳雇了一辆三轮车把我们带到家门口。房屋大门敞亮，老人坐在门口长条板凳上晒太阳，旁边放着轮椅，家里贴了瓷砖，装修不错。】

访：现在已经做过手术了吧？

陈媳：住了两个月的院，现在蛮好了。

访：现在能走吗？

陈媳：走会走，就是要（扶着板凳），以前完全不能走的，现在要出去玩，坐着轮椅就可以出去玩了。

访：哪只脚呢？

陈：两只都是。

陈媳：两只脚及腿全部烂光了，烂得很厉害，现在包起来了。

---

① 以下访谈材料均为2018年实施访谈的转录。2017年进行的访谈没有收录在内。文中（）内的内容为访谈者补充，【】中为访谈者笔记，……表示停顿，（……）表示隐去了一些内容。对于编者访谈记录中涉及敏感话题的内容，一部分作了隐去的技术处理。

陈:筋都烂坏,筋都烂得……了。

访:奶奶 77 岁了,是吗?

陈媳:81 了。

访:哪一年开始染的病?

陈:三四十年了。

访:就是 40 多岁的时候?

陈媳:小的时候一点点,不知道喽,没到住院(的程度)。

陈:住院也没有办法,都是这样。

陈媳:住院好像没什么问题,到 40 来岁,烂起来烂起来,越烂越多越烂越多,多处医院看都看不好,看了好几次。

访:奶奶 40 几岁开始烂,其实之前就有烂脚了,但没那么严重是吧?

陈媳:开始就一点点喽。

访:一点点是在什么时候呀?

陈:……

陈媳:她讲过去的医生技术没有现在发达。

陈媳:过去医生都说要到外国去,我们的条件哪看得起,就一直拖拖拖,看了半个月,吊点盐水就又回来了。不给你看的,看着都怕,那些护士看着都躲起来,太可怕了。都讲,哎哟,这么可怕啊,烂得很厉害。

陈:……都怕都怕。

陈媳:现在好多了,现在肉长起来,包起来后还有一个小包呢!

访:奶奶现在什么感觉?

陈:现在就是鼓,血管那里鼓。

访:感觉血管不动了?

陈媳:唉,对,好像血流到那里过不去了。

访:是不是有袜子,把袜子穿上血脉就好了?

陈:那个袜子……三双,这个脚肿起来,穿不进去了。

访:现在还肿吗?

陈媳:现在还肿。她腿上有时候煞红,肿得很大,好像血脉过不去。都吃消炎药,像阿莫西林这些。

　　访:只肿,疼吗?

　　陈:痛还是有些痛的。血过不去。

　　陈:……

　　陈媳:她说脚趾甲上过不去,脚上【电话铃响去接电话没有说完】

　　访:奶奶一开始烂的时候怎么治的呀?

　　陈:……有一天从床上下来,忽,滋滋……

　　访:40多岁开始的?

　　陈:嗯,40多岁的。好好坏坏,好好坏坏。

　　访:奶奶还记得怎么染上烂脚病的吗?

　　陈:(哈哈)记得了……用报纸扎起来……。

　　访:是去田里干活弄的?

　　陈:要去田里干活的,那个里头……等从田里上来了,再(把报纸)拆掉。

　　访:奶奶刚刚说她怎么染上烂脚的?

　　陈媳:她说日本打仗,放细菌毒气到田里,小时候养猪要割什么草,她要下去捞的。

　　访:奶奶什么时候知道这是日本投放的细菌?

　　陈媳:她一直都不知道。反正到田里干活就是痒,怎么洗都洗不好,药擦就擦不好。在电视上看到、报纸上看到报道才知道是日本兵放的。一开始并不知道。

　　访:哪一年去衢化医院治病的?

　　陈:三年了吧,2013年。

　　陈媳:2014年12月,住了11月、12月两个月,吴会长他们那个协会做的。

　　访:现在还送药过来吗?

　　陈媳:如果去拿就给,不去拿也没送过来。

　　访:现在每天要做什么处理吗?

　　陈媳:每天就是泡泡脚,擦点药膏,纱布扎一下。

陈：……

陈媳：我们今年 7 月份领了一点纱布药膏。

访：奶奶几个孩子？

陈媳：吼，一个女儿都没有，六个儿子。老伴五年前去世了。

访：平常谁和奶奶住呀？

陈媳：我是租房子的，我原来是住在那边有煤矿的地方，今年六七月份要拆掉让我们自己去租房子，这里原来没人住。现在租还是挺便宜的。

访：奶奶 40 多岁染病的时候在做什么工作？就是在家养孩子吗？

陈：孩子放家里……我去干活。

访：腿不好怎么干活？

陈媳：以前一点点，没那么厉害，以前她会干好多活，砍柴，养牛养猪、在田里干活。老大带老二，老二带下一个，大的带小的。

陈媳：我是她第二个媳妇，老大媳妇生白血病去世了，老三给人家拆房子压这个了【没完全说出来】，老四老五都在大洲，房子都拆掉都要造房子的。原来都住在一起。老四小时候给人家做儿子【明明有六个儿子，陈媳妇在说的时候，某两个儿子应该弄混了】。

陈：……

陈媳：她说，一个儿子给人家抱去了，那家人家房子很大。

访：奶奶每个月有收入吗？

陈媳：她达到 81 岁，每个月有 135 块钱。

陈：我是 2 月份出世，身份证上弄错了。

陈媳：她那天还说这个呢，她身份证上弄错了，少一年，年龄不同拿的【政府补贴】不同，但政府按身份证上算的不是按你说的计算。

访：平常就您照顾奶奶了？

陈媳：一个住在大洲。媳妇就我和老五的（媳妇）两个人照顾。老四给人家做儿子，老三死掉了，老五【应该是老六】没有老婆。【媳妇介绍老人子女情况的时候，老人眼睛有些湿润，擦着眼睛】他们每个人给两三百块钱，叫我照顾。

访：您孩子多大了？

陈媳：29 岁。他在衢化上班，每天比较晚回来。

访：你们是怎么知道衢化医院能治好这个病的呢？

陈：报纸上，看到的。

陈媳：报纸上登的，然后电话联系，让我们找个时间来看看。

陈：有个人到我家里，看是不是痒，拍照片，然后报上去。后来痛，到医院里去，赶紧让我在那边治疗。这些医生好得劲好得劲。

陈媳：第一次去柯城区医院，好多烂脚病人，有 100 多个，她是第一批治疗的，都是 80 多岁。每个医生都看过，让下次再来动手术。

访：奶奶没治好之前痛吗？怎么样的痛？

陈媳：痛，还流脓水。

陈：睁着眼睛痛，晚上也痛，一直痛。一夜下来，哼，床上棉絮都是水，都要擦掉。

陈媳：每天每天都要包。

访：有气味吗？

陈媳：有的，妈呀，肯定有气味的。

陈：眼睛捂着就根本看不到了……

陈媳：有一次她在田里干活，那个血迸出来很高很高的，那个血管像爆炸了。

陈：【作出向上迸出的手势】像自来水龙头放水一样。

访：有没有晕过去？

陈媳：晕过去了，她摔倒好几次。

陈：赤脚医生就给我挂止血针，毛巾，棉布……包一包。

访：什么时候不能走路？

陈媳：我来的时候你（老人）还会走，一只脚一拐一拐，大概有 20 来年。过了六七年，另一只脚也开始一点点烂，之后两只脚都不能走路。所以不会走路大概 20 来年。

访：不会走路大概是什么情形？是完全不能动坐在家里，干活也不行了吗?

陈媳:干活也不行了,就是稍微能迈点步,从房间到厨房,从厨房到房间,不能在外面走。

访:奶奶是本地人吗?

陈:就是这个村上的。

访:知道周围有烂脚的吗?

陈:……

陈媳:她说有两个死掉了。有个烂烂烂到小腿,烂的什么掉下来,露出骨头,去医院死掉了。她的也掉下来了,还好医生给她看的早。以前医术没那么发达。

访:奶奶现在白天就在这儿晒晒太阳?

陈媳:晒晒太阳,用轮椅推出去转转要好些。原来没有轮椅不敢走的。就用这个长条凳,拖一下走一下,拖一下走一下。一个人不敢走的,现在也不敢走。

陈:不敢走。到医院里去,拿个拐杖,嘟嘟嘟,挂得不好,就要往前摔倒【做出向前摔倒的动作】。头要砸到地上。……要两三个人在胳肢窝下托着胳膊和身体,拖着坐到凳子上去。

访:这个脚天冷与天热有差别吗?

陈:天冷的时候,脚背冰凉冰凉。

陈媳:天热的时候,脚大概要暖一些。

访:周围有和奶奶关系好的老人吗? 过来串串门吗?

陈媳:他们有时候都来玩的,有时候我推她出去晒晒太阳聊聊天。

访:儿子多久回来看一次?

陈媳:儿子要来看她的。她几个儿子都很孝顺。

访:孙子孙女们呢?

陈媳:孙女更孝顺了。孙女过几天就要回来了。有个孙女在超市干活,想她呀,过几天说要回来。

陈:这个衣服就是孙女买的。

访：有几个孙子孙女？有重孙子孙女吗？

陈媳：孙子两个，孙女五个。还没有，本来是有的，有个孙女生了个女儿。

……

访：奶奶几个兄弟姐妹？您排行老几？

陈：兄弟姐妹三个。我是最小。我的母亲40岁生的（我）。

访：他们都还在世吗？

陈：都没有了。

访：他们脚有问题吗？

陈：没有。

陈媳：一个小时候就嫁到广西【去了】。

陈：还有两个在山里。

陈媳：那你就是姊妹四个。

陈：一个哥哥。

访：看到房里有福彩有爱孤独不老的箱子。市政府送的吗？

陈媳：市政府送的，送的轮子。（身边）这个轮子是孙女买来的，过了几天政府又送了一个。

访：那政府是知道奶奶有烂脚病吗？所以送了这个轮椅？

陈媳：对，乡政府知道。

陈：好像不是乡政府，是医院里送的哎。

陈媳：是医院送的？

陈：哎。

陈媳：我也不知道，我儿子去拿的。

陈：……医院问你要不要，你又不会走路……要的话可以推着两边走走玩玩……要不就买一张，买的话就……。

陈媳：大概是协会送的

访：政府有来看过奶奶吗？村里干部呢？

陈媳：村里干部就是到过年，送200块钱、一袋米什么的。每个到80岁的老人都有,不是因为烂脚病。

访:开过刀还是不能走路吗?

陈媳:她不敢走,都要坐在凳子上走。

陈:开刀……睡到床上,小便那里捧,大便那里接。用坐便器接。儿子在那里,就扶【我】到厕所里。……到后来快出院的时候,【我】靠着床自己摸着去厕所里。从这张床摸到那张床、那张床又摸到那张床。

访:奶奶看过日本鬼子来村里吗?

陈:【作出惊叹的表情】哦,来得嘞。以前日本鬼子……我还一点点小……我躲在那个刺、那个猛……。

陈媳:都躲在草地里。

访:您看过日本鬼子?

陈:看过。

陈媳:她说她五六岁。她就知道就在大摆底下,想都不敢想。

陈:刚开始的兵……那边大路……到山上……。

陈媳:她说刚开始一些兵,找这里找那里,从山上打下来,打死好几个人。那一边打死好几个。

访:有看到日军在田里投东西吗?

陈:不晓得。刚开始有兵,门口、田里都是子弹。

访:小时候见过日本飞机吗?

陈:见过。就在头顶飞啊。

陈媳:那会责怪日本投放毒气吗?

陈:怪也没有办法,怪也没有用。你又没有办法逮捕他。只有毛主席的兵可以对付他。

访:奶奶小时候一起玩的小伙伴应该也会到田里割草,他们有染烂脚病吗?

陈媳:有七个人,他们都没有烂脚。

访:奶奶生最后一个孩子的时候是多少岁,是不是那时候已经有烂脚了?

陈：最小的 42，最大的 58。

访：阿姨嫁过来时候奶奶脚是不是已经烂了？之前知道吗？

陈媳：一只脚已经烂了，我之前不知道。来了以后说到的。只听他们说，她的脚一点点烂一点点烂。

访：爷爷年轻时候是做什么工作养活一家人？

陈媳：爷爷从前在煤矿，他是城里人，下放到这边煤山挖煤，后来就住在这里没回城里了。爷爷的兄弟都在城里。兄弟三人两年几乎同时死的。爷爷就葬在山上。

访：奶奶现在每天生活开心吗？还有什么心愿？

陈：开心。儿子……。

访：吴会长来过这儿吗？

陈：来过了。

陈媳：在烧伤科的时候，有几个外国人也来采访她。有个美国女人还给了她 500 块钱。烧伤科的好多医生也到这里来看她。

陈：那个外国人，带……给我吃。

陈媳：带巧克力给她吃。

陈：把 500 块钱寄到医院里，让医生拿给我。又拍我的照片，寄到外国去。

访：当时 100 多人在医院里治烂脚都治好了吗？

陈：都治好了。我最最严重都治好了。

访：是因为两只脚所以最厉害吗？有人腐烂都露出骨头了？奶奶也是吗？

陈媳：哎哟，她都削光了，烂得很厉害很厉害。

陈：……

访：现在能自理了是吧？

陈媳：现在比以前稍微好点。

陈：扶着板凳，踏点走点踏点走点。

编号 2——被访者杜星仙（本意访谈烂脚老人杜世渭，但他躺在病床上不能回答问题，他妻子杜星仙接受访谈，标示为"杜妻"）；访谈者：贺晓星、李婷婷、杨丹（统一为"访"）；访谈地点：衢州市衢化医院 4 楼烧伤科；时间：2018 年 1 月 9 日 15：00—16：00。

访：他爸爸有烂脚病吗？

杜妻：他爸爸我没看到，他爸爸很早就走了，反正他爸他妈我都没看到。

访：那他兄弟姐妹有没有烂脚的情况？

杜妻：没有。

访：这个医院好像是烧伤烫伤非常好的啊。

杜妻：嗯嗯，烧伤烫伤，全部有名的啦，好多地方的人都到这里来。

访：您读过书的，是吧？

杜妻：我读了六年。

访：他呢？

杜妻：他读了五年。因为那时候，他家里面蛮紧的嘛，供不起他读书的。

访：他兄弟姐妹几个？

杜妻：三个姐姐。

访：他是排行第几啊？

杜妻：他是最后一个嘛。

访：你们那个时候是小学读完就不读书了是吧，不像现在哦，大学生，好多大学生。

杜妻：那时候我们，那时候女孩子都没怎么上学的，哈哈。我们读完小学又是文化大革命了，那时候我妈说就不用读了。

访：您今年多大？

杜妻：我 65 岁。

访：他多大年龄啊？

杜妻：他是，身份证上他大我 4 岁，有虚岁有周岁的。

访：然后你们是一个地方人？

杜妻：我们是同一个生产队的。

访：跟他结婚的时候你多大？

杜妻：跟他结婚的时候，额，我21他25。

访：别人介绍的还是你们自己【认识的】？

杜妻：别人介绍的。

访：那时候他已经是、脚上不好了是吧？

杜妻：那时候没有这么这么严重的啦。

访：二十几岁的时候脚还没有什么大问题？

杜妻：嗯，不过每年呢，夏天的时候容易烂一点，他冬天的时候慢慢的又会好一段时间嘞。

访：跟季节有关系？

杜妻：哎，跟季节有点关系；再一个呢，他那时候、年轻的时候要好一些。

访：那他年轻的时候，气味还是有一点点的吗？

杜妻：气味有的，他这只脚最厉害啦，每年每年都要烂啦。

访：那不管它，它自己好吗？

杜妻：不会好的，要自己管的。那时候我们都是用那个那个纱布，用那个膏啊，反正一天两次，最少两次。他被子上都是水啊，被子要盖上去的嘛。

访：哦，那您洗被子都洗得很累啊。

杜妻：啊，间隔不了两三天就要洗一次，很硬的啦，被子一干就很硬的啦。

访：年轻的时候就这样？

杜妻：嗯，年轻的时候就这样。那时候周围人都喊他"烂脚"，这样讲的啦，生产队上的人也这样叫。

访：他们生产队这样的人不多吗？

杜妻：生产队的时候就两三个啦。

访：两三个啊？那年龄呢？

杜妻：年龄，80多岁90多岁嘛。那时候吃不饱，整天都要出去干活。

访：你们那个叫什么生产队啊？

杜妻:我们是杜泽镇第七生产队,我们是杜泽镇五村第七生产队,我们那里有 8 个生产队,多的有 14 个的,看人口多少了。

访:您跟他是一个生产队的?

杜妻:哎,同一个生产队的。

访:结婚之前就认识了哦?

杜妻:认识了,我们一起干活的呃。

访:像他这个病下水去干活行吗?

杜妻:不行的,下水肯定不行的,要么就晒稻谷。

访:也就是让他干一些不用下水的活?

杜妻:哎哎,不用下水的。

访:影响工分吗?

杜妻:工分要少一点的。

访:那您跟他还是很累的哦,要洗啊要弄啊。

杜妻:要洗,生产队还要干活。

访:您要干活?

杜妻:我要干活的嘞,我要挣工分,不干活不行的嘞,我有两个孩子,哈哈哈。我嫁过来的时候家里面很穷的嘞,什么都没有。

访:您嫁过来的时候很穷啊?

杜妻:很穷很穷的嘞。

访:你们那边三年自然灾害的时候受到什么影响吗? 有死人的[情况]吗?

杜妻:那个时候吃不饱哇,大脚病的都有。

访:大脚? 那跟他的情况还不一样哦?

杜妻:那时候没得吃的嘛,水肿。

访:那他这个病几十年是一会儿痛一会儿不痛?

杜妻:都很痛的喂,我碰到他了都痛死的喂。

访:不能碰?

杜妻:不能碰,干重活也不行。

访:那他年轻的时候就不能干那些重活了哦?

杜妻:嗯。

访:晚上睡觉盖着被子睡觉痛吗?

杜妻:被子盖起来不痛的哇,就是那个血水,要渗出来的。用塑料皮包起来也不行的,不透气。我棉絮都用掉好几条。

访:有气味?

杜妻:嗯,现在条件好点了嘛,那时候,没办法嘛。

访:那他会不会因为脚的问题,有气味啊什么的,邻居不跟他来往? 有这样的事吗?

杜妻:这还好的,不会的。

访:别人叫他"烂脚",他不会……?

杜妻:不会的,他们都是"烂脚! 明天到你家吃饭"这样子的,哈哈哈。

访:朋友不会嫌他?

杜妻:朋友不会嫌他。

访:我看他好像人缘很好哦。

杜妻:他脾气好,如果要他帮忙做事情,他比自己做事情还积极。

访:我们这样子在走廊讲话,他自己在病房里没关系吗? 打点滴什么的?

杜妻:哦,没关系。等下滴管我再进去看看。

访:他每天都要打点滴啊?

杜妻:早上一次中午一次晚上一次,医生说帮他清理干净啦,他已经做了两次手术。

访:他去过上海吗?

杜妻:上海没去过,他们都说治不好的啊。

访:年轻的时候也没去过啊?

杜妻:没去过,他从来不出门的。

访:为什么?

杜妻:他们都说这种脚病看不好的唉,我们农村都说不用去看,看不好的嘞,都是这样说的。

访:哦,年轻的时候以为看不好,但看是看过的吧?

杜妻:看过,到这里来看过。

访:那你们村里还有这样的人吗?

杜妻:呃,有,好像很少。

访:您觉得最苦的时候是什么时候啊?

杜妻:最苦的时候就是孩子小【的时候】,他不会干活,你说这里要照顾他那里还要照顾孩子,还有生产队上要干活。

访:也就是里里外外都要操劳。

杜妻:嗯,我家里母亲很早就过世了,虽然住得很近,没人帮我的。小孩子就是自己在家,有时隔壁邻居帮我看一下。

访:就是他严重的时候干不了活,他干不了活的时间长吗?

杜妻:有时候一两个月,有时候脚烂起来严重,一天到晚要洗好几次的。

访:是您帮他洗还是他自己洗啊?

杜妻:我帮他弄好,他自己也会洗的,洗干净之后我用纱布给他包,他自己不会包。

访:那后来您小孩儿帮他弄不弄?

杜妻:孩子他们自己有事情,都是我自己【帮他】包的。

访:您现在最大小孩多少岁啊?

杜妻:最大小孩,呃,45。

访:男孩女孩?

杜妻:女孩,还有儿子,儿子43岁。

访:他们没说主动帮你做点?

杜妻:以前他们在学校嘛,哈哈,都是我在家。

访:他自己觉得最苦的时候是什么时候?

杜妻:他有我在身边,我看他不苦啊,哈哈哈,他蛮开心的,蛮开心的。反正一般情况之下他不会出去的,不会出去。村里人做喜事要叫他帮忙的,他就去帮忙。

访：村里人会叫他帮忙？

杜妻：叫的，大家都叫的。

访：那他们也都经常到你们家来玩喽？

杜妻：来玩的。就像这次住院，他们电话打来说要过来，我说你们不要过来，在医院里边。等我们回去你们再来。

访：从你们杜泽到这个地方要多远啊？

杜妻：我自己开车来的，50来分钟。

访：路好走吗？

杜妻：嗯，都是公路。

访：有公交车吗？

杜妻：有的，有公交车的。

访：南京您去过吗？

杜妻：没去过。

访：您身体挺好的啊，他身体也好，可能就是脚有点……

杜妻：嗯嗯，别的还好。

访：他平常打牌吗？

杜妻：不打的，我打牌。

访：你们这边有玩麻将的吗？

杜妻：没有的。

访：他自己有没有什么兴趣爱好？

杜妻：就是喝酒哇。

访：他这种情况能喝酒啊？

杜妻：现在不行了哇，年轻的时候管不住自己，现在医生不让抽烟喝酒了哇。

访：奶奶您照顾爷爷那么多年，那么累，怨不怨啊？

杜妻：那不怨，反正孩子都有了。

访：您说很多人都叫他"烂脚"，他会不会不好受啊？

杜妻：不会的，大家都是好玩。

访：他夏天要穿长裤长袜子吗？

杜妻：穿，他怕别人看到的，他夏天从来不穿短裤。一年到头，他这个烂脚都是穿解放鞋的。

访：为什么？

杜妻：解放鞋穿起来不会弄到他脚哇，不会弄到他烂的地方。

访：您以前是怎么包扎他的伤口的？没进医院之前是用什么包扎的，草药还是……？

杜妻：我跟你讲，我以前是赤脚医生，我就是用那个纱布，用药膏，【把纱布】剪成一条条，再放到那个蒸笼里面去蒸的啦，然后还要用盐水啊用茶叶泡起来，最后把它洗干净帮他包上去。

访：那时候赤脚医生很多哈，当时需要培训吗？

杜妻：要培训的，那时候就是通知你，到哪个地方去培训，几个月再回来，那时候常识有了，比别人还是会包一点的嘞。

访：那您现在是跟儿子住在一起，还是？

杜妻：住在一起。

访：那孙子孙女您会带吗？

杜妻：他们自己带的，星期六他们才过来，平常都回去的。

访：那孙子孙女知道他这个病吗？

杜妻：他们怎么不会知道的喂，我孙女蛮好的嘞，从来不嫌弃爷爷的脚，她回来都还要凑过来看一下。别人说你爷爷脚那么臭，她说不会的，我奶奶帮他洗干净了。

访：挺懂事的，哈哈。以前你们知不知道这个跟日本人有关系？

杜妻：不知道的嘞，哪有这个常识的嘛，都以为自己烂的嘛，哪有这个常识嘞，农村人都不懂。

访：那您现在知道了，恨不恨怨不怨啊？

杜妻：那当然恨的嘞，没有这个事情我们就不用受这么多苦嘞，烂成这个样子，谁喜欢烂呢？

访：那您以前不知道是这个原因的时候，您以为是什么导致的呢？

杜妻：以前不都以为是他自己不小心弄成这个样子的哇，下田啊什么的，都怪他自己的哇。

访：你们隔壁生产队有这样烂脚的人吗？

杜妻：以前有的，少，八九十岁的人。

访：他以前这个病没有治好的时候还是有点自卑的吧？

杜妻：那肯定的喽，以前都不敢出门的，你到人家家里去把人家被子东西弄脏了怎么好嘛！

访：那他平时逢年过节会去走亲戚吗？

杜妻：像我们平时走亲戚都是中午吃一餐下午就回来的，不会在外面过夜的。

访：您说是您女儿在微信上看到这个医院治疗的消息的？是吴会长他们联系你们过来的吗？

杜妻：那我不知道的唉，是不是他们。那肯定是他们发消息接过来的哦。

访：他还要住院多少天？

杜妻：不知道。看医生的。

访：所以对生活影响还是很大哦。

杜妻：那是当然了。

访：他去女儿家也不过夜吗？

杜妻：去女儿家他也一定要回来的，他自己要求一定要回来的。

访：你们现在给他治这个病自己是不用花钱的，是吗？

杜妻：这些我不清楚的，这些都是我儿子在办，我儿子微信上有联系的，我们就是过来照顾他。

访：您心态好，开心。

杜妻：开心也是一天、不开心也是一天嘛。

访：那您最开心是什么时候？

杜妻：最开心是他们过年都回家了嘛，那时候最开心了嘛，难得聚一下。

访：晚上他睡得好吗？

杜妻：嗯，他身体还是可以的。

访：那他现在这样躺着，能走路吗？

杜妻：不能走的。

访：您有没有担心过他这个病会遗传啊什么的？

杜妻：不会遗传啦，这种病怎么会遗传，这又不是什么传染的。

访：你跟他一直住在杜泽镇吗？不是从别处迁过来的？

杜妻：不是。

访：他这个脚痛啊什么的跟季节有关系吗？

杜妻：这没什么关系，就是夏天气味要重一点。你不碰它一般不会太痛，就是不能干重活。

编号 3——被访者：杜世玉（标示为"杜"），翻译者：吴会长（标示为"吴"）；**访谈者**：杨渝东（标示为"访"）；**访谈地点**：衢江区杜泽镇杜三村；**时间**：**2018 年 1 月 9 日**。

访：我们就是向您做个简单的了解，做个采访，唉，好好好，您坐。就是您这个脚嘛！

杜：……

访：您父母过世得早吗？

杜：嗯。……7 岁就没了。

访：几岁啊？

杜：7 岁。

访：哦，7 岁父母就过世了。

杜：……父亲在我十几岁也没了。

访：你原来就是这个镇上的人吗？

杜：嗯。

访：您是哪年做的手术啊？

杜：有两三年了。

访：您两条腿都烂的是吗？

杜：一条腿，是右腿。

访：现在是绑起来的？

杜：嗯。我包起来就不会撞到，撞到就会烂起来。衢化医院会送来药膏给我涂。

访：哦，又烂回去。

杜：……

访：哦，这是您涂的药膏？

杜：……

访：这些药膏都是他们定期给您送过来吗？还是你去拿一下？

杜：……

访：那就是他们免费给你送这些药膏，是吧？

杜：嗯。

访：那后续都是您自己涂这些药膏？

杜：……以前都是自己涂。

访：在衢化做的手术，是吧？

杜：……是的。

访：您这个病是几岁的时候得上的？

杜：……十五六岁，那时候为了生活，年纪轻，血脉要旺点，农村医生给我弄点药草包一下，后面好了一两年。农民要去捡柴火，撞破就烂进去了。

访：您这个病是几岁的时候得的？

杜：当兵啊？

访：得病。几岁的时候得的？

杜：……十几岁就有了，后面又好了。

访：部队回来以后啊？

杜：……部队啊……。

访：您当过兵吗？

杜：没有没有。

访：哦哦。您这脚是您几岁的时候【得病的】？

杜：……以前好过，但是后来二三十年就不会好了。

访：七八岁的时候啊！

杜：哎。……就不会好了。

访：您今年多大岁数啊？

杜：76 岁。

访：那您是 1941 年出生的，是吧？

杜：哎。

访：那您说您父母是六七岁的时候就【不在】？

杜：……7 岁母亲就过世了。

访：那后来是谁把您养大的呢？

杜：……一个大姐把我带大的。那时候医院里技术差，我姐没医好去世了。后来我自己娶老婆了，后面老婆也死了。再后面家里儿子娶了媳妇了，我就自己烧饭了。

访：就是您 7 岁母亲就去世了？

杜：……7 岁就去世了。

访：那您有几个兄弟姐妹啊？

杜：……两个姐，现在只剩下我一个了。

访：只剩下您一个了？

杜：嗯。

访：母亲去世后你是跟着谁过的？

杜：……跟我大姐。

吴：跟他姐，他有两个姐姐。

访：哦。

杜：……大姐过世时我也二十几岁了，我也娶老婆了。

访：那您得这个病是 8 岁？9 岁？

杜：……十几岁的时候病得最严重。那时候大姐给我弄点草药敷下。

吴：他脚上生疮。他姐姐帮他弄点草药。他是大姐姐带大的。

访：哦。那您后来有读过书吗？

杜：……读过一年，后面没钱了就没读了。

访：就读过一年？

吴：后来没钱了。从小就要干活了。

访：哦。您得这个病当时能干活吗？

杜：……年纪轻都要去干活的，家里人等着吃饭的。

吴：他不能下地也要下地干活，不然没得吃。

杜：……以前的生活没有现在的生活这么好的，那时候你一天不去做，生产队里就没有大米分的。

访：就是您一直在这里务农，是吧？

杜：嗯。

访：这个是您老伴儿啊？

杜：……嗯。

访：她是哪年去世的啊？

吴：50 多岁的时候。

访：哦。那有好多年了哦。

杜：十多年了。

访：哦。您是多少岁结婚的？

杜：……二十三四岁就结婚了。

访：二十三四岁。那就是六几年啊。

杜：……可能还要再早点。

吴：他年轻的时候很会干活，所以人家帮他找的老婆。

访：您那个时候这个腿还不影响干活？

吴：年轻的时候烂的不大的，是慢慢慢慢大起来的。他的创面是最大的，有两只手大。

杜：……

访：最开始是哪个地方开始痒的？

吴：阴面烂进去就很难得好。

访：当时痒不痒？

杜：……以前痒的。

访：哦，又痒又疼是吧？

杜：……一个月就要去看，不看吃不消。

吴：一个月就要去看一次的，不看就吃不消啦。

访：哦。那会儿去哪里看啊？

杜：……哦……看的地方多嘞，到处的赤脚医生都看遍了。

吴：附近的赤脚医生都看过了。哪边能够看好的地方都去了。

访：那医生怎么讲？

杜：……赤脚医生说静脉曲张，要开刀。

吴：医生不知道的，那个时候不知道的。

杜：……我们这边医院技术不够好的，静脉开刀，开刀也没用。

访：您开过刀吗？

吴：……都以为是静脉曲张。一开始不知道是这种病。

杜：……医生都说是静脉曲张。

访：哦。那您后来是从多少岁开始发展很厉害的？

杜：……到60多岁就不能干活了。

吴：到60岁，就不能走路干活啦。那个脓水就开始不断往外流啦。

访：那晚上睡觉受不受影响啊？睡得着吗？

杜：……睡觉睡去了就感觉不到痛了。白天干活累了，睡去了就感觉不到痛。

吴：白天干活累了，晚上躺在床上就睡着了，就不知道痛了。

访：痛的时候还是很痛，是吧？

杜：……痛到脚都麻了，再就是发痒，睡去了要去抓痒。

访：痒的很厉害是吧？

杜：嗯。

访：这只脚有吗？这只脚没有？这只脚也有？

杜：嗯。

访：这只脚没有那只脚厉害？

杜：……这只脚我睡觉是避起来睡的。

访：当时你们这一带像你这样的【情况】大概多少个人？

杜：……烂脚的五大队有一个，不知道好没好的。

吴：有十来个人。他们整个一大队到五大队估计还有 10 个。像他这种情况，烂的，创面大的，还有五大队一个，其他都是没烂的。

杜：……

吴：另外又发现了一个，也是他们大队的。

杜：……他们问我，我都说医治得挺好的。

吴：那些烂脚老人来问他治得怎么样。治好啦！他们就来啦。

访：先问的您，然后您说治好了？

杜：嗯……有些人问我开过刀有没有用的，我说现在是好的。

吴：就是走路，脚痛脚麻。

杜：……脚底心走路会痛。

吴：伤到静脉了，静脉都烂掉了。

访：你们当时得这个病的时候不知道是日本造成的，是吧？

杜：……我不清楚。

吴：都不知道的。

访：哦。所以当时也不知道这个是病毒造成的啊？

杜：嗯……那时候打日本鬼子，房子都被炸掉了，人跑出去了。

吴：就是说日本鬼子打过来的时候，房子都烧掉炸掉了，都逃出去了。

访：日本人到这个镇上来过几次啊？

杜：……那我就不清楚了，这是我父母亲告诉我的。

吴：小时候他父母亲告诉他的。

访：您父母去世跟日本人没有关系，是吧？

杜：嗯……

吴：他父亲大夏天的到山上砍柴，中暑了。

访：那您结婚也是您姐姐帮您的哦？

杜:嗯。

访:您老伴是从什么地方嫁过来的?

杜:……靠近莲花镇(莲花村)。

吴:莲花镇。

访:就是您二十三四岁结的婚。生了几个小孩啊?

杜:两个小孩。

访:两个小孩,一儿一女?

杜:嗯。

访:这边是您女儿的家?

杜:儿子的家。

吴:儿子的家。我还以为是您女儿的家。

杜:……

吴:他女儿家住在那个塔的底下。

访:您儿子多大岁数啦?

杜:……51岁了。

吴:51岁了。

访:哦。是1966年的?

杜:嗯。

访:您儿子现在做什么?

杜:……在工厂里打工。

访:做工是吧?在工厂里边?

杜:嗯。

访:媳妇也是吗?

杜:嗯。

访:几个孙子啊?

杜:一个孙子。

访:哦。有孙女吗?

杜:没有。

访:孙子多大了? 结婚了没有?

杜:今年 18 岁。

访:结婚啦?

吴:没有,他儿子二十八九岁才结婚,孙子 18 岁。

访:现在在打工吗?

杜:……孙子在读技校。

吴:在技校读书。

访:哦。 那他们也是上午去上班,然后下午下班回来?

杜:嗯……干一天休息一天。

访:干一天才拿一天钱啊?

杜:……

吴:干一天休息一天。

访:哦。 现在你们还有田地吗?

杜:有的。 农民有地。

访:有多少田地啊?

杜:……

吴:两亩多田。

杜:……五个人的。

访:现在谁种呢?

杜:……儿子自己种点稻谷吃。

访:哦,稻米自己吃。 种点蔬菜吗?

杜:蔬菜买的。

访:哦,蔬菜不种了。

杜:……

访:您现在能种吗?

杜:……现在不种了,身体吃不消了。

访:哦,种不了了。

吴:年纪大了。

访：哦。像您这脚严重的时候气味重不重？

杜：……严重，我要去看的。

访：您出门是不是受影响啊？

杜：……我都不敢出门的。

访：都不敢出门啊。

杜：……

访：流了很多脓水是吧？

杜：……亲戚都说没事的，流脓到被子上我会洗的，但是我自己不好意思。

访：就不合适是吧？

杜：……是的。

访：那现在可以出门了哦？

杜：……现在要去玩就去玩下，住一两晚。

访：原来别人吃酒都不去，是吧？

杜：……以前女儿叫我我才去住下。

访：那像您儿子结婚办酒席怎么办？

杜：我参加的。

访：要把脚捆起来吗？

杜：盘起来。

访：哦。那个盘起来是不是很难受啊？

杜：……

吴：他说把那个裤子剪掉，以前没有那个。

访：那您这个脚发作时包起来是不是很难受啊？

杜：……

访：家里来客人怎么办？

杜：……弄根带子一绑。

访：哦。如果不包气味很重，是吧？

杜：……不包起来走路呱唧呱唧伤口要刮大起来。

吴：不包起来，走路干活，会把伤口刮得越来越大。

访：那您如果去参加别人吃酒的话，也要把它包起来喽？

杜：……

访：现在还用不用？

杜：现在不用……。

吴：弹力绷带。

访：哦，用绷带了。这个药膏涂上去是不是觉得很舒服？

杜：软和和的。

访：哦。那您这个每天定期都要涂吗？

杜：嗯。天天都要涂一点。

访：您是自己涂还是卫生院的人帮你涂啊？

吴：他自己涂。

杜：……卫生院的人来要掏钱的。

访：哦，要掏钱啊。

杜：嗯。

吴：这个就不需要了。每天自己涂一下。

访：就是衢化医院送过来您自己保养？

杜：嗯。

访：那现在总体感觉是不是比原来好很多啊？

杜：……就是走路走不快，走路要痛的。

吴：走路走不快。

访：还是走不快？但是？

杜：……

吴：就是血脉不通，然后脚麻，所以走路走不快。

访：哦。那您身体其他方面有没有什么问题啊？

杜：……身体还可以，今年有一次头痛，到医院里拍片，拍了两个片；再就是腰痛。

访：腰痛？头痛？

杜：嗯。

访：血压高吗？

杜：……血压还可以。

访：血压还可以。

杜：……

访：这是钙片，治腰痛那个药是吧？

杜：嗯。

访：现在您走路能走远吗？

杜：走不远。……走到远的地方走不了。

访：哦。

吴：……

访：那原来 40 岁、50 岁的时候能走远吗？

杜：……以前可以走远。

吴：到学校去打点小工。现在不行了，过去年轻的时候可以。

访：哦。就是那个时候家里还要用钱是吧？才去挣点钱，养小孩是吧？

杜：……

访：您两个小孩都读书的吧？

杜：……一个孙子读书。

吴：就是不会读书。

访：您讨儿媳妇花了多少钱？

杜：……亲家蛮好的，一共花了一两万。

吴：亲家蛮谅解的。花了两万块钱就【把媳妇】娶回来了。

杜：……那个钱都是借来的钱。

访：借了钞票，哦。

杜：……

访：您办酒席了吗？当时结婚的时候？

吴：那肯定要办的。

杜：办了办了。

访：摆了多少桌啊？

杜：……大概十几桌，八个人一桌。

吴：八个人一桌，一共十几桌。

访：是在餐馆摆的还是在家摆的？

吴：每家每户，都在家里边。

杜：……

吴：他跟他老婆过去住在这里。

访：您儿子和媳妇住在上面？

杜：两间房。

访：哦。那您在里边住吗？

杜：……现在就我一个人住那边。

吴：他一个人住。

访：您摆十几桌酒多少钱啊？

杜：……连摆酒一共才两万多。

吴：包括摆酒娶媳妇才两万块钱。

杜：……

访：那您当时借了多少钱？

杜：……两万多都是借的。

访：都是借的？

杜：嗯。

访：后来还了多长时间啊？

杜：还了两三年时间。

访：找谁借的呢？

杜：亲戚朋友。

访：向您姐姐也借一点？

杜：嗯……我的姐夫借我1万来块钱。

吴：他去邻居借钱，他们都愿意借给他的。

访：还是很支持您的哈，很同情您。

杜：……隔壁邻居都很好的。

吴：就是他娶儿媳妇大家都支持他的。他的侄儿都会借给他的。

访：哦。那您这房子是娶完媳妇盖的？

杜：……房子造好了才娶媳妇的。

吴：造好了以后再娶媳妇的，所以就没钱了嘛！

访：哦。造好房子娶的媳妇。

吴：钱都用光了，用在造房子上了。

访：这房子是哪年盖的？

杜：……我父亲手上盖的。

吴：他父亲手上盖的。

访：您父亲不是你 3 岁就过世了吗？

吴：继承下来的。解放前的老房子。

杜：……

吴：老房子，拆掉，再盖起来的。为了娶儿媳妇造房子的。

访：那就是八几年盖的，是吧？

杜：30 多年了。

访：哦。30 多年。那您盖房子就是您去学校打工挣的钱？

杜：哎……。

访：打工的时候您这个脚还没问题？

杜：……那时候还吃得消的。

吴：打工的时候，创面很小，现在越来越严重了。

访：您打了多少年工？

杜：……

吴：烧锅炉。

访：您还烧过锅炉啊？

杜：嗯。

访：烧锅炉还是技术活呢，您会烧啊？

杜：……他们教我的，亲戚教的。

吴：有老师教的。

访：我爸爸当时就是工厂里造锅炉的。

杜：……很危险的，那个气冲上去水泥板都能掀掉。

访：我小时候帮父亲搬砖，提过那个桶啊什么的。

杜：……

访：我父亲厉害，我父亲会搞这个。

杜：……我要帮忙放气。

访：就是打零工，是吧？

杜：嗯，打零工……晚上帮忙烧锅炉，白天去地里干农活。

访：哦，晚上烧锅炉，白天还要干活是吧？

杜：嗯。

访：辛苦啊！

杜：没有办法的。

访：老伴儿一块儿干小工吗？ 还是在家里边？

杜：……老婆在家里养猪。

访：哦，养猪。

杜：……我什么活都干过。

访：那就是说你们这些邻居跟你关系都很好的？

杜：……还好。

访：他们没有说您脚烂了有气味不跟你来往吧？

杜：……

访：那您现在有退休工资吗？

杜：没没没没。

访：那村子里给您多少钱？

杜：没没没没。

访：那低保也没有？

杜：……没有，我有儿子喂。

访：哦，没有钞票拿。

杜：嗯。

访：那您现在没有收入？

杜：……老人家可怜点。

访：现在就是靠您儿子养你，是吧？

杜：嗯。

访：那像您这脚有没有去评定残疾啊？

杜：……到红十字会医院里去过，现在都讲关系的，都走后门的。

访：要给他们钞票才行吗？

杜：嗯……

访：哦。那您现在经济来源就是靠你儿子？

杜：……儿子给我点。

访：哦，零花钱就 100 多块。那您女儿也给你点吗？

杜：……超过六七十岁，国家有 100 多块钱发的。

访：哦。这是您孙子。他没上学啊？

杜：感冒了，老师叫他回来了。

吴：他的子女要养他的，他哪来的钱给他们娶媳妇买房子啊？

访：他现在没有收入的？

吴：没有啊，农村里边哪有。

访：不是农村到了 70 岁以上一个月给 100 元？

杜：……一个月给 135。

吴：一个月 135 元补助。

访：就是你们村子给您的？ 就 135 啊。

杜：……国家给的，80 岁以上有 180 几。

访：那您现在医疗方面呢？ 有合作医疗吗？

杜：……

访：哦，按时报销。

吴：就是那个社保。他们参加新农村合作医疗保险的。

访：哦。那像您拿这个东西是报不了的吧？

杜：……住院报销要多一点。

访：那现在您儿子负担还是比较重的哈。

杜：很重的。

访：现在两个人上班？

杜：……儿媳妇以前会做点裁缝的，晚上时间做裁缝挣点小钱。

访：做点裁缝。

杜：嗯。

吴：他的媳妇，晚上做一点裁缝，挣点小钱。

访：白天上班？

吴：白天去工厂打工。

访：她们工资大概多少钱啊？

杜：……工资大概一个月两三千。

访：一个月两三千？

杜：嗯……我也不会去过问他们的工资。

吴：他不会去问子女。他说大概两三千左右。

访：您不大清楚是吧。那就是两个人大概五六千块钱的样子。

杜：……要负责孙子的生活又要养我这个老人家。

吴：他说要养小又要养老。

杜：……

访：现在您这脚基本上不花钱了吧？

杜：……现在这脚没花什么钱的。

访：哦。所以还是应该让国家对你们这脚做一些事情。

杜：……像我这种老人家不认识字又要比别人差点的。

吴：字都不认识，没办法，只能干一些苦力活。

访：这一辈子不容易啊！

杜：……很苦的，我八字不好。

吴：他说他的八字不好。

访：那您老伴儿是50多岁生病吧？

杜:……生病哇。

吴:生病。

杜:……花了很多钱去看。

访:是癌症吗?

杜:……

吴:他说他的亲家讲,两个孩子好了就结婚,就是说他只能借,你借的多的话孩子们还的,他还不起的。所以他那个亲家对他很那个的。

访:亲家是哪边的?

吴:就是莲花镇。

访:哦。

吴:所以他那个亲家很不错的,很体谅他们的。

杜:……我就和他们说明的,有多少力量就担多少担子。

访:您现在媳妇对您怎么样?还好吧?

杜:很好。

访:您老伴儿也是 50 多岁就过世了,是吧?

杜:嗯。

访:她原来帮你擦洗吗?

杜:我自己洗。……我自己会做、会自己洗的。

吴:就是用茶叶泡水清洗。

访:还是要把身体养好。日子还是会慢慢好的。吴会长也很关心你们。

杜:关心关心关心。……

访:有些老人没等到治好就走了,像你们这样的算是很幸运的。从 2014 年到现在,有将近 100 个老人治好了。这个他们做了好多大善事。

编号 4——受访者:符水莲(标示为"符"),符水莲儿子(标示为"符子");访谈者:杨涛伊、杨丹、黄旭生(统一标示为"访");访谈地点:常山县澄潭村符水莲家中;访谈时间:2018 年 1 月 10 日 14:30—15:20。

访:奶奶,我们是南京大学的学生,我们是过来了解烂脚病的。听得懂我们讲的话吗?

　　符:听得懂,有些听不懂呢。

　　访:那就讲慢一点、声音大一点哈。

　　符:好。

　　访:现在是您儿子和您一起住,是吧?

　　符:嗯,儿子和我一起住。

　　访:【对符子】您好,我们是学生,我们现在正在做一个侵华日军细菌战的调研,要对受害者进行采访,这是我们的一个主要目的,真是麻烦您了哈!

　　【一片掺杂着听不懂的方言、开卷门、搬凳子声音的混乱】

　　访:奶奶,现在除了您和您儿子,还有其他人和您们一起住吗?

　　符:没人和我住的……

　　访:奶奶多大年纪了?

　　符:84岁,我明年85了。

　　访:奶奶,您叫什么名字呀?

　　访:符水莲,哦,好听的呢。

　　符:我把身份证拿来吧,身份证上清楚。【符从屋里拿出自己的身份证、银行卡等若干证件给我们】

　　访:我们看一下您的名字就好了,给您装上吧,别弄丢了!

　　访:您是一直住这里,是吗……就是一直都住在这里?

　　符:哎哎哎。

　　访:现在这里只有你和儿子住吗? 还有其他人吗?

　　符:孙女儿嫁人了,两个孙女儿。两个儿子。两个孙女儿嫁人了,和你们一样大的孙女儿。我说你们听不懂。

　　访:【对符子】您有孩子么?

　　符子:我有一个儿子。

　　访:那他现在和你们一起吗?

　　符子:我儿子他现在出去了。

　　访:那她老伴呢?

符子：她老伴去世了，去世三年了。

访：那是因为什么？

【杂音大，听不清】

符子：我老爸（要是活到现在）也83岁了，他小她1岁。

访：可以说一下您是什么时候得烂脚病的事情吗？

符：生起来啊？20几岁就生了。19岁被日本人嘞……我还没嫁来这就烂脚了【后面有两句听不清】。

访：那当时是因为什么？就是干活的时候有什么伤口吗？

符：山上砍柴刮到的。

符子：砍柴的时候。

连忠福【这是同行人员】：她是养蚕的。这样男的好像是长在在在这个长沙长沙了，是在这个他这个市场上，家庭就是厂家就在这里，这个河滩上是种了很多桑树的哈，然后每天早上她都要用桑叶养蚕的哈。就是（早晨）很早出去，那个露水。

访：能说一下烂脚的情况吗？

符子：左脚。

符：双脚的。

符子：后来她双脚都开始烂起来了。先是左脚，后来是一双脚。

符：一双脚都烂的，这个么今年医好的，这只脚去年就烂开了，这只脚也烂的，两只脚都烂的。

符子：今年才给她医好。

访：那现在就不疼了？以前是不是特别疼？

符子：以前是烂的，一个洞呢。以前烂了一个洞，后来补起来了。

符：去年补起来的。

访：就是从这个地方【用手指脚背】烂了一个洞，然后再扩展到其他的地方吗？

符：对。这里么到处烂，烂了会好，好了又烂。

访：噢，是不是还会流那种脓水啊？

符子：流血水。

访：那就是行动啊生活啊什么的特别不方便？

符子：不方便嘛。

访：那您以前是怎么处理的？（毕竟）你 19 岁就得了这个病。

符：这个病啊，看了医生都非常多了，到江山开刀，两只脚都开刀，割筋，割筋的嘞。

符子：在医院里看了很多次。

访：就是得了这个病就去医院看？

符子：以前是没什么地方看的嘛，就找什么药膏擦一擦。以前没这么厉害。

访：那以前一般是用什么药膏啊？

符：药膏啊（吃药，都有的）。

访：用那些东西会不会让您感觉好一点？

符：会好一点的嘞，好了又要再发作起来的，好了又会烂的。

访：得这个病以后走路行动啊什么的，是不是特别不方便？

符：就是不方便。是不方便的嘞，和绑着千斤石头一样的，重得很，晚上就更加……

符子：走起路来很重。

访：那您得了这个病以后能干些什么活呢？

符：样样都要做的，小队里出工，自己做面条，生产队里干活。

符子：什么事都要干的，在农村里。生产大队里做工，要干活的嘛，种田。

访：那得了这个病以后是不是会给您干活，比如去生产队里干活带来很多的不方便？

符：是不方便的嘞，不管做什么事都是不方便的，别人能去，我去不了，去了（鞋子里面）水灌进去，回来要洗，洗了又要发起来的。

符子：就是到生产大队里去，下田也不敢下，一下去碰水会痛，就很不方便。

访：因为当时不是会有那个工分嘛（**符子**：有的），对，那会不会行动不便，干的活比较少，所以得的工分比较少呢？

符子：嗯，那对，会减少的。

访：那周围的人会不会孤立，就是可能会看不起她？

符子：那肯定的，有些怕她传染给他们。

访：有没有什么让您觉得到现在都印象特别深刻的事情？就是在当时去生产队干活的时候，您不是一个人吗？

符：那时候很难唉。

访：就很难受是吧？

符：烂脚就我一个人，没办法的，还是要去的喂，不去没得吃的。

符子：到处去赚钱的嘛。

访：您什么时候和你老伴结婚的？

符：21 岁。

访：也就是您得了这个病以后，他认识您？

符：嗯。

访：那他对您很好是吧？

符：嗯。

访：那当时除了您去干活，就您老伴也是要干活的？

符：都干活的，派到哪里都要去的。

符子：都要干活的。要到外面去。

访：在外面一般是做些什么？

符：去黄冈山修水库。

访：您有了孩子以后，因为开销肯定会大很多，那当时家庭条件也还好，是吗？

符：条件差得很的哇，哪有条件好，呵呵呵。

符子：大家都很差。

访：那您一般就做什么去赚一些钱呢？

符：没人出去挣钱的，没人挣钱。

符子：那时候没地方去赚钱的，就在生产队里干活。

访：后来呢？

符子：我现在也不怎么干活的。

访：您现在多大？

符子：我 57。

符：他也在农村里的，都是天天生产队里做的，分配给他种田。

访：那当时您在读书？

符子：【放低声音】嗯，是。

访：很辛苦对吧？

符子：【低下头】是，很辛苦。

访：那您是读到？

符子：读到初中。

访：后面就出去工作？

符子：没工作，就是出去打工，自己家里太穷了。

访：那您这个病是不是会有气味，很难闻？我们之前听说……

符：气味没太大气味的。就是不会动，别人会去我们不会去的。

符子：气味不是特别大，有点腥。一烂就要去包扎，包好。

访：一般最疼的是什么时候？一年四季会不会你那个疼痛的感觉会有什么变化？比如说是哪个月啊或者春天的时候疼得特别厉害？

符：每年都有发的，发起来会好，好了还要发的；被什么弄到、吃了什么东西，都会发的；每年都要发的，没几年不发的。

符子：没有，都要痛，一年四季都会。

访：自从您儿子出去工作以后，是不是您和您老伴就不用再干活了？

符子：那是。

访：这栋房子是什么时候建的？

符：他挣来钱造的，我们挣不到的，我没有的，我就混口饭吃。

符子：2002 年。

访：现在除了您打工还有什么补贴？

符子：没有。政府也没有（给）钱。不给不给。现在老人家一个月有七八十块钱。

访：不过你们当初去衢化医院看病，是免费的吗？

符：免费的。

访：那当时你们怎么会想到去这家医院看的？

符：刚开始耽搁了，大队里人帮我出面的，然后他去当兵了，叫我到部队里玩，是这样的，朋友一样的，我们又不会弄，他来和我说，叫我烂起来的时候打电话给他，他带我住院，我好了又接我回家，医了一个月零五天，自己出了400多元。

符子：听得懂一点吗？听不懂啊。她说医药费啊什么的都是国家出的。她住了一个多月，40天左右。

符：我没人服侍的，还给我雇了一个人服侍，钱都是国家的，他雇了一个人来的，他不来我们怎么会知道呢？

符子：国家还雇保姆，政府现在就是很好。

访：那您是什么时候知道您这个病是因为日本人导致的？您现在知道是日本人投放了细菌，所以才导致你们得病对吧？您是什么时候通过什么途径知道这个事情？

符：是他来到我这里，他去年上半年到我这里来时我脚病还没发作起来，再下半年再……

符子：他【指连忠福】介绍的。

连：她2015年才知道。也是2015年那次救助了好几个烂脚病人，给她1000块钱。

符：我还得到1000块钱，再他来把我照在手机上，再烂起来我就找他，打电话给他打不通，今年正月才打通，打通后他让我去，给我办好，再看。去年11月就烂了，今年正月里去看的，正月二十几去看的。

符子：今年正月去看的，去衢化医院看的。

符：你问我怎么知道的，我说是他告诉我的，没他告诉我我怎么知道啊！他【指连忠福】告诉我的。

连：她自己不识字，信息不对称，她不知道的，不识字就没有什么消息。我呢，在报纸上看到这个消息，就和她说了。

访：那您在知道是日本人的原因导致之前，你有没有想过自己为什么会得这个病？或者说周围人啊就是这么觉得？

符：我不知道，我到江山看病才听说日本人投毒，我屁股上烂了很大一个洞，沾了露水就很痒。睡觉是趴着睡的，9岁的时候被日本人……

符子：她9岁的时候日本人过来，逃跑时屁股上长了一个很大的疮。

访：所以她以为是这个？

访：那您还记得日本人在您9岁时到您的村子来做过什么事情？现在还有印象吗？

符子：他们烧房子嘛，把我们隔壁那边烧了。

符：我么就知道逃。［他们把］别人屋子打了很大的洞，把人家门口的桶拿来洗澡。你看到的哇，再么整堆的鸡毛都堆在那，都看到的。日本人我也看到的，穿着很长的雨鞋。

符子：出来（偷鸡）吃嘛，看到什么就要拿的。

访：那当时你们跑到哪儿？

符子：山里面嘛。躲到山上。

访：那后面是等他们走了以后你再回来？

符子：对对对。

符：和人一起逃哇，逃到九龙山上去。

访：当时有没有让您什么印象特别深刻，就是让您觉得很痛苦的事情？

符子：那时候就是怕了。

符：怕得很，非常怕。

访：是您的家人比如妈妈带着您？

符：嗯，妈妈【有点哽咽】。

访：你们家除了您一个人，还有兄弟姐妹吗？

符子：没有。

访：你们家就你一个独生女？

符：嗯。

访：那您父母是什么时候去世的？

符：我父母死了20几年了，我爸死了20几年了。

符子：死了20多年了。

访：您这个病会晚上疼得睡不着觉，是吗？

符：睡不着啊。

访：那当时您和您老伴是怎么认识的？

符子：自己村里面的一个小队，干活的时候认识的。

访：那他不介意您这个烂脚病，是吗？

符子：他不会的。

访：奶奶，刚才那个阿姨是您儿媳妇吗？就刚才骑摩托车进来那个？

符：隔壁的，住隔壁的。

符子：我结婚了，有两个女儿一个儿子，现在老爸没有了嘛。

访：那他们现在是在这住吗？

符子：不是，就对面的吧，他们【指的是邻居】。那边搞面条，他的东西没地方放。

访：在去那个医院之前，您会不会就是觉得这个病一直治不好？你们应该走过很多地方对吧？

符子：对对对。走过很多很多的地方。

符：医了很多地方，满世界去医，去赤脚医生那里都花了很多钱的，每天都去换药，每天都去包扎。

符子：一痛就去医的嘛。烂嘛，每天都要看的嘛，要包扎的嘛。

访：去过哪些地方啊？

符子：市里面、县里面，都去过。衢州市嘛。

访：大概什么年纪去的啊？

符子：差不多每年都要去的嘛。要换药。烂起来就要去看的嘛。那她不是19岁就烂脚的吗，后来不就烂得多起来了。年轻的时候烂得不厉害，比较严重时到30多岁。

符：江山开了两次刀，割筋的，开刀的，割筋和泥鳅一样的很大根的。

符子：要开刀。开了几次刀。后来一痛起来不就要去开刀嘛？

访：就是以前没有去医院的时候，奶奶是自己？

符子：弄点盐水啊茶叶水啊擦擦的，用那个纱布包一下，自己包。然后那个药配过来自己贴嘛。

访：是奶奶自己洗自己包吗？

符子：自己做。

访：爷爷会给您包一下吗？

符：爷爷钱都放一起的，要用的，攒不到钱的啊，养只猪一年就 50 块钱，你听不懂的，哈哈。

符子：以前我们农村里面要养猪，一年到头养一头猪就 50 块钱的收入嘛。

访：您孙子孙女，他们知道您这个病有没有看过吗？因为不是今年正月才治好的吗？之前家里人特别是这些小孩子有没有看到过你的伤口？

符子：看到过。

访：他们会不会觉得很可怕，或者是怎么样？

符子：是这样的。我都叫她们去看嘛。本来就有那么地方去看的，是不是？但是又医不好嘛。

符：我生病都是他女儿给我买药的，帮我看的，他女儿。

符子：她说现在生病都是我女儿给她看病的。孙女嘛。

访：您在村子里面朋友多吗？

符：不多。

访：大概有几个啊，就是你觉得关系很好的那种？或者说就是平时去他们家坐坐啊？

符子：那些老人家，有些人要过来玩的，到我们家。

访：以前他们会不会介意这个病？

符子：以前肯定介意的嘛，现在好了，要好一点的。

访：在这个病看好之前，他们就会经常来吗？

符子：会的。

访：那您自己会不会去别人家聊天啊、做客什么的?

符子：不会。

访：从来没有过吗? 就是因为很不方便,对吧?

符子：对对对。

访：那如果别人家有什么比如说结婚啊办喜宴啊或者那种丧事啊什么的?

符子：她也不怎么去的。要自己亲戚的、很亲的才去,一般的人家就不去。

访：那就是周围人啊,您应该多少是能感觉到,他们可能还是会有一些眼光,对吗?

符子：对对。

访：那一般会怎么说啊?

符子：说不怎么会说的,就是不过来玩呢,就这样,就能感觉到。

访：之前,虽然你们没有那个补贴,但村里的干部啊什么的会来看你们吗?

符子：没……哎,那个这几年有【他用方言询问符】没有的? 村里没有。【符又说了几句】哦,去年有的,给了 200 元。

访：是他们自己想要给?

符：前面村里让我和负责人说下搞个低保,我说我自己能怎么说呢,有别人帮我们说下么?

符子：意思说搞个低保,叫她老人家。

访：搞了吗?

符子：没搞,到现在都没搞。

访：您以前在生产队干活的时候,或者后来包产到户以后,那些村干部啊什么的有没有说照顾一下,或者说帮帮忙啊什么的?

符子：没有。以前啊,国家没有这个政策呢!

访：如果村里有活动,就你们会有什么聚会啊大家一起打麻将、打牌什么的？

符子：没有。

访：有也不会去？

符子：对。

访：以前这个村子，还有其他像您一样得了这个病的人吗？

符子：比她岁数小的人有的，这么大的没有。比她小十几岁。不多，两三个，可能。

访：那你们之间会有来往吗？关系密切吗？

符：某某媳妇，烂得非常严重，她儿子说给她去常山医院看，她都不去。

符子：对面的村子有。

访：他们的病有您严重吗？

符：她脚肿得非常大，她走会走的。

符子：就是前面，她才 50 多岁。

访：那现在治好了吗？

符：没好，没治，他子女都在县政府的，没去医。

访：今年正月以后，这个术后的护理是很重要的，对吧？就是要清洗啊换药什么的，这些都是他自己做还是您帮她？

符子：现在好了，才出院的时候她自己搞。

访：包扎换药一直都是她自己来？

符子：对，自己来。

符：哎，给我药，我自己包。

访：那您知道这个事情，就是您这个病是因为日本人导致了以后，会不会恨日本人？就因为他们来你们这个村子，然后害你们这样子，您会不会特别恨他们？

符：日本人还有什么不恨啊？什么都恨。

符子：她恨的，她说她……

符：害我脚烂了还不恨？

访：那您知道王选，她到日本去诉讼这个事情吗？就是为你们感染这个细菌的人打官司？

符子：那没有。

访：她不知道是吗？

符：不认字又不知道什么事，又没当什么官，我们怎么知道她打官司干什么的，以前炳耀【人名音】在，会经常谈论这些的，现在没听到什么人说了。

访：那就是之前好像有说日本人来做过调查什么的，您有听说过吗？

符：啊，没有。

访：周围人肯定多多少少会排斥您吗？

符：那肯定会有点介意的。

访：您自己是怎么去应对这些或者去面对这些？

符子：自己嘛就不敢出去嘛，都在家里。

访：当时您懂事以后就知道她有这个病？可以聊一下你们当时的想法或者感受吗？

符子：当时不知道的嘛，以后就知道痛去看嘛这样的。以前不知道日本人那个细菌，农村里的那个信息不怎么流通。

符：前年到某个地方的时候听到这样说，他说细菌细菌，我们没听过。

访：那您结婚的时候，会不会有担心讨老婆的时候会因为您母亲这个病有一些影响，让您讨不到老婆？

符子：人家根本不知道啊！

访：就是会隐瞒这个事情？

符子：对，对，不敢说嘛。

访：那结婚以后才知道？那您老婆会有什么反应？

符子：自己家里面怎么有反应了？【笑】这没办法的事情，而且还照顾她。自己的母亲喂，你怎么办呢？

访：那您除了脚以外，就是您其他方面，比如说听力啊或者说视力啊，就其他方面或者身体上还会有什么其他的病痛吗？除了您这个脚以外？

符子：她有心脏病。

访：哦，还有心脏病。就您这么多年以来，您觉得您过得最苦的时候，或者您觉得最苦的什么事情啊？比如说，您当时在生产队干活的时候，或者说您才得这个病的时候，或者供儿子念书啊、去外面挣钱的时候，有没有觉得最痛苦的时候大概是什么时候？

符子：赚钱呢不好赚呢，是不是？她脚痛嘛大家都出去赚钱，人家赚的工分多，她赚的工分少么不就是，痛起来就不会去干活了，大概就这样的。

访：除了这些比较难受的事情以外，有没有觉得让您觉得很幸福或者很开心的时刻？比如说您儿子结婚的时候，或者……

符子：现在条件好起来，我肯定老人家也感觉不错的。

访：您现在对自己的这个状况还满意吗？

符子：那肯定满意，国家给她看好了。

符：看好么就好了喂，那个张医生很好的，送我上车……

符子：国家这么关怀。

符：那医院里那个张医生给我看脚，非常好。

访：你们是联系了连忠福，然后直接到医院的吗？

符子：对，对。

访：你们觉得这个是国家给钱做的事情？那你们知道除了国家，还有一些民间的资金、组织吗？

符子：没有，她没见过。她那次在衢化医院的时候，还有人过来采访呢。

访：是什么人？

符子：记者吧，采访的。

符：他们还买了一些香蕉苹果给我吃，采访我，在医院里，那张医生非常好。

访：您现在对接下来的生活有什么规划或者想法吗？比如你们还有什么特别想做的事还没有做的、很期待的那种？

符子：现在还有什么期待呢？老都老了，呵呵呵！

访：就现在这样挺好的吗？

符子：嗯嗯，对。

符：我老人家还有什么好什么的啊，我多活一天是一天，多两天是一双。

符子：就是过过日子嘛！

符：我只要病好，多活一天是一天，多活两天是一双，哈哈！

符子：而且现在这个病好了嘛，现在就觉得很幸福。你现在就觉得很幸福了吗？这个单位和心脏病的烦躁不安。

访：【指着从外面走进来的听我们交谈的一位老人】这个奶奶是符奶奶的朋友吗？还是平常会经常上门什么的？

符：就是隔壁的。她没事就过来我们这儿。

访：那符奶奶平常有什么爱好吗？就是一天都做些什么事呢？

符子：不做什么事情，就说说话嘛。

访：您有出去吗？您有出去玩吗？就比如去什么展览馆，比如那个细菌战展览馆啊？

符：不去。

访：你们认识吴会长吗？

符子：吴会长嘛就是他【指了指连忠福】介绍的嘛。

访：你们去衢化医院治疗自己掏钱了吗？

符子：没有没有，一分钱都没有掏。

访：那你们认为这个钱是谁出的？你们知道是谁出的钱吗？

符子：【笑】就是国家出的嘛。

访：【笑】不是国家出的，是吴会长他们那个民间组织出的。

符子：噢，是他们出的，不是政府出的。我们都以为是国家出的。

访：其实不是的，那个是吴会长他们做了一个公益的那个民间组织，对，然后他们会把各个地方的烂脚老人都接到衢化医院去治疗，钱都是他们报销的，包括符奶奶的也是，因为连老师是常山这边的人嘛，所以由连老师来负责联络你们，把奶奶接过去治疗的。所以，其实是吴建平会长啊，不是国家。

访：当时您和您老伴认识的时候、你们结婚之前，他就知道你有这个病了，还是你们结婚以后他才知道的呀？

符：他还没去当兵。那时候脚没痛【旁边提醒已经痛了】。

符子：他不介意就是。

访：刚才叔叔说奶奶每个月就只有七八十块钱的，是养老金？

符子：对，对。

访：没有其他的收入了吗？有没有那个什么低保卡呀？

符子：都没有。

符：我现在 185，就是 185 哇。

访：那之前村里给的 200 块是因为什么给？烂脚还是？

符：就是岁数大了才给的。

访：噢，就等于说政府没有给什么补贴吗？因为奶奶是因日本人那脚才感染那个细菌的。

符（和符子）：没有，没有。

访：那之前奶奶和叔叔都以为奶奶去医院治疗是政府花的钱，现在知道不是，那你们觉得这个政府该不该掏钱呀？

符子：应该要掏钱的啊！

访：那奶奶住院的时候，家里啊亲戚啊或者是街坊邻居有去看望过吗？

符子：【点头】都看过。

访：那就是，嗯，你是 2015 年才知道你这个脚是因为日本人导致的，对吧？那你们告诉周围人以后，他们会不会对您有看法，或者说对您和以前不太一样，会不会更关心你一点或者怎么样？

符子：会的，那肯定会的，会关心一些。

访：刚才叔叔说您有一个儿子两个女儿吗？

符：嗯。

访：那他们小的时候，奶奶会带他们吗？

符子：要带的。孙子孙女都是奶奶带大的嘛。

符：八个月断奶，带大的。

符子：我老爸生病去世了，就是她带的嘛。老爸过世 20 年了。

符：三个娃都是我带大的。

符子：那怪不得孙女现在对她很好嘛。

符：钱都是孙女付的。

访：很孝顺啊,孙女很孝顺了呢。

符子：对。那你们不说我也认为是国家的不是民间的。

访：奶奶在住院的时候是分开的吗? 是不是里面就只有奶奶一个烂脚老人在那接受治疗啊?

符子：不是,都是烂脚老人。

访：在住院的时候,吴会长他们那边会有人过来看一看吗?

符子：有的。他经常过来,挺关心的。

编号 5——被访谈者：华东良(标示为"华");**访谈者**：黄旭生、台敏佳(统一标示为"访");**访谈地点**：衢州市柯城区姜家山乡毛峰村;**时间**：2018 年 1 月 11 日 10:00—11:00。

访：上次您从医院回来之后感觉怎么样,恢复得怎么样,身体还好吧?

华：上次回来之后,自己会走路了。前年治疗过一次,腿上这个小洞。

访：您坐您坐,我们坐下慢慢聊,老爷子,我上次不是来见过您吗? 您已经得到治疗了,这次我们可能就是想把问题问得详细点,您听得懂我说话吗?

华：听得懂听得懂,病历在这里,这上面都有呢!

访：嗯嗯,我看到了。您是 2017 年 10 月 10 日住院的,12 月 1 日出院的,我正好是 11 月去见您的。老爷子,您今年年纪多大了?

华：71。

访：您是几岁的时候染上这个烂脚病?

华：十三四岁,那个脚有点肿,我们农村的人都是在田里做事的,有一点划伤,它慢慢就发炎,肿起来,十多岁。

访：您十多岁就下地干活啦?

华：唉,那时候哪里有书读的啊,我父亲,七个孩子,在田里帮忙。有些事十三四岁就可以做了,有些事还帮不上忙。做着做着有点裂破了,然后发炎肿起来了。这只脚我到医院里医掉好几万块钱呢,之前零零散散看了几万块钱了,还是以前的钞票。到卫生院看、人民医院看,零零散散的。

访:医生怎么说的,当时?

华:医生说也不知道什么毛病,就是破了就发炎了。

访:那您当时在上学吗?

华:没读过几年书,小学都没毕业,然后星期天就在家里帮忙,一般农村的孩子,都为家庭干活的。像我这样兄弟五个,读书不知道该哪个去读的,大家都差不多读个一半就歇了没读了。到共产党来了以后呢,到五五年五六年,合作化了,我们在生产队做事情。不到生产队做事,没有工分给你,就生活不下去的。父亲一个人负担这么多口人吃饭,负担不过去的。

访:您几岁的时候开始合作化运动的呀?

华:我十六七岁的时候。互助组到合作化,先是互助组啦,再后面合作化。

访:那当时您在生产队工作的时候不是要挣工分吗?

华:唉,要挣工分的。腿烂起来了,自己买点药吃下,抹点药膏,以前那种黑药膏,擦擦蛮好的,我们都叫黑药膏。去卫生所看,卫生所的医生呢,也是农村的土医生,不是现在的读过大学的医生啦。那时候擦药膏,边上的会起皮,拿那个消炎粉倒上去。当时如果哪里发炎或者烂进去,拿那个药一擦上去,五六天一个星期新肉就会长出来的,就是烂的洞好不了。就是那个烂的洞,肉长不了那么饱满的啦!再过段时间,重新又要发炎起来的,里面筋脉都胀出来了,毒水就是那样不停地流出来。

访:当时那个创口是什么样的情况?

华:就是烂个洞啊,总归是洞好不了的,整只脚都会肿胀起来的。

访:大概最严重的是什么时候?

华:最严重的时候不能走路哦。

访:那大概什么时候最严重?

华:57岁的时候,痛得忍不住。然后到人民医院开刀,然后把这静脉扎起来,医生说静脉扎起来就应该不太会烂掉了,但之后还是烂。我住院花掉五六千块钱呢,那时候的钱要经花点。那时候一只猪拉到城里去卖,才能够卖到 50 几块钱啊。就是那样一个时代啊!

访:那当时影响到您在生产队挣工分吗?工分会比别人少吗?

华:挣工分还是要去挣的,就是皮肤有点烂也是要去挣的啊,少也没办法,没办法。那会儿身体差,挣的工分少,没办法的。

访:那当时脚有问题还会下水田吗,去水田里面[干活]吗?

华:那就包起来。就是把那个烂的口子包起来。

访:用什么东西包呢?

华:以前没有什么塑料布呢,就是用那种布包一下。包起来总有点痛的,那个烂口上面有点痛的。

访:当时伤口淌水吗?

华:如果没有擦到弄到,不太会流血的。如果擦破了就会流血,就会痛点。没有流血,烂脚就那样烂在那里,也不太会感到痛的。

访:当时您是怎么缓解疼痛的?

华:痛起来吃止疼片啊,以前止疼片还是有的。

访:吃了多少年止疼片呢?

华:止疼片,没法吃多个,顶多疼了吃一个两个。不疼了,就不能吃了。常年都是这样的啊,痛起来就吃止疼片,不痛就不吃的。

访:那当时您不能走路的时候是躺在家里吗?

华:在床上睡过的,不出去就躺在床上,再用点药包下好点了,就又出去。

访:您当时说不能走路了,是一步都走不了还是站都站不起来?

华:烂了当时就痛,不会走了,就在床上睡觉,再用碘酒涂一涂。脚烂起来,总之是最肿的时候才痛得厉害,没到最肿的时候不太会那么痛的。那个洞是烂的,但是走路还是能够走的。我去医院里治疗开刀的时候,吃饭都是我自己去食堂里吃的,我一日三餐都是自己去吃的,就是那个药包上去呢,会不那么痛一点,药擦上去当时是不太痛的,一旦那个药性过了,两天三天没换,就烂疤上面重新要痛起来的。

访：您还记得您十几岁的时候是因怎么染上烂脚病的吗？

华：烂脚病，刚开始我们哪里知道什么烂脚病，我也不知道是什么毒，总归是田里干活引起的啦，我们小时候大概是去田里干活引起的，引起发炎的啊。

访：当时村子里烂脚病人多吗？

华：多啊，都是些七八十岁的老人，大多数都去世了。

访：那现在还剩下多少个？

华：现在没有多少人了，现在70多的（有烂脚病的）都很少了，我地方上很少了。

访：那您父亲那一辈有烂脚的吗？

华：没有的。

访：那当时会不会有人说你这个烂脚是传染病？

华：没有没有，烂脚会发炎，烂来烂去都在那一块，不会传染的。不如说夫妻，烂脚病老婆也不会传染，儿子也不会传染的。这个烂脚病是我们人皮肤弄破了，然后那个毒跑进去了。毒性跑到皮肤里了，再然后脚肿起来，发炎起来，脚就这样大起来了。真到这样大起来了，就不能够走路了。如果发炎了，分肿的和不肿的，不太肿的话走还是能够走的，就是干活挑担吃不消的，一般的轻活能干。这是脚上的毛病啦，不是肩上手上的毛病啦，我们农村里主要是手和挑担，田里面劳动呢一般是手工，挑担呢一般是地里要撒灰了，石灰啊，草木灰啊，才有担挑的。再就是种田的时候挑秧，如果是拔秧的话是手拔的啦，如果是挑秧是用肩膀挑的啦。这个烂脚呢，就是说对你干活的话是有点妨碍的。有些人脚烂进去，但还是常年干活的。

访：那当时村子里的人看到您的烂脚会害怕吗？

华：不会，烂脚的人很多的，有些人整只脚都烂掉了。村子里多啊，隔壁村的全部烂死掉了。我们也不知道是哪种毒性，也看不见。我们肿起来了，弄破了，然后就这么肿。就是这个肿消不掉的，然后就马上吃药，那个消炎片你知道我吃掉多少，光消炎片我就吃掉几千块钱呢，每天几颗几颗的，那个消炎片。

访：您和您老伴是怎么认识的？是别人介绍的还是？

华：一个村的，不是一个生产队的，是生产队队长介绍的。那个时候烂脚只一点点烂的，年纪大起来就烂严重起来的。

访：那您老伴当时看到你烂脚，有……

华：那个烂一点点烂呢，那个时候二十六七岁，只有一点点烂。

访：那烂得比较厉害的那些家里，他们的老婆，有跟他们离婚吗？

华：那个时候的人连婚都没订，那有什么离婚的啊，那个时候是不用订婚的，比如说两个人说好了，就住一起就好了，不用说订婚什么的。我家里人 70 多岁了，哪里有订过婚的啊。我老婆啊，她出去了，去地里去了。

访：您老伴帮你换过药吗？

华：那是肯定的啊，脚上的话我自己看得到的，洗的话我也有自己洗的，那个纱布还有钳子夹那个棉花，我大哥做医生的，中医西医都会的，是从隔壁村子老医生那里学出来的，我都是到他那里拿纱布拿钳子的。那个烂脚的药包上去的话，不会痛的话，还是可以走的啊。

访：那当时是谁在照顾您呢？

华：那个不会痛的时候哪有人照顾的啊，生产队里没有去干活哪里会有照顾的啊。

访：您有几个孩子啊？

华：三个，三个都是儿子。

访：那现在您是和大儿子还是小儿子住呢？

访：三个儿子都结婚啦，那现在您有几个孙子啊？

华：孙女两个，孙子两个。

访：孙子孙女跟您亲吗？

华：在读书哇，大的孙女在城里读书，在南京读书。

访：那您的三个儿媳妇有看过您的烂脚吗？

华：烂脚经常看呐。

访：那她们害怕吗？最严重的时候。

华：不害怕。

访：那她们会帮你换药吗？

华：我自己会换的，当然我自己换，都是自己换的。

访：那当时您还没有去衢化医院之前，你们会在一个桌子上吃饭吗？

华：是在一起吃的，我孙女十七八岁，我才分开来吃，都在一起吃的，我最大的孙女二十三岁，分开没有几年的。哪有那么臭的脚啊，我们农村里天天要洗的啊。

访：那当初娶媳妇的时候，大媳妇二媳妇三媳妇娶来，花的聘礼多吗？娶媳妇的时候她家里人同意吗？

华：不大多，那时候大儿媳妇定下来花了六七千块，小儿媳妇也是六七千块钱。不太花钱的，那时候都是集体，拿不出来太多钱的。他们自己谈好的，就同意的啊。

访：娶儿媳妇的时候您脚还不是很严重吧？

华：我就是那年57岁的时候去人民医院开刀，再过了十几年就又反复起来了。当时烂起来，就去医院里开刀，就是把那些毒血放掉，我有点静脉曲张的，有十多年没有发作的，到后来再发作起来的。

访：那现在吃饭是您自己做还是儿媳妇做？

华：我老婆做的，我现在就是两个人吃饭，他们其他人都到外面吃的。

访：当初您脚烂得最严重的时候，您老婆还跟您一起睡吗？

华：不会的。

访：您孙子孙女见过您的烂脚吗？

华：看见过，我两天洗一遍的，就是像现在这样子好的也是要两天洗一遍的。

访：那他们小时候跟您亲近吗？要不要您抱啊之类的。

华：读书了没有时间哇。

访：小时候小时候。

华：小的时候在一起是要讲的啦，那我也不会去这样做的啦。

访：老爷子，您这房子什么时候建的？

华：今年，那个乡政府……前年来采访的，衢州市的记者来采访我，这个房子是泥土造的房子,这个房子后来倒掉了,很漏的。没法住了,我就住在第二个儿子家。

访:那建这个房子您出钱了吗?

华:我现在保险保掉的,田地都征掉了,有钱的,多少要出一点的啊。

访:您现在一个月有多少收入啊?

华:一个月 170 多块。

访:除了这个钱还有其他钱吗?

访:这钱是谁发给您的?

华:保险,这是保险的钱,我们两个都是有保险的。田地征掉我们就保险保掉了,那时候开始保险还不够啦,我还卖掉 7000 块别人那里的田地去投保。本来是一亩 666 平方,国家是定 600 平方,如果不够可以去别人那儿买。我们保险花了 7 万多块,是我们两个自己拿的钱。

访:那现在儿子会给您零花钱吗?

华:不会的,我们两个老人吃吃够了啊,我还有房租收呢。

访:爷爷,您小时候就住这个村子吗?

华:小时候读书的时候还是蛮艰苦的。

访:小时候就住在这里吗? 那您小时候见过日本人吗?

华:那时候刚生下来。

访:那您父亲那辈见过吗?

华:父亲那辈见过。

访:那他都跟您说过什么故事吗?

华:他说日本人来呢,这里本来有一个水库很大的,那个水库以前很浅的,那个大坝 1958 年的时候才造的,那个塘水不太深的,草长起来很好的,那个塘里面的水草。我们叫油草很好的。那个日本鬼子来呢,村里人就拿那个斗笠罩在头上,然后趴在塘里,把油草盖在头上,鬼子来了也看不到。再鬼子离去了,又爬起来,把衣服换掉、晾干。鬼子来了他们就又趴到水塘里。

访:那还有其他事情么,比如有没有烧过房子……

华:烧过房子的这一片多得很,烧掉的很多都建过了。有些村子烧完的，我们村里日本鬼子还打死几个中国兵，以前抓壮丁抓去当兵的，后来又回来，打死两个，就是我村里的。

访：您的家人又被日本人⋯⋯

华：我家里没有的，我们那时候跑回来看下房子，再又要跑走的啊，抓到要杀头的啊。

访：那您现在知道你的病是日本人当年⋯⋯

华：那个我的脚是自己弄破发炎起来，日本人又没看到过。

访：那您现在恨日本人吗？

华：恨也要不回来的啊！那时候日本鬼子到村里来杀人放火糟蹋妇女，枪炮都是国家的，恨也没有办法的啊！那个鬼子飞机飞来，我父亲说，一个天黑压压一片盖过来呢，半个天都遮掉，那个炸弹轰炸过再那个部队才会出来的。

访：那您现在村子里还有平时玩得比较好的老伙伴吗？

华：有的。

访：那平时你会跟这些邻居一起走走吗？

华：我也不打麻将。

访：爷爷平时还干点农活吗？

华：平时还种点菜么，自己种菜。

访：爷爷平时早上几点起呢？

华：6点多。

访：起床之后都干点啥呢，起床了，吃完早饭都干些啥？

华：到田里去看下，到田里除草，浇点菜。

访：那下午呢？

华：我一般没什么事也不会跑出去的，要么到农贸城玩一玩呢，卖点菜。我那几年橘子挑到城里去卖呢。

访：大概多久去一次啊？

华：一天一次。

访：菜好卖么？

华：种得好就好卖哇，菜有嫩有老的哇。

访：那您怎么过去呢？

华：走过去。

访：走过去走回来？要走多久呢？

华：要走 30 分钟。

访：那您菜种的多啊？不多的话怎么能拿去卖呢？那您菜园子有多大？

华：菜啊，农村里种菜赚钱的。我今年生病，然后是孩子种的。我没有生病的话是我自己种的，种点玉米啊什么的。

访：那卖菜的钱是自己留着还是给儿子啊？

华：自己留着啊，家里开支，邻居亲戚生日什么的，看病都要钱的。家里亲戚朋友有人生病了到医院里去了都要去看下的，都是要拿钱的。

访：您兄弟姐妹还健在吗？

华：兄弟姐妹，死了两个。

访：那您平时会去他们家走动么？

华：就在一个村子，随时可以去的哇。

访：那之前侄女结婚啊，一些红白喜事会邀请您去参加吗？

华：要吃饭啊，要给钱的哇。

访：那村子里的红白喜事会去参加吗？

华：要好的会去。

访：那之前有因为您的烂脚病而不让您去吗？

华：没有，这个烂脚病不传染。这个不是传染病，这个不会传染的。

访：那之前村子里有人会给你起外号吗？

华：没有没有。

访：当初您是怎么知道吴会长、知道衢化医院可以治烂脚病的？

华：是姜家山乡那个卫生院的医生跟我说的哇，我在城南医院里面看掉8000 多块钱呢，全部都要吊针的。我现在病历卡都有的，那个城南医院里药方开来，药都放在塘头毛家那个卫生院里的。我天天都在那里，吊了一个多月了。在那个卫生院里看到那个报纸上登出来，有看这个烂脚病的。

访：当初您在卫生院看病，那个钱是王选老师给的还是自己出的？

华：不是，不是，我自己的钱，我前年没有去补烂脚。那个医生都没有说过免费的。我儿子是柯城区开发公司里面，我儿子问他哪个有个地方看烂脚不要钱的，然后就过去看一下。我以前一直都是城南医院看的，吊针的，掉了一个多月才能消掉那个肿。

访：那您住院期间谁照顾您的？

华：老伴照顾的。

访：那您老伴年纪也大了，您儿子儿媳妇没照顾您吗？

华：他们要上班，没时间的。签字的时候过来看一下，还是星期天或者晚上过来看下。他们没有功夫的，要上班的。今年的话，我的小儿子照顾了我差不多一个月。再大儿子雇人来照顾了十多天。

访：那孙子孙女有去医院看过您吗？

华：看过的，孙女来看过的，就在您上回走了以后孙女来看过的。孙女的男朋友也来看过的。

访：您知道您看病的钱是谁帮您出的？

华：那个吴建平会长说的，他说这个钱是免费的，以前有两批了，我是第三批。我第三批是一个人补助 1000 块钱。那个 1000 块钱是打在我卡里的。

访：您治好回家之后就能下地了吗？还是说在床上躺了一阵？

华：那个关节不活动的话，以后不会走路的。家里老婆照顾我哇。

访：那现在村子里，村主任村干部知道您烂脚的问题吗？当年烂脚很多，他们知道么？

华：很多烂脚都烂死了呢。

访：那他们来看过您吗？

华：没有的。村干部没有看过的。

访：我看您日常用纱布包脚，这个纱布是自己买的吗？

华：是医院拿的。纱布和药都是医院里拿的，还有很多药呢。

访：拿这些药要钱么？

华：这个不要钱的。

访：大爷，问一下，您大概是十几岁开始烂脚的，是吧。您觉得这个烂脚给你带来的特别痛苦、特别难过的事情是什么？

华：当时没办法，治不好。到处都看过都看不好的。

访：那现在治好了心理感受怎么样？

华：当时补好的时候是好的，以后不能够保证就不会复发发炎的。我前年补好的，哪里知道今年又复发了。前年我这个小洞补好了，这么一块，哪知道今年又发炎了。

访：平常还是有些担心害怕的，是吧？

华：不是担心害怕，那个病毒散不出去，我别的病没有的，就是那个烂脚病哇。发的东西不敢吃。那个牛肉、海鲜都不敢吃的，牛肉一吃下去就要烂起来的。

访：您觉得您去衢化医院治好的，心理最大的感受是什么？

华：感谢国家的帮助。

访：噢，您觉得是国家的帮助，是吧？

华：协会、国家的帮助。那个协会主任，他给我们治烂脚病的钱，我们不知道哪里来的，都以为是国家出的。

访：那您觉得您现在和以前相比，哪些方面变化最大，自己感觉怎么样？

华：现在医学上进步了，自己感觉就是补好了就觉得轻松一点，觉得有一点痛的话就很麻烦。

访：现在可以走路了，也可以自己种菜了，那是感觉现在更幸福了？

华：今年我还没有种过菜，现在我儿子长大了成家了，就两个人吃饭总是要轻松一点的哇。儿子儿媳妇都在外地吃，那个孙子孙女在外地读书也都是在学校吃的。

　　编号6——被访者：黄忠惠（标示为"黄"）；访谈者：刘慧、台敏佳（统一标识为"访"）；访谈地点：衢州市石室二村黄忠惠家；时间：2018年1月9日10：30—11：30。

【我们由徐生泉老人领着前往黄忠惠老人家中,在村头遇到老人正挑着两筐土(估计得各有20斤)准备去田地里,说明来意后老人放下肩担领我们去往家中。到达家中,一进家门正中央挂着耶稣像与基督话语条幅】

访:您跟大儿子住还是跟小儿子住呀?

黄:就我们两个老头子【土话表示老人的意思】住了喽。

【老人的老伴听到声音从房间里走出来,我们与之打招呼。老人主动询问是否需要脱鞋拆掉给我们看脚的情况,考虑到老人穿着胶鞋要去干活就没有麻烦他脱鞋,讲述就行。】

访:爷爷是当地人吗?

黄:我啊,我嘛,我父亲实际不是当地人,我是临安人,浙江省临安人。

访:爷爷是在这边出生还是在临安出生?

黄:我在这边出生。我父亲在这边国家办最早的蜡纸厂。……那时候没有复印件,用铁皮蜡纸把字刻起来,刷子刷过去,再复印。我母亲是杭州市里人,四季青服装店,很大的服装店,我外婆家在那里,我母亲是那边人。我父亲来这边后她(母亲)就跟过来了。

黄妻:他人是蜡纸厂的人,母亲和父亲是在蜡纸厂工作的……不需要问……奶娘喂大的,就在这边长大了。根就长在这里了。

访:为什么是奶娘喂大的?

黄:母亲上班,父亲也上班,家里没有人带,就和现在小孩一样,后来户口就在这个地方了。

访:那家庭条件挺好的呀?

黄妻:他父母亲条件蛮好的。【后边一句听不清。没完全听懂说什么,但大概猜出是老人的老伴反驳并不觉得老人条件有多好】

黄:【有些与老伴争辩地说】60多年前,(母亲是)临安市【可以看出条件还是可以的】。人家拿十块钱,他【不知道这个他指谁,可能指父亲】说我几万好拿。那时1万抵现在1000万……

访:您有几个兄弟姐妹?您排老几?

黄:五个。我是(儿子中)老大,上面有个姐姐,下面有个妹妹和两个弟弟。

访：什么时候开始烂脚的？

黄：我20年有了，开始没有烂，村上有个砖瓦厂，他们让我帮忙临时干几天，泥巴搞来搞去碰到了，碰到以后不痛也不痒也没有破，当时有一点点肿。农村总是要干活的，一天两天干着到后来。是从什么时候开始呢？大概4月10号左右开始烂。4月5号清明还没有烂，过了几天后洗澡脱衣服，看到啊，对我老太婆说：怎么我的脚有个洞啊，然后就去化院【应该是当地医院】包了，包了一次又一次也不行，他说你一定要开刀哦，我问要多长时间，他说一个礼拜得要的，我心里想不行，一个礼拜哪吃得消。所以就没在化院开刀。后来就到衢化（医院）这里来了。

访：衢化医院是吴会长介绍您过来的吧？

黄：嗯。2月22号浙江省记者到这里来采访我。

访：您刚刚说您烂了20多年，也就是50多岁时开始烂脚，是去砖瓦厂碰到泥巴，之后就破了个小洞，是吗？

黄：嗯。后来家里造房子，一点点痛，那时候年轻觉得这一点小事不需要看，就一直没有看，家里造房子工作很多。后来干着干着静脉曲张，血飙出来了（手比划着血喷出来时候的场景）。我到田里去……（血喷出来）有一两斤哦。

访：那么多啊！

黄：静脉曲张啊。……我去开刀。开过刀之后……脚……我也搞不清楚。

访：当时去医院了吧？晕了吗？

黄：人一点印象都没有，没有晕，一点事都没有。

访：就回来包扎了？

黄：没有包扎，只要不漏就好了。然后过了几天血又漏出来了。老太婆打电话到市人民医院，然后救护车就来了，就又没问题了。他【医院医生】说你这是烂脚。我问烂脚怎么处理……就回来了。静脉曲张就流过那一天，其他也没有流过了，再么吃点药丸，那个可能是毒血啦，我估计那个血不太好,漏掉了。大概好几斤哦【反复用"几斤"来形容多】,我估计是那个不好的血流掉啦。

访:那然后现在天天都包起来了,是吧?

黄:不包,还得到田里边去干活嘞。

访:除了漏血以外,痛吗? 有气味吗?

黄:不碰它,不痛,碰到可能会漏血。没有气味。【指着小腿部洞的地方】就是这个位置。我造房子干活的时候碰到一点点……静脉曲张,劳累过度,我估计是这样。

访:爷爷上次去医院是什么时候?

黄:九年前静脉曲张要开刀,静脉不割掉不行,我一直没有去过医院,身体一直很好【拿出随身带着的年轻时候的工作证给我们看】。

访:水电部十二局工会。

黄:开刀以后几个月不能干活,家里造房子都是雇人。但还是要种田。……这块就烂了,估计细菌感染。

访:50 多岁烂脚,开始是一个小洞,是吧?

黄:开始没有,就今年有的。

访:流血流了多少年?

黄:9 年。就那一次漏得多。我那一次想到稻田里看看怎么样,有没有虫子,需不需要打农药,那血一漏我爬起来就回家。在这次之前,就是抬泥巴碰到后有点肿。

访:有没有变黑变硬?

黄:烂之后,有点黑。这次 5 月 30 号到衢化医院动了三次手术,7 月 9 号出院。

访:现在算是治好了?

黄:没有原来那样子了。我现在穿这个袜子【随后拿出桌子下放着的静脉曲张的袜子】。

访:穿这个袜子有什么用处?

黄:动手术的那个医生说的,穿这个袜子,血液就能循环起来,血液就可以下去,动手术的地方比不动手术的地方更箍紧⋯⋯就像种菜,白菜,十棵菜种下去。九棵要黄,都死掉了就白搞了。

访:烂脚对您的工作有没有影响?您当时在种地吗?

黄:到田里或者做小工。单位里没有干了。

访:是因为烂脚单位里才不干的吗?

黄:不是因为烂脚,这个事我记得很清楚。不用写,嘴讲就能讲半天,自己亲身经历过的事情。在单位里,我们开始是合同工,待遇和正式工都一样,时间长以后,合同不知道搞哪儿去了。⋯⋯上面下来文件,我们看不到这个文件。(文件内容应该是)不让你们(合同工)去种田,(正式工)子女就上不来。1500多名工人同时进去的,总共上万人的工厂。⋯⋯不让你们干,就让儿子上来,我们这些人就把第一把手拉出来晒太阳。我们天天看着他,白天晚上都雇人看着他,不让他跑出去,不然找不到人。我都到省里面上过访,上访过好几次,最多一次去了400多人,我对他们(工人)讲,一开始你们被压下去了,你就没有用了,我文化没有你们好,但我有这个脑袋瓜。搞了几年,后来协调,那是温家宝当总理,我有一个他的地址,你们干不干。我电脑玩不来,你们可以用电脑⋯⋯去。⋯⋯我讲我有号码,他们进不去了,一听就哄笑起来了。

访:爷爷身体看起来挺好呀!

黄:我父亲身体挺好,比我瘦一点儿,八九十岁的时候还喜欢和别人打架。

访:父母亲还健在吗?

黄:父亲从厂里退休,后来母亲也去世了,母亲是杭州市人。

访:您几个兄弟姐妹?除了您还有谁烂脚吗?

黄:他们都没有。

访:您觉得是那个砖瓦厂的泥土造成的烂脚?

黄:嗯,那个泥土里有细菌。那个地方打过仗,来过日本鬼子。

访:当时一起干活的人有染上细菌的吗?

黄:没有,我是染上那个泥巴了。左脚位置,上三寸、下三寸的地方很难好,动手术也很难动。我进去(衢化医院)的时候……第三次使用大脑上的皮植过来的。第一次将不好的搞掉,过一个礼拜检查是否挖干净,没有挖干净又第二次挖,第三次开始补。

访:三次手术花钱了吗?现在平时还吃药吗?

黄:没花钱,不吃药,就用袜子包一包。走路很好,干活也能干,就是脚背还有些肿。原来我很喜欢吃老酒,现在酒不能喝了。

访:漏血那一次是最严重的,是吧?

黄:嗯,对的。以前烂的时候,给赤脚医生看,他说你的大静脉已经烂了,要我手术,不动手术不行。后来在省人民医院动手术拉了静脉,九年前花了8600块钱。

访:现在还有收入吗?

黄:我们田地有失地保险,年龄到了后就能拿钱,我们两个人可以拿3000多块钱。

访:现在种田都可以种?

黄:现在下水田就有点怕了,怕细菌感染,一搞破就麻烦了。所以今年不想种田了,想种旱地。种稻打农药是需要下田的。

访:儿子女儿多久回来一次?

黄:小儿子晚上就回来,大儿子不大回来,在市里买了房子(此处老人不愿多提起大儿子情况)。外孙女今年大学毕业,23岁了。小儿子还没有生,大儿子的那个孙女现在上初中。

访:附近有朋友吗?平时打打小牌吗?

黄:我这个爱好,我在农村里,我跟农村人(注:特别有意把自己区别于农村人)又不同,他们喜欢打牌,我爱好拉二胡吹笛子唱歌,喜欢音乐,打牌打麻将我20岁就不来。

访:有人跟您一起吗?

黄:到农村里我就不要这些了嘛,就不去学了。原来在单位水电部做这些。

访:水电部在哪里?市里吗?

黄：新安江。黄坛口进去就是一个水电站,那个水电站是 17 万千瓦的,中型水电站。30 多岁回来了。叫我回来后,我又进去了,随便哪个门我都能进得去。干到 50 多岁回来的。

访：现在没有退休工资吗?

黄：我们去上访的人都上了名单,有了底了,单位就不给你。一开始几个人就压下来,要拿给你就有拿给你的道理,不拿给你就把不拿给你钱的道理拿出来,这个东西我很清楚的。我造的都是大工程,上海一个国资码头,全局最大的国资码头我都去干过,电视上全是桥箱机械化的地方,我都干过。从 20 多岁干到 50 多岁。后来义乌有个水库单位也派我去了。

访：小儿子什么时候结婚的呀? 多大了?

黄：去年才结婚,30 多岁了。小儿子是杭州市户口,底下是大儿子参军在市里拿的光荣榜。

访：是爷爷还是奶奶信基督教?

黄：我不信,是她信。我信老酒。现在一口都不喝了,只能喝喝饮料。

访：您就在这个村出生吗?

黄：在黄坛口底下呢,有一个岛一样的、台湾岛一样的,那个岛就是蜡纸厂,建厂八九十年了。我父亲 103 岁时去世,他十几岁就进了这个厂,我父亲不认识字,但知识都在肚子里。"文化大革命"时这个厂的资料委员到我父亲这儿拿资料,叫我父亲讲出来。……他们资料都销光了,从开始讲到结束,你说他是不是一个工程师啊? 父亲说字我认不识,但有这个知识。他就到安徽去,我父亲很适合研究这个东西。他说上海那个地方举行选举,字摆起来,哇是漂亮。后来父亲到那边厂里学习,看到那边资料,我父亲怎么样了【老人作出一只手指蘸下唾沫,再点到纸上的样子】,这样,搞跑不去了,父亲对带他看资料的人说,我资料全部偷来了【这个意思是资料都放在心里了】。

访：奶奶是本地人吗? 怎么相互认识呀?

黄：奶奶是衢化边上那个农村的。她哥哥在这里,我和她哥哥蛮好的。

访：平常孙女回来吗? 孙女跟您亲吗?

黄：元旦什么的她回来一次。不养不行，要养过才亲。外孙女是我和老太婆带大的，跟我们很亲，今年 7 月份工作的时候，第一个月拿工资就给我们俩包了红包来。

访：烂脚对您生活有什么影响？

黄：种田时怕碰到它，其他没有问题。我感觉自己有点怕，跑去干活，怕不知道什么时候给搞破。

访：平常有没有流血啊什么的？

黄：现在不流血了，看好了就不流了，流血就麻烦了，就要去医院了。

访：奶奶什么时候开始信基督的啊？有谁介绍的吗？平常有没有人来家里一起做礼拜？

黄：20 来年了，个人喜欢，一般是她到人家家里去。一个礼拜要去好几天。

访：儿子女儿有反对奶奶信这个的吗？

黄：反对不来哦。她喜欢就随她喜欢。老太婆信耶稣是好的，动了三次手术了。

访：动了哪三次手术？

黄：第一次是子宫肌瘤，第二次是肠梗阻，肠子堵塞，到大型医院去检查开刀，第三次是胆结石。三次手术不简单。她今年 68，我比她大 3 岁。

访：房子好几层啊？小儿子住在二楼？

黄：四层，三层四层都是空的。

访：大儿子回来不住吗？

黄：一夜都没住过。【特别强调了一夜】现在有车子方便了。

访：你们平常去市里吗？在大儿子家住过吗？

黄：住过，鸭子什么杀了拿过去，女儿房子在烂柯山又建起来了。我这个女儿不得了，每年都要带我们去买衣服，一要买衣服我就要跑了。

访：村里还有其他人烂脚吗？

黄：就带你们来的那个【指徐生泉】，其他没有听说过。我看过 100 多岁烂脚的，全部都包起来了，他很喜欢讲故事的。

访：讲了什么故事啊？抗日？

黄：讲……（抗日）这个也讲。说到这个我跟你讲，你说日本鬼子坏不坏呢？我们大队一个人，今年估计 95 岁，他躲在坟墓洞里，日本鬼子来了，坟墓洞外面没有墙，他就走进去了，下面有一条通道，日本鬼子的刀就刺到他这里了【指着下颚部分】，这里就没有了，用一块布包起来，活了五年十年，后来就死了。讲话要流口水的，这是我亲眼见到的。

访：日本鬼子来过这个村吗？

黄：来过。我们生产队的一个人的父亲就是被刀砍了后，头马上就掉下来了。

访：有说法是日本鬼子投的细菌，您觉得是这样吗？

黄：我估计是这个样子，他们说日本鬼子细菌放在这儿要潜伏 100 年。

访：您知道动三次手术钱是谁出的吗？

黄：是国家下面一个组织。

访：是吴会长那个组织，再加募捐的。

黄：我在那儿动手术的时候，轮到我的时候，他跟我说你是第六十五个，是最年轻的，其他都是八九十岁的。这个脚不这样，我干活随便都要到哪里去。我年轻的时候很活泼很活泼，七八岁时小学很大，老师给我报上去，让我指挥大家唱歌。20 多岁上班的时候，在厂里拉拉二胡。我们隔壁，你拉我拉，喜欢的就会去学了。和我干活的人说这个人有音乐细胞，电视上唱的，哪个好哪个差，我一听就听出来了。喜欢的东西就会去钻研。

访：爷爷奶奶一年出去旅游几次呀？

黄：我泰国都去过。2014 年去的。

　　编号 7——被访者：姜春根（标示为"姜"）；翻译者：姜春根儿子（标示为"姜子"）【原意访谈烂脚老人姜春根，但老人话很少，实际上很多时候是帮做翻译的儿子在回答。陪同访谈的吴建平会长（标示为"吴"）也有插话】；访谈者：贺晓星、杨渝东（统一为"访"）；访谈地点：江山市大陈乡乌龙村；时间：**2018 年 1 月 10 日。**

【吃饭前的访谈】

访：上次我有一个学生来找过您的，11月份，对，他跟您聊过，我们想问问您，主要是想了解您的脚，嗯，看您的脚。很小的时候是不是就开始脚烂？什么时候开始的？

姜：十几岁的时候。

访：十几岁的时候开始烂，啊，十几岁！那一开始的时候是什么情况呢？

姜：……就是拆早年间的老屋，拆房子引起的。

姜子：就是十几岁的时候开始烂的，拆老房子的时候。

访：怎么拆房子的时候会烂脚呢？

姜：……老房子，日本人经常到那里。

姜子：日本人经常到我家里去的，我们就是那个那边乌龙那边。

访：日本人到你们家里来的，后来他们走了拆房子，然后脚不好了，是这么回事，是不是？

姜：是。

访：那当时拆房子有很多人吗？

姜：……一般都是自己为主。

姜子：他说自己，是自己拆的。

访：您兄弟几个？

姜子：我兄弟三个，我老大。

访：那坐坐坐。他那个这边江山话比较难懂。

姜子：不说普通话肯定不懂。

访：啊！然后我想问问当时拆房子具体是怎么一回事，然后怎么就开始烂脚。他刚才讲十几岁的时候？

姜：……我妈那时候躲日本人，也烂脚的。

姜子：我跟你说了，大概十几岁时啊上山砍柴的。他母亲、我奶奶也是烂脚。

访：那她怎么会烂脚的呢？

姜子：以前日本人经常到她那里去的。后来那个……

访：您妈妈也烂脚，对吧？

姜子：嗯。

访：您妈妈烂脚的时候和拆房子没什么关系了？

姜：……她就是躲日本人时烂起来的，日本人来了之后。

访：嗯，那可能日本人弄的。噢，那么你们家有几个人烂脚？

姜子：他弟弟他姐姐，我叔叔我姑姑都这样了。

访：哦，烂脚烂的样子都一样吗？你们烂脚烂的都一样吗？

姜子：差不多的。

访：嗯，一样啊！怎么烂法？您能讲讲怎么个烂法吗？

姜：……刚开始就是起的像水泡一样，烂泡样的，痒的哇；有时用本土药煎水来洗，洗洗开始好了一些；后来二十几处又大起来，越来越厉害。

访：啊，越抓越痒越抓越痒。你们几个人都是这种痒法？都是一样的烂法？

姜：嗯。

访：然后您是十几岁开始发现的？小时候没问题？

姜：……七八岁没有。

姜子：嗯，小时候是没有的。

访：主要是因为拆房子拆的？

姜子：……可能细菌有传染性，我奶奶就是这样子。

访：为什么要拆房子啊？那时候是你们家房子还是别人的房子？

姜子：以前那个是商铺。

访：别人的商铺？那时候您做什么的，为什么您要去拆别人的商铺？

姜：……解放以后，买来的。

姜子：我爷爷以前是在大陈的，当时都到那边去了。

姜：……先租来的，后来租加钱，再土地两个人平分，过去种田种地。

姜子：他说以前那个房子啊是这里的人的，是这里大陈来的。我们以前那个爷爷到那边去的。

访：你们从哪里来的？

姜子：我们从江山那个塘边来的。

访：不是大陈的，不是这个地方（本地）人？

姜子：我爷爷是搬到这里的。

访：那个地方离这儿远吗？

姜子：那里有点远，七八十里路。四十几公里差不多。

访：然后搬到这边来，我还是没有听懂为什么要拆房子？

姜子：原来以前的老房子是本地人的。

姜：……破烂了，就要掉下来。

访：这个房顶掉下来，破了下来。然后你去帮助人家拆房子？

姜子：不是，帮自己拆房子。

访：是你们自己的房子，不是商铺，是你们自己的房子？

姜：……算是揽来的，用现在的话说，就是承包一样。

姜子：……是这样的，以前山和老房子是我爷爷买来的，用白洋买来的。

访：您拆房子的时候脚没有问题，房子拆完以后就开始有问题了，是这样吗？

姜：……嗯，我是这样，我妈是躲日本人的时候烂起来的。

姜子：……就是说，我奶奶是躲日本人的时候烂起来的。

访：然后您那个脚最厉害的时候、烂得最厉害的时候大概是什么时候？十几岁的时候就烂得很厉害呢？还是您二十几岁啊三十几岁的时候很厉害？什么时候开始烂得最厉害？

姜：……开始没那么厉害，三四十岁的时候。

姜子：他说三十几四十岁。

姜：……后来越烂越厉害。

访：后面越烂越厉害。最最厉害的时候大概什么样子呢？

姜：……这只脚加上这些地方一起烂起来的，脚肚子上起，都烂的。

姜子：……脚背脚肚子全部烂起来的。

访：哦哦，这个截肢截掉了。

姜子：哎，这个截肢截掉了。这个病看不好了看不好了就截肢了……烂起来很肿的。

访：那是影响您干活的？

姜子：嗯，影响干活的。

访：影响干活您当时怎么办呢？您当时是生产队还有工分啊？有工分的吧？

姜子：嗯。

访：您生活受影响？

姜：……先用布包起来，那是二三十岁的时候，用布卷起来。

姜子：拿那个布包扎起来的。

访：但是夏天包扎起来能干活吗？

姜：……那时能的，我那时候不干没有吃的东西。

姜子：那时候可以干活的。那时候不干活没有吃的。那时候肯定的。

访：哈，但是干活的时候很疼？

姜：……嗯。

访：很痛？

姜子：肯定。那肯定很痛。

访：然后您三十几岁四十几岁的时候呢？四十几岁的时候怎么样？

姜：……田里不能下去，干的地方能去干活。

姜子：有水的地方不能下去，地里还是可以干活的，是这样的，在干燥的地方可以，水里面不能下去的。下去痛的哇。

访：您生活上是不是一定需要到水里去种水稻啊什么的，有这个需要吗？或者您必须要下水的吗？可以不下水吗？

姜子：那时候我们大家都小，那时候。

访：你们那时候小，对吧？啊，您小孩一共是三个？

姜子：加我妹妹四个。

访：加妹妹四个人四个小孩，您兄弟姐妹四个，您老大，然后还有呢？

姜子：还有两个弟弟，一个妹妹。

访：啊，您还有两个弟弟，一个妹妹，哦，您妹妹比你小几岁呢？

姜子：好像我妹妹小小 9 岁了。

访：比您小 9 岁。他要养四个小孩。

姜子：四个小孩，啊，我们那时候没有几岁，七八岁十来岁。

访：七八岁十来岁，那劳动力都是靠他一个人？

姜子：靠他一个人，一个顶梁柱，到五十几岁时他那个脚就不行了，让去走路都不会走，很痛的。前几年痛得更厉害，他不会走。

访：嗯，那个 50 几岁的时候已经是不能走了？

姜子：嗯，最严重的时候，最严重不会下地的。

访：那最严重的时候是 50 几岁的时候。那怎么办呢？那你们怎么办？生活怎么办？您不能干活，生活怎么办呢？

姜：……那个。

姜子：他 50 多，我已经 30 多岁了。

访：您做事情了。

姜子：嗯，我会做事情了。

访：上过学吗？您上过学吗？

姜：上两三年。

访：上两三年。嗯，那您字还是认识几个的。

姜：……识不得几个，练练，看到自己写写，写不来的。

姜子：他认识几个的，自己练一练。

访：您觉得自己最苦的是什么时候？自己觉得最苦，有没有最苦的一段？这一阶段特别苦特别苦。（您）有没有这样的时候？

姜：……我一出生就是苦的，15 岁的时候我爸就不能干活了，就要靠我干活了。

姜子：他说我爷爷那时候不能干活了，那时候，他 15 岁的时候，我爷爷得气管炎了。

姜：……我爸生我的时候，已经 52 岁了，等我 15 岁的时候，他 60 出头，就不能干活了。

姜子：他说（我爷爷）生他时已经 50 多岁了。

访：您兄弟姐妹几个？

姜子：三个兄弟姐妹。

访：您是老几？

姜子：老二。

访：您是老二，上面还是哥哥？姐姐？

姜子：姐姐，一个姐姐一个弟弟。弟弟老早、49 岁的时候就过世了，他今年 68 了，好像。

访：噢，那您十几岁的时候，您就是家里的劳力、家里的主要劳力啊！那很多事情要你做。啊，您爸爸没有烂脚的问题？

姜：爸爸没有……刚开始有点，后面他好了。

姜子：他说有一点点。

姜：……他就很少去其他地方干活。

姜子：我爷爷是做木工的，他山上地里是不会去的。

访：上次学生来问，您讲到您以前脚烂的时候，不肯见人，躲起来。（我们）想详细地了解一下。您怎么躲起来？

姜：……别人看到，不好看。

姜子：别人看他很恶心的，呵呵！

姜：……看到感觉饭都吃不下去。

姜子：别人看他吃饭吃不下去，看到是这样的。

访：杨老师你来，那个你的语言能力比我厉害。

访：那个姜师傅，当时您爸妈带您去看过吗？您不好的时候有没有带您去看过这个病？

姜：【摇头】

访：哦，父母没有带您去看过病。哦，那您是从哪个地方开始烂起来？最开始是脚背还是腿上？

姜：……一开始就是这里，嗯，再这边。

访：一开始是痒还是痛啊？刚开始的时候？

姜：痒嘛，很痒很痒。

访:哦,那痒的时候有没有破皮啊?有没有红啊?有吗?

姜:有有。

访:那后来慢慢慢慢的、开始发展起来?

姜:嗯。

访:就是这一只脚没问题,是吧?

姜子:有两只脚的。

访:是哪只脚先发?是这只脚先发还是那只脚先发?

姜:……这只脚先发的,另外一只也起的,差不多同时,这只有时会好的。

访:噢,您今年多大岁数啊?

姜:啊,现在啊,现在73。

访:那您发的时候是几岁?您还记得是多少岁吗?

姜:……十几岁的时候。刚开始也烂的,小时候我妈说的。那时大概六七岁,我也记不清楚,我妈说也烂的,这里有块疤。

姜子:大概六七岁。

访:就六七岁,这个拆完房子以后?

姜子:没拆房子就开始有一点了。

访:十七八岁,哦。那你们家不是还有好几个人发吗?还有您姑姑、叔叔都是这样,您弟弟也发?

姜:嗯。

访:您弟弟是几岁发的啊?是在您前面还在您后面?

姜子:他弟弟大概有20岁,差不多的时候发的。

访:也差不多那个时候发的。噢,那你们当时都没有去医院看?发了之后?

姜子:那个时候肯定没有钱的。

访:哦,有没有用草药涂涂?

姜子:草药有,那个本地的草药,上山采的那个草药。

访:山上采草药来涂一下的,噢,那个时候您也下水田干活吗?还是就在干燥的地方干活？您干活主要是下水田还是在旱地？

姜：……那时候要下水田的，烂的地方还在上面点的地方，腿肚子上。

姜子：……要下水田的，在脚上面烂，不是下面。

访：哦，那到什么时候开始到下面去的？

姜：……50多岁了。

姜子：50多岁的时候（烂）到下面去的。

访：哦，50多岁，那就是20年前，是吧？就是1996年、1997年左右。

姜子：……九几年的时候，不错的，是的。

访：您应该有印象啊，当时。

姜子：我带他到江山看过一次的。江山看不好的，要截肢的，那时候说。

姜：……不是截肢哎，那时候我有钱，医生说要待半年六个月才能医得好，我没有这么多时间。

访：哦，要待半年，您没有时间是吧？哦，江山人民医院吗？有没有去那个衢州医院看过？

姜子：没有看过。

访：都没有看过，就是在江山看过一次。就这么一次，是吧？

姜子：当时江山最厉害了。

访：当时已经很厉害了，是吧？到什么程度呢？

姜子：是痛到不能走路啊！全都烂起来了。

姜：……那时候还没烂到下面，是四周烂的。

姜子：从四周烂，全部起来了。

姜：……再到江山人民医院看，他说好几个月才能看看医不医得好，那时我没那么多钱啦。

访：没有钱啊。当时说要多少钱，说治好要多少钱？

姜子：那时候要好几万。

访：哦，当时还没有那个什么合作医疗？

姜子：那时候是没有的，那时没有合作医疗。

访：所以后来就回家来了。回家来就一直拖到什么时候才遇到吴建平他们呢？

　　姜子：……前个六七年吧，好像七年前最厉害了。

　　访：嗯，就是 2001 年左右。

　　姜子：2001 年时最厉害。

　　访：那是不是很痛，然后觉都睡不着？

　　姜子：唉，他当时不会走路了。

　　访：他是坐在轮椅上吗？

　　姜子：嗯，那时候没有轮椅的，直接坐在那个座椅上。

　　访：坐那种椅子上面是吧？那他比如说……

　　姜子：那时他就不会走了，不会干活了。

　　访：那时完全就是不能动了，是吧？那他晚上睡觉呢还是上床睡？

　　姜子：上床睡的。

　　访：那比如说上厕所怎么办？

　　姜子：在自己家里有个小小的那个马桶啊。

　　访：自己扶着过去？

　　姜子：嗯。

　　访：哦。那您跟大妈是哪年结婚的？就是跟您母亲是（啥时结婚的）？

　　姜子：他 20 岁的时候结婚的，跟我妈妈。

　　访：那就是他是 73 岁的话，就是 1944 年生的，是吧？您是 1944 年还是 1945 年（出生的）？

　　姜子：大概 1964 年结婚的，啊，1964 年结婚的。

　　姜：……童养媳哇。

　　访：噢，您妈妈也是童养媳过来的。我上次在衢州也碰到一个童养媳。那您妈妈跟您爸爸差几岁？

　　姜子：差一岁。

　　访：比他大一岁？

　　姜子：差一岁，小一岁小一岁。

　　访：啊，几岁到你们家的？就是你老伴几岁到你们家的？童养媳几岁抱过来的?

姜:……还没有1岁。

姜子:1岁左右,啊,他还记不得这事就过来了。

访:你们从小一块儿长大的?

姜:嗯。

访:哦。她们家是哪里的?

姜子:隔壁村的。

访:有多远啊?

姜子:没多远的,一公里左右。

访:噢,一公里。

姜子:两里路左右。

访:她们家当时是人口比较多吗?

姜子:那时候人口蛮多的。

访:有多少个兄弟姐妹啊,她们家?

姜子:好像六七个人。

访:哦,那就一直在你们家长大的?

姜:嗯。

访:哦,那您家不是有好几个兄弟吗?

姜子:三个兄弟。

访:那都是童养媳啦?

姜:……那时候我的身体不好,她到我这,我去她那里。

访:噢,因为您身体不好,身体不好才给您。

姜子:……他说他到我外婆那里,我妈到我爷爷奶奶这边来,是这样子的,两边调换的。

访:哦,换的? 你们这边来一个女孩子,但有一个妹妹过去? 姐姐还是妹妹?

姜子:他自己。……两个人是调换的。

访:您到儿子外公那边去、到你岳父那边去,然后你老婆到这边来。 那您在那边长大的啰?

姜:……嗯,长到 6 岁还是 7 岁的时候。

访:哦,长到 6 岁才回来? 当时您老婆也回去吗? 不回去?

姜子:这我不清楚,不知道。

访:那您过去您叫他父母什么? 叫您老婆父母什么? 也是叫爸爸妈妈吗? 还是叫叔叔阿姨?

姜:也叫爸爸妈妈。

访:那您老伴儿过来也叫你父母爸爸妈妈。有什么定亲的手续吗?

姜:没有。

访:那您烂脚之后,对方有没有提出一些想法,说不干啦? 说你脚烂了以后干不了活?

姜:……想法吧,孩子都这么多了,还有什么想法?

姜子:那时候都没有这样的想法。

访:哦,还是愿意把这个女儿嫁给您家。啊,就是哦! 那长到 18 岁你们才结的婚。哦! 那会已经是按生产队了?

【吃完中饭后的访谈】

访:是 1963 年、1964 年结婚的,是吧?

姜子:1963 年。

访:噢,那你们结婚的时候,您的脚情况怎么样?

姜:……有一点烂的。

姜子:就是一点点。

访:那个时候还没有发到那个腿上面来?

姜子:还没有。

访:还没有哈。噢,那您有几个小孩啊?

姜子:四个。

访:四个小孩。噢,老大是哪一年的?

姜子:1965 年。

访：哦，1963 年的时候，你们这边已经建成生产队了吧？你们是几队？你们这个村叫什么？叫乌龙村？

姜子：我们这是大山村，我住在这边，我老家在乌龙村，不在这里。

访：噢，是后面搬来的。

姜子：后来我为了我儿子……

访：哦，是这个样子的。噢，离你这边有多远呢？

姜子：五里地。走路五里地。

访：哦，那边也属于大陈乡吗？

姜子：嗯。

访：哦。那你们是什么时候搬到这边来的？

姜子：我来了好几年了，十几年。

访：十几年。当时你们在乌龙村生活。你们乌龙村当时分成几个生产队？

姜子：九个吧，九个。

姜：……嗯，现在九个，以前六个。

姜子：以前六个。

访：您是几队啊？

姜：我现在是八队。

访：啊，八队，八队当时多少人啊？多少户？

姜子：60 户。

访：哦，你们那个时候是在一起种农田吗？

姜子：嗯。

访：噢。那个时候您能够下农田干活吗？

姜：……生产队里，（我）下田的。

姜子：下田的。

访：那个时候您的脚有没有影响？

姜：……影响是有的，那时面积不大。

访：面积不大是吧？还可以干。当时像您这样的情况，您记得多不多？

姜:……我那里,我乌龙有五六个。

姜子:我们一个村就有五六个。

访:就是一个乌龙村就有五六个。您那个队有几个?

姜:……队里就我。

姜子:我们一家都有三个。

访:哦,就是您姑姑和姑父,还有弟弟。

姜子:她姐姐跟她弟弟,还有我奶奶。

访:哦,他妈妈也烂脚啊?

姜:……嗯,她最早。

姜子:嗯,她最早。

访:她发病的时候多少岁?大概多少岁?

姜:……那我记不得了。

姜子:他基本上记不得了,懂事以后就这样了。

姜:……她是躲日本人的时候(得病的)。

访:她严不严重啊?

姜:她很严重。

访:哦,她能走路吗?

姜子:一拐一拐的。

访:一拐一拐地走路。噢,那她带小孩怎么办?那个时候要养你们啊!

姜:……那时我大姐有时会帮忙。

姜子:女性不下田要好一点。

访:哦,她不下田的,是吧?噢,她平时做饭,在家里面做饭,洗衣服,做点家务事,是吧?

姜:嗯。

访:她养猪吗?

姜:养。

访:她养猪能担得动猪食桶啊?挑水啊担猪食啊,她干得动吗?

姜:……起初没那么严重,会挑的,岁数大了,身体不好了就挑不动了。

访：您母亲是哪年去世的？是五几年还是六几年？您结婚之后去世的吗？还是结婚之前？

姜：⋯⋯结婚之后，1978年的样子。

姜子：1978年。

访：噢，她走的时候多大岁数啊？

姜：74岁。

访：哦，那是埋在你们乌龙村那边的。

姜：⋯⋯嗯，乌龙村，那个小地方。

姜子：在老家。

访：啊，在老家。那她后来那个脚就烂得很厉害了，是吧？也像您这种情况，化脓、发黑，然后有气味。

姜：嗯。

访：【问姜子】噢，您见过吗？

姜子：没见过。

访：那她后来走路是不是走不了？到最严重的时候。

姜：⋯⋯走路会走走的，没有正常人那么灵活。

访：哦，走得起来。那六几年你们家就有您妈妈，您，还有您姐姐？

姜：姐姐出嫁了。

访：哦，出嫁了。

姜：⋯⋯姐姐大我12岁呢。

姜子：姐姐大他12岁。

访：啊，姐姐大他12岁。那个时候她已经嫁出去了。那您姐夫是哪里人？

姜子：姐夫很远的，很远的。

访：还有您弟弟，是吧？

姜：嗯。

访：当时那个队里，就你们三个得烂脚病？

姜：嗯。

访：噢,那个时候影响你们挣工分吗?

姜：……刚开始不影响,后来有影响。

访：刚开始不影响,后来到什么时候影响的?

姜子：30多岁。

访：那就是七几年,是吧? 七几年开始影响您挣工分。怎么个影响法? 就是比别人挣得少一些吗?

姜：……一般严重的时候,在队里晒谷多。

姜子：工分高的事情不能做了,就晒晒稻谷。

访：哦。就是30多岁的时候你的脚就有点厉害了,是吧?

姜：嗯。

访：您弟弟也是这样吗?

姜：……弟弟,他医过一次的。

姜子：弟弟医好了,但他早就去世了。

访：哦,是这样的啊。

姜子：他50岁或49岁就去世了。

访：哦,他结婚了吗?

姜子：结婚了。

访：在乌龙村那边,有三个小孩?

姜子：嗯,他有三个小孩。

访：他有三个小孩。他后来是怎么(个情况)?

姜子：他得了癌症。

访：那个时候你们家粮食还够吃啊?

姜子：我们家够的。我们家自己在那上面开的地很多。

访：后来你们这里分田的时候分了多少田?

姜：两亩多一点。

访：按几口人分?

姜：按定量分。

访：当时定量你们家几口人啊?

姜子:六口。

访:就是您和您老伴儿,加四个子女。

姜子:四个子女:三个儿子,一个女儿。

访:他们都读书了吗?

姜子:小学。

访:是他们自己不想读,还是家里经济条件不好啊?

姜:经济条件不好。

访:当时他们就在家里边是吗?

姜:嗯,乌龙【音】自然村。

访:那您除了在乌龙村之外,您当时有没有到外面去做点小工啊?

姜子:没出去过。

访:一直没出去过啊,就是您 40 多岁的时候有没有出去过? 八几年的时候?

姜:【摇头】

访:那您比如说小孩读书,您小孩后面要讨媳妇,你们想着给他们盖房子啊或者攒点钱啊什么的吗?

姜子:他们自己出去打工的,小学没毕业就出去打工。

访:他是 1965 年的,您老二是哪一年的?

姜:……晚四年。

姜子:小四岁。

访:1969 年的。噢,就是说到八几年的时候,他们已经 20 岁左右了,是吧? 他们都到外面去打工了。是八几年出去的?

姜:……老早就出去了,在家里赚不到钱。

姜子:早就出去了。

访:噢,大哥,您是哪年出去打工的?

姜子:八四、八五年。

访:您到什么地方去(打工呢)?

姜子:江西广丰。

访：江西广丰，在那边做什么？

姜子：砖厂。

访：在砖厂。您干了多少年啊？

姜子：砖厂啊，20多年。

访：在砖厂干了20多年了？原来是砖厂，后来烧锅炉？

姜子：嗯。

访：哦，那您什么时候回来的呢？回这边，您是什么时候回来的？

姜子：20几年。九二九三年好像？1994年回来的。

访：噢。那您跟嫂子是哪年结婚啊？

姜子：1990年。

访：噢。那会是在广丰认识的？

姜子：不，家里家里。

姜子：附近的，她是同一个乡的嘛。

访：噢。那您那些兄弟也是八几年就出去打工了？

姜子：嗯，也是。

访：他们也是在广丰吗？

姜子：第一次也是在广丰，弟弟在广丰落户了。

访：在广丰都落户啦！他现在没有回来？

姜子：没有。媳妇那里娶的，他的房子都盖在那里。

访：还有一个三弟呢？

姜子：三弟现在在江山打工。

访：那个时候家里经济就靠你们这几个儿子自己去挣钱，对吧？

姜子：刚开始买树啊做养猪，山上有树，买点树啊，养猪啊。

访：主要是他老伴儿干吗？还是他也干一点？

姜子：他也干一点，他五六年没有下地干了，以前都在干嘛，一直干到不能下地为止。

访：噢，他是哪年不会下地的？

姜子：现在应该是六年。五六年以前就不会下地了。

访：那就是说在做手术之前,他都是可以下地的。

姜子：嗯

访：下地的话他做点什么呢?

姜子：地里的活都能干。

访：地里主要是什么活呢?

姜子：地里面种种菜,种种其他的什么东西。但是水田里面的话就干不了。

访：那田里面主要就是大妈干吗,还是?

姜媳：田里面嘛,我跟我婆婆,我婆婆也帮着做一些。

访：田里面有些活是不是女性力气不够?

姜媳：我们什么都做。打药水啊,割稻谷啊。

访：那您犁地吗?

姜媳：犁地我们都是雇别人的。

访：那他就一直没有出去做过工?

姜媳：他没有出去找。因烂脚他很自卑的,以前都不出去的。我都结婚十几年了,十几年才看过他的脚,他不让我们看见,等我们睡着了,他才洗脚。他都不让我们这些小辈看见哦!

访：是这个样子的啊。

姜媳：他都把裤子拉下来,等我们睡着了他再……

访：他有专门的那个脚套?

姜媳：哪有啊,都是破布。以前都是用破布裹裹的,现在好了,都给他们发那个弹力绷带什么的。

访：啊,对对对。是他自己缝的吗?还是随便拿破布来裹裹的?

姜媳：旧衣服啊旧棉袄啊。

访：他如果不裹的话,是不是气味很重?

姜媳：不裹,它要粘到裤子上嘛。

访：他这个脚是一年四季都发吗?还是说哪个季节发?

姜媳：一年四季都发。

访：噢，那他属于比较严重的。

姜媳：他很严重。有时候一天到晚脚放在这里，脓水要滴到垃圾桶，用卫生纸吸起来，收起来那纸就一垃圾桶。一夜到天亮有一垃圾桶。

访：那他体内水分不是全流失了吗？

姜媳：全部流失了。平常放在这里就会看到它就跟葡萄糖一样，滴答滴答滴答一滴一滴滴下来。

访：那要给他拼命补水了，他要多喝水了。

姜媳：对啊！

访：那个时候他自己很难受的，是吧？

姜媳：以前他脚底板都烂的唉，只有一个脚后跟，全部都烂的。从这里到这里，只有一个脚后跟没烂。这些地方全部都烂，而且是那么走这么走。我们三倍，平常脚的三倍。

访：噢，是三倍。那他当时在生产队里有没有做点什么，比如说搞点什么会计啊？

姜子：没有没有。

访：就是普通的社员？

姜子：嗯，社员社员。

访：我刚才问了一个问题，因为他讲的话我不太能听懂，就是当时拆房子是吧？他是因为拆房子然后得病的？

姜子：他说那个老房子日本人从那里经过，已经把那鼠疫病毒放进去，那房子倒了拆了。

访：拆房子也不是他一个人啊，很多人拆啊，对吧？

姜子：我们自己家的房子就我们（拆）。

访：然后情况是拆了房子以后，你们自己家有好多人得了这个烂脚病，是这样吗？

姜子：是的。我奶奶之前躲日本人的时候就已经得了那个病了。

访：日本人过来以后就得了那个病，她是最早得的。

姜子：嗯。

访：后来他姐姐和弟弟烂到什么程度呢？

姜子：他们都看过的，以前都看好的。他最严重没看。

访：他们到哪里去看好的？

姜子：到江山嘛。以前他们家里比较有钱一点嘛，到后来去世的时候还是复发的。

访：哦，他们家当时条件还算好的？

姜子：以前他姐夫是书记嘛，叫他去看，他不去。他姐夫给我姑姑看，就是我们已经搬迁到户了嘛。

访：噢，是公社的书记，哦，那时候是到江山医院去看，然后叫他去看他不去？

姜子：嗯，对。叫他去看他不去看，他说没钱。去医院家里又不行，又没人干活，子女们又小。

访：那他们看好做手术了吗？

姜媳：做手术的。

访：也是做手术的。当时这一带是不是很多人这样？

姜媳：嗯，很多的。我们一个村就有八九个，我们一个乌龙村就有八九个。

访：你们家里还有没有人得病？

姜媳：我们家里没有。

访：为什么有的人家里有、有的人家里没有？

姜媳：有的细菌传播了有的没传播。现在就他跟乌龙村里的一个人还活着，那些烂脚病人都去世了。

访：哦，当时拆房子是他们觉得这个房子老了要拆？

姜媳：房子倒掉了。

访：日本人当时进来的时候您见过日本人吗？

姜媳：他没见过。奶奶讲给他听。

访：您妈妈奶奶都给您讲过日本人？

姜：……那时我住在半山上。

姜媳：我们以前住在那个山上的嘛。

姜：……有些亲戚躲在我那里，以前是他的山棚，后来卖给我的。

访：那日本人去过乌龙村吗？

姜媳：去过。我们老家那里他们就住过。

访：哦，是这个样子的。然后在你们那边也洒了很多细菌？

姜媳：嗯。

访：啊！

姜：……那时这里有个人被抓去强奸了，日本兵就经常来那里找粮食。

访：那除了那个烂脚，当时有没有得痢疾啊得霍乱这些病的？

姜：……好几个死掉的。

姜媳：有的……我奶奶好几个子女。

姜：……兄弟六七个。

姜子：兄弟六个就留下三个。

访：那当时就你们三个儿子出去打工，您觉得你们家经济条件在你们村子里边算什么样的（水平）？

姜：……条件不好。

姜子：不好。

访：不好啊。那什么时候好起来的？

姜子：现在也不好啊，现在也不好。

访：看起来蛮好的嘛！

姜子：就是靠政府救助，哈哈哈……

吴：如果没有我们王选大姐，他早就烂死了。

姜：……现在国家好，把我医病。上海那个王先生……

访：您截肢是哪年？

姜子：前年。

访：前年。就是到那个衢化医院去做的？衢化医院截的肢是吧？

姜子：嗯。

访：哦，当时您截肢愿不愿意啊？

姜子：不愿意不愿意的，死活不愿意，要不然早就截了。他不愿意截啊，一直喊他截，他不愿意截，他说他这个脚有毒性，截了别的地方会烂。他一直抱着这个理念的。这个地方堵住了，水没地方流了，就会流到别的地方去，他说。

访：这个是谁告诉您的？别人告诉您的还是自己想出来的？

姜子：他自己一直都这么想。

姜：……我自己这么想的。

姜子：你看他弟弟看好了死了，对吧？他姐姐看好了也死了。姐姐比他死得早，弟弟也比他死得早，是不是这样？

访：噢，他弟弟已经过世了，癌症死的，她姐姐呢？

姜子：姐姐也是得病死的嘛！

访：啊，姐姐也是治好了走的？

姜：……姐姐后来又复发了，一下子就死了。

姜子：到死的时候还复发的，我叔叔得了癌症到死脚也是烂的。

访：那您后来怎么下定决心要去做手术呢？

吴：我们做他思想工作。

姜子：吴馆长，王阿姨。

访：您现在还怕不怕？

姜：现在不怕了。

姜子：现在这么舒服，他都会走路了嘛！

访：您现在感觉怎么样？

姜：……现在感觉很好。

访：感觉很好了？噢，您现在那只脚还疼不疼啊？

姜：……痛，有时会痛。

访：那跟原来比呢？是要轻松一些还是（与原来）一样的感觉？

姜子：原来都是吃止痛药的哦！

访：现在还吃吗？

姜子：现在不吃了。

访：原来一天要吃两次啊？

姜子：痛的时候一天两至三次。原来穿不了鞋，就穿着拖鞋，拖鞋还是我另外给他织的，（正常的拖鞋）都穿不了的。

访：这鞋是什么时候开始穿的？

姜子：截肢以后买的嘛，以前都没穿过鞋，都是光脚。都是光脚，大冬天也光脚。没办法，他没法穿鞋，又烂脚，漏水时也没法盖被子。

访：他烂到这个地方吗？

姜子：就是这个脚后跟。

访：从脚后跟就开始烂了？

姜子：我给你看一下。

吴：他整个脚都烂。当时我看了他这个脚，很恐怖。大拇指这么粗，小拇指这么粗，脚底板大概有这么厚，很恐怖很恐怖！

访：很多人烂脚是脚底板不烂，就烂上边。昨天我们……他不一样的。

姜：……那人药给我好几年了。

吴：很恐怖的。

访：拍一下照片拍一下。

姜子：你看他以前就这样烂脚。这是没截肢之前的脚。这只脚截下来有7斤重。

编号8——被访者：姜雅琴（邱明轩遗孀。标示为"姜"）；访谈者：杨渝东、黄旭生（统一标识为"访"）；访问地点：浙江省衢州市妇幼保健院家属楼姜雅琴家中；访问时间：2018年1月8日14:30—15:30。

访：我们在做一项关于细菌战受害者的研究，邱老先生曾经做过很多关于这方面的调查，所以我们想作进一步的了解。因为邱先生已经去世了，您是最了解邱先生的人，所以想从您这里了解一些基本情况。

访：邱老先生以前是做什么工作的？

姜：他以前是我们防疫站站长，后来调到妇保医院做书记。

访：那他站长做了多长时间？

姜：有十多年时间了。

访：那他是在防疫站工作的时候接触到这些烂脚老人吗？

姜：是的。

访：他当时是出于什么想法要把这些东西写出来？

姜：他自己讲是他要写的东西太多了，因为（烂脚老人）他从小看到大。他记忆力很好，很小很小看到的东西都还记得住。他讲如果不把这些东西写出来，好像对不起后人，所以他要写一下。这都是他利用休息时间到乡下去采访的，还让我给他拍照片。那个时候（我们）两个人像游山玩水一样，到乡下去。他写不出来就自己去搜集资料。

访：那您还记得当时你们跑了多少地方吗？

姜：很多，有的写在书里了，具体我记不得了。他是一有空就下乡去调查，几乎都是自己掏钱的。我子女都讲，那个老共产党员思想真好。农村的交通很不方便，（我们）都是自己坐车过去，到了山区偏僻的地方，到了镇上再下到乡里就要自己走过去。有一次我们走进山里，兜兜转转走不出来了，天黑了，我们迷路了。所以后来我就叮嘱他进山早点去，要是去晚了，肯定走不出来啊。

访：当时邱先生去除了调查烂脚病人，还有没有关注其他方面的情况？

姜：除了烂脚老人，其他各种传染病他都要关注的。他是防疫医生啊，他对衢州市的传染病都比较了解，而且对地形也很熟悉。

访：他是从小就在衢州长大的吗？

姜：是的，他老家就是衢州的。他祖先中的爷爷奶奶是上海的，他父亲是衢州的。邱老先生的爷爷是复旦大学的高才生，当时被衢州市的县长、同班同学邀请到衢州来的，是躲日本鬼子过来的。现在《衢州日报》就是邱老先生的父亲一手创办起来的。

访：邱老先生和王选大姐是什么时候认识的？

姜：他们认识很多年了，当初王选刚到衢州就过来找他了。去日本诉讼我老头子做证人的，他对这方面情况很了解。王选对我老头子也很了解，有什么事情都会找我老头子的。

访：当初去日本诉讼都是一起去的吗？

姜：是的，都是一起去的。我老头子去日本两次了，第三次也邀请我去的，但是我家里离不开就没去。

访：当初邱老先生去日本主要做些什么？

姜：主要是去讲学和作证，就是拿自己的调查材料去作证的。

访：邱老爷子家里有人受过日本人的迫害吗？

姜：没有。他看到这些事情后，就是想记录下来。

访：那邱老爷子和这些"烂脚老人"之间有没有什么往来？

姜：有几个有往来的，但不是太频繁。就是什么运动来了，九一八啊，抗战胜利纪念日啊，他参加会议就会和这些人接触。平时也没有什么往来。

访：那平时对"烂脚老人"的治疗活动，他有没有参加？

姜：这个要去的，柯城人民医院（对"烂脚老人"）的治疗点就是老头子建起来的。他去每户人家走访，发现了"烂脚老人"，他就鉴定是不是符合这个（炭疽病毒感染的）标准。他是副主任医师，是鉴定专家。

访：如果没有衢化医院的治疗，他们是不是就不会好？

姜：那是。（……）后来就做女儿、女婿工作，才把试点放在柯城医院的。我女儿是民政局局长，通过我女儿才弄起来的。因为没有一家医院愿意这么做，毕竟这个工作很辛苦的，又脏又臭。

访：那您女儿当时主要做了一些什么事情呢？

姜：我女儿原来是柯城区民政局局长，女婿是市卫生局副局长，把他女儿女婿思想做通了才放在柯城区人民医院。一开始的资金是王选做浙江省政协委员时募捐来的，当时是每年20万，给柯城医院。（……）

访：那个时候邱老爷子已经退休了吗？

姜：那个时候老早就退休了，已经病得很严重了。

访：邱老爷子等于一边调查一边写书？

姜：是的，我跟你讲我在里面画画，他是在里面房间写。

访：老爷子是用手写还是用电脑写的？

姜：都是手写的，本来是可以用电脑写，他不是太熟悉，说有时候思路要被打断，写到一处就写不出来了。思路被打断了就写不下去了，说还是手写好，后面就都是用手写了。

访：那这些手写稿您还保存着吗？

姜：我都保存着，这个很珍贵的，手稿很多的。他写起来很认真，我们有时候连吃饭都忘记的，特别是吃中饭。有时候都一点多了、快两点了才想到吃中饭。我是画画忘掉了，他是写书写忘掉了。有时候他问我，哎，姜雅琴，你怎么回事啊，午饭怎么没做啊？真是废寝忘食啊！

访：那邱老爷子有助手什么的吗？

姜：没有的，有时候就是我给他对稿。

访：这些书都是邱老爷子一个人写出来的？

姜：是的，都是他一个人完成的。

访：那他访谈的人数都能超过一两百人吧？

姜：一两百人起码，估计不止。吴会长父亲陪他下乡就有七八十次了。这些都是没有报销的，都是自己骑自行车下乡。

访：邱老爷子最早有这个想法是什么时候？

姜：我想想看，大概是80年代吧，那个时候他还没有退休。退休后就写得更多了，他说有些内容在肚子里，不写出来太可惜了。那个时候下乡还可以看到好多烂脚老人，他就认为一定要写出来。这本《罪证》就是当初诉讼的时候作为证据呈上去的，里面的资料都是老头子自己调查得到的。

访：当初邱老先生做这个事情的时候，市里宣传部门的人知道吗？

姜：晓是晓得的，但是没有人支持他。开始出版《罪证》的时候，他是想公家出些钱，自己钱少啊出不起。我们两个人加起来一年也就5万多一点，这点钱怎么出书啊。所以一开始他是希望公家能够出，但是公家不敢出。那时候跟日本关系很好，出这个书不行。组织部就不给出，后来拿给政协看，他们说这个书好像不能出。他们不给出那我们自己掏钱出，这里好几本书都是我们自己掏钱出的。我们两个人啊，当时那些工资全都贴进去了。我们这个房子很破的，周围的人都搬走了，我们没有钱啊，老头子都把钱用来出书了。我老头子活着的时候这房子就很破烂了,没法住的。他走后,这房子太破烂了,实在是没法住了,我们自己才花点钱装修的。本来很旧的,都是老式家具。

访:那可以说完全是靠你们自己做这件事情(救助"烂脚老人")的?

姜:是的,完全是我们自己在做。大部分书都是我们自己出的钞票。

访:那等于说您们出这些书不仅没有稿费,而且几乎都是自己掏钱的?

姜:是的。

访:那这个过程中政治、组织没有尽到一点责任吗?

姜:没有呀。到了后来书出了几本,影响大起来了,看到来采访的人多了(就开始关心这件事情了)。

访:那当时来采访的记者有没有对邱老先生做一些报道啊?

姜:有的有的。报道是有的,他们来我们讲。但他们来采访的很认真,但回去之后也就不一定了。老头子就说过采访完之后,那个资料你要给我寄一点来,我要看见的,但只有几个、没有太多的人(将资料)寄来的。(……)需要你的时候才会想起你。(他们要)采访的时候才想到他。

访:那后来和邱老爷子长期联系的记者还有吗?

姜:没有没有!王选倒是经常要来的,其他好像没有经常来的,几乎都是来采访完后就算了。

访:那出这些书你们自己总共掏了多少钱?

姜:一共100多万要有的,可能还不止吧。具体多少数字我们算不清楚。你看,出一本书要十来万,要买书号的,书号贵,如果没有书号,(出版价格)就会便宜点。(……)这些年也没有统计,我们都没算过花了多少钱。我们也无所谓的,出了也就出了。

访:那问题是你们的工资收入也不是很高,又用了这么多钱去出书,家属可表示支持啊?

姜:我是无所谓的,只要他高兴就好了。我对他说你只要认认真真地去完成就好了,能够把这些资料发表出来就好了,我说钱不钱无所谓的。我家里面三个小孩子(两个女儿一个儿子)家庭条件还是可以的。

访：那他们还是支持自己父亲干这件事情的？

姜：他们都支持的，支持的！我们是一点都不考虑回报的，一点都没有想过。

访：那邱老先生当时在写书的时候，有没有去过高校做讲座什么的？

姜：有的，去过温州医学院做讲座的。上海也讲过的，再有在日本也讲过的，还出庭作证的，书里都有照片的。

访：那这些活动（开展讲座等）是邱老先生自己安排的还是由王选安排的？

姜：那边（王选）通知的，基本上都是王选通知的。

访：这些活动都是义务的吗？

姜：都是义务的。没有报酬的，去那边（开讲座）的车票都是她（王选）寄过来的，吃饭住宿都是他们负责的，基本上他自己没有掏钱。

访：后来生病以后还出去（开讲座、参加社会活动）吗？

姜：去的，生病都会去。他很敬业的，为了"烂脚老人"做了很多（事情）。

访：那纪念馆也是邱老爷子出力建起来的？

姜：是的，最早开始创建的时候，纪念馆的资料90%都是我老头子提供的，都是他一个人提供的，包括文字内容、烂脚老人的图片、地图都是他提供的。而且我跟你讲，（纪念馆建成）刚开始的时候，老头子还是很满意的，因为里面的资料都是他提供的。结果到了第二次整修的时候就给改了一下。2012年年底政府给了一点钞票，重新给整修了一下，全部都给拿掉了，而且有些就再也没有贴过了。我跟你讲啊，本来里面的内容很多都是我老头子提供的，后来都给换掉了，他看到后心里就很不舒服。

访：那为什么要把这些照片都换掉呢？

姜：不知道啊，他们有权啊。那时候我老头生病了，身体不好，他们就把那些资料给换掉了。

访：那原来的照片还有保存吗？

姜：反正照片书里都有。

吴：【吴指吴建平】原来我们邱叔叔提供的展品，他们说都过期了还是什么,反正都是由他们讲,后来都给换掉了。包括我父亲和邱叔叔两个人骑自行车下乡的照片也给拿掉了,还有三个老头子坐在会议室谈工作的照片也给拿掉了,都换成其他的照片了。

姜:现在基本上80%的照片都不是我老头子的了,我去看过一回。怎么搞的啊,也不征求我们的意见,就随便拿掉?

访:这件事情是什么时候发生的?

姜:2012年的下半年。

访:最先建这个馆【指侵华日军细菌战展览馆】是什么时候?

吴:是1998年开始搞的。现在展览馆放那个石碑的地方,现在放3D电影的那间房子才是最开始的展览馆,其他地方都不是的。2005年关工委接手了,把面积扩大了一半。没有人提供照片,全是邱叔叔提供的。就连衢州市档案馆都没有,全部都是邱叔叔提供的。再后来到了2012年年底,要升格为浙江省爱国主义教育基地,省政府拨了100万,衢州市拿出了90万,一共190万,进行重新翻修,资料重新做过。做完后一看,哎呀,原来的资料都没了,做的时候完全没跟我们商量。

姜:我老头子(在修好后)进去看过一次,从那以后就再也不去了,看了就发火。

吴:我父亲是第一个走的,2009年走的。2012年重新翻修的时候,老爷子都走了,你好歹留下一张照片,把我父亲的三张照片全给去掉了。

访:也就是说现在政府不愿意提这段历史【指有三位老人自行建立的细菌战博物馆】?

姜:不提了。后来我提出异议,办公室主任说要写个报告重新弄,我说"神经病"。他们好像就是不愿意提,觉得不好意思。

访:等于说在建纪念馆之前,邱先生的资料和照片就已经全部收集好了?

姜:全部都收集好了。没有那个资料事办不起来的,就是因为有那些资料,他们才想建纪念馆。结果到了最后就被政府接管过去,成为政府做的一件事情了。

访：那建纪念馆也是自己掏钱吗？

姜：建馆不是的。当时房子是公家的，展品是他提供的。别人也拿不出来的，这些资料都是下乡一步一步走过去（收集起来）的。

访：这个纪念馆整个就是这三个老爷子搞起来的？

吴：是的！他们三个都是转业军人，所以有共同语言。搞这个馆是1997年的事情，就是去日本打官司嘛。之后大家就想搞这个馆，就筹钱，就这么弄起来了。

访：那后来邱老先生从日本回来，有没有对您说过对日本的印象？

姜：他说日本人民是好的。接触翻译的过程中，就发现日本人民是好的。都说日本鬼子不好，但也有好的，比如那个飞行员。他去采访过那个飞行员，希望他做证人，他讲那个人就是实事求是地讲，很公正真实。

访：那对日本人最后的判决【指不赔偿】，邱先生有没有什么说法？

姜：不赔偿是不赔偿，但是日本人是承认（细菌战）的。那时候毛泽东说过的不要日本人赔偿，他说我去的目的就是让日本人承认就好了。你投了弹了还不承认，那就不对了。他们还游行，去街上游行，一点也没遭阻拦。反正目的是达到了，日本人承认是错的，他回来还是蛮开心的。他口才很好，很多法庭上的证物都是他提供的。（他）一个一个回答问题，面不改色的。（他）一共出庭作证两次。

访：那像这件事情，国家最后有没有认定，获得官方认可？

姜：最后一次去日本，他们还被交代：你去日本有些事情不该讲的不要讲，你讲话要注意分寸。我老头子就说这个分寸怎么掌握呢，是不是实事求是。当时为了中日友好，怕讲了乱七八糟的事情破坏了中日友好关系。

访：这么说，当初邱先生去作证还是有压力的？

姜：有压力的！第一次去就这样了，那个时候还没有退休，还有公职。

访：那当初出去的费用是谁提供的？

姜：都是那边寄过来的，王选也没有什么工资。国家没有提供任何经费，是民间提供的。飞机票啥的都是那边寄过来的。他们为国家做了很多贡献，但是没有得到国家的什么认可。去世前他爸的资料都捐献给国家了，档案馆负责人就在电视上表扬了他一下。还奖励了老头子2000块钱,这是唯一一次得到国家的认可。

访:那得到国家奖励后,老爷子的心情怎么样?

姜:心情很好的! 那肯定开心的。

访:等于说邱老爷子从退休到去世之前20多年都在干这件事情?

姜:是的! 他一直都在做这件事情。去世之前还在编中医院的《卫生志》,大概编完了,只是还没有最后定稿。然后去世之前还写了那本《三代人》。

编号9——受访者:连忠福(烂脚老人亲属。标示为"连"L);访谈者:黄旭生、李婷婷、杨丹、杨涛伊(统一标识为"访");访谈地点:常山县某饭店;访谈时间:2018年1月10日午饭期间,总共持续35分钟。

连:……因为是红十字会搞的,说每个老人补助1000块钱,然后他们需要登记,需要报名登记填表,需要相关复印件之类的东西。老人在农村不会清楚的,以前的补助他们都不知道。后来我就找他们,我说,你们这些老人把身份证拿来,把表格填好,如果给资助,钱直接打到你们农保卡上。后面我问他们有没有收到,一段时间后他们说收到了。所以这个钱不经过我们这些人的手,都是红十字会、政府机构、慈善机构直接打到他们的卡上,这个是蛮好的。

访:那您作为烂脚老人的后代,到底有没有因为您父亲或者您家族的这些烂脚老人对您产生影响呢?

连:这个影响呢就是怎么说呢……哈嗯……应该是说,对这个,比如说现在咱们提出这个证据的问题,细菌战,老人是不是日本细菌战害人啊? 但是呢,你叫我们现在不是搞医学的,就是说一是要确定去说,我们真的拿不太准,但是我们可以从医学的(角度)肯定日军是细菌战的罪魁。因为当时日军实施了细菌战,就刚好这一带的老百姓很多患了烂脚病。当时日军在浙赣是有计划地实施了细菌战,这个是有历史记载的。所以很多老人染瘟疫,比如说鼠疫啊、痢疾啊,尤其传染病大爆发的时候,好像从1946年到

1948 年两年期间,我们一个县的人口没有增长反而下降了 1 万多人。当时出现一个状态是什么样呢? 就是家里人全部死了,就是说家里全是尸体啊,已经出现这种情况了,非常惨烈的。

访:那这段历史您是后期查阅文献看到的吗?

连:不是,是老百姓给我讲的。老百姓年纪大了就会跟你讲的,经历过的都会讲的。

访:那您看到的肯定比我们多,接触到的烂脚老人肯定比我们早。那他们什么地方让您觉得可怜呢? 就是这些烂脚老人……

连:可怜的是他们受到这个侵害以后呢,劳动能力一直差;劳动能力差了以后呢,没办法自己保障自己,需要别人来保障自己。在那个年代,比如说 60 年代 70 年代,整个国家的经济都比较困难,农村更加这样,你这么一个人要是不能劳动,反而要别人来供养你的话,那就是说确实来说是比较——我刚才说了就是有点可怜……。嗯,我所说的我那个三爷,他自己不会走路的时候就是痒啊,就自己爬到那个天井里面,那个天井里面不是有烂泥吗,用那个烂泥来擦。

访:擦什么?

连:就是擦那个烂口。

访:就是他用烂泥把伤口给包住吗?

连:哎,对。

访:有作用吗?

连:没有作用,但是到最后他就没办法啊,没办法啊。包括用盐水去洗,但是你供不起啊! 你不要说弄这个餐厅吃饭啊啥的,当时就连那个很厚实的、加工得很粗的纸都没有。唉,最后呢,他死的时候全身都是……因为他脚很不好,他死了以后蛆虫很快爬满他全身,那个收尸的老人去收尸,根本就近不了身啊,根本不敢去动他,全身都是(蛆虫)。再一个就是气味太大。收尸的人不是弄了两瓶烧酒嘛,用嘴巴喝一大口喷一下。就用那个烧酒,因为那个气味很大,然后就赶快把他收拾到棺材里去。这样才能接近的啊!

访:那他应该也是没有结婚的吧?

连：结婚的，有一个儿子。因为他是 1965 年啊……应该是 1965 年或者是 1963 年去世的。他儿子现在都已经 80 多岁了，这些事情呢他儿子知道。他儿子说，墓葬以后呢，这个第二天第三天去看，发现那些蛆呢都是藏在木板缝里面的，也没有条件用那个绢啊什么的给封起来，很惨的，就是很悲惨的。

访：那当时像您三爷这样的情况是不是特别多？

连：应该说我比较了解的是他。当然这种情况也是有的。我们那里原来好像有个叫花子，在我小的时候就烂很大的一块，就是这一块（用手指）全部烂掉了，然后他要饭，就没办法啊，从小要饭。那个时候小孩子不懂事的，就跟着他后面……噢……就是说："你这个臭疯子臭疯子哦，赶快走赶快走。"小孩子嘛！不懂，那么那个时候肯定不知道为什么烂脚，都以为他是自然的，因为很多人对烂脚……不知道这个为什么烂。因为细菌战是要非常……就是说要有一定的文化知识、一定的历史知识，像我们还算有点文化的人，我们也是到 90 年代，才知道这是细菌战的后果，是吧？但是日本政府现在怀疑，其实不管如何怀疑，从我的内心来说，我是坚定这是细菌战的结果。如果不是细菌战，那为什么北方那些地方没有那么多的人……哈……烂得那么厉害呢？是吧？哈……我觉得从我的内心毫不怀疑，但是你叫我拿出很多的医学证据来，那我又不是搞医学的是吧？我也不是专门研究细菌战的，但是我们知道日本兵在投降的时候，把制造……细菌的一些设备啊全部毁掉了；再加上东京审判的时候，美国人半遮半掩的保护是吧？因为这个我们看材料才知道。比如说他们达成条件，日本人把制造细菌的技术交给美国，那美国人对细菌战就可不去追究，啊……那你说这个情况不是经过历史发展、我们去读历史的时候知道的？我们没有参加东京审判，我们不知道当时内幕，如果不是知道的人把记录公开出来，我们又怎么知道呢？是吧？日本政府要我们拿证据我们怎么拿得出来呢？是吧？所以我觉得他们这个要求，你从民间，去了解日本人细菌战的危害性和毒害性的结果，最后他们心里是肯定我说的，这个实际上就是细菌战造成的后果。那就是说我们是细菌战的后代。到我父亲还有再后面就没有烂脚了是吧？特别是到了解放之后出生的人几乎就没有烂脚是吧？那有一些比如静脉曲张啊什么的，这个很早的……就年轻人都可以看出来，这个是我们都知道的，这个很明显地爆出来了。

访：其实我们这次访问是最后成果的一部分，可能也是正式书的一部分，虽然可能到不了教科书的高度，但是最起码衢州老人的历史最起码在国内——我们希望——在书上能被正式记录下来，老人的烂脚是日军细菌战导致的。

连：是的。从我内心来说这是肯定的。我是搞这个专题研究的，我接触了那么多事情、了解这些事情的。我在人民日报出版社出版了《爷爷的烽火岁月》一书，里面记录了比如我三爷、我父亲……还有就是今天下午要去的符水莲，再就是把原来几个比较（严）重的人，属于我了解得比较细致的几个人，都给他记录下来。

访：现在通过像吴会长这样的民间爱心人士，把老人给治好了，通过对您这些人的走访和关注，您觉得这些老人治好之后有没有比较大的变化？

连：我觉得最大的变化就是他们消除了自己的痛苦，因为他们以前不知道是细菌战造成的结果，我告诉你，他们就会从民间去解决……这个……可能是哪个器官不好啊、这个血型不好啊、这个那个一些……就是说有这种……嗯，这种病的抵抗力还是差，这个病灶可能是抵抗力比较低啊，就算我们比如说得了癌症，它可能就是某一方面抵抗力比较低，癌细胞那么冲出来了、成长起来扩展起来了是吧。那现在就是它可以证实日本人造成的。……现在这种情况下，你不要说就是（在校的）子女，你那么严重的话，有的小孩子说我宁愿出钱，但是我不愿意你住到我那去，因为他感觉到这个气味很难闻，特别是严重的时候。我记得最早我是把吕友全【音】，就是上次说的那个人哦，他特别臭，到医院里医生戴着口罩都受不了，所以赶快叫护士给他清洗，然后把腐肉剔掉。我去以后，把车开走，快速地往衢化医院跑，像救护车一样，（路上）一直超车。因为你不敢开空调，你不敢关窗户也不敢开空调，那个一关就真的非常难闻，自己要吐的。所以我后来送他到医院后面，那个医生赶快给他清洗，把他的腐肉给剔掉。因为你到房间里要影响大家了,其他人已经处理过了不会有气味。我觉得这些老人,我们这么一次接触到都这么难受,那他儿女要长期的和他住在一起,他儿子同意媳妇不一定同意,媳妇儿子同意孙子啊也不一定同意,哎哟,你太臭了! 你做工作,但是这个现实摆在这里是吧? 你说哎哟……怎么教育啊! 百善孝为先啊? 你这个症状摆在这里没办法。

之所以把病治好,我觉得这个真是提高了老人的社会体验、人生价值。"烂脚老人"到死的时候都是烂脚。那现在治好了,我觉得他的人生实际上出现了一种春天的色彩。烂脚应该是个寒冬,我觉得。那么在把它治好了以后,寒冬就过去了,就是春天了。我觉得"烂脚老人"你给他治好了,都应该是这种感觉。和子女、家庭的关系马上就融洽起来了。因为我们搞写作的,或者说我们这个了解社会的组成,是比较清楚的,这个对老人是很重要的。就是说是给他1000块钱,1000块钱说起来是没有什么的,但是对他来说,实际上是我这个烂脚还有人来关心,还有人知道,还有人记得。我觉得现在有人呼吁政府部门层面来做这个事情呢还比较难,因为政府部门做这个事情真的比较难鉴别,哪样才是细菌战造成的。政府原来画了一条线,就是75岁及以上的可以去治疗,但75岁以下的不能。民间组织的力量筹集的钱可能会好一点,政府出的钱会揪这一块,凭什么是这个标准? 有什么医学依据? 这个你要做到就比较难了是吧? 我觉得大家还是不要说只有民间组织在做这些事情,没有人关心我们。我觉得政府也在做、也会关注这个事情……民间组织比较好管理,我这样规定那就这样执行。政府不能以法律的形式作出规定,因法律形式要追究依据是什么。现在我们说细菌战,从心里来说,肯定是个……是吧? 日本政府叫你拿出证据来,你拿不出来……我真拿不出来。你说我拿出什么证据呢? 我又没经历过? 就是经历过的人也不知道具体哪一天,反正他只知道我哪天到哪个地方,只是逛一下,回来后先开始有点红,后面开始烂起来了,有一点点小烂啰。农村的人,这点小烂谁会去在意呢? 再后来就慢慢感觉到痒,痒了就去抓,噢! 怎么会厉害起来,这溃疡面慢慢地变大。实际上就是这样的。你要他准确地说哪天开始烂起来的,他哪里记得住呢? 他哪里有心在意这些呢,是吧? 今天那个茅草割了一下,就只是出了一点血,是吧?

访:其实刚才有一个点我们特别感兴趣,就是您说政府可能不适宜直接出头把这些老人给弄起来,是吧?您可以再讲得稍微详细一点,就是您觉得政府应该用怎样的一种形式可能会比较好呢?

连:嗯,这个我还要思考一下……我刚才说的这个界限怎么确定?你是细菌战"烂脚老人"。那你说一定是日本细菌战造成的烂脚,我们不能给他下定论,好像弄了一个词叫疑似啊。那你说这个由政府来救济,那哪些人属于应该救济的?哪些人不属于应该救济的,这个就很难确定。

访:没有标准,是吗?

连:没有标准的,这就很难,是吧?我这个静脉曲张,那我说我是细菌战造成的啊,呵呵,呵呵……可能还要医学上面看一下才明白,那这个矛盾很难调和。

访:那现在吴会长救治这些"烂脚老人",依据的是一个怎样的标准呢?

连:他呢,就是刚才所说的,按照一个年龄,基本上就按年龄。年龄呢,他要看到的,要去看那个照片的。一个老人,比如说炭疽,那你看得出来的,静脉曲张,也是看得出来的。再从年龄上来说,你比如说你60来岁呵60多一点点的,你说是细菌感染来的,那你过来看看,细菌战"烂脚老人"都是烂很多年的,溃疡面都比较大;再一个就是,嗯,我们见过是吧?我们都知道的。……我这个钱是从民间筹集起来的,我必须严格把关是吧?我上面的这个基金会依据的一定要是细菌战造成的,或者你是细菌战烂脚多少年以上才能救治。也有很多人救治但是没有免费的是吧?所以这个民间组织呢是可以说的。(……)

访:现在吴会长感到比较悲观的一点就是,现在是一个民间力量在做,可是他并没有看到政府任何力量的介入来帮助他这个民间团体,他没有看到政府在给他这个团体提供支持。(……)吴会长现在是这种感觉,你觉得政府是这样子吗?

连:吴会长这样说肯定有他的道理,他体会到的正是他在做这个事情。(……)我觉得吴会长有一个观点很好,就是要先救助这些老人,努力地发掘民间力量去救助这些老人。政府呢……我觉得实际上政府的力量是参加的。最早的时候是省民政厅报了一部分钱，就是汇到柯城区的医院。最早的时候，九几年的时候，应该是叫万少华的，就是花钱的时候，政府到各级医院。这是政府行为，是吧？开始的时候就是政府弄起来的，弄起来以后呢，后来有一些力量开始慢慢地走向民间。民间呢，我觉得很多人知道是细菌战遗留下来的问题，这是一种民族的成长。大家应该是说积聚一部分民间的力量服务。我觉得事实应该是这样的。政府完全不会不管的。我觉得细菌战展览馆啊，那个房子啊什么东西，就是一个政府的场地，他们现在关工委那里一起搞。（……）

访：我觉得有时候真的得靠你们这些民间爱心人士，像我们这种老师和学生是活在象牙塔里，和社会，说实在话，距离比较远。这次来我们要不是遇见您和吴会长，我们真的无法了解这个烂脚群体，我们尽自己最大努力，真的尽最大努力，我觉得应该将这段经历写进历史，写进别人能看的文字，我们尽量写出来。

连：我小孩参加工作了，我也这样教育我小孩的。

访：那您的孩子肯定很优秀。

连：我小孩学法律的哈。（……）

编号 10——被访者：毛水达（标示为"毛"）；翻译者：敬老院护工（标示为"护"）；访谈者：杨渝东（标示为"访"）；"吴"为陪同访谈者吴建平会长。访谈地点：江山市上余镇敬老院；时间：2018 年 1 月 10 日。

访：您这边住两个人啊？

护：他们两个人住十几年，一直住一起，他们俩。

毛：15 年了。

访：15 年啊，到这边 15 年了噢。您今年高寿啊？多大岁数了？

毛：80。

访：刚刚 80，啊，那您是 1937 年出生的？

护:1938 年。

访:身份证呢? 我看看。哦,来这儿 15 年啦!

护:我们刚建院【指养老院】的时候就来了。

访:哦,第一批。他是哪个村的?

护:他是哪个村? 老人太多了,我们记不清楚。上余村后庄?

访:1938 年,马上过生日了,1 月 26 日。你是在上余村后庄? 在哪边?

毛:……上余后庄。

护:就是在这下面过去不远,大概十五六里路。

访:哦。

吴:帽子脱一下,我给你拍一张照片,看我啊! 笑眯眯,帽子脱掉,看我。噢,OK。老毛,我们老朋友啊!

护:经常过来那个的。

访:是吴会长经常来这,您戴上戴上,等会头冷。

护:啊,他刚从外面回来。

访:哦,刚从外面回来。您那边还有老房子啊? 房子没有了?

毛:【点头】

访:您得这个病时是多大岁数啊?

毛:……5 岁的时候,让我用麦秆伸到茶壶里喝水。

护:他说 5 岁的时候……给他吸管,叫他喝什么茶壶里的水就喝成这样子了。

访:噢,是有日本人让你喝这个? 这个是谁让您喝的?

毛:……茶壶里大概有毒放下去,让我用麦秆(当吸管)喝水。

护:茶壶里面。就是我们吃的那个麦秆子,用麦秆叫他抽的,就是那个麦秆子放在茶壶里面叫他喝水,喝下去变成这样子的。

访:是哪个叫您喝的? 是日本人吗? 是不是日本人让你喝的? 还是中国人?

毛:……是。

护:是日本人。

访：噢，您见过日本人啊？

毛：……军衣穿着，马刀拿着。

护：他们穿着那个军服，带着马刀。

吴：他是亲身经历过灾难的。

访：您当时5岁是吧？现在还记得啊？

毛：……我哥哥9岁。

护：他哥哥9岁，他5岁。

访：您哥哥也是烂脚吗？

护：对。他死了，走了六年了。

访：哦，那你们家现在就您一个烂脚，还有没有别的人？

毛：【摇头】

护：他没有，就他一个。

访：哦，那你们那个村呢？

毛：……现在可能，有的话可能个把个，原来的老家那里。

护：他说他那个村庄上大概还有一两个人。

访：那您这个脚刚开始从哪边开始烂的？

毛：……脚肚子上，一个一个包，像蚂蟥咬的一样，外面看着好的，里面仍然有的。

护：就是脚肚子上。他说像那个蚂蟥咬的一样的，就是那么一小块一小块的，好像外面看起来是好的里面就是那样的。

访：哦，那您刚开始，那个时候您父母有没有带您去医院看啊？还带您去看过啊？

毛：……看不好的。

护：看不好的。

访：那个时候严不严重？小的时候严不严重啊？

毛：……严重的，在三四十岁的时候。

护：是很严重的。他说是三四十岁左右的时候开始严重的。

访：哦，那您原来不是很严重？您二三十岁之前不是很严重是吗？

护：他别的都还好，就是这个脚，别的身体都还好。

访：嗯，我怕（问）他问题他等会难受。那您后来严重了您怎么办呢？有没有去治疗啊？严重的时候怎么办呢？

毛：……这地方，23 岁时我娘死了，长了一个疔疮，我把它挖掉，过了三天，（脓）水流出了还变大了，（脓）水一直流到脚底。

护：他说 23 岁那一年的时候，好像长了一个像疔疮一样的（东西），他那时候就用手把它抠掉了，之后就一直这样子了。

访：就开始烂了？

护：嗯。

访：噢，就 23 岁那年，噢。您那个时候没有谈过对象啊？

毛：没有。

护：【笑】

访：啊，那您那个时候父母还在不在？

毛：……娘死在 7 月份的时候，7 月 27（日）走的。

护：啊，他老妈在他 23 岁那年 7 月份去世的。

毛：……爹是他 6 岁时走的。

护：他 6 岁时他爸爸就走了。

访：哦，就是您 6 岁时父亲就过世了？

毛：【点头】

访：噢。

毛：……8 岁帮别人放牛，挨打，赚到菜吃。

护：8 岁的时候帮人家放牛，还要挨打。

毛：……【听不懂这句】

访：哦，那您妈妈没说给你讨个媳妇？

护：那时候他家里条件（差），他是五保户。

访：您有几个兄弟啊？

毛：……兄弟两个。

护：两个。

访：两个。有没有姐妹啊？

毛：……没有姐妹。

访：就您两个啊！还有您大哥。那您后来就是在生产队干活啊？

毛：【点头】

访：那个时候您脚烂还能干活啊？

护：天天都去干活。

访：天天干活啊！是下田还是干那个地里边的活啊？

毛：……田里、哪里都要去。

护：到处都要干的。不管田里地里。

访：那您脚能行吗？

毛：……山里砍柴也要去的。

护：上山砍柴都要去，什么活都要干的。

访：干完之后那个脚会不会发起来？

护：要发的。

毛：……在家里出去砍柴时，大家叫我把裤脚放下来，树枝划到腿要痛的。

护：他说去砍柴的时候，大家叫他把那个裤管放下来，以防树枝啊划到腿要疼的。叫他把裤管放下来。

访：生产队不关照一下吗？不特别照顾一下您吗？

护：那没有的，那时候。

访：工分给不给您与大家一样的？

毛：……九分哇。

护：九分，这儿好像是十分满分。

访：哦，那分的粮食要少一点了？

毛：……工分多哇，粮食多点哇。

护：啊，他工分多嘛粮食就多一点，工分少粮食就少一点。

访：您不跟生产队讲，说我脚不好啊，你们照顾一下，您不跟他们讲吗？

毛：……哪里有啊，还喊我多干点。

护:他说没有的,还叫他多干一点。

访:为什么? 欺负您是吗? 那时候您家里就您一个人,就您俩兄弟,您大哥结婚了吗?

毛:……结婚的,结婚又离婚了。

护:大哥结婚的,他侄子有的,有三个侄子。

访:他大哥脚有问题吗?

护:没有,没问题。

访:问问他那个日本人叫喝那个水(的事)。

护:他说……叫他用那个麦秆放进去喝那个水。

毛:……那个地方,脚肿起来,用那个涂涂,退(肿)的,现在好了些。

访:您后来还恨日本人啊? 他们让您喝那个水?

毛:……那还不恨他们吗?

护:那肯定恨的。

访:日本人在你们村子里还杀过人啊?

毛:……杀了个把。

护:杀了一两个。

访:怎么死的? 怎么杀的? 为什么杀他们?

毛:……有个我记不得,一个在山上,叫他不要滚、不要滚,要逃往前面走,"嘭"一枪,头一枪吓他一下,第二枪就打到他了,当时就……

护:他说在山上,(日本人)叫那个人不要跑不要跑,然后一枪把那个人(打死了)。

访:是你们村的吗?

毛:……四五岁的。

护:他说也是四五岁的小孩。

访:哦。(日军)有没有抢你们的粮食啊?

毛:……抢的,那还不抢吗?

护:抢的。

访:哦,日本人去过几次,您还记得啊?

毛：……两三遍嘞。

护：两三次。

毛：……屋子让他们烧了一座。

护：房子被日本人烧了。

访：哦！你们家房子被他烧了？

毛：……一个女的肚子被刀割，（刀）放在水缸里洗得水红红的。

访：您是听说的还是见过的？

毛：……后来她奶奶用面团补补，大家传起来的，就住在我隔壁。

护：他说是大家传的，他那时候小。她住在他家隔壁的。

访：哦，那您后来在村子里边就一直干农活，有没有出去打工啊？

毛：【摇头】

护：没有。

访：一直没有出去打工啊？

毛：嗯。

访：噢，就在那个村子里面干活啊？

护：他哥哥在外边干活。

访：哦，您哥哥在外面干活啊！您哥哥后来也没说帮您讨个媳妇啊？谈过没有？

毛：【摇头】

护：没谈过。

访：您这个脚最严重是什么时候啊？

毛：……二三十岁哇，二三十岁就烂起来。

访：大概什么岁数啊？最严重的时候？

护：他说二三十岁的时候。

访：噢。那个时候疼吗？痛不痛？

毛：……痛不会太痛，大家看着难看。

护：他说就是我们大家看着难看，疼是不疼的。

访：哦，就是难看是吧？

护：就是我们大家看起来好像烂的，很难看。

毛：用布包起来。

访：哦，用布包起来的。包起来您难不难受？闷不闷？

毛：……包起来就不会让大家看见。

护：他说大家看着不会那么难看。

访：噢，但是您个人很难受吧？然后包起来难不难受？

毛：……包起来还不难受哒？

护：他说难受的，包起来肯定难受的。

访：啊，晚上睡觉的时候一个人在家里边把它解开？

毛：嗯。

访：用什么包的？

毛：……纱布没有的，到医院看才有纱布。

护：没有纱布。到医院看病才有纱布。

访：哦，您那个时候要吃止痛药吗？

毛：……没有。

护：那时候没有的。

访：噢，那您一直在农村里面没有外出打工？

毛：嗯。

访：哦，那您当时经济上面还困难啊？您当时是一个人过吗？还是跟您哥哥一块过啊？

毛：……困难。那时在一起。

护：跟他哥哥在一起。

访：啊，那跟您哥哥一直在一起啊。哦，大概待到什么岁数啊？

毛：……50 岁了吧。

护：将近 50 岁了。

访：噢，那就是分开有 30 年了。就是八几年？1988 年左右分开的，就是 90 年代初分开的是吧？

护：这个他记不得了。

访：分开就是一个人过？那您一个人过怎么种田呢？

毛：……别人去的话，我也去干活。

护：啊，他说在生产队大家去干活嘛，他也去干活。

访：但是分开以后，后来不是八几年已经分产到户了吗？

护：啊，他也是自己种的。

访：那个粮食也自己种吗？粮食还能种吗？

护：自己种的。

访：哦。那您侄子有没有帮你啊？

护：没有，他自己种的。

访：养猪吗？那个时候喂猪吗？

毛：……养的，只把两只。

护：养了一两只。

访：养到什么时候？喂猪喂到什么时候？

毛：……养大放到平板车上送去换。

护：他说养大放到那个平板车上送去卖。没有什么收入，就是靠养猪有点收入。

访：哦，还有没有低保收入啊？国家给您低保吗？

毛：……没有的，我没有拿过。

护：没有那些。都是没有人给他，他从来没有拿过低保。

访：啊，您为什么不去拿低保？您满足这个条件吗？

毛：……那时，比我大的也有，小的也有，偏远地方的更穷，没低保，大家都没。

护：他说那个大的也有，那个小的也有，他一个人的，还没有低保。

毛：……这里来那里去。

访：您是不是平时很少和村子里面的其他人交往，多不多啊？

毛：……有些好的，有些不好。

护：他说有些是好的，有些是不好的。

访：哦，和你们那些村干部呢？

毛:……一般哇,我怎么说。

护:他说一般。

访:啊,一般啊!噢,他们还去那个家里看过您啊?孤寡老人过年的时候有没有到家里去看过您啊?一次都没有啊?

毛:……没有,今年过年的时候还说他们,别个村里都有。

护:我们别的村都有,这个村没有。每个村都有过年的时候买点东西给他们,他那个村没有。

访:您这个五保户是什么时候给您认定的?

护:他到这里都已经15年了。他在这里就属于五保户了。

访:15年就是65岁过来的啊。

毛:……拿了两三年,一人50块钱,还有一包饼干。

护:拿过的,村里给他,他拿过的。

毛:……哎,拿了两三年,再就没了。

护:拿过两三年,之后就没有了。

访:啊!您原来喝不喝酒啊?

毛:……酒不吃的。

护:他不喝酒。

访:烟呢?烟抽不抽?

毛:……烟不抽的。

护:烟不抽的。

访:噢。那个烟是因为脚不好不能抽是吧?

吴:没钱,哪来的烟抽?瞎胡闹。

访:哦。您那个时候一个月有多少钱?手上?一年有多少钱?

毛:……现在198块钱。

护:190多块钱一个月。

访:那您住什么房子呢?

护:他就住这里啊!

访:不,原来。

毛：……在家里的时候,三角、两角,农业户三角。石头墙的(房子)。

护：石头房子。

访：自己盖的吗?

护：现在倒掉了,现在没有了。

访：哦。父母亲的房子?

护：他自己盖的。

毛：……我爹手里做的泥墙屋,这里涂下那里涂下,这里一块那里一块,两块地方。再么我自己把两座搞掉,做的石头墙房子。

护：他说以前他爸爸给他的是那个泥房子。在把它搞掉了之后,自己搞了一个石头房子。

毛：……瓦盖的太少,没怎么遮到就倒掉了。

护：瓦盖的太少,风吹雨淋的就倒掉了。

访：哦,原来漏雨是吗?

毛：嗯。

访：噢,那个时候吃饭怎么办? 自己做饭了?

毛：嗯。

护：哦,那过年怎么办? 过年到哪里过? 过年是自己过,还是到您哥哥那去过啊?

毛：……现在,年二十九叫我回去。

护：他说就是年关嘛,二十九三十就要回去了。

访：回那个哥哥家?

护：侄儿家。

吴：自己哪有家,没家了。

访：哪个侄子对您最好啊?

毛：……大的。

护：大的。

访：老大那个?

护：嗯。

访：噢。他经常来看你吧现在？

护：经常来的。

访：现在多大岁数了？

毛：……50岁没有哦，属狗的，这些我也记不清楚。

护：属狗的。

访：那您走了之后，您的田地是不是给他种了？

毛：……大队把我的集到了。

护：村里面集掉了。五保户村里边都要收回的。

访：噢，那就是您现在就是村里面给您发钱了？

护：他现在是国家抚养的嘛。

访：那他现在一个月大概多少钱？

护：一个月吧，他现在将近200，一百八九啊。加上他的年龄，老人自己有点工资，大概每月发钱吧。

访：那他到这来不需要给您们交钱吗？

护：不需要的，他是国家养，他是五保户呀。像看病啊全部都是国家给的。

访：那他大部分时间都待在你们这个（养老院）？

护：全部都在。

访：过年现在不回去了？

护：过年要回家，他侄子过来带他回去，过个两天就过来了。

访：【看存折】您这个才135啊。

护：135，加上我们院里边给他发的呀。

吴：这个敬老院还要给他发钱。

护：老年人的钱呀，国家给的。

访：现在是全部的钱呀？您还有没有别的钱？

毛：……嗯，没。

护：没有。

吴：养老院还要给他们发钱。

访：您是怎么知道吴会长他们在做治疗脚的事情呢？

吴：我们来的。我们来找他的。

毛：……来看我的。

护：他说他们来找过他的。

访：来看您的是吧？

毛：……嗯。

访：然后把您接到医院去了？

毛：……哎，把我接到医院里去了。

吴：来接他们的。

访：您当时（是）谁照顾的？您去医院谁照顾您的？

吴：我们安排的。

访：侄子没有去？

护：没有没有。

吴：我们安排护工的。孤寡老人全部安排的。

访：就你们负责？

吴：我们负责。

访：您现在感觉怎么样啊？

毛：……现在稍微好些了。

护：他说好多了。

访：好多了啊。我们能看看吗？

护：他好像这个……我感觉这个夏天要厉害一点，冬天还好一点。大概跟天气也有关系。嗯，现在好多了。

访：原来是不是不能穿鞋啊？

护：不能穿。

吴：原来不能穿的。（看脚）还有点渗出来。"好了，不要脱了不要脱了，还有点渗。"

护：……他说肿起来就很粗的。

毛：……大腿缝里。

访：现在好多了。

吴：原来很厉害。

访：嗯，这个好像没有那么黑嘛！上面都是白的嘛对吧？治疗过的地方？

吴：哎哟，都治疗过的嘛。那个夏天全部漆黑的，蜕掉了。

护：夏天全部都是。

吴：我们治过了。"哦，穿起来穿起来。"

访：他这些被子都你们洗啊？这个袜子？

护：没有，他自己洗，他会动的，他自己洗。就是他不会洗，我们就给他放到洗衣机里，放洗衣机里面洗的。像被子啊什么东西，都放到洗衣机里洗的。

访：那您当时为什么决定到这儿来啊？

毛：……大队喊我来的。

护：啊，村里面叫他来的。

吴：五包户一定要到养老院来的，国家包养的。

访：这个也是你们村的？

护：不是，这个不是的。

毛：……【听不清】

访：您对日本人还有什么记忆啊？还记得日本人吗？

毛：……记还是记得，电视上经常放。

护：记得，电视上经常放。

访：啊？

护：那个时候他年龄小，五六岁的时候。我们这里有一个94岁的老太太，就是那个耳朵听不见的，她也是经历这个的。

访：现在还能说话吗？

护：她能说话，但听不到。她耳朵很聋很聋。她知道的。

吴：【指着瓶子】他自己捡破烂。

护：你叫他不要收回来他都要收回来。

访：那您现在每天就在这个外面转转？还去捡垃圾啊？

毛：……有时走一下。

护：他这个垃圾不是他自己捡的，是他自己吃（东西留）下来的。

吴：哦。

护：他不会自己捡垃圾的。

访：您现在喜欢吃什么东西啊？

毛：……现在我也说不清楚，香蕉不要的，牛奶不要的。

访：那喜欢吃肉吗？

毛：……现在我肥肉也不要，吃精肉的。

护：肥肉他都不吃的。现在我们院里面吃得很好的呀！

访：您过年回去，在不在你侄子家住啊？

毛：……有些时候上来。

护：要的。有些时候回来，有些时候在他家。

访：住的话就睡他们的床吗？在他们床上睡啊？

毛：……是的。

护：他侄子给他一个房间、给他一张床。

毛：……以前回去我和我哥一起睡的，现在我一个人睡。

护：他说以前回去的时候，他跟他哥哥睡的。他哥哥走了之后，他回去的时候就一个人睡。

访：嫂子还在不在？

护：没有了。离婚了。

访：侄子还给您钱吗？

毛：……一年给我百来块钱。

护：他说每年过年都要给的。

访：给个多少钱？

毛：……200。

护：两三百，平常也要买东西给他吃的。

访：他住在什么地方呢？

护：就住在后庄。

毛：……现在出来建了，住在下路那里。

访：您住院的时候侄子来看过您没有？

毛：……他老公老婆都上来的。

护：他说他夫妻两个都来了。他有三个侄子，这个大侄子对他最好了。您侄子有电话吗？有电话号码给我看一下？

毛：……我侄子有电话的，我不认识的，我放在国兴【音】那里，江仙【音】有的。

护：他放在他这里了。他自己不知道搞到哪里了……他给它放到，那一个他会认识的。

访：哦，就是您那个朋友是吧？您没有电话？

护：他电话不知道被他放到哪里了，他自己……记不住的。

　　编号 11——被访者：孙徽州（标示为"孙"）；老人女儿（标示为"孙女"）；**访谈者**：杨丹、黄旭生（统一标识为"访"）；**访谈地点**：衢州市柯城区航埠镇孙家村；**时间**：2018 年 1 月 11 日 14：30—15：30。

访：爷爷您多大年纪了呀？

孙：我 84，我马上就 85 了。

访：您是一直住在这个村里面吗？

孙：对对，就是日本鬼子来的时候啊，这前面有一栋房子炸弹炸过的，再过去一排房子烧掉十间。我兄弟两个，都是烂脚的。

访：爷爷，我们主要是想了解一下您这个烂脚的情况。

孙：以前，日本鬼子到村子里，房子烧掉了，我放牛啊，放到 20 来岁的时候，脚就烂起来了。哎，这里看好了那里又烂起来了。一双脚全部都烂起来了。

访：全部都烂完了啊？

孙：嗯嗯，这里看好，那里又烂起来了。唉，以前呢，这里有个泡的（手指着烂脚的某处），现在好了。再这个血水，流过来烂过来，流到哪里烂到哪里。

访：哦，以前是这个地方有个泡是吗？那它会流那种血水吗？就是脓水，会不会流那种脓水啊？

孙：没有脓，就是那个水。

访：哦，它不是脓，是那种水是吗？

孙：嗯嗯，我以前包得好。……【此处方言听不懂，由老人女儿翻译】他现在呢，在衢化医院，我父亲已经开了几次刀了。这里，两只脚都是在衢化医院里开的刀，回家里来还经常有那个脓水啊，有一点点的，他自己搞的，在衢化医院拿的那个药膏啊搞一下。脚啊，这个地方这个地方，骨头都已经烂了，已经烂到骨头里面了。幸好去看了，不然一定是烂到里面骨髓都烂掉了。这两只脚都是，这里看好那里又烂起来了。

访：那爷爷是什么时候去衢化医院治疗的呀？

孙：去年 4 月份，2016 年 4 月份。

访：爷爷说您 84 了嘛，那爷爷您是多大年纪开始烂脚的呀？

孙：20 来岁就开始烂了。那时候放牛啊，放牛到外边。烂了，这里看好那里又烂了，这里看好那里烂了。

孙女：那时候他放牛嘛，（他）小的时候放牛。这个脚啊他包很多地方的，这个地方好了那个地方又烂了。就像衣服一样，这个地方补好了，又换那个地方。以前都是稻草的房子，以前那个老房子也是挺好的。但是日本鬼子烧了以后，家里面就简单弄一个草房，可以住一下嘛，就弄到那个草房里面了。

访：那爷爷以前脚烂了自己是怎么处理的呀？

孙：医生看的嘛。

访：您会自己包吗？

孙：自己也包过的。

访：那是用什么擦呢？就是没有看医生的话，自己用草药还是？

孙：这个看不好，只能用那个药慢慢慢慢（涂）。用那个冰片，就是那个地方，那个肉都死掉了，就给它割掉，割掉后又发起来。没有办法嘞！这个地方看又看不好。那个时候土郎中说，你这个脚哪个地方能看好，哪个地方能看好医药费他就给你报【意思就是没地方看得好】。哎……去了很多地方，人家一说哪个地方好就到那个地方去，就是看不好。

访：那去过哪些地方啊？

孙女：我们这边是金华这边、常山这边。

孙：那一次日本鬼子来杀人，杀了30几个人呢！再（就是）炸弹还炸死好多人。

访：那个时候您多大啊？

孙：9岁。

访：哦哦，就是还记得那个时候您是在这个家里面吗？

孙：那个时候没在家里面，那个时候我父亲把我们弄到山里面去了。

访：哦哦，弄到山里面躲起来。

孙：哎哎。

访：那您还有其他的兄弟姐妹吗？

孙：有的。

访：有几个兄弟姐妹？

孙：我现在？

访：就是您总共有几个？

孙：四五个，五个，有一个姐姐。现在还有三个。

访：那您的兄弟姐妹有像您一样烂脚的吗？

孙女：没有，他们小，他【指孙徽州老人】大。

孙：我要大一些嘞，我要放牛啊。有个弟弟呢，1954年他就出去当兵了，他不在家里，他当二三十年的兵。他又去读书了，毕业了之后又去当兵，当海军。现在退休了。已经79岁了嘛。

访：爷爷，您当时就是因为年纪要大一点，然后要放牛。那你们村里面还有其他的老人跟您一样吗？

孙：有，都死了。那个本家的兄弟，和我同年的，也是烂脚。和我一模一样的，也是烂得不行了。以前有的，好几个都烂死掉了。有一个就睡在床上烂死了，肠子都烂掉了。

访：他们是因为烂脚烂死的吗？

孙：嗯，烂（死）的。

访：爷爷，那其他人也是跟您一样是上山放牛或者是下田啊什么才导致烂脚的吗？

孙：放牛哇，房子烧掉去，屋里也有毒气的啦。那时候日本鬼子把有毒的食物散到村庄各个地方，叫小孩子捡去吃啊。

访：吃的东西？

孙：吃的东西嘛。

访：那爷爷您的脚烂了不舒服，晚上睡觉、平常走路是不是也不行啊？

孙：那烂了，我一天都痛啊！没办法，我年轻要上山去砍柴嘞，柴搞到那些地方肯定痛得要命啊，连走都不会走。

访：爷爷那时候是自己上山砍柴、自己种田，还是有那种生产队？

孙：自己家里面。

访：那您的兄弟姐妹都没有得烂脚病，他们会不会多帮您砍点柴啊？因为您不方便嘛！

孙：两个弟弟分出去了的，还有的当兵。

访：所以您的父母是跟您一起住吗？

孙：哎，跟着一起住的。那时候没办法，弟弟当兵才六块钱，我父母亲都是我负担的，所以要砍柴，要种田。

访：那这个脚烂了怎么方便下田呢？它不会更严重吗？

孙：没办法嘞，就用那个塑料袋包起来。

访：最严重的时候能走路吗？

孙：走路痛啊，痛，那没办法嘛。家里面什么东西都没有，父母亲年纪大了。

访：它流这个水，您又去下田，那岂不是烂得更严重吗？

孙：烂，那个蚂蟥，哎，要吸血的，蚂蟥要来叮的嘛。这个烂脚的地方，最招蚂蟥了。蚂蟥咬到，就越咬越严重。

访：那您一般下田回来会怎么处理，就是会怎么弄一下（您那）个脚呢？

孙：唉。用茶叶泡水清洗，然后用医院里买的纱布包起来。

孙女：茶叶水是农村的土办法嘛，可以消毒的。茶叶水清凉的嘛！

访：那用茶叶水洗啊泡啊，会有效果吗？

孙：要舒服一点，凉的嘛，早上一次晚上一次。

孙女：那时候要出干活的嘛，早上出去中午都没有时间弄。

孙：出去，太阳晒也痛的。那冬天也痛。

访：那爷爷夏天太阳大的时候您是穿短裤还是穿长裤呀？

孙：穿短裤，穿短裤出去要碰到的，也危险嘞，也要保护起来。有几次都要哭起来喂！

访：夏天天热！那这个发炎啊流脓啊会严重一点吗？

孙：天凉要好一点。

孙女：就是说天热，那个皮要干起来，干起来更痛哇。人家说，把那个树皮、好的树皮剥下来，敲碎了再包在脚上面，那包在那个脚上面，当时肯定舒服的啰。

访：哦，就是把树皮当药材，敲碎了包在上面。那这个办法也是民间的土办法吗？是看的土郎中吗还是？

孙：就是土办法嘛，农村有人试过的。

访：爷爷上过学吗？

孙：上过，上过小学，上到四年级。五年级就没有去的嘞。

访：您后面没上学是因为家里面穷还是？

孙：家里面穷啊，家里面没有劳力，我的弟弟还小，再一个父亲身体不好。

孙女：那时候他弟弟小嘛，那时候生产队里面要挣工分才有粮食的嘛，弟弟小没人干活，我老爸就去干活嘛。

访：那个时候挣工分在生产队嘛，那时候爷爷的脚烂了吗？

孙：那个，父母亲，再一个，弟弟，孩子，那个六七个人要吃饭的嘛。只有一个人干活，每年都分不到什么的。

访：爷爷您有几个孩子啊？

孙：两个孩子。

孙女：三个啊，我还有一个哥哥一个弟弟。

孙：我一个人干活，年年超支年年超支。

孙女：也就是说他一个人赚不到那么多工分嘛，自己家里面要养一头猪，猪卖了把钱拿到生产队去换那个稻谷嘛，才会有的。

访：爷爷的兄弟不是去当兵了吗，他会不会寄钱回来呢？

孙：一个月六块钱，他自己都不够。那个时候兄弟为国家争光嘛，家里面就是我负担父母的。

孙女：那个时候我有点印象，他种田脚都是包起来的。

访：爷爷您是把脚包起来，那个脚有气味吗？

孙：烂起来了，有气味的。

孙女：因为它那个水啊，那个水流到哪个地方哪个地方就要烂。

访：那这样的话，就是脚又是脓水又有气味，去生产队干活的时候别人会不会不愿意和您一起干活啊？

孙：不知道，呵呵！（我）会穿袜子的嘛。

访：那爷爷和奶奶是什么时候结婚的呢？

孙：26 岁，22 岁，我比她大 4 岁嘛。

访：那您和奶奶结婚的时候脚已经开始烂了吗？

孙：烂了的，又看好嘛，这里看好那里又烂起来了。结婚以前她不知道的嘛。

访：那结婚之后，您脚不好奶奶会帮您洗一洗包一包嘛？

孙：她自己很忙，哎，要养猪、要做饭、要洗衣服嘛。

孙女：我老爸自己很爱干净的，他自己弄的。他现在一个人在家里面，你看都很干净的。【老人独居，家里确实很干净】

孙：我这个脚自己包得好，不包的话，还要烂得狠。你看这个脚这里有洞以前，医生就嘱咐一定要好好包起来。自己用碘伏涂一涂。有泡，把水弄出来再擦药，这样痛也会好一点。

访：那爷爷觉得什么时候最痛啊？

孙：烂得比较严重（的时候）啊！有一次医生把那个烂地方的肉割掉，然后好了，后来又复发。

孙女：我记得烂得比较严重的一次，也是那个土郎中医生嘛，现在年纪大了，以前在上海哪个医院待过的。

孙：去看外科医生的，他在那边医院，老家在我们这边的。

孙女：把那个肉，腿上烂的那个肉全部割掉。

访：大概是多大年纪的时候？

孙女：差不多有20来年吧。

访：就是把腐肉（烂肉）给切掉了，那些水啊脓啊就没了是吗？

孙女：把那个烂的肉切掉，新的肉（才能）长出来。那个烂的肉不处理掉的话，新的肉长不出来。没麻药，就这样割的。医生说那个肉已经黑了，已经没用了，已经发不起来了。

访：哦，所以现在看到爷爷的脚下面全都是骨头。那最痛的时候会痛成什么样子啊？

孙：不会走路。

访：那会在床上躺着吗？那个时候？

孙：嗯，就在床上。

访：那爷爷脚稍微好点的时候、能走动的时候，会在村子里走一走吗？会和朋友一起玩一玩吗？

孙：那时候啊，不想去唉。

访：为什么不想去啊？

孙：自己脚不好，跑到人家家里面，烂脚病，看见了恼人。

访：那亲戚家会走吗？走亲戚？

孙：那痛的时候不想去。

访：那必须得走亲戚的时候，是孩子们代您去吗？

孙：孩子们代我去，我自己不想去。

访：那爷爷您这个脚有时候会臭嘛，您觉得别人会不会嫌弃您啊？

孙：那肯定的啰！

访：那爷爷会不会很难受，别人不愿意跟您一起玩的时候？

孙：别人都说你这个不能吃的，那个不能吃的，否则脚会发起来的。

孙女：这个肯定会有自卑感的嘛！你走到人家面前，人家当面不说，心里面也不舒服啊！反正尽量少串门，自己呆在家里面。

访：爷爷是什么时候知道这个烂脚是疑似细菌导致的？

孙：不知道的。

孙女：前几年差不多，电视上有报道，说金华那边有个老人也是这样的毛病，哪里看好哪里看好的。我们都不相信，怎么会看好呢？就是（在）人民医院我问医生能看好吗，医生说我不可能保证把你看好的。后来又在城南医院住了一段时间，住了一个礼拜，我问医生能看好吗，医生说这个也不一定能看好的。后来偶尔有一次我那个女儿看报纸上面说，老妈您把外公带到衢化医院去看一下，衢化医院能看好烂脚的。

访：哦，就是您女儿在报纸上看到这样的消息，那边有老人看好了是吗？

孙女：是啊，她说比外公更严重的都看好了的。那个时候他脚底下有个泡，怕死了，如果脚底下那个泡烂起来，就真的不能走路了。

孙：就是到衢化医院才知道是细菌的毛病。

孙女：前两天还在说，这个脚要是没看好，怕是活不过来了。

孙：现在看好了嘛，感谢那个衢化医院（的医生）。

访：那您现在开心了。

孙：那我开心啊！

访：今天我们访问一个老奶奶也是（这样），她非要自己的女儿把她送到衢化医院去。

孙女：也是一个土医生嘛，金华那边的，他要把那个药涂上去，敷上去，要把边上的那个肉烂完，才会好的。那个药一敷上去，痛得喂，白天痛晚上也痛。要把以前那些肉全部烂完，新肉长出来才会好的。没去衢化医院之前在那边一个礼拜去一次。

访：我看爷爷您这个房子也挺老的了，您是一直住这个房子吗？

孙：嗯嗯，一直住这个老房子。

访：那您儿子是住在哪里？没跟您一起住吗？

孙：儿子在那个公路边，下方。

访：那您是跟女儿一起住在这个房子啊？

孙女：就他一个人住，我在隔壁村里面。

访：那爷爷一个人住在这里，他可以料理自己的生活吗？

孙女：他现在能稍微自理一下，我三天两天跑过来嘛，这样的。

访：那爷爷的儿子，就是您的哥哥弟弟也是住在这附近吗？

孙女：是，住在这附近，有时也会过来看一眼。

访：怎么没跟儿子住在一块儿呢？

孙女：这是老人家的房子嘛，这是他的老房子嘛，他住在自己的房子里面。再说他脚这样嘛，也不想和他们在一起。我现在叫他住到我家里面，他不住，他说等到他自己不会烧了再去。

访：那爷爷的老伴儿是已经？

孙：已经去世七年了。

访：爷爷您对日本人怎么看呀？因为细菌啊、烂脚啊包括以前打到你们村子里来嘛，您会恨他们吗？

孙：日本鬼子看到过一次。在那个山上啊，两个日本鬼子。日本鬼子太不像样了，就是以前农民晒稻谷那个地方，把他们堵到那个地方。后来看到一个小姑娘，就把她弄到那个棚里面糟蹋了嘛。有个日本鬼子给她胸口捅了七刀。

访：那您是不是特别恨日本鬼子呢？

孙：那恨哟，怎么不恨呢？

访：爷爷您有低保户、养老金什么的吗？

孙：没有的嘞。

访：那您现在的花销主要是儿子女儿每个月给您吗？

孙：没有低保的，这个不属于低保，我有子女的。

访：爷爷觉得最开心的事情是什么呢？

孙：最开心嘛就是脚看好了嘛，最开心。脚看好了不痛啊、可以走路啊干活啊，最开心了。感谢衢化医院嘛，不然痛死了喂，不会走路喂。

访：您烂脚这么多年，有什么最想说的吗？

孙：什么想说的？烂脚啊。痛死喂。

访：爷爷，那我们也问得差不得了，耽误您这么长时间不好意思啊，感谢爷爷！

编号12——被访者：涂茂江（标示为"涂"）；访谈者：贺晓星、李婷婷、杨丹（统一标识为"访"）；访谈地点：衢州市衢江区横路镇西垄口村涂茂江老人家里；访谈时间：2018年1月9日10：00—11：00。

访：我们主要是来了解烂脚病的事情，您烂脚很长时间了吧？

涂：我这个烂脚烂了五六十年了。

访：哦，烂了五六十年了是吧。

涂：以前烂了又好了，到后来烂了就好不了。到衢化医院开过刀之后就不烂了。

访：衢化医院那边去过一次了？

涂：衢化医院去过好几次了，最后一次去是动手术，他以前叫我去，我怕去。怕开刀以后要复发，怕会烂。

访：小学、中学都上过吗？

涂：小学上了六年，初中就没上了。

访：上小学时是解放后？什么时候？50年代？

涂：解放后，我上小学是八九岁，我是1946年出生的。

访：上了小学，中学没上？

涂：中学没上，我家里很贫穷，家里有六个兄弟，就靠我爸爸一个人。

访：以前就住在这吗？

涂：不是啊，以前住在老房子那边，也是这个村。

访：这个村叫什么名字啊？

涂：西垄口村。

访：那您以前住的是什么地方啊？叫什么村庄？

涂：小的时候没有西垄口，就划一块地方，那个老窝被我小弟弟住了，我们几个都住到外面来了。

访：您现在两个儿子？

涂：两个儿子，一个女儿。

访：儿子都住在这？

涂：大儿子住在那边，这是小儿子的家，儿子女儿都在外面打工，家里就我一个。

访：脚什么时候开始烂的？

涂：是我7岁的时候开始烂的，四五岁的时候烂的不是很严重，烂烂又好了。烂下来就是一个个泡一样的东西，抓起来痒。

访：爷爷多大年纪了？

涂：我73岁。

访：主要想问问您小时候、这个脚一开始是怎么弄出来的？

涂：就是我小时候喜欢跟我爸爸到田里抓小青蛙，就很危险，就那个很小很小的青蛙。刚开始这个脚就起泡，然后就开始烂起来。到冬天又好了，春天又烂起来，就一直烂到了八九岁。它就开始腐烂很多了。那个小时候我们不到水里就好了，到了水里又烂了，反反复复。

访：您说的水是河吗？

涂：水不是河。

访：那是池塘吗？

涂：那个种稻的水田，我们这个村庄鬼子来了两次。

访：当时您没有印象吧？您那时候比较小？

涂：我那时候太小了，当时很小。最后一次来鬼子到江山去了，打不下去了。

访：您听大人说的？

涂：听大人说的，我们那时候太小了，听大人说的，是1938年的时候。开始的时候是1934年。

访：那你们家里当时逃难了吗？怎么逃的？

涂：逃了，我小得很，我不知道，我爸爸妈妈带我们兄弟几个，我三个哥哥，我们兄弟六个，我老四。

访：最大的比您大几岁啊？

涂：最大的现在87岁。

访：那他们现在？

涂：大的，我一个姐姐也死了，三个哥哥都死了。

访：那时候他们逃过难？

涂：他们逃过难。老早一听到鬼子到金华的时候我们这里就开始跑了，等到他们来再跑就晚了。听到鬼子到金华的时候，下面村庄的人就开始散了。鬼子打到江山就打不下去了。打到江山就跑了。有一次到我们村庄往西部引，人都跑光了，家里没有人了。第一次来时，所有的物资什么牛啊、羊啊统统都被他们吃光了。吃了浪费，吃牛的时候就割一块肉，吃不了就丢掉。在米缸里大便，他们很坏的，什么东西都做得出来。我们中间开个玩笑说，不是人啊。就是他们不是人啊，那个电视放出来很吓人的，我看过。

访：那当时村庄里有死人的吗？

涂：村庄里面，我们这个村庄里面四五十人都脚烂了，以前跟我一辈中我是最小的，他们都是烂死的。像我爷爷、兄弟他们都是烂死的。

访：您爷爷、兄弟都是烂脚啊？

涂：都是烂脚啊！

访：日本人来之前他们脚烂不烂啊？还是日本人来之后他们才有烂脚的问题啊？

涂：日本人来了以后，他们才开始烂脚的。他们没来之前我也不知道，我那时候很小，我是1946年出生的，他们1938年就到这里来了，这个情况我就不知道了。

访：那您爸爸妈妈当时有跟你讲吗？

涂：妈妈爸爸当时讲了很多，他们都见过的。鬼子来了要跑，跑到大山里去。去我们大山里面很容易迷路,全都是山路。

访:回来以后发现有烂脚这个问题了?

涂:回来之后要种田,种田的人烂脚,不种田的人没事。一年到头种田,到后来脚就腐烂了,能看到里面的骨头。

访:那您爸爸妈妈、兄弟他们怎么治病啦,怎么看这个脚啊?

涂:他们那时候哪知道以前鬼子的细菌战啊!不知道这个毒气吸收吸收,脚就开始烂起来了。

访:那他们怎么治病啦?怎么治疗这个脚?

涂:就是买点牙膏,自己弄弄。我爸爸兄弟六人,六个人都是烂脚。

访:您爸爸兄弟六人,你爸爸是老几啊?

涂:我爸爸是老五,前面还有老大、老二、老三、老四。

访:都是烂脚?

涂:嗯,都是烂脚,我一个叔叔老六也是烂脚。都是烂脚,我不是姓涂嘛,人家就说你们姓涂的烂脚都有遗传性。

访:那这个村庄里姓涂的多不多?

涂:姓涂的多呀,十个人当中估计七个人姓涂。他们以前都不在我们这个村庄,我爷爷奶奶他们的表兄弟到这里来,把他们迁移到这里来的。那个姓符的。

访:他们没有烂脚?

涂:有,不过他们烂脚要好一点。

访:他们是迁过来之后烂脚的?还是来之前就烂了?

涂:他们(从哪里)迁过来的我就不知道了,以前的事情我爸爸他们知道,我不知道,我都不记得了。

访:有没有女的烂脚的?

涂:有啊,有三个女的烂脚的都死了。有的女的不到水里去,在家里干活,脚要好一点。我妈妈不是烂脚,我爸爸烂脚,我爸爸兄弟六个,我那些婶婶都不会烂脚,都是男人烂。男人在地里劳动,又要遭受那些细菌,在水草地里面。以前也不知道那个水稻有毒气。最早最早以前,40年前,杭州有一个人到这里调查，告诉我们就是日本鬼子在这里放细菌，就是那个病毒，我那时候30几岁，有40多年了。就是没有改革开放的时候，还是以前华国锋时代。

访：您上小学的时候已经有烂脚了？

涂：上学的时候就烂了，一年多就好了，到冬天就好了。

访：它是怎么好的啦？

涂：好了就是肉啊、皮啊这些你不要给它刺破，它就好了，如果你一刺破、扎破，发炎了它就要烂，那个血水要流出来。

访：那您上学的时候烂得厉害吗？

涂：一般都是到春天、夏天厉害，到冬天它就不会烂了。冬天穿袜子不到水里面去要好一点，就是特别到水里去，就要腐烂。

访：对你生活有影响吗？

涂：好有影响的，那个就好像下水库一样，那种没办法。我家里三个小孩子，一个女儿，两个男孩，加上我们夫妻两个，五个人吃饭。以前生产队干活，哪像现在这样，一年做做稻田，还要拿工分分红，不够啦，还要叫毛驴拉了稻子去卖，到生产队去卖。那个时候稻子还是几块钱100斤，现在的要50块。

访：那这个影响您干活？

涂：到生产队里干重的活干不了，就干少的活。

访：什么是少的活啦？

涂：那个生产队里两边晒稻谷，再有就是在那个地方种点豆子和玉米，干少的活，不是种水稻，种水稻是要下水田的。

访：这个病是不能碰水？

涂：不能碰水，碰水的话就痒、痛。

访：痛到什么程度呢？

涂：痛到你不敢走，你一走那血水就流出来。痒就要烂，有细菌就会烂，有细菌就会发痒。

访：当时走路什么的有问题吗？

涂：那小时候小孩子要贪玩的，痛不痛都到晚上才知道，白天跑来跑去，不管疼不疼。小孩子要见父母，到了晚上就知道痛了。

访：年轻的时候干活的时候痛吗？

涂：白天干活的时候不痛，我一天都要给它洗一次，自己洗，就弄那个牙膏，它就不会痛的。到晚上睡觉了，它要痛了。

访：为什么到晚上它会痛？

涂：一天到晚在干活，哪有时间考虑这个，你就不会管它痛不痛，到晚上睡觉的时候，自己就知道这个地方开始痛了，这个地方开始痒了。

访：痛到什么程度？

涂：睡不着觉。

访：干农活下不了水田是不是影响您干活时候的工分啊？

涂：影响，有点影响。我们在生产队干少的活要好点，一个生产队里一两个人干少的活，有的也不是没有，我都干少的活。一般水里面我都不去。

访：当时像您这样的情况有不少是吧？你们生产队里面？

涂：生产队里他们都是比我大的，比我小的很少，我是最小的。他们都比我大。我的伯伯叔叔们，现在他们都去世了，都80多岁了，八九十岁了。

访：那烂脚对他们当时的生活也有影响了？

涂：有，烂脚的都有影响，他们也是没有办法，烂脚又不是别人害你，没办法，只好受苦了。

访：您是哪一年结婚的？您几岁的时候结婚的？

涂：我23岁结婚的。

访：您老伴比您小啊？

涂：老伴比我小5岁，老伴没有烂脚这些问题。

访：她是外地的还是本地的啊？

涂：本地的，就是从这上面过去两公里路，有一个村庄。我们现在是三个村庄并成一个村庄了。

访：她会给您洗脚吗？

涂：我干活累了，她会帮我洗。不累的话都是我自己洗。家里面有小孩子,要养鸭子,要洗衣做饭什么的,她忙都忙不过来啦!那以前有三个小孩子,一年要养四头猪,要养鸡,也很忙。以前的女人很忙,现在的女人好多了,也不做鞋不缝补衣服,洗衣服放洗衣机。我们家现在田也不做了,田给别人做。

访:那你们现在主要是做什么呢?

涂:现在主要是种点菜,两个上学两个上班,我在家里看看门,不瞎走动。

访:现在脚基本没有问题了? 治好了?

涂:现在没有问题,到衢化开刀,当时脚上这么大两个洞,这么深,要到骨头里,看得见骨头了,40多天才出院。

访:流脓了? 流血水了?

涂:流血水,脓没有,一盆子的血水。很疼!这个脚还是让我很苦的,要干活啊,白天干活,晚上痛得睡不着觉。不干活的话,到冬天做一天的活都是四五毛钱,做一天五毛钱的分红,一天十个工分,五毛钱。现在五毛钱没用,一个鸡蛋都要两块钱。

访:在家里的时候脚有气味吗? 发臭吗?

涂:以前那当然臭啦,每天晚上都要洗一次,三百六十五天,每天都要洗一两次,有的时候要洗两次,一般都要洗一次。

访:洗一洗气味会好一点?

涂:洗了之后用牙膏包起来,不洗不用牙膏包的话,夜里就睡不着了,痛。烂的时候很臭的气味,我把袜子鞋子穿起来的时候要好一点。那个解放鞋,我们一年穿那个解放鞋要四双。一年到头都要穿那个(鞋)。

访:您以前隔壁的邻居,边上的人也有烂脚的吗?

涂:有,现在有个80多岁的人,还没死,他也是烂脚。有两个比我大的人都烂脚,现在他们都八九十岁,都死了。

访:您刚刚说的那个80几岁的人有看吗? 他去衢化医院看过吗?

涂:到衢化医院去看过。他们烂的不是像我这样的,他们的烂好像是皮肤病一样。

访：那您是怎么个烂法？

涂：我烂就是个洞，这里一大块，那里一大块，肉也烂掉了。到冬天要好一点，那个洞里的肉会生出来，到春天您去干活的话，它又要烂起来。

访：那您是很厉害的，他们是烂到皮肤，你是烂到肉？

涂：对，他们烂的是皮肤。

访：骨头疼吗？

涂：骨头的话我一年都要去看两次，买点推荐的牙膏，你不去看，烂到骨髓就变成骨髓炎。医生说烂到骨髓就变成骨髓炎了，骨髓炎这个脚就不能走路。

访：您还没有烂到骨头？

涂：没有，烂到骨头的话，就痛，不能走路。

访：那就是说你自己搞的那个药还是有点效果的？

涂：有点效果，一买就是十条二十条，最少都是五条。

访：那您是怎么知道那个药有效呢？

涂：我去医院看了，医生说那个牙膏有用，别的搭搭都没用。那个牙膏好，25块一条。

访：什么时候？是现在25块钱一条还是以前25块钱一条？

涂：现在25块钱一条，现在这个牙膏还有。

访：那您小时候去看的时候怎么样啦？

涂：小的时候就是洗洗嘛，它没有烂，就是发炎了。就是这个皮肤炎，细菌那个东西就是洗洗，在壶里面接点水，放点汤，洗洗要舒服点。

访：你们家不是有很多人烂脚吗？他们也都是这样搞啊？

涂：他们要好一点，就是我这一年到头烂脚，他们是好了烂，烂了好。

访：您爸爸、伯伯他们怎么个烂法呢？

涂：他们烂要好一点，比我好一点，烂在皮肤。

访：那他们怎么弄的？

涂：他们也是买牙膏啦，一搭就好。

访：他们这个脚烂的时候有气味吗？

涂：他们要好一点，他们只是烂到皮肤，没有烂到肉，就是皮肤坏掉了。

访：那这个村庄里像您一样烂到肉的也不多？

涂：有两三个人，那一个人比我大两岁，他去年去世了。他也是烂到肉了，那个脚上全是包，他那个要去看，家里没有钱没有去看。

访：脚肿不肿？

涂：脚要肿的，肿就是夜里，白天要好一点，白天动来动去要好点，你不动的话容易肿起来。

访：去衢化医院看过之后，现在脚没什么感觉了是吧？

涂：没什么感觉，就是去年不知道为什么这个脚下面麻木了，皮肤麻木了，这样走路什么的痛倒是不会痛。到晚上要好一点。

访：那您去衢化医院之前，痛了很多年了，对吧？

涂：有四五十年了，那个姓吴的来我家四五次了，让我去衢化医院，我都没去。要开刀，烂起来我怕痛。就怕最后会烂起来，他说不会的不会的。他来我家四次了，劝我去我都没去。我听人家说开刀好以后，你吃点什么易发的东西或者我们种田走路，那个疤里面的新肉就要烂掉。有人说你身上一身毒，这个烂的地方毒素出来了，你把它治好了，这个毒素不会出来了，身上就会有其他毛病了。我老婆的妹妹那边有个人治好两年得癌症死掉了。她来我家跟我说，姐夫，你不要去看，你这里看好，你身上那里的毒跑不出去，要（得其他病）死掉了。

访：那个人得了癌症，你们觉得就是毒素转化的？

涂：就是我老婆妹妹那个村庄里的人，他到衢化医院看好了，他还年轻，才四五十岁，看好两年就死掉了。

访：40多岁，这么年轻怎么还会得这个烂脚呢？

涂：烂脚不是一种，烂脚不是好几种的嘛，跟我一起去衢化看的20多个人，他们都好多好多年没发，突然烂起来，我的就不会烂。

访：那你们现在这个地方还有年轻人烂脚吗？

涂：没有。

访：你们这没有，那您妹那个地方有吗？

涂：她只是说四五十岁，具体什么情况我也不知道，怎么烂的我也不知道。我老婆的妹妹就是说姐夫你不要去看了，你看好之后其他的病要发出来。再说有这个细菌，这个毒除不尽，除不完的话你要得其他的毛病。

访：那您后来怎么就决定去了呢？

涂：后来就是吴会长他们来了很多次，这么挂心我，而且去了也不要钱，我们去了就是雇一个人，给我扶一下。吃就是吃自己的，雇一个女人，给我送送饭，买买饭，买买菜，其他的洗洗衣服。

访：那您住在医院的时候你老婆不去照顾你啊？

涂：她已经去世了，去世三年了，她正月去世的，我11月份才到衢化医院去的。

访：您两个儿子、女儿经常来看您吗？

涂：女儿这两年一年两三次。

访：他们小的时候您脚已经烂了？

涂：那当然了，我没有讨老婆的时候脚就已经烂了。烂了就是到冬天要好一点，到春天就要发作了。

访：那您当时担不担心对他们的影响？

涂：当然担心了，那也没有办法，医生说要有遗传性的话那也没有办法，我们两个儿子、一个女儿他们没有烂脚。

访：那是不遗传？

涂：不是，这个细菌怎么会遗传啦？这个烂脚不是遗传性的。

访：很久以后才知道的？

涂：对，就是40多年前，杭州那个当兵退伍的，调查到我们这个地方，来到以后才知道这是抗战的时候留下细菌引起的。

访：当时来调查的这个人您见过吗？

涂：见过，我那时候才40几岁。

访：那时候您40几岁脚烂得怎么样？

涂：烂得很厉害，他们来的时候是上半年，上半年要烂得厉害点，下半年要好一些。

访：为什么春天烂得比较厉害？

涂：那是所有的疾病到春天都要厉害点，不光是烂脚，什么毛病到了春天都要厉害些。一个天气热，一个到外面细菌多，不包扎好就容易腐烂。到冬天要好一点，冬天也不下水，袜子穿起来要好一点。

访：那您夏天的时候不穿袜子？还是脚就这样露出来？

涂：不是，夏天我也穿袜子，一年四季都穿袜子。我女儿到义乌那个小市场上一买都是 20 双，那都是很薄的，我要经常换。

访：您当时觉得这个病给您生活带来最不方便的地方是什么？

涂：带来生活最不方便的就是家里劳动痛苦啊，你不去不行，家里小孩子……去的话就是痛苦。就是这样，不（想）去也得去，无论如何也得去。不去的话，人家有的东西你不种就没有。那时种甘蔗，白天生产队里做活，晚上要用水桶去浇水，不浇水的话那个甘蔗就要晒死了。甘蔗拿去做糖，过年拿来做发糕什么的，做些吃的东西。你不种的话就要拿钱去买，不种人家有我们没有，那不就可怜了。

访：所以脚也不管了？

涂：就不管它烂了痛了，反正要去的。就像那个牛耕地一样，你把它放在水里，它也是怕的。我不去做，生活条件那就没有别人家好，人家有的东西你没有，小孩子（眼巴巴的）多可怜。只要是烂的不为过，烂狠了再说，反正就是要去做。

访：那您爸爸他们也是这样？

涂：我爸爸年纪在那里，我 16 岁的时候我爸爸就去世了，我爸爸去世的时候我家兄弟六个人一个都没有讨到老婆。我两个哥哥都是 30 岁才讨老婆的。

访：您爸爸也要种这些了？烂脚也要下田了？

涂：他烂脚没有下田做，他没做。

访：烂脚很苦？

涂：烂脚很痛苦，自己劳作很痛苦。人家有你没有就很困难，你去做就很痛苦。

访：村庄烂脚老人也是这样？

涂：那当然，也得下田干活。人家有的东西你也要有，没有的话你吃什么呢？

访：现在这边还种甘蔗吗？

涂：没有了，现在都是去买。买也划算，儿子打工一天100多块钱。现在我们这个地方田都没有人种了，打工比种田挣的钱多多了。

访：您是种了一辈子的田？

涂：我是种了一辈子的田，我没有出去打工过。就是隔壁村的人叫我给他做，他给我钱，我也做过。自己有工夫的时候就给他们做。

访：您不干活的话，别人家有您家没有，小孩子很苦的？

涂：我们有小孩的，要是两个大人没有小孩要好一点。三个孩子，两个儿子一个女儿。一个男人要不就是不讨老婆，讨了老婆有压力就要干活。你不去做的话，家里日子没法过，老婆要跟你吵。你这么懒，儿子怎么养大，人家有的东西你没有。

访：那您这样烂脚去做你老婆不心疼啊？

涂：她也没有办法啊，她也不喜欢你烂脚。

访：她结婚之前知道你烂脚嘛？

涂：不知道，以前不知道，结了婚以后没烂，到了春天她才知道的。

访：她知道以后怎么样了？

涂：能怎么样，后悔也后悔不了了，我还是要做农活，每天都要去，人家有的东西我们都要有。我家里的人身体都没有我好，我一个人干活，我不叫她到田里去。人家老公、老婆两个人到田里干活，我老婆有病，我不叫她去。都是我自己去，今天做不完明天，明天做不完后天，总有做完的时候。时间拉长一点，春天的稻谷要播种，人家只要10天，我都要20天。

访：在人民公社时期要好点吗？在人民公社时期干的活都是干燥的活吗？

涂：对，后来自己有田了，要养牛，辛苦一点，要下田。

访：您以前经常去您亲戚家吗？

涂：是，经常去的，就是去我老婆的弟弟家。

访：那爷爷以前喜欢打牌吗？

涂：不打牌。

访：有跟周围的人唠唠嗑吗？

涂：就是看看电视，听听收音机，我还信耶稣，礼拜天要做礼拜。信耶稣已经 32 年了，我家里人有很多的病，信耶稣的话私下要好一点。

访：跟您的脚有关系吗？

涂：你说有关系也有关系，你说没关系也没关系，那是在私下问的。信耶稣什么的会说救我，你会好受点，你能忘记（脚病）会好一点，你时时刻刻记得脚痛那就更痛。

访：您有觉得特别开心的时候吗？

涂：开心的时候觉得好很多。

访：爷爷以前看村里放的电影吗？

涂：我不喜欢看电影，我喜欢在家里看电视上的电影。

访：就是村里那种集体电影会看吗？

涂：看过，我媳妇喜欢看电影，年轻的时候白天在生产队里很辛苦，晚上我也是要去的，要走五里路。

访：这个脚对您看电影什么的没有影响吗？

涂：影响，有影响，我媳妇不管（我脚）痛不痛，都要（我）去的。

访：那爷爷脚治好之后有干部来看过你吗？

涂：没有，干部不管我们这个事。我也不想去求他们，我不喜欢求人。靠自己上手，自己做好点吃好点穿好点，自己做坏点穿坏点，不想求人家。你去求人家干部，你要有关系，人家才愿意帮你。

访：您脚的问题从来没有求过别人？求过村里的干部吗？

涂：没有，有些人我们脚烂了四五十年他们都不知道。有些人知道了也当不知道，不管你，他们都为自己。

访：村里这么多烂脚老人，村干部没有想过什么办法？

涂：没有，就是干生产队的时候，脚不好的人干少的活。

访：只有吴会长他们把你送到了衢化医院？

涂：嗯，他们一次次来都很好，都很关心我们。就是上面很关心我们，到了下面反而像不知道一样。

访：您知道您的烂脚跟日本人有关系，您恨不恨日本人啊？

涂：不恨，恨他们有什么用呢？ 日本人的土地要沉下去了，跑到中国来叫中国切一块土地给他们。我听人家说的，那个日本人要切一块，很坏的。

访：您这个烂脚病后来日本人有来调查过吗？

涂：没有，谁会承认自己做坏事呢？ 没有来过，就是俄罗斯人来过。

访：他们来干嘛？

涂：他们来了三个人，就是俄罗斯人跟我们中国人像堂兄弟，关心我们。时不时过来拿这个东西去化验，这个细菌拿去（做实验）。那是三四年以前，有好几家都是我带他们去的，那时候这些人还没死。

访：平常在村庄上有没有几个玩得比较好的朋友啊，可以聊天的那种？

涂：有一个经常跟我聊聊天，他到女儿那里去了，四五天了。

访：爷爷平常一个人住在这个房子里吗？

涂：有一个孙女，15 岁，还有一个 9 岁的，每天都有校车接送，每天都要回来，9 岁那个我每天都要带她。

访：您几个孙子孙女都是您带大的？

涂：他爸爸妈妈上班，都是我带的，不上班他们就自己带。

编号 13：被访者：吴发贵；翻译者：吴发贵儿子【原意是访谈吴发贵，但基本是他儿子代回答。访谈文本中标示"吴子"】；访谈者：杨渝东、黄旭生（统一标识为"访"）；访问地点：吴发贵家中；访问时间：2018 年 1 月 9 日 11：30—12：00。

访：大爷，是几岁得这个病的？

吴子：大概五六岁吧。就是小时候出去玩，被那个什么东西给刺到了，然后就得病了。

访：您这个村子里得这个病的有多少人？

吴子：听说有很多人。现在有很多人去世了。这个池塘里面以前日本人飞过来，扔过炸弹的。

访：好像老人的父亲也是得了烂脚病？

吴子：是的，我爷爷也得了烂脚病。

访：那爷爷和父亲谁先得烂脚病？

吴子：我爷爷先得病。爷爷也烂了很多年，一直烂到死。

访：老人父亲得这个病年纪应该已经非常大了吧？

吴子：那年龄是非常大了，得有三四十岁了吧。那个时候差不多一九四几年吧。

访：那老人还记得日本人来过这个村子的事情吧？

吴子：他可能不记得，那个时候三四岁，很小，记不得。

访：您得过这个病后，父母带老人出去看过吗？

吴子：以前哪有机会看，在农村一般就那个土医生随便弄点草药，拿布包一下。

访：那还记得当初是哪只脚先烂起来的吗？

吴子：那只脚【左脚先开始烂的】。先从小腿肚上开始，一开始就是痒，然后就烂起来了，主要就是发痒。

访：那洗脚、干农活都会受到影响吧？

吴子：下水田也是没有办法的，在农村不去干（农活）就没有东西吃的。

访：那后来还读过书吗？

吴子：没读过书，文盲。

访：没读书是因为这个病还是家里经济条件（不好）？

吴子：怎么说呢，以前农村人比较穷，他父亲也是烂脚，哪里有这个条件供他去读书？

访：那老人父亲烂脚之前是干什么的？

吴子：务农啊！

访：等于说受到烂脚的影响，家里经济条件就不是很好？

吴子：那肯定是的，不可以下去干活，劳动力就减少了。

访：那您爷爷走路行不行?

吴子：反正(走路)很勉强的。

访：后来什么时候开始大面积烂脚?

吴子：反正一直都在烂,50多岁后开始严重了,就是皮肤发黑,不停地流脓水。

访：那您是几岁有这个印象【指烂脚】的?

吴子：听他们讲的,我也不知道。我印象中他【指他父亲】的脚一直都是烂的。

访：他们都说中年的时候还是很好,不是烂得很严重。

吴子：到后来嘛,四五十岁,带他去医院看,看了也能好一点,但是治不了根的。刚开始去看的时候效果还是很好的哦,到后来好像产生抗药性一样,那药好像也没啥用了,又会重新烂起来。

访：那以前都去哪里看过?

吴子：一般都是私人诊所。

访：那这几十年应该花了不少钱吧?

吴子：也花了一点钱。

访：几乎每年都去看吗?

吴子：就是这里看一下,那里看一下,反正看过几次。

访：那是什么时候开始找到吴会长的?

吴子：我们后来在电视上看到什么细菌战,就开始怀疑他【指他父亲】就是那个细菌弄的。我们哪里懂这些东西。

访：那您爷爷是什么时候去世的?

吴子：90年的光景吧,80多岁去世的。

访：那老人身体其他方面还是可以的?

吴子：对,除了脚烂,其他方面还是可以的。

访：那老人去世和脚有直接关系吗?

吴子：要说没关系嘛也有点关系,比如说如果没得烂脚病,他身体好,可能再多活几年。有了烂脚病,血水一直流,对身体肯定有影响的,不可能没影响的。

访：现在老人有什么医疗保障吗？

吴子：现在就是合作医疗。

访：是您爷爷先过世还是您奶奶先过世？

吴子：奶奶先过世。

访：那您奶奶是哪里人？

吴子：是隔壁村的。像我父亲这个事情也是很偶然的机会，我去别人家玩，他们对我讲报纸上登出来，《衢州日报》在这里寻找细菌战烂脚病受害者，那里留了电话。然后我打了电话过去的，《衢州日报》那个记者帮我们联系的。我当时听到这个消息就去找报纸了，找到后就联系上了。

访：那老人住了几个月的院？

吴子：总共住了 44 天。

访：现在基本上没有问题了吧？

吴子：他这个脚啊，植皮植过的地方不会烂了，但是其他地方好像有点要复发的迹象。第二次又去住了一个月，下面的皮肤又有点烂开了。以前没有治疗的时候，一年到头都流脓血，夜里睡觉都睡不好的，很痛的。晚上起来上厕所，那个血水流的啊。睡觉的时候也流，我妈妈给他洗，什么被子上都是。农村里面的人要是手脚不好就麻烦了，农村就靠手脚干活，干不了活怎么生存呢？

访：您父亲算是这批人【指烂脚老人】里（年龄）比较小的？

吴子：那是的，比他年龄大的都去世了。现在社会上对他们的关注好像多了，像你们啊，会长啊，王选啊，有好多人都在做这件慈善的事情。如果没有这些人做的话，像他这种情况就更加麻烦。你们这样子一报道以后，社会上有很多人来关注这件事情，虽然说你们也是少数派，但是你们是蛮正能量的。吴会长不用说么，来我们家十几趟都有了，夏天那么热，会长这里那里全都跑的。

访：那这个病是夏天发的厉害还是冬天发的厉害？

吴子：夏天。秋天冬天好一点。现在说句实话，有些事情人家是不大管的,现在是各过各的比较多。不像以前,热心人很多。现在有些人是避着都来不及。

访:那村委会、镇上有没有人来看过老爷子?

吴子:没有,从来没有。

访:那知道是日本人造成的后,也没有人来看过吗?

吴子:没有,这个我是实话实说,从来没人来看过。

访:那老人平时和谁来往的比较多?

吴子:平时就在家里坐坐。我们村子有个祠堂,有时候(他)就和村里人聊聊天。像他这种情况,国家最好能够出台一个政策,比如说有一种特殊的政策给予这种烂脚病人经济上一定的特殊照顾、待遇啊这些东西,这是我们的一个期盼啊!像他们这一辈人走掉了,可以说像这种活历史就没了,到时候你对日本人口说无凭的,像上面细菌战受害者的,你拿一个出来看看,到时候人都不在了,一个活证据都拿不出来。国家现在就要开始关心这个事情,对这批受害者该怎么样保护下来,到时候你去跟日本人打官司,(他们就是)一个个活证据。

访:那有没有更加具体的要求?

吴子:具体的嘛,我刚刚说的经济上每个月按照这个一级残疾、二级残疾这个标准补助给他们。

访:那像老爷子这种有做过残疾认定吗?

吴子:像他这种脚的话,我们原先去问过的,他们说这是病不属于残疾。那时候我们去城里看病时去问的,到残联也去咨询过,他们说不属于残疾。连路都走不了,说不是残疾你有什么办法呢?

访:那如果认定为残疾的话,补助怎么样?

吴子:现在不是把他们认定为残疾,我的意思是说能够按照残疾人一级、二级的标准给他们一定的生活补助,像他们这个情况就不要经过什么电脑化验什么的了,他们的情况就摆在这里了。像他这种情况,是不符合一级残疾二级残疾标准的,但是给他一种三级的标准也没有多少的,百把块钱一个月,现在这个社会百把块钱也就一天三块多钱,你买不了什么东西的。像他这种特殊情况，国家就应该出来一些特殊政策。说句老实话，他也活不了几年了，他现在已经差不多80岁了，已经79了，还能活多少年。你说去检验吧，他这个脚二级残疾一级残疾都是不符合标准的。

访：那你们家现在的经济来源主要来自哪里？

吴子：他是有点低保的，一个月180块钱。我父母都有的，这个现实条件摆在这里的，你说我家不符合低保条件，谁家符合低保条件？两个人都是残疾，我妈妈这个腿走起路来也不方便，我爸爸这个脚从小是被火烧过的，他只有四个脚指头，其他地方还是烂的。他这个脚掌是烧坏掉的，脚掌不会弯曲的。像他这个情况，我去年带他去第二人民医院验个残疾的，那个医生看完后决定给他一个三级残疾标准。三级残疾标准补助很少的，一百二三十块钱一个月。像这种情况就不需要验什么残疾了，国家应该出台一个政策，每个月给他们多少补助。以前国家没有这个政策出来的，照理讲应该特殊照顾，我们浙江省的GDP，已经可相当于一个小国家的GDP了，（省里）经济情况这么好，对这个事情总是没有一个标准出来。

访：那您父母这个情况对你后来有没有什么影响？

吴子：影响肯定是有影响，虽然说父母亲总是希望孩子读书好，他们尽力而为，但是他们这个情况摆在这里，你让他们跟平常人家一样拿很多钱出来，是不可能的。

访：那你们觉得现在家里最大的困难是？

吴子：一句话，就是缺钱！如果有钱的话，房子也造过了，这个房子还是二三十年代的房子。

编号14——被访者：王玉莲（标示为"王"），翻译：护工（标示为"护"）；访谈者：刘慧、李婷婷（统一标识为"访"）；访谈地点：衢州市康久第二医院养老区六楼；时间：2018年1月11日10：00——11：30。

【王玉莲老人目前已98岁高龄，一个人住在医院养老区，耳朵听不见，但能看懂字，并会写字。护工介绍说老人一个人每天没事就照着报纸写字，随后拿出写满字的报纸。房间里共有两张床铺,王玉莲老人的床铺干干净净,叠得整齐的床铺上放着老人的衣服。另一个老人就一直坐在桌边,估计行动不太方便。因为护工们平常也大都是通过写字或者大声在耳边(说话)才能与她交流。因而我们只能通过将问题写在纸上,老人看到问题后回答,老人的普通话还可以,但因为方言和听力问题,交流得也比较吃力。我们刚见到老人时,老人正在撑着助行器,要去洗漱间。在工作人员介绍下,老人大概知道了我们的来意。(他们)一起将老人扶到桌旁的椅子上坐下,老人便拿出报纸,后来我们知道是要把她的名字写给我们。】

王:没有事的时候,我的女儿让我看看(报纸)。【拿报纸展开】

访:奶奶,我们想问问您烂脚的事情,您还记得吗?

王:……4月份到衢化,5月份回家的,看了一个多月。

访:2016年4月份。

王:到五六月份回家的。开了三次刀。在头上开刀,补到这里【指着腿】。脚开了两次。在衢化医院里,一分钱都没出。出院的时候,送了一塑料袋绷带。

王:2016年9月份到这边(医院),今天(1月)18号,到这边一年多了。

访:这边住得好吗?

王:我耳朵聋了听不到。

【随后我们将问题写在纸上给老人看】

王:那个奶奶【指原来同房间的邻居】……这个是阿姨帮我调到这里来,这个房间。原来我是住在下面的,原来是五楼,现在调到六楼。

访:您几岁开始烂脚?

王:我的脚啊,到这里检查……检查一次……到这里来检查过两次。

访:您小时候烂脚吗?

王:我耳朵听不到,头有些犯晕,有时候讲话,一下子脑筋就不行了。

【老人可能一开始讲话太多,有些犯晕。我们便放慢提问,让老人休息休息调整一下】【大约一分钟后】

访：您小时候脚烂不烂？

王：我耳朵听不到，没有办法。

访：您见过鬼子吗？

王：60多年了……十七八岁……我现在弄不清了。我现在70多岁了，现在不是60多年了？【但根据吴会长的信息，老人应该是98岁】……3月份……我们村上都遭殃了。那个时代不让。那个飞机都三架一起来，三架一靠，三架一靠【说到此处，老人情绪十分激动，老人并着三根手指，做出飞机从上而下俯冲的姿势】……飞机来放炸弹，七公斤还是八公斤，他看到，他管炸弹，一下子，这下子，他都是看炸弹，那个飞机跑得快，炸弹掉下来……那飞机都三架一来三架一来，吧嗒一下子。哇【语气词，边摇头】……我们都跑到旁边来……它来的时候，三架一来，那个炸弹掉了下来，我们村庄都……

访：杀人了吗？

王：60多年了。来的时候，飞得高的哎，它吧嗒一下子，马上掉下来……那个飞机把尾巴一歪，炸弹就挂下来。【因为年龄已高耳聋不便，不能正面回答访谈，自顾自说，但对日军投弹记忆特别清晰。说起日军侵华的那一段躲避炸弹的经历，老人望着窗外，仿佛一切历历在目，就在昨天，当下谈起仍然心有余悸，眼神透着恐惧。】

访：奶奶，都过去了。

王：哇噻，那个年代是【可能是】怎么弄哦？怎么弄哦？【喘着粗气】

访：您的脚是什么时候开始不好的呀？

王：……它跑得呀……江市长他天天到我们村上来，四五公里，天天来，晚上到江浙镇，早上出来的，下午，晚上……

访：日本军来的时候，您躲在哪里的？

王：早上它不出来……过会儿一架……早上是没有事。我的老伴他不去的，他不要的……把他弄死，把他杀死，他不要……

【医院护工来，我们与她交流了一下】

访：阿姨您了解奶奶烂脚的事情吗？

护：那好多年了。

访：您听她说过这件事吗？

护：说过，但具体情况不太记得了。她说年轻的时候一只脚一直烂，到这几年还好一点。她用农村的话说，以前不是有日本佬吗？她说那时候就是开始烂。

访：也就是日本鬼子来了之后开始烂的？

护：嗯嗯，那时候就开始烂。现在好些了。她的腿有时候还有点黑乎乎的。

【随后，就请老人给我们看了看她的腿】

王：……

访：痛吗？

王：……烂得没有办法……痒……搞麻药……在衢化医院估计有两三百人都是脚烂的。现在好了。……以前没有医生的，买些草药……去年发作，有两三百人，不要钱，一分钱都不要，天天打针打针，都来开刀，在衢化医好了。一天三次……三十多年。……都是这么搞，3月份来，七月份才（开刀），推迟了，三月四月五月六月七月，推迟了五个月。

访：脚以前痛吗？

王：现在不痛，现在好了。去年医好，60多年还要发作，现在医术好……烂的把它切掉，好的一起……大概4月4号来的，5月份回家的，住了一个多月，大小便都不行，要雇个保姆。现在好啊，共产党领导好啊，哇哦，都是脚烂脚烂的，好了发作好了发作，没有办法。

【我们写在纸上问老人有几个子女】

王：【护代答】两个儿子两个女儿。两个女儿没有工作都是农民，大女儿在江山，大女婿是做解放军退役的，50多岁就退休了，现在在江山党校党史办公室。他儿子……500多名还是200多名学生中，考大学第十五名……他的媳妇是在杭州省办医院，这个医院有3000多医师。他媳妇是大学生，他儿子读四年，媳妇读五年，现在在省里的医院里。小女儿在我们农村没有工作，她的老公是在【指着抽纸盒上的某家单位】工作。两个人都是电大毕业。

大女儿是带工资读高中,读大学,读电大。

访:现在他们都到这个地方来看您吗?

王:江山那个不大来,她要去带孙子,雇个保姆贵的要四五千,所以顾不到,孙子今年是5岁。

访:您结婚的时候脚烂不烂? 您多大呀?

王:……结婚的时候还害怕鬼子来。……他学校迁移到福建……我们两个人看都没有看过,以前的人都是父母做主,我们自己没有交流的,现在婚姻是解放的,共产党领导好。

王:以前要绑着扎带的。【又重复一遍在衢化医院看病的过程】

访:您的脚痛不痛啊?

王:就是痒,痒得不得了,没有办法,以前农村没有工资,拿开水洗,或者上山采草药,农村里没有办法。天天烫,痒了三四年,天天洗,治不好,发作,到省人民医院看,4000多块钱,再回家吃药,再到衢化医院。……报名,医生检查,再到衢化医院……天天洗,没有办法,省人民医院住了一个星期4000多块。

访:脚痒影不影响干活?

王:痒,当然影响,痛啊,发作,到省人民医院就发作了……4月份到这里来……痛啊。……我是农村来的,哪里来钱,又没有报销……。

访:村里有没有人说您脚不好?

王:现在好了,没有影响了。

编号15——受访者:吴十一(标示为"吴");**访谈者**:李婷婷、杨丹(统一标识为"访");**访谈地点**:衢州市常山县紫港街道狮子口村吴十一老人儿子家;**访问时间**:2018年1月10日10:00—11:00。

访:您多大年纪了?

吴:83岁。

访:您上过学吗?

吴:没有。

访:您是一直住在这个村里吗?

吴:从小就住在这里。

访:您从什么时候开始烂脚的?

吴:先是脚烂掉,后来医不好了,医生才叫我截掉的。

访:烂脚多少年了?

吴:50年了。

访:那您是30几岁开始烂脚的吗?

吴:嗯嗯,是的。

访:村庄上有跟您一样烂脚的人吗?

吴:有一样的。

访:那些老人还在吗?

吴:我这个烂的都扩展开了。

访:那平常痛吗?

吴:痛的。

访:是走路痛还是干农活痛?

吴:走路痛,没有办法的,不走也得走。

访:年轻的时候下田吗?

吴:下田啊,那只能用东西包起来再下田。

访:走路跟下田哪个更痛一些?

吴:下田痛,弄得不好还要出血,那个血就出来了。

访:以前腿是怎么护理的?

吴:就是拿东西包起来,拿布包起来。

访:纱布吗?

吴:嗯,就是纱布。

访:那您是自己包还是老婆给您包?

吴:自己买点纱布包起来,我自己包。

访:您当时那个脚烂到什么程度呢?

吴：这个地方全部烂掉了，全都烂掉之后，叫我到医院去看，医生让我截掉。

访：烂了之后里面会流什么东西出来吗？

吴：没有。

访：那是整只脚烂掉了还是一块一块烂掉？

吴：这样一块一块烂掉，截掉之后这一块要割掉。

访：这条腿是太严重了吗？为什么要截掉这条腿？

吴：这个腿截掉，这边比另一边要严重点。

访：您跟奶奶结婚多少年了？

吴：29岁结婚的，我今年83岁了，50多年了。

访：裹纱布的时候会抹些药在上面吗？

吴：到药店买那个牙膏，抹在纱布上包上去。【虽然没有药效，但用牙膏止痛】

访：那个牙膏是医生推荐给您的吗？

吴：我自己去买的。

访：那您是怎么知道这个牙膏有用？

吴：都没有用。抹上去不会痛，用起来都没啥用的。

访：当初您脚刚烂的时候，您父母有没有带您去医院治过？

吴：刚开始烂的时候只有这么一点点，慢慢才扩展开来的。

访：您去医院看过吗？

吴：看过，那个时候医生帮我看叫我酒不要吃，年轻的时候忍不住，怕吃酒，他让我回家不要吃酒，他说医不好的，到医院去都医不好，到医院拿点牙膏搽搽，搽搽慢慢就开始大起来了。

访：一款牙膏大概要多少钱啊？

吴：那个时候一支牙膏便宜，六毛八毛，慢慢几块钱一支牙膏。

访：一款牙膏大概能用几天啊？

吴：两天就要用完，一烂就从这烂到那，好大一块，脚背上都有，牙膏包在纱布上要好大一块。气味很大，3岁小孩子都能闻到那个臭味，臭得受不了。

访：您还记得是怎么得上这个病的？

吴：我都不知道是（怎么得的），就一点点破，然后开始烂起来。

访：烂起来会有洞吗？

吴：有一个洞。

访：洞深吗？

吴：深倒不深，就是脚上这个皮往下掉。

访：分不分季节？会不会出现春天严重些、冬天好一些这种状况？

吴：没有，就是从脚背到脚上面这个地方一直掉皮，还有臭味。

访：夏天天热的时候是不是也得穿长裤啊？

吴：穿长裤，不把腿露出来。

访：您有几个孩子啊？

吴：一个儿子，两个女儿。

访：有几个孙子孙女啊？

吴：儿子40多岁了，两个孙子，一个孙女。

访：儿子平常回家来看您吗？

吴：要的。

访：您现在跟谁在一起住？

吴：儿子也在家里住，平常上班在城里。

访：平常喜欢打牌吗？

吴：不打牌。

访：打麻将吗？

吴：我一样都不打。

访：以前年轻的时候是拿工分吧？

吴：对，拿工分。

访：那这个腿对您拿工分有影响吗？

吴：不会的，通常都是拿十分工。

访：因为腿干工分的时候会不会给您照顾一些？

吴：那个时候,腿没有那么严重,以前讲工分,后来承包到户。

访：在生产队的时候主要是下田干农活?

吴：就是下田。

访：包田到户的时候还是您下田干吗?

吴：包田到户的时候主要是家里人去干。

访：那时候脚严重了一些吗?

吴：嗯嗯,是的,脚烂扩大了。以前挣工分的时候要小一些,慢慢就越来越大。

访：扩大的时候还要自己下田吗?

吴：必须下田啊,没有办法呀!

访：这个烂脚什么时候最严重啊?

吴：最严重的时候不会走路的。

访：那个时候大概多大啊?

吴：70左右是最严重的时候,走路都痛,碰不到地,后来到医院去,医生叫我截肢,我就截掉了。

访：当时去的是衢化医院吗?

吴：衢化医院。

访：谁帮您联系到这个医院的啊?

吴：儿子带我去的,我儿子有个同学在衢化医院做外科,打电话叫我去的。

访：没去衢化医院之前,去其他医院看过吗?

吴：江山去看过,江山医院也让我截肢。开始的时候江山让我去掉,江山看看让我去掉。第一次去看的时候,让我三天之后截肢,我儿子去看了下发现没有截肢方面好的医生,我儿子打电话打到衢化那个同学,他同学说你把你爸爸带来,儿子带我去了衢化(医院)。

访：另外一条腿也是在衢化弄的吗?

吴：也是在衢化弄的,这个腿截肢的时候,另外一条腿还没有烂,后来烂的。衢化医生跟我讲你要注意,不注意的话另外一条腿可能也要截肢。

访：那这条腿大概什么时候开始烂的啊?

吴：这个没有几年。

访：那这条腿烂了之后也是去的衢化吗?

吴：也是去的衢化,这个烂就烂了这么点大,烂出来一个洞。烂的得有四年了,衢化看这个到年底了各家报销,只要有证明就可以报销,不要医疗费。

访：您知道吴会长吗?

吴：不知道。

访：您这个是儿子跟他们那边联系吗?

吴：嗯,对的。

访：刚开始医生跟您说截肢的时候您愿意吗?

吴：不愿意,后来我儿子打电话让我去衢化,后来没办法了,医生说你不截掉的话也没用了,后来就截掉了。

访：做完手术之后,跟以前比起来,您觉得是现在生活方便还是以前生活方便?

吴：那肯定是不方便的啦,这个拐杖不方便,那个假肢造出来的,装不牢。

访：村庄上有集体放电影吗?

吴：没有。

访：平常有没有跟村庄上的人唠唠嗑?

吴：没有。

访：平常喜欢做些什么?

吴：空闲的时候到近的人家里去玩玩。

访：逢年过节走亲戚吗?

吴：过年就在家里,不去走亲戚,要去的话让儿子代我去,走路走不了,走起来痛。

访：30多岁才有烂脚的,以前没有是吧?

吴：以前没有。

访:跟老伴结婚的时候有烂脚吗?

吴:没有。

访:您知道您为啥烂脚吗?

吴:鬼子那个细菌投放下去,就烂脚。

访:您是怎么知道的?

吴:人家讲的,很多人都说鬼子扔细菌下去。

访:恨日本人吗?

吴:没有。到江山去看要钱,到衢化去看不要钱。

访:您知道这是谁发起的吗?

吴:衢化医院有专门医脚的。

访:日本鬼子打到这边的时候你们有记忆吗?

吴:不知道,爸爸妈妈有讲过,我那时候还没出生。

访:和老伴结婚的时候脚有烂吗?

吴:没有,30岁的时候开始烂的,那时候烧砖,弄石墨,脚就破了一块。

访:那您之后的清洗、包扎什么的老伴会帮您吗?

吴:都是我自己包的。

访:您要是累了的话老伴会帮您包扎吗?

吴:都是我自己包,她就是给我拿拿东西啥的。

访:您儿子看过您的烂脚吗?

吴:他们不在家,他在城里。

访:儿子有几个小孩啊?

吴:三个,两个男孩,一个女孩。

访:孙子见过您的烂脚吗?

吴:看过的,不害怕的,都没有办法的。

访:孙子小时候是您带大的吗?

吴:跟我们一起住,儿子上班的话就是我们带孙子。

访:村庄里朋友多不多?

吴:以前多,现在都去世了。

访:周围这些邻居认识吗？年轻的时候经常走动吗？

吴:认识,经常去,会一起吃饭、聊天。

访:那您脚烂了之后他们知道吗？

吴:知道。

访:脚烂了之后还一起吃饭、聊天吗？

吴:一起吃饭、唠嗑,那个时候脚都是包起来的。

访:他们会不会给您起绰号？比如像"老烂脚"这些的？

吴:那不会。

访:平时亲戚有红白喜事,你会去吗？

吴:会去的。

访:会不会因为自己脚的问题不去啊？

吴:去都要去的,包起来人家看不到的。

访:如果去远的亲戚家的话,会不会在亲戚家过夜？

吴:要的。

访:会不会因为脚的原因不好意思待在人家过夜啊？

吴:不会,包起来都看不到的,那个时候没那么严重,气味没那么臭。

访:什么时候气味最重？

吴:侧着睡的时候最严重,那时候痛,闻得到那个臭味。

访:那个时候您愿意把自己的烂脚给别人看吗？

吴:包得严严实实的,别人不知道有烂脚。那时候有些活动有人去看的,我都不去看。去哪都不行的。去医院看,只能拿点牙膏搽搽,也没有什么东西,也没有叫你开刀什么的。

访:家里房子是儿子建的吗？花了多少钱啊？

吴:儿子建的,花了多少钱我不知道。

访:建这个房子您跟您老伴有拿钱出来吗？

吴:没有,全是儿子搞的,我也没有什么钱。儿子搞建筑的,自己回来建的房子。以前在外面跑建筑,现在回来了。

访:村干部有来看过您吗？

吴：有的，来看过。

访：在医院的时候亲戚有去看过您吗？

吴：看过的。

访：您现在每个月有什么收入吗？

吴：参加了养老保险，一个月一人1000多，我跟我老伴两个人3000多块（家人补充因为土地被征用建设国际慢城，所以每个月有1000多的养老保险。浙江省60岁以上的老人每个月还有少量的补贴），3000多块钱吃吃饭、买买菜够了。

访：老人腿截肢之后有办理残疾证吗？

吴：有证，四级残疾，四级是没有补助的。

访：您什么时候开始没干农活了？

吴：60岁左右就没去种田了。

访：您觉得这辈子过得苦吗？最苦的时候是什么时候？

吴：20多岁的时候很苦。

访：30多岁的时候开始烂脚，为什么觉得20多岁的时候最苦？

吴：那个时候家里的日子差得很，没有粮食吃。

访：您觉得现在的日子好吗？开心吗？

吴：那肯定是。

访：那您觉得最开心的日子是什么时候啊？

吴：最高兴的时候，儿子开始挣钱，娶老婆了最开心。

访：您儿子是多大年纪结婚的？

吴：23岁结婚的。

访：您儿媳妇是本地人还是外地人啊？

吴：家里这边的，隔得近。

访：那个时候娶媳妇要花彩礼钱吗？

吴：要的，那个时候很少的，不要多少钱，只要几千块钱。

访：那您儿子读书读到什么时候啊？

吴：读到高中就没读了，考大学没考上，然后就自己出去打工了，做建筑挣钱。

访:您这个手怎么没有指甲啊?

吴:因为被割掉了,这个不痛,就是拿小东西拿不到,这个很多年了,年轻的时候就有。以前工作的时候被割掉了。

访:您跟老伴是怎么认识的?

吴:人家帮我介绍的。

访:娶老伴的时候要花聘礼吗? 花的是自己的钱还是父母的钱?

吴:那个时候 60 块钱,我自己的钱,我爸爸死得早,我妈妈活到 102 岁才去世的。

访:老伴平常会帮您洗脚、包扎吗?

吴:她没有,都是我自己包扎、自己洗。

访:周围有人烂脚吗?

吴:这边没有,在这后面有一个人烂脚,他到他儿子那去了。

访:您一天通常都做些什么呢?

吴:我就自己在家里玩一玩,搞点卫生。

访:您的孙子孙女平常周末要回来吗?

吴:要回来,两个大丫头不回来,隔得比较远。

　　编号 16——被访者:徐朝顺(标示为"徐");**访谈者**:贺晓星、杨丹、李婷婷(统一标识为"访");**访谈地点**:衢州市衢化医院病房;**访问时间**:2018 年 1月 9 日 14:30—15:30。

　　【访谈时老人妻子也在旁,会协助回答一些问题。偶尔会出现一些问题是询问老人妻子的。标示为"徐妻"】

访:你是小时候就得这个病吗?

徐:小时候得的。

访:大概是几岁的时候?

徐:记不清楚了,小时候还不记事的时候就有了,这个地方烂掉了。

访：一直没看好过？

徐：没看好过。以前没有人看啦，就在家里。

访：你们那边没有医生吗？

徐：有医生啊，没钱看，就在家里不管它，后来越烂越多就烂光了。

访：最开始烂得就那么厉害吗？

徐：最开始的时候只是一小块，就这么一小块，这边烂掉之后就开始烂那一边，全都烂了。以前这边都是一行一行的烂，去年这也烂掉那也烂掉了，后来就去丽水医院了，他们问我这个到底咋样了，看看我这个样不行，还是烂的，就没办法了。

访：这两只脚都烂掉了吗？

徐：没有，这只脚是好的。

访：您现在这只脚不也是皮肤不好吗？

徐：小时候烂过，他们就说没办法，要切。真正痛得受不了才切，切了就没办法了。

访：这个烂脚病在你们那边多吗？在你们村庄多吗？

徐：不多。

访：您是丽水什么地方的？

徐：峰源乡，那边烂脚病不多，就下面那个地方有两个人烂脚，我也没见过，年龄都比我大。

访：您今年多大？

徐：75。

访：烂了几十年了？

徐：60多年了。

访：烂的时候痛不痛？

徐：痛，烂的这么大地方，夜里痛得睡不着觉，只能侧着睡。我们那边有个人比我大两岁，到丽水去医治，我晚上痛得睡不着觉，他不痛。

访：是不是烂的原因不同啊？

徐：烂的原因不一样，他只烂了这一块，下面没有烂。

访：有的人烂是有洞的,您烂的有洞吗?

徐：这个洞没有,就是一圈都烂光,肉都掉下来,但是骨头看不见。

访：在农村要种地吗?

徐：种地。

访：下水田什么的有影响吗?

徐：有影响,下水田什么的还是有困难的,要拿一个麻袋拴住,用麻袋包起来。

访：平时生活有影响吗? 这个脚对您平时影响很大吗?

徐：很大。

访：比如说有什么影响?

徐：平时做的住的都很困难,做不了,没有办法。

访：我看您这个脚现在这是皮肤原因还是烂脚啊?

徐：就是皮肤啊,以前都没有,就是今年才有的,以前都是好的,今年6月,突然就变得不一样,那个不好了。以前就这一只脚,跟那只脚没关系。我儿子他们知道了,问我痒不痒,我说不痒。去年上面这些都是好的。

访：最严重的时候是不是干活都干不了?

徐：干活还是能干的,没办法得干,不干吃什么?

访：干了以后更疼吗?

徐：是啊,不干晚上饭都没得吃。

访：您是一直在丽水这个地方待着? 没有出去当兵啥的?

徐：没有,我们家里很困难的,11个人吃饭,只有我一个劳动力,我是最大的儿子,家里不准你去的。

访：您兄弟姐妹11个啊?

徐：兄弟姐妹七个,我是最大的,我爸爸妈妈,还有我爷爷奶奶总共11个人吃饭,爷爷奶奶年纪大了。

访：他们有烂脚这个问题吗?

徐：没有,家里就我一个烂脚。

访：那是不是因为您不小心什么的感染?

徐：那不晓得，小的时候不知道。

访：当年日本在这个地方打过仗你可知道啊？

徐：丽水那个老中医知道，他跟我讲过。去年有一个女人在丽水碰到，她说从上海那边过来实习的，也跟我讲的。

访：那之前您是一点都不知道？

徐：我不知道。

访：你们丽水有没有人切掉的？

徐：有啊，过去有人切掉的。丽水那个医生不行，上海那个医生关心老百姓困难，能让你脚走一走。那个医生说去年在丽水有个……【听不清】这个病不要跑了。

访：那您在小学读书的时候已经开始烂了吗？

徐：烂了，书都没读过。

访：当时对您学习可有影响？

徐：我没学习过，没读过书。

访：认识字吗？

徐：字不认识。

访：自己的名字认识吗？

徐：认识倒认识，就是写不出来。

访：您叫什么名字啊？

徐：我叫徐朝顺。

访：您跟您老伴是一个村庄的吗？

徐：不是一个村庄的，离得不远，20多里路。

访：【问徐妻】您结婚的时候就知道他有烂脚这个毛病吗？

徐妻：知道，刚开始的时候不严重，后来越烂越深，就送到上海医院去了。不种田也没有办法，不种就没得吃，兄弟姐妹又多，吃饭也痛，睡觉也痛，眼泪都出来了，得给他治。

访：【问徐妻】您也很苦啊！

徐妻：我也很苦。

访：【问徐妻】您要给他洗脚什么的吗？

徐妻：要洗脚，不洗脚的话这个裤子都穿不了。

访：兄弟姐妹里都没有人得过是吧？

徐：没有没有。

访：家里几个小孩啊？

徐：三个小孩，两个儿子一个女儿。

访：现在多大了？

徐：老大 50 多了，女儿 50，小的 49。

访：那他们都有小孩了？

徐：都有小孩，都是生了一个小孩，那时候计划生育很紧。

访：（他们）经常来看您吗？

徐：来过。

访：孙子他们看到您的脚怕不怕啊？

徐：他们都没怎么看，我以前都不怎么给他们看，怕他们害怕。

访：您换药什么的不给他们看？

徐：不给他们看，我儿子他们都不晓得，不给他们看。

访：为什么不给他们看？

徐：他们看了害怕。

访：气味挺大的？

徐：气味挺大的。

访：气味大的时候房间里都是？

徐：房间里都是，夜里的时候睡觉得把门窗开着。

访：冬天很冷也开窗啊？

徐：很冷，窗户也要开一点点。

访：几十年不容易啊！

徐：不容易啊！特别是有小孩的时候就烂起来了。

访：那您这边的脚要看吗？

徐妻：这边的脚不看了，回去再弄。他在这饭吃不下去，只能吃一点点。

访：上海那边说要截肢？

徐：丽水那边不给截肢，别人说上海那边可以，就去上海。

访：后来别人来告诉你，是日本人做的坏事情，您恨不恨日本人啊？

徐：恨啊，也没办法。去年我在上海看到他们，他们从这里烂到那里，从上海医好了回来。

访：是吴会长给你们介绍的吗？

徐：这边我们不晓得哎，那边是姓钟的，他帮我们联系的，上海也是他帮我们联系的。

访：您现在能走路了吗？

徐：不能走，脚走的时候很痛。

访：这个脚最痛的时候也不能走路？

徐：不能走的。

访：您以前是好一会痛一会这样吗？

徐：基本上都是痛的。

访：和季节有没有关系？比如说春天会很痛，冬天不痛，这种情况有没有？

徐：没有。

访：一年四季都一样？

徐：都痛。

访：烂的话一年四季都是烂的？跟季节没有关系？

徐：没有，一年四季都是烂的，烂的裤子都没法穿，裤子都是卷起来的。纱布一卷起来，裤子都穿不了。

访：那您年轻的时候有朋友跟你一起玩吗？

徐：没有。

访：邻居什么的不在一起玩？

徐：没有。

访：是因为脚不好，人家不跟你玩？

徐：我不晓得。

访：农村主要是在一起种田是吧?

徐：种田,都在生产队。

访：你们以前要拿工分的,这个影响到拿工分吗?

徐：影响,没别人多,也没办法。

访：您儿子现在是在农村还是在外面工作啊?

徐：没工作,在外面打工。

访：您平常打牌吗?

徐：不打牌,打不来。

访：麻将呢?

徐：打不来,都打不来。

访：以前村庄有集体放电影吗? 会去看吗?

徐：以前有的,会去,这个脚痛的话就去不了,就在家睡睡觉。

访：您觉得您最苦的时候是什么时候?

徐：1958 年没有吃的时候,那时候树叶、泥巴都吃的,人都死光了,一个月死了 40 几个人,都是饿死的。有的一家人都死光了,没有的吃的。

访：那时候你们还没结婚?

徐：还没结婚。

访：【问徐妻】你们那边也很苦吗?

徐妻：比他们那边好一点,我们丽水不行,没得吃,他们那边稍微好一点。

访：死的 40 几个人里有你认识的?

徐：有认识的,小孩死了不忍心。

访：那时候是自然灾害吗? 1958 年的时候。

徐：集体都没得吃,不管你老百姓。

访：以后就没有出现没得吃了?

徐：过了这个(时间)以后,就好起来了。就是 1958 年的时候,吃也吃不饱。丽水是山区,这个种田的……稻谷什么都要弄的,很困难的。这个脚也不能用,很苦的。

访：你们结婚多少年了啊？

徐：50多年了。

访：20多岁结婚的？

徐：我老婆22岁到我家来的，今年72了，50年了。

访：那个时候知不知道他有烂脚这个问题？

徐：那时候小，脚烂的不严重，没人知道我烂脚，后来越来越严重。

访：您以为是什么原因导致您烂脚的啊？

徐：不晓得哎，农村天天跑来跑去，怎么搞出来的都不晓得。就只知道这里有个脓泡鼓出来不会好的。怎么烂的不知道，小的时候不知道。

访：小的时候爸爸妈妈有没有跟你说烂脚是因为什么原因造成的？

徐：没说过。

访：他们见过日本人？

徐：见过，我爸爸妈妈他们见过。

访：日本人打到丽水了？

徐：打到丽水了，打到丽水上面那个地方了。我们在丽水找了好几个医院都医不好，这个医院是好医院，我们找对医院了，上海医得好，丽水说要截掉，医了好几次都医不好。他们在丽水医了48天，天天化验，医不好。后来去了上海，第二年医好就回去了。他们回去告诉我的，在丽水48天都没医好，在上海15天就医好了。

访：以前没进医院的时候自己是怎么处理这个脚的？

徐：自己买点草药，抹在腿上。

访：草药是医生说买哪种还是自己？

徐：自己买的，听别人讲的，医院不会帮你弄这个药的，医院只会帮你配点药膏。

访：那个草药好用吗？用完之后还痛吗？

徐：不好用，不会好的。

访：痛也不会减轻？

徐：不会，那个自己搞出来的药都治不好的。那个血水流出来是去年到上海才医好的,之前用的全都没有用。医院大,药就是有用。

访:平常喜欢走亲戚吗? 逢年过节会不会去亲戚家吃吃饭?

徐:吃饭我们都是自己吃的。

访:您家里只有您一个人有烂脚病吗? 兄弟姐妹有吗?

徐:没有。

访:兄弟姐妹会来看看你吗?

徐:没来。回去了会来看,到这里太远了,回老家了他们会来看。

访:现在治好了开心吧?

徐:嗯,开心的,这个脚好了能走了,现在不痛了。

访:这个病最重要就是痛和臭味,对吧?

徐:嗯嗯,天天痛。

访:那在家里有臭味吗?

徐:有,这个纱布天天要洗,裤子要天天换。

访:【问徐妻】您最苦的时候也是1958年吗?

徐妻:我这一辈子都苦。

访:【问徐妻】是因为这个病?

徐妻:痛的苦一辈子,吃的苦一辈子,苦跟了我一辈子。

访:村庄上的干部会来看您吗?

徐:不会看我,他们不会来。

访:以前人民公社的时候,您有这个病,他们不照顾照顾您吗?

徐:没有,不照顾。

访:平常村里办喜事,您会去吃酒席吗?

徐:我们去吃完就走。

访:孙子孙女是您带大的吗?

徐:是我们带大的,他们爸妈上班我们就带他们,不和我们住一起。我们就两个人住一起。儿子他们都住丽水。

访:你们身体都挺好的?

徐:她身体不好,胃不好,糖尿病啊,这个病那个病。

访：您是脚不好，其他都很好？

徐：经常痛，脚痛得睡不着觉。

访：您觉得您现在最开心的事情是什么？

徐：脚不痛了，睡得好了，现在开心了。

访：丽水话和这边话一样吗？你们听得懂吗？

徐：不一样，听不懂衢州话，医生听不懂我们讲话，医生讲普通话我们只能听懂一半。

访：【问徐妻】之前在上海看病也是奶奶陪着爷爷吗？

徐妻：不是，是我女儿陪着的，我在上海讲不来普通话。

编号17——被访者：徐生泉（标示为"徐"。其妻也在旁，标示为"徐妻"）；访谈者：刘慧、台敏佳（统一标识为"访"）；访谈地点：衢州市石室二村徐生泉家快餐店；时间：2018年1月9日9：10—10：10。

访：爷爷现在治好了吗？

徐妻：差不多差不多。

徐：去年4月份看，一直看，好一点。

访：做过手术了吗？

徐：没有做过手术。

访：为什么没有做过手术呢？

徐妻：前年到杭州，看了一个月，看不好，里面有那个细菌，去年到人民医院看，里面还是有那些细菌。一直都看不好呢。前年到杭州是花了1万多，去年在人民医院也是1万多。

访：那吴会长没让你们在衢化医院看吗？

徐妻：今年才知道呢！

徐：他找来的。

徐妻：今年才听一个朋友说呢，问他多长时间啦，反正50年都有了。烂烂好好，好好又烂。以前年轻的时候抵抗力要好一点，要好半年才烂，烂就

看,看了又好,好了又烂

访:会硬吗? 痛吗?

徐妻:痛,要血走到那里,就痛。血不走到那里不会痛的。去年衢化看了,都搽过包起来了。

访:爷爷今年……

徐:71。

访:那是 20 岁左右的时候开始烂的吗?

徐妻:以前烂的,年轻的时候抵抗力要好一点,年纪大起来就越来越严重,像烂成这个样子,有 25 年了。

访:那什么时候再去医院治呢?

徐:今年再去哦。

访:爷爷奶奶,我们这个是国家性的调查,想让爷爷多说些话,再录个像。您看可不可以啊?

徐妻:可以可以,他很老实的,不会讲话的。上一次,那个吴会长来的,叫他讲话他也不会讲。吴会长讲还有这么老实的人啊,我讲不会讲话就是不会讲。4 月份看看到现在……

访:这个在冬天会不会好一点,还是夏天……

徐妻:不会不会,冬天夏天都一样。

访:这感觉像被火烧的一样,这个颜色。

徐:不是烧的不是烧的。

徐妻:全部都硬的喂,一直都是黑色的,黑的大概 20 多年了。

访:现在这流不流水啊?

徐妻:不流水不流水。

访:爷爷把这包起来吧,冷,每天都这么包吗?

徐:包,包,不包不行,不包要肿起来。

访:那包起来走路这边还使得上劲啊?

徐:走路没关系。

访:爷爷现在平时还能干什么活吗?

徐：不干什么活了，田不种了。

访：那这个店是你们俩开的是吧?

徐：我们开的小店，开了十多年了。

访：那爷爷是浙江人是吧?

徐：就是这边人，石室的。

访：爷爷这纱布上有药吗?

徐：药是直接往上抹的，干掉了哇。

访：爷爷上了几年学呀?

徐：读过两年书。

访：爷爷奶奶平时住在哪里啊?

徐妻：这个房子是租的，我们住在后面，后面是自己建的。

访：那只有你们两个人住吗?

徐妻：我们两个人和我一个大儿子，小儿子在杭州干活。刚刚打电话的是大儿子。

访：那有女儿吗?

徐妻：没有女儿，就两个儿子。以前他家很苦嘞，七个兄弟，一个女儿，他妈妈爸爸八个孩子。

访：那爷爷这个腿一开始发病的时候是什么症状?

徐：一开始是小泡泡，然后破了，就烂了，看一下就好了，看一下就好了。

访：一开始轻一点是吧，没这么严重?

徐妻：年轻的时候抵抗力要好一点的，老了就⋯反正烂成这样子有5年了。

访：那家里只有您一个人得了烂脚吗，还有其他人吗?

徐妻：没有，他上面一个哥哥，下面还有五个弟弟，一个妹妹，八个兄弟，一个都没有。

访：那当时还知道是什么原因染的烂脚病啊?

徐妻：不知道的，当时兄弟姐妹那么多，我还没来的时候，他们家12个人啊，12个人住10平方(的房子)。我跟他结婚的时候，像这一间房啊，中间一拦,就成了两间。

访:那奶奶嫁给爷爷的时候,爷爷已经有这个了是吧?

徐妻:烂了烂了,反正我来了 44 年了,一直烂的。

访:那你们知道这村里面,还有谁烂脚了?

徐妻:那个对面有一个,那个吴会长有天来过的,他开刀开过了喂。

访:那也是最近才知道的吗?

徐妻:反正他烂了十几年二十年不到。没我家老头时间烂得长。

访:那爷爷当时烂的时候也一直在干活吗? 年轻的时候……

徐:年轻的时候要种田。

徐妻:年轻的时候,我跟他结婚之后前 20 年,(他)开拖拉机,然后分田到户,种了四年的田,后来就没种了。

访:没种了是种不了了?

徐妻:种不了了,到田里面干不了活。我小儿子 5 岁的时候分田到户的,小儿子八零、八一年的,八三年分田到户的,种了几年,就不能种了。

访:不能种了以后干什么呢?

徐妻:(他)自己买了拖拉机了,有货的时候拉点货了。

访:拉什么呢?

徐妻:拉什么,那随便什么。

访:爷爷可以说说。

徐:什么东西都可以的。

访:那爷爷一般一年要去几次医院啊?

徐:一般去小医院,乡村医院,然后他们讲哪里好我们就去哪里看。

访:看过最大的城市,杭州看过吗?

徐:最大的看过邵逸夫医院,杭州的。

访:在那边看得怎么样?

徐:看了一个多月,看到差不多好了。好了以后再回来,过一段时间又发起来了。

访:好了,当时是怎么样叫治好了? 是不肿了吗?

徐：肿的，那个脚还是肿的，但皮肤是好的。

访：噢噢，后来又复发。当时看了多少钱呀，有没有报销？

徐妻：没有，杭州没有报销的。那个医疗卡那边（看病）没有报销，我们是农村医疗保险。

访：花了有万把块钱吗？

徐妻：1 万多哦。

访：那是你们自己付的，还是两个儿子……

徐妻：自己付的。

访：那是一直在杭州住院的吗？

徐：是回来的，住两天又回来，一个礼拜去一次的。

徐妻：是一个礼拜去一次，拆开了看怎么样，下个礼拜再去。

访：噢噢，那爷爷你们现在知道这个脚是怎么烂的了。

徐：现在我们也不知道。

访：现在也不知道，那你们见过吴会长对吧？

徐：嗯，吴会长来的，他介绍我们去衢化医院治疗的。

访：那吴会长有没有跟你们说这个脚是怎么烂的呢？

徐妻：也没介绍。他就是电话打到我们儿子那，然后问我儿子他（爸爸的）脚是怎么烂的，然后儿子跟他讲的。

访：那吴会长是怎么找到你们家的？

徐：是儿子跟朋友一起吃饭讲的。

徐妻：我告诉你啊，我跟我老头两个蛮好的，外面亲戚朋友知道，人家在衢化那边吃晚饭，讲起来的……【听不清楚】讲我有个叔叔脚烂的，怎么烂的，然后吴会长打电话给我儿子，让他带我家老头去衢化医院检查一下，看一下，怎么烂。然后到医院也不会讲啰……就讲找个脚里有毒，一直肿着治不好（的人）。

访：那爷爷有见过其他烂脚病老人吗？

徐：村里有一个呢！

徐妻：他烂的时间要短一点，今年做过手术了，开过刀了。

访：那爷爷今年也打算做手术了吧？

徐妻：他……高血压，血糖偏高，医生讲他没法手术。

访：那医院给您是怎么治的呢？

徐：给药膏啊，涂药膏。

访：有效吗？

徐：有效果有效果。

访：那爷爷你们住这边几十年了？

徐：从小到大都住这边的。

访：那与周围邻居、亲戚朋友都熟吗？平常串门吗？

徐：不串，不大串门。

访：那爷爷平时都干些什么啊？

徐妻：我们两个人就做这个小吃。

访：生意怎么样？

徐妻：混点饭吃可以。他家姐妹兄弟都很苦唉，有八个，我自己姐妹兄弟七个。

访：那爷爷平常不串门，是不喜欢串还是这个脚不方便？

徐：我们要到田里干活，要种菜的。

访：那爷爷平常抽烟吗？

徐妻：要抽的哇。

访：那周围平常没有什么老人一起抽抽烟打打麻将什么的？

徐妻：不打麻将，要不然在家里看电视，要玩就到马路上溜一溜。

访：那爷爷之前开拖拉机，邻居有没有帮忙让拖点砖啊？

徐：那……有！现在没开了……

徐妻：以前50多岁开的，现在不开了。

访：那平时亲戚朋友会走动吗，会和那几个兄弟姐妹聚一聚吗？

徐：平时不怎么走动的，过年时候会聚的。

访：那爷爷您知道您这个腿坏了和日本人有关系吗？

徐：我不知道啊，但听讲过。

访：那也想不起来当时是怎么回事了吗？

徐：想不起来了，时间太长了。

访：那爷爷觉得这个烂脚，从年轻开始对自己影响大吗？

徐：那还是蛮大的，田里不能去了，干地里的活还可以。

访：除了干活，那还有其他影响吗？

徐：其他就没有什么影响了。

访：那生活上呢，邻居会不会因为您这个脚烂，就不来往什么的？

徐：那不会的，我们这个不会不传染的。

访：那爷爷几十年一直用布这样包吗？

徐：就今年啊。

访：那年轻时候用什么包啊？

徐：年轻时候没有包。

访：那年轻时候肿了就肿了，也不包？

徐：不包。

访：那年轻时候为什么不拿布包呢？

徐妻：那年轻时候肿烂就去乡村医院包一下，包一两天，当时包一下五块钱。去年去人民医院包的，去衢化医院也是，那一双袜子400多块500块。

访：还有那种袜子啊，专门包的袜子……现在怎么没穿呢？

徐妻：嗯，专门包的袜子。这个是之前去衢化医院拿的纱布，不要钱，拿了很多，吴会长拿来的，这么大一袋子，纱布，药啊，晚上洗脚，包上。

访：吴会长拿药来都是不要钱的是吧？

徐：不要钱的。

访：噢噢，那爷爷小的时候，有没有日本人来过这里的印象？

徐：没有，我们那里没有看到过。

徐妻：他以前给我讲过，以前小啊，不懂什么事情啊。一两岁、两三岁的时候……

访：两个儿子都读了多少书呀？

徐妻：一个儿子初中毕业，一个儿子在衢化念的职高。

访：那当时就是开拖拉机供两个孩子上学了？

徐妻：是的哇，其他没有什么钱好赚了。

访：现在孙子孙女多大了呀？

徐妻：一个孙女 1 岁。

访：在这边上学吗？

徐妻：嗯，就在这边。

访：平常你们接送吗？

徐妻：礼拜六礼拜天都要回来的。

访：那你们在一个桌上吃饭吗？

徐妻：嗯，是的。他一个孙女儿，他爷爷脚这么烂，她说爷爷你这个发的东西不要吃了，烟少抽点呢。

访：那爷爷这个脚烂有气味吗？

徐妻：没有气味的，也不流水的。

访：那爷爷这个腿平常什么时候会痛啊？

徐：血流到这里就会痛的。

访：那乡政府村政府什么知不知道爷爷这个脚烂啊，有没有来看过啊？

徐：没有的。

徐妻：就前年和去年，这个门面本来要拆掉的，拆掉啊，我跟我家老头饭都没得吃了。

访：是啊，那现在还拆吗？

徐妻：今天早上还来的。

访：那平常两个儿子会给一些生活费吗？

徐妻：过年会给一些的，平常不给的。

访：那爷爷奶奶这个店几点开门啊，主要做些什么？

徐妻：早上 4 点开门，包子、豆浆、豆腐脑，都做的。

访：那这些都是奶奶弄，爷爷主要做什么啊？

徐妻：爷爷早上买点菜，早上有人来吃就洗洗碗，我来不及就他收钱，这样子。

访：媳妇什么的知道您这个脚烂吗？

徐：知道的。

访：那给您洗过纱布什么的吗？

徐：那我没有叫她洗，不要她们洗，我们自己会洗。那个纱布用两天我就不要了。

访：那媳妇有没有觉得这个脚不太好啊，有没有说过什么？

徐：这样子弄习惯了没有关系。

访：爷爷觉得这个脚最严重的时候，是什么时候？

徐：最严重的时候，烂得最严重，现在好一点。看看就好了，然后过一段时间又烂起来了。

访：奶奶跟您结婚的时候，已经烂脚了是吧，那结婚之前介绍对象的时候，当时有没有说这个脚烂的情况呀？

徐：当时结婚的时候年轻，脚烂得比较轻的。

访：那爷爷你们现在还有田吗？

徐：有田的，被人家包去了。

访：那爷爷这个脚晚上会痛得睡不着吗？

徐：这两天要好一些，之前痛得像蚂蚁咬那样，一下一下的。

访：像蚂蚁咬一样的？

徐：就一下疼一下，一下疼一下。

访：这几次是吴会长送的药，那有没有算过之前治这个脚一共花了多少钱呀？

徐：治这个脚，几十万都花掉了，看了四五十年了喂。

访：那现在这个已经算是好得差不多啰。

徐：嗯，好得差不多了。

访：开心吗？

徐：开心啊！

访：爷爷想做手术吗？

徐：想做手术啊！

访：爷爷现在这个腿最大的感觉是什么,是使不上劲吗?

徐：肿,麻……。

访：那刚才说的蚂蚁一下一下咬的感觉还有吗?

徐：现在就是血脉走到哪里(哪里)就痛。

访：一天有几次这样子呢?

徐：【意思不明】

访：那爷爷除了这个烂脚,还有什么其他地方不太舒服吗?

徐：感冒发烧什么的,一年一两次,其他地方么,我们也没有怎么检查。

徐妻：他高血压 15 年,我高血压 18 年,天天都要吃药,一天两次。乡卫生院拿的药。

访：这个药都是有医保的是吧?

徐妻：嗯,农村医保,像感冒药什么也是乡卫生院拿的。

访：上次吴会长来是什么(时候)啊?

徐：上次啊,一个月之前。

访：那爷爷这个胶布用完了去衢化医院拿么?

徐：是的,就去衢化医院拿。

访：爷爷这个脚有点烂,常年都穿长裤吗,夏天会穿短裤吗?

徐：我不穿,全部都穿长裤的,这个脚……

访：因为这个脚不好看是么?

徐：嗯,不好看,人家看到要怕的。

访：爷爷这个还行,没有很严重,还可以的,这几年是变好了对吧? 邻居家红白喜事什么的,都爷爷去还是奶奶去啊?

徐：嗯,都我去的。

访：感觉爷爷精神还是不错的。好,谢谢爷爷!

　　编号 18——被访者:余敦祥(标示为"余");访谈者:杨渝东、黄旭生(统一标识为"访");访谈地点:余敦祥家中;访谈时间:2018 年 1 月 9 日 9:30—11:00。

访：现在是一个人生活吗？

余：现在还是一个人。

访：您今年多大年纪了？

余：85 岁了。

访：您是在几岁的时候患上烂脚病的？

余：9 岁。9 岁的时候就开始痒痒了，痒了以后皮肤就黑掉了，然后就开始烂开了，断断续续的，一直不见好。

访：您一开始只是发痒，那什么时候开始皮肤溃烂的？

余：烂的时间很长了。大概 50 来岁的时候开始烂得严重起来。

访：您能比较详细地描述一下烂脚的过程吗？

余：那个以前刚烂的时候，有一点像破开了。我们就到处去看，他们都说这个脚要断去的，那些看过的医生都是这样讲，你这个脚看不好，没有办法看。还有一个医生说过要医好这个脚得神仙过来才能医好。我们这里治不好的，都是这样讲的。都这样说那我也没办法，今天烂、明天烂，天天烂，没有办法只能让它烂啰。直到吴会长到我这里来，把我拉去看，把我治好了。

访：那吴会长找到您的时候，您已经多大年纪了？

余：那个时候已经 80 多岁了，82 岁。

访：那在这个时间之前，您一直觉得自己的脚治不好是吗？

余：我们都以为治不好的，没有办法治好的。

访：您能说一下您发病的时候，您的脚是怎样的情况吗？

余：一块都烂起来了，先是皮肤烂开，然后是肉，慢慢往里面走，慢慢变大起来。水是要流的，要拿纸给擦掉的，浓水要流出来。

访：那个时候您看到自己的伤口时是什么样的感受？

余：看到自己的伤口知道要烂，我也没有办法。也不能干活了，那个时候还有生产队，我得到水少的地方干活，晒稻谷啊，水田是不能去的。

访：如果不能下水田干重活，那工分是不是也会少？

余：工分是有的，比起其他人要少一点，跟其他人比起来就是十分只能九分那样子。

访：那这个工分减少会不会影响您的家庭？

余：那肯定会影响家庭啊。

访：那您父母会不会因此对您不满？

余：埋怨是不会埋怨的，我也没有办法，他们也明白我没有办法啊，去治疗又没有地方治。

访：那当初刚烂脚的时候，您父母带您去看过病吗？

余：以前哪里医师比较好我们都去看过的，都说看不好的。

访：那这些医生是乡镇医生吗？有去过大城市看过医生吗？

余：大城市那个……去过衢化医院看过。

访：那去过像杭州、上海这样的城市吗？

余：没有去过。没有办法去啊，没有钱去啊。杭州、上海的医院是不能去的，因为家里要攒工分。那个时候家里有六七个人要吃饭，还有妹妹弟弟，我不能到处去看病的。

访：您有几个兄弟姐妹啊？

余：一个弟弟，两个妹妹，还有我父母，还有我的大孩子也六七岁了，一共七口人。

访：您父亲那一辈有没有烂脚的情况？

余：我父亲没有烂脚。

访：当时就您和您父亲两个人是家庭里赚工分的劳动力，您的烂脚会影响到您家里的经济条件吗？

余：那是很正常的。

访：那当时您觉得您家的经济状况在当地属于什么水平？

余：那时跟农村里的其他正常人相比，比工分我们就是比他们要少三成，不是特别好。

访：家庭条件在农村还是很重要的，那您的家庭条件有没有影响到您找对象？

余：我大儿子、大媳妇都受到影响了啊！他们都说我们家赚工分少，这样子挣不起来工分,分不到红。结束分工分的时候,我们也分得很少,没有人家多。别人家分到一担稻谷,我们只有半担稻谷。

访:那当时你们家里人口很多,生产队没有因为这个原因对您宽容一点吗?

余:没有宽容啊!我不去干就没有工分,没有工分就没办法分东西啊!生产队也是找一些轻松的活给我干,水稻田比较难。这些活我能干的都要去干的,不去干不行的。

访:当初您大儿子娶亲是遇到了什么难题?

余:他们不愿意。当时大儿媳妇家都是不愿意的。

访:那后面怎么又嫁给您儿子了?

余:大儿子也是手(右手臂)有点问题,我大媳妇眼睛也有点问题,两个人身体都有点问题。他们两个就自愿。一个比较不好,另一个也不好,才能在一起。你要是一个比较好,一个不好,那肯定是不会要他(大儿子)的。

访:您方便说一下您大儿媳眼部有什么问题吗?

余:她近视眼,很严重的近视眼!她这样是看不清的。

访:当时您大媳妇家不同意的主要原因是什么?

余:说我们家庭不好啊!说我们家庭工分挣得少,每次拿东西都是落后的……脚就是会影响挣工分。

访:大爷您以前上过学吗?

余:上过学的!上到小学三年级。

访:当时为什么那么早就不上学了?

余:三年级的时候,日本鬼子来了,之后就没读了。之后也不能复读了,要挣工分了,五分、四分,慢慢就开始出来做活了。那时候还是很小的。

访:您生病【指烂脚】的时候,还在读书吗?

余:脚发痒的时候还是上学的。好比上半天上学,下半天就不能上学了。后来鬼子来后,就彻底不上了。

访:学校在哪里?离您家远吗?

余:学校就在那下面,那里。当时就是走路去上学,要走十来分钟。

访：当时同村的孩子都去上学吗？

余：都去上学的。那个时候是这样子的，我们村子里有一个教会，教会里有人雇了老师和医生，办了小学。我们那外面要来读书的，就挑稻谷，就可以去教会里（读书）。

访：当初您和您老伴是怎么认识的？

余：我们从小就在一块。

访：那你们长大后是媒婆介绍的还是自谈的？

余：我们是自己解决的，她就是小媳妇。

访：小媳妇是指什么意思？

余：跟童养媳一样啊。她年纪也不大，我小的时候就过来了。她从小抱养过来，在我家长大的。她3岁就到我家里来了，我比她小3岁。

访：那您老伴是本村的吗？姓什么啊？

余：是本村的，她姓沈。她一直在我家里长大的。

访：那你们大概什么时候结婚的？

余：我结婚的时候是十八九岁啊。

访：那婚后您的脚烂严重吗？

余：那个时候也开始严重起来了，但都说没有办法医治。

访：刚结婚的时候您老伴和您的关系怎么样？

余：吵架，我们不会吵的，我们吵不起架的。一个要吵架，另外一个知道有缺点就不会吵起来的。要吵架肯定有缺点才能吵起来，没有缺点肯定吵不起来。

访：您觉得您老伴对您好吗？

余：还可以。

访：那会帮您清洗、包扎伤口吗？

余：这个清洗包扎伤口都是我自己搞。老伴不能帮我的，她有活要干的。那个时候农田里干活，她也是要赚工分的，两分、三分都有的。

访：那当时您老婆赚的工分和您比起来，谁赚的多一点？

余：她也不多，我们两个差不多。

访：那当时您老伴愿意帮您包扎清洗伤口吗？

余：那个不知道的，她愿意不愿意她自己才知道，反正没有帮我包扎过，那时候也是不能包扎的。

访：您老伴是什么时候去世的？

余：70 多岁的时候。

访：那在您老伴去世之前，您有一段时间脚烂的特别严重，当时您老伴还愿意和您一起生活、和您一起睡觉吗？

余：那个时候还是在一张床上睡觉。

访：那她会帮您整理床铺、帮您包脚之类的吗？

余：没有，她也没办法的，白天要干活，晚上睡觉就不能帮我了。那个【指包扎、清洗】时间又很长，你每天都要这个样子，她白天还要干活，肯定也是吃不消的。家里也不能照顾，有时间也会去山上采点药回来，熬成水帮我洗洗脚。

访：那除了采草药、煎成水帮您洗脚外，还帮您干过其他事情吗？

余：那肯定干过啊！

访：您第一个孩子是什么时候出生的？您有几个孩子？

余：1958 年，三个。我有三个孩子，一个女孩，两个儿子。最小的女儿也四五十岁了。

访：您孩子小时候是跟您一起睡的？

余：是的。

访：您觉得孩子小时候是跟您亲一点还是跟他们妈妈亲一点？

余：那个时候我们都是分开睡的，不是一块住。两个儿子一个床铺，大家不会一个床铺。孩子有孩子的床铺。孩子小的时候就睡在一个床铺，孩子长大就分开了。如果不分开来住就会撞破烂脚，所以只能分开睡。大家都在一家里，大家关系都差不多。

访：这个村子里跟您一样烂脚的人多吗？

余：他们烂脚跟我原因不一样啊，他们是一个一个，跟疮一样烂脚，不像我这样一块一块的烂脚。那个村子下面跟我烂脚是不一样的，他是烂到静脉了,那个静脉血流出来,治不好,血也止不住,然后就活活烂死了。

访:那些烂脚老人平时和您有来往吗?

余:没有来往。

访:您年轻的时候,村子里的朋友多不多?

余:那时候的伙伴现在走不动了。

访:那您脚烂得不严重的时候,和您隔壁的邻居、朋友的来往多吗?

余:多啊,他们都叫我"神仙""烂脚"。那个时候戏里的神仙不都是烂脚嘛,他们就叫我"神仙"。

访:那您听了之后会有想法吗?

余:那肯定有想法的,他们这样子叫我"烂脚""神仙",肯定不好嘛。那"神仙""烂脚"肯定不好啊,我这个烂脚肯定也治不好。我是有这个特点,没有这个特点别人也不会叫的。

访:那会因为别人叫您烂脚,跟别人关系不好吗?

余:那有什么不好啊!他叫归他叫,我烂也没办法不烂。他们叫我也没有办法。心情没有关系的,自己就是觉得挣不到工分,自己吃亏了。挣不到工分是吃亏的。

访:那个时候村子里打麻将、吃红白喜事的事情您会一起参加吗?

余:我没有参与。那个时候我不会搓麻将,我挣工分都来不及,不能赚工分怎么有时间去打麻将、打牌,什么都不会打的。那时候有些人活都不想干就想去打麻将,那种样子我是不会做的,可以赚工分我都去赚工分了。

访:那亲戚朋友、邻居有了红白喜事,请客吃饭的话会请您吗?

余:这种活动有去的地方也有没去的地方,不能家家户户都去的。这个应该去的地方就去,不应该去的地方就不去。

访:那什么地方您觉得是不应该去的?

余:好比,我们是亲戚,有来往的我们就可以去,如果没有来往的我们就不用去。

访:那现在村子里,您还有朋友吗?

余:有是有的,他们叫我们去吃酒,我们要包点钱给他们的,现在年纪大了，我们不能走了也就不能去了。现在我不能去就没有来往了，可以去的时候就有来往。

访：大爷，您现在一天大概干些什么呢？

余：我现在早上八九点起床，起床之后出去玩玩，到人家家里玩。玩了一两个小时候就回来做饭吃。吃完饭，买东西我不能走，我就在路口那个房间里走走，有东西来卖我就买一点，没有东西卖我就走走，然后就回来做饭吃。四五点钟我就睡觉了。

访：那您现在一个人住，平时儿子会回来看望您吗？

余：他们不知道啥时回来。

访：他们会想到把您接到自己身边住吗？

余：想接我也不能去啊！他们房子买在沈家，那么高我上不去。他们不给我弄下来我也没有地方可以走，这样子我就没有办法，只好呆在自己家里。女儿在上面的那个村子，很近的。

访：那女儿和儿子比起来，谁回来得更勤一点？

余：女儿跟儿子都差不多的。

访：能够做到一星期回来一次吗？

余：不一定啊，为什么，他们要干活的。一个月两三次有的。

访：到了后期，发现自己的脚跟日本人播撒有毒细菌有关，您现在清楚自己烂脚的原因吗？

余：以前听人家说过，有这个关系但有关系我也没办法。

访：那之前您知道自己的烂脚是因为上面的原因吗？

余：我不知道。别家烂了以后，有医生说是日本细菌进去之后造成的，就是这样讲讲，他们不懂我也不懂。

访：那现在您对日本人有什么态度和想法？

余：对日本人能有什么态度和想法呢？我们想得到做不到的东西，没有办法的。

访：会不会恨他们？

余：恨是恨的，恨也是枉费啊！他在这么远，我在这么近，恨他有什么用呢,恨也没办法。

访:那您子女对日本人恨吗?

余:恨是肯定恨的,都恨的。日本人到我们村子来,来就是烧房子,还有拉去好多人给刺死,当时是恨的,没有办法的,恨啊!

访:您或者您的家人有被日本人迫害的经历吗?

余:家里没有人被日本人迫害过。

访:您是在 80 多岁的时候,吴会长找到您,您可以详细讲一下救助的过程吗?

余:那时候我脚这么烂啊,去卫生院里治疗,那里医生对我说你脚烂成这个样子,国家有人给你治疗了。我想自己还有这个机会啊? 他说有的,我参与的,就这样子我就告诉他【指卫生院医生】,他就把我报给了吴会长。然后证实我是烂脚,这样子,吴会长就到我这里来,把我拉到衢化医院治疗,治疗了两个多月。

访:那治疗期间是谁在照顾您?

余:是大媳妇照顾我。

访:现在您的脚基本治好了,您觉得脚治好后对您产生的最大影响是什么?

余:最大的变化就是我自己可以走路了! 把我这个烂脚治好后,我可以这样子随便走,走个一里路两里路,这就是最大的变化。就是还走不远,比以前那个要好得多,以前走路很痛的,现在走路不会痛了。

访:那以前痛起来是怎么样的感受?

余:痛的走不了路。好了后又走不远路,没有办法。

访:您活到现在,觉得烂脚对您一生造成的最大痛苦是什么?

余:痛起来不能走路,很痛苦。

访:大儿子有几个小孩?

余:就一个男孩,之前去日本工作的,已经回来三年了,跟他老婆一起去日本打工的。孙子已经在衢州买好房子了,房子两室一厅。

访:那您去那里住过吗?

余：去是去过的，之前去玩过的。我儿子也在那里，他们都住在市里了。

访：他们在村子里盖房子了吗？

余：他们没有在村子里盖房子。

访：那他们为什么没有在村子里盖房子呢？

余：这个我就不知道了，他们以后要不要回来盖房子我也不知道。

访：这个房子是您小儿子的，那您小儿子怎么没有盖楼房呢？

余：他们都在外面买房了，在六楼，还没有电梯，我就不能经常去了，我爬不上楼梯。

访：那您大儿子结婚的时候，您有给他盖房子吗？

余：大儿子娶媳妇的时候，这里房子盖起来了。

访：当时日本人来的时候你多少岁啊？

余：日本人来的时候我9岁，当时已经读了两年多书了。

访：当时日本人子啊在村子里呆了多久，您还记得吗？

余：那时候还有国民党，日本人从这里经过就去江山，然后去衢化那边了。就路过我们这边一次，烧了一间房子，在农村打死人了。我们都跑了，我跑到我外婆家里去了。我没有看到过鬼子，他们路过就去市区了。

访：您父母是什么时候过世的？

余：解放后过世的。

访：后来，父母有没有带您出去看病？

余：那个时候去医院看烂脚，都说我们这个脚不能看的，治不好的。

访：当时村子里和您一样烂脚的有多少人？

余：这个我不知道。以前也有烂脚，不过都是不同原因造成的烂脚，一共有四五个。现在还有一些人健在。

访：您老婆比您大3岁，从小就在您家，她是从哪里过来的？

余：就是一个村子里的。

访：那时候您父母给她家多少钱？

余：没有给钱。（她）从小还是一个娃娃的时候就到我家了，然后一起长大。

访：那个时候像您老伴这样从小就送到男方家的情况多吗？

余：这个情况不多的，她们家也是四五个小孩。

访：当时您得病的时候，您老伴知道吗？

余：她一开始不知道的，我一开始也不严重，就是发痒，没有现在烂的这么严重。我们也不知道这是病。一开始痒的时候抓一抓就变红了，然后就慢慢腐烂了，腐烂的时候脚很痛。小时候化脓了还可以擦掉，擦掉之后还是会继续化脓，后来就慢慢的越来越严重。

访：当时你们村子里什么时候开始叫你"烂脚"？

余：这么长时间了，什么时候叫我"烂脚"真忘记了。小时候看见我脚烂了就叫我"烂脚""烂脚"，然后就一直这样叫下去了。

访：当年还是生产队的时候，您做过队长会计之类的吗？

余：没有，我文化差，没办法做会计，也做不了队长，就是当农民干活。

访：分田到户后，水田的活您怎么干？

余：那时候小儿子还小不能干，大儿子手有问题也不能干，主要就是老伴和我干。

访：平时洗澡怎么办？

余：得用布缠起来才能洗澡，不然就会破的。

访：那以前有出去打打小工吗？

余：我之前有去过水电厂打工，那个时候可以到附近的医院擦药，然后再去干活。我主要是开挖沟渠，就是要经常去医院看脚。当时做工一天一块两毛五，还管饭，有宿舍住。那个干了好几年，1956年去的，干到1961年，在富春江那里，富春江干完就回来了。后来就一直在家里干农活，没有出去过了。

访：哪个季节您的脚痛得最厉害？

余：反正发作起来就会痛，好的时候就不痒，有时候就像被辣椒辣到一样痛。

编号19——被访者：张沙埠娜（标示为"张"），张的女儿（标示为"张女"），张的护工（标示为"护"）；**访谈者**：杨丹、杨涛伊（统一标识为"访"）；**访谈地点**：衢州市民康医院；**时间**：2018年1月11日10：00—11：00。

【张想到衢化医院去看病】

访：哦，这里是民康医院，奶奶想去衢化医院看是吗？

护：哎，她就是想到衢化医院去看嘞。

访：哦，那怎么没去呢？

护：没去的，看不好的唉，那是中风啊，看不好的。

访：中风？奶奶还有中风？

护：哎，有中风的。

访：那奶奶这个脚应该是在衢化看好的吧？

护：那以前她脚烂了，这个地方呢，有点发泡出来，经常要……这边要发泡，那边也要发泡啊，它就是要烂呐。（她）以前烂过脚，那很苦很苦的啦。

访：上面这一块儿是已经治好了吗？

护：这些都是烂的啦，77 岁……都是烂的啦！去年还是好的……它都是烂的啦，都是烂的。

访：那奶奶是多大年纪开始烂脚的啊？

护：讲，她自己讲，烂了 60 多年了。

访：烂了 60 多年了啊，那她今年多大年纪啊？

护：今年是 90 多岁。她女儿讲没有烂到 60 多年，30 多年是有的。她讲上海啊，都是叫医生给她看过的。

访：哦，去过上海的医院？

护：到她家里来看的。她出去看是没有看过的。她烂起来，那个脚都是露出来露出来的啦。

访：会流那个脓水是吗？

护：哎，流脓水。

访：那奶奶现在还能走路吗？

护：不能走路了哇。她这个脚坏掉了，医生也讲过的，她这个病好了，其他的病也会发生的，会瘫起，会发生中风的哇。

访：奶奶现在是中风了？

护：嗯，她这个是……一个多月没有好。

访：奶奶是什么时候中风的啊？

护：7 月份中风进来的。

访：那奶奶这个烂脚在衢化医院治过吗？

护：衢化，看是肯定看过。她都知道去看，到衢化去看呢！想到衢化去看，这看不好的。

访：您是说中风看不好还是？

护：中风看不好呢。

访：那她这个脚呢？

护：这个脚，以前烂起来，现在没有关系的嘛。现在这个脚要包起来，那个泡要发出来的。

访：那奶奶现在是谁在照顾她呀？她的女儿还是？

护：女儿。是护工嘛，现在照顾。

访：是她女儿请的您照顾她？

护：她女儿请我来的。

张：……【听不清】

访：奶奶说什么？

护：想哭了喂，苦啊！她这个脚治好了，去年 12 月都会走路的。7 月份的时候中风，到外面看，她讲不会好的。后来到这里来，一个半月以后，才开始慢慢地讲话。

访：您说的是她中风吧？我们主要是想了解奶奶这个烂脚的情况。

护：哦，烂脚，她这个烂脚，要烂的，这个地方红起来，然后擦这个膏。

访：是药膏吗？都是医院开的吗？

护：都是医院开的。

访：擦这个药膏，然后再用纱布包一下还是怎么？

护：包？不包的嘛，没有包，就是擦一擦药，消毒的东西擦一擦。

访：您来照顾她是因为奶奶中风了，所以才请您来照顾她吗？

护：哎，哎。

访：那之前奶奶烂脚的时候是奶奶的女儿来照顾她？

护：嗯，她女儿，都在家里照顾她。以前看医生都是在县里看嘛。那个时候她讲，放牛嘛，山上啊，放牛，到山上去嘛，病毒沾到了，脚烂了，这样子。

访：是因为她上山放牛，才导致烂脚的？

护：哎。

张：……

访：奶奶刚才讲什么？听不懂。

护：痛啊，她讲痛，讲脚痛。

访：现在脚还疼吗？

护：痛的嘛，她这个脚，勾不起来。

访：我看奶奶这个脚一直这样蜷着的，没有伸直。

护：她痛都要勾起来的，放直就痛的哇。

访：她女儿平常来看她吗？

张：……

访：阿姨，她说什么？阿姨，我们不太听得懂奶奶说什么，如果她说了什么麻烦您帮我们翻译一下。

护：讲起这个病嘛，就是苦的嘛。她以前那个县里的人都要看她的。教她讲话的，讲得好，国家帮她看病，要教她说话哎。

访：她跟您说国家好是吗？

护：哎，她说国家好，想帮她脚看好哎。

张：……

护：她还是想到衢化医院去看脚。

访：奶奶为什么一直想到衢化医院去看脚啊？

护：因为她在衢化医院看过脚的。

访：那为什么不在衢化医院那边，而要到民康医院这边来？

护：衢化医院，那时候，我也不清楚了。我是去年照顾她的。她一直是没有人照顾她的，在家里雇保姆。保姆也照顾不好，就到这个医院里来了。

访：哦，她儿子是做什么工作，现在？

护：她有很多个儿子呢，退休的退休。

访：她有几个儿子啊？

护：五六个，三个女儿，总共有九个孩子。

访：现在都还健在吗，这些孩子？

护：走掉一个儿子。

访：那奶奶住院这些，是所有孩子一起负担吗？

护：要来看的。

访：我们主要还是想了解奶奶这个烂脚，但是奶奶现在耳朵好像也听不清楚我们说话哦。

护：听不清楚的，她自己讲。

张：……

访：啊？

护：叫医生给她去看，她还是想到衢化医院去看，一天都在讲，儿子一来也要讲。看不好的嘞。

访：哦，脚好像是能看得好的吧？

护：这个中风看不好的，这个脚烂用点药膏擦擦还是会好起来的。

访：那奶奶是想去衢化医院看脚还是看中风啊？

护士：她自己啊，也说不清楚了呀。

张：……

访：奶奶是想说什么吗？

护：讲一下，怎么想的讲一下？她讲她还想自己爬起来烧饭啊。呵呵，脑子也分不清楚了呀，想说什么就说什么。她年纪大了讲不清楚，想到什么就讲什么。她就天天，烧饭啦，天天，饭我自己烧啦，就这样子讲啦。她天天讲想去看脚。

张：……

护：痛啊痛啊，痛的哇。

访：奶奶现在这个脚还会流那些脓水吗？还有吗，现在？

护：现在都好了，她这一块红起来，是很红的哇，现在烂不会烂进去了。

访：我看那只脚好像要严重一点。

护：都是烂过的啦，这些地方都是烂的。

访：奶奶这个脚是在衢化医院治好的吧？

护：我也不清楚，她去看过没看过，她天天想去衢化医院看脚，叫她儿子送她去，想去看的啊。

访：儿子也没有给她转院？

护：她是脑子里面都是血嘞。

访：脑溢血？

护：嗯，脑溢血嘞，血管崩开嘞，不会讲话。

访：奶奶现在是没办法跟人沟通，就是她自己能讲的时候讲一点？

护：嗯，有时候自己讲一点。

访：奶奶这个被子会不会有点薄啊？不冷吗？

护：不冷。

访：下面垫的是尿不湿吗？

护：嗯，尿不湿哇，要拉稀的嘞。

访：要拉稀的？现在奶奶已经大小便失禁了吗？

护：都拉床上，自己不能动的嘛，帮她清理。

访：她以前没有中风的时候能下地走路吗？

护：可以走路的，她去年都会走路。她现在，这只手可以动的。

张：……

访：奶奶又要哭了，没事的没事的啊，奶奶。

张：……

护：她说她自己去问。

访：问？问什么？

护：来，医生来了，你要问什么？

张：……

护：她讲，到衢化去看。

医生：要问你儿子，问我们没用的，你儿子带你去哪里看就去哪里看。

访：奶奶说她的脚痛，就一直想去衢化医院看脚吗？

医生:她可能就是年轻的时候烂脚,脚痛,去衢化医院看好了,现在还记着要去衢化医院呢。

访:那她现在是?

医生:她现在手和脚,是脑梗导致的不能动啦。

访:就是说,奶奶还以为是以前烂脚的毛病,所以一直嚷着要去衢化医院吗?其实是因为中风。

医生:她一直要我们帮她包起来,用纱布包起来。她女儿来了。

访:您好您好!您是张奶奶的女儿吧?我们是南京大学过来的学生。

张女:哦哦,就是细菌战那个?

访:对对,我们过来看一看奶奶,了解一下奶奶烂脚的情况。

张女:烂脚都好了。

访:奶奶一直嚷嚷着要去衢化医院看脚,她为什么就是想去衢化医院看脚啊?

张女:她脚都萎缩掉啦,都睡在床上半年了,她是脑溢血。

访:刚才护士姐姐说,奶奶的记忆还停留在以前烂脚的时候,想让他们帮她把脚包一下,其实现在是不用包的,是吗?

张女:不用包的,现在肌肉都萎缩掉了,你以前没看到过她,她很胖的,现在都萎缩掉了。

访:那奶奶大概是在多大年纪的时候开始烂脚的?

张女:你们不是都知道了?烂了很多年,细菌战你们都知道了嘛。她就想去看脚,脚痛,她都以为烂脚,其实烂脚都好了。

访:还以为是烂脚,所以想去衢化医院看脚。

张女:哎,以前衢化医院免费的嘛。

访:那奶奶这个脚是在衢化医院看好的吗?

张女:不会的,反正就看的人很多的,我知道谁看好了,上门的很多,四川的什么的反正什么地方的都有。

访:那些也跟奶奶的情况一样吗?也是因为细菌战吗?

张女:就是医生上门什么的,来给她看,你说哪个地方看好的?没有地方的随便哪个地方来看,都要给她看的。四川啦,这个我们衢州什么医院啦,再什么市政府啦。

访:奶奶以前是自己清洗自己包吗?

张女:从前没有来看,就自己弄。自己涂点什么呢。她自己的土方法。

访:什么土方法呢?

张女:我也不知道,像那些草药啰。

访:奶奶以前以为自己烂脚是因为上山砍柴放牛之类的吗?

张女:不会的,她也不知道,不知道什么细菌战,以为自己生病哇。其实我们下一代也有,有遗传的嘛,血液里的这种东西,是不是啦?

访:这个应该不是遗传的吧?

张女:血液里的嘛,这种东西,我是这么认为的,反正我们家里头的人都有一点,只是没有烂。我也有的哇。

访:您也有? 那您现在多大年纪?

张女:我现在 60 多,55 岁开始这样的,我们家里面很多的,好几个人都这样。

访:那您有去医院看过吗?

张女:我姐姐也像这种烂的,只不过我没有像她这么严重。

张:……

访:奶奶刚才好像说了不少话。

张女:她很会讲话的。

护:她说外面下雨啦。【事实上当天天气晴朗】

张女:我们现在在这里费用也很贵的。

访:衢化医院那边看烂脚好像是免费的是吗?

张女:免费的。

访:阿姨,现在我们能简单地向您了解一下吗? 您刚才说您家里面有很多脚也不好的情况,这种是跟奶奶年轻的时候一样的吗?

张女:比我妈妈要好一点。没有烂嘛,我姐有烂过,我哥也有烂过。

访:那也是有脓水、有臭味什么的吗?

张女：现在不存在了，现在有医院（治疗）的嘛，最起码可以整理一下啊。

访：那他们认为是什么导致这样的烂脚呢？

张女：什么原因？细菌战嘛，我们也才知道，可能是血液里面流传出来的。

访：就是说您以前认为是奶奶遗传的？

张女：现在才是嘛，现在才认为，以前我们又没有，就现在年纪大起来才开始嘛，抵抗力差。年纪大了是不是抵抗力就不好了呢？

访：就是您50多岁的时候才这样子？

张女：55岁嘛，我跟你们讲了好几遍了，你们年轻人一直问是不是啦？像老人家一样每次讲几遍啊？

访：那您跟吴会长是怎么认识的啊？

张女：他们联系我的。

访：哦，主要是想把奶奶接过去治疗她的脚。奶奶年纪这么大，以前（她）有跟你们讲过一些关于日本人的事情之类的吗？

张女：不讲啦，年纪大才讲，年轻的时候哪有时间讲这些话？她小孩生得那么多，没时间讲。

访：那奶奶老了给你们讲的那些您还记得吗？

张女：她也就随便讲（讲）。

张：……

护：她想到以前帮她医脚啦。

访：阿姨，奶奶以前脚不好，生活上有哪些不方便的，您能跟我们说一说吗？

张女：她94岁了，这么多年都是自己处理的。

访：我听说你们家孩子还挺多的。

张女：都是她自己处理，不要我们（帮）的。

访：那个时候养那么多孩子也挺不容易的，那时候是生产队撑工分吗？

访：奶奶以前会时不时念叨以前的事情嘛，都念叨些什么呢？

张女：念以前的事情，外婆啦，什么什么啦，她讲要烧饭吃啦。她自己脑子里面糊涂了,脑溢血,今年7月份才进来,昏睡了两个月了,醒过来就想不起我们了。

访:那奶奶以前没有中风时候是住在家里面吗?

张女:住在这里也住在家里,身体好点的时候就住在家里,回家就雇个阿姨。

访:就是她脑子还清醒的时候会说一些以前的事情吗?

张女:跟我们不会说,跟我们就是说一些家事啰,儿子怎么啦,这个儿子怎么啦,那个儿子怎么啦。日本细菌战什么的以前讲过,现在脑子不灵光了,你要是来早一点,你问她她也会跟你讲的嘛。

访:奶奶以前上过学吗?

张女:没有。

访:阿姨,奶奶的名字好像还挺特别的哈。

张女:我们也不懂,她小时候的事情,她以前有另外一个名字的,最后还是用身份证上这个名字。

访:那奶奶的另一个名字叫什么啊?

张女:张荷凤。

访:阿姨,您小的时候奶奶会带您去走亲戚什么的吗?

张女:要去的,现在也要走的哇,舅舅那边。

访:我们之前访问的一些老人因为烂脚不太方便走亲戚,所以让孩子代他们去。

张女:年纪大了就不去了嘛,一些去世的也不去了嘛。

访:那奶奶这个脚去走亲戚不会不方便什么的吗?

张女:以前没烂那么严重嘛。

访:阿姨是哪个县的人?

张女:就是衢州市本地,在城里长大的。

访:您在家里排第几?

张女:第七。

访:那你们对日本人有什么了解吗?

张女：我们都是普通人，又没读过多少书，小时候就是养孩子就是赚钱，现在你们书读得多嘛，所以现在的社会就是你们的社会。现在互联网什么的我们正在努力学习。

访：就是因为我们太年轻，所以想了解一下以前的事情。

张女：那你们就去读历史啊，书上都有的。

访：对对，历史要读，但是奶奶是亲身经历过的，所以我们也想亲自听她讲一讲，搜集一些以前他们的经历，让我们后辈不要忘记历史。

张女：其实按道理讲这些书上都有的，你要她讲，她也不会讲什么。搜集那些，每年都会来一次。其实以前我们都讲过的。

访：奶奶以前是做什么的？

张女：做豆腐，她有退休工资的，以前在国营企业，现在应该4000差一点，退休工资。

访：那奶奶以前在那边看病是不是也不要钱？

张女：运动，这个要讲运动的。每年有什么运动的时候，什么营养品啊都不要钱，什么轮椅都送过来的。

访：运动？什么运动？

张女：就是运动啊，什么抗日战争多少周年，这些不是运动吗？

访：所以是每年都有人会过来看？

张女：以前有啊，现在运动都过去啦，也要讲运动的。每个领导上来都要搞一下的，现在就是你们大学生来一下啦，市政府的人没来了。

访：您是每天都来看她？

张女：轮着来，像我姐他们自己都老了，照顾好自己都好啦。她也不想我们一下子都来。

编号20——被访者：张双根（标示为"张"）；访谈者：杨渝东、黄旭生（统一标示为"访"）；访谈地点：衢州市衢江区上方镇金坑村张双根老人家中；访谈时间：2018年1月9日13：50—14：40。

访：您贵姓呢？

张：张，弯弓张。

访：哦哦。你们这边是哪个镇啊？

张：上方镇金坑村。就是三个村并一个村呢。

访：并村是因为高速公路拆迁吗？

张：嗯，对，拆迁呢。

访：哦，原来你们是在什么位置？

张：我们是在白坑村，然后加上赛前村、煤山底村，三个村并成一个村。

访：那你们这个村原来在什么位置啊？

张：在山里面。

访：哦，因为拆迁所以把你们搬到这里来了？

张：嗯，搬到这里来了。

访：哦，那您这个房子是他们当时统一给你们盖好的吗？

张：自己造的。

访：哎，那我看您这边风格都是统一的嘛。

张：风格统一的嘛，都是各人造的嘛。

访：那有补偿吗？

张：补偿嘛很少的，就300,300再加上那个奖励，115块，那就是415块一个平方。

访：哎哟，那你们原来在白坑村是楼房吗？

张：砖木结构。

访：当时有多大呢？

张：两层。有些三层，造得好的500块一个平方，结构要贵一点。

访：所以总共是赔了十多万？包括你们小儿子一家？

张：哎，对，十多万。

访：那你这个房子是2014年盖的？

张：2013年开工，2014年结束。

访：有三层吧？

张：三层半,上面还有个阳台。

访：那你盖这个房子花了多少钱?

张：八九十万。

访：八九十万? 不算这个家具哦。

张：家具一起。

访：那您这个家具就买的很贵了嘛,也是实木的? 您这个门也是实木的门呢。【两人去看了看家具】那您现在跟小儿子一起住?

张：小儿子到杭州去开饭店了。

访：那您这个儿子挺能干的嘛,他多少岁?

张：46,1971 年生的。

访：那他原来在衢州开饭店吗?

张：原来没有,今年才去杭州的。

访：那他原来做什么呢?

张：原来烧石灰,在那个峰会,北京开峰会,就不允许烧呢。

访：在北京开峰会? 不是在杭州吗?

张：在北京开呢。

访：哦,那烧石灰做什么呢?

张：就卖给他。

访：等于说,他一直干这个? 两兄弟都干?

张：嗯嗯,一直干,在白坑村的时候就干。

访：原来请工人了吗?

张：几个老板呢。我们烧石灰,有 20 多个人呢,现在嘛,大家都没有钱赚了嘛。

访：原来你们这个村有 20 多个人烧石灰啊?

张：哎,我们原来有 100 多座窑呢。

访：那当时是有矿吗?

张：有石矿的。

访：那这个石矿是向公家承包的还是自己买?

张：老板建的嘛。

访：他建一个窑要投资多少钱啊？

张：投资几十万块钱。

访：那像他这样搞下来的话，一年能赚多少钱？

张：赚个三四十万。

访：就是一座窑？

张：嗯。

访：那还是可以哦，就是污染比较大？

张：嗯，就是讲污染嘛，讲污染嘛，不给烧。

访：那张师傅，您这个脚啊，您今年75？

张：嗯嗯，我75，我这个脚啊，这个坑，割掉、拔掉的，烂了没好，就到衢化去开刀。

访：您就是这一条腿吗？那条腿没受伤？

张：嗯嗯，就这一条腿。

访：好像您这个不是特别严重嘛。

张：嗯，它好好也烂，有时候好有时候烂。

访：您是几岁的时候染上这个的？

张：9岁。

访：那当时是什么情况呢？

张：9岁时候，我们有玉米苗，那个脚要下去，我们要去修那个玉米苗，回来就膝盖痛，膝盖痛，就烂起来了。

访：您都不痒就直接开始烂啦？

张：嗯嗯。

访：那当时您父母有没有带您去看过？

张：看过，但是看不好呢，看不好，医生很差，条件不好，那个时候是1957年呢，我1947年出生的。

访：应该是1956年吧？1955年1956年左右是吧。那您上学了吗？

张：没有，开始烂以后，两年时间辍学的。

访：两年以后又去念书的？读到啥时候？

张：念到初中，初中毕业，到1960年回去，那1960年很艰苦的嘛，没有饭吃，我家里去挖树根吃。

访：那就是您治这个病治了两年？

张：没有治到两年，在家，就是骨头烂掉，直接把它拔掉了呢。

访：您直接把骨头拔掉啦？

张：哎，直接拔掉了呢。

访：就是您小时候啊？9岁？

张：嗯，9岁还是10岁拔掉了。

访：那当时不会痛得要命吗？

张：不痛呢。当时已经烂……烂翘起来了。

访：但是烂的时候是很痛的吧？

张：烂的时候很痛，但后来就自己好了。

访：那您之后能走路吗？

张：还能，挑担子。后来到衢化去看，开刀，医好的。

访：就是衢化这次把您彻底治好的？

张：嗯嗯。

访：那您之前找医生看看不好？

张：到杭州，他要2000块，那个时候没钱，那个医师要2000块帮我治。但那个时候过年，过年不能干活呢，我们家没办法的。

访：这个大概是什么时候？

张：好像是八几年。当时是外孙，去外孙那里，家里不能负担呢。

访：您有几个兄弟姐妹啊？

张：我们有七个呢。

访：您是老几啊？

张：老二。

访：所有兄弟姐妹中都是老二？

张：不是，我们兄弟。

访：哦，兄弟里面您老二。上面有姐妹是吧？

张：嗯嗯，后面还有个弟弟。

访：那像您这种情况，这个脚，你们七个就您一个人吗？

张：嗯嗯，就我一个人。

访：那你们兄弟姐妹都还健在吗？

张：还有四个，一个弟弟，两个姐姐，一个妹妹，哥哥、姐姐还有一个大的妹妹都去世了。

访：那等于说你们是一大家子人了，现在亲戚也很多是吧？

张：哎，亲戚很多。

访：那你父母大概是什么时候去世的？

张：我母亲 1982 年去世的，父亲 1973 年（去世的）。

访：您是哪一年结婚的？

张：我 22 岁结婚的。

访：那就是 1969 年。那您老婆还在吗？

张：在的。

访：她是哪里人啊？

张：本地的，（她）在睡觉。

访：哦，在睡觉，那你们现在条件还蛮好的。

张：高速公路啊，没有高速公路的话，也是很艰苦的。我们老人家失地保险，都买齐了，几十块一个月，有 1000 多块钱呢！

访：哦，1000 多块钱，把你们的地都占完？

张：嗯嗯，失地保险，没有高速公路，那也是很苦的。儿子的负担，他能挣到钱，没有钱那还是很苦的。现在好了，一个月 1000 多块钱，生活费是有的。

访：1000 多块，基本上生活可以保证的？

张：哎哎，生活有保障的。

访：那这个钱你们现在是自己用还是跟儿子一块用？

张：自己用。

访：他们去北京的话，一年都不在家吧？

张：要回来的，要到衢州进货的。

访：进货？ 就是开衢州风味的饭店？

张：在杭州，杭州开饭店。

访：那您去过吗？

张：没有。

访：那您当时和您老婆是怎么认识的啊？ 经人介绍的吗？

张：别人介绍的。

访：就是两个儿子？

张：还有两个女儿。东街村【音】有一个，离这边很近，要不到半小时就到了。她现在也是在衢州开饭店呢！

访：您原来在白坑村是干农活吗？ 结婚以后那段时间？

张：都是在白坑村干活。

访：你们当时是有个生产队吗？

张：就是村，我们就是玳堰乡啦，以后并到上方镇去了。

访：你们那个村哪个姓比较多啊？

张：姓张的很多，还有姓蒋介石的蒋的也很多，杂姓村，没有祠堂，山多田少。

访：您当时得这个病能下水田干活吗？

张：能。

访：那下田会不会引起发作啊？

张：不会。

访：等于您当时好了以后就没有发作过吗？

张：嗯嗯，好了烂，好一下，又烂一下，不开刀不会好的哇，开了刀，把里面碎骨头弄出来。

访：但是我看您这个皮肤好像没怎么烂、没怎么痒是吧？ 不化脓？

张：现在好了喂，原来化脓呢。以前烂，不开刀不会好的。现在好了，感谢那个会长啊！

访：当时您得这个病的时候知不知道是什么原因？

张：不知道。

访：后来是不是吴会长或者有人跟你们讲，这个是和日本人有关系啊？

张：……不知道呢。

访：你们到现在都不知道？

张：嗯，不知道。

访：那您知道炭疽吗？ 炭疽病毒吗？

张：炭疽？ 不知道。

访：就是具体什么病，你们也不知道？

张：嗯，不知道。

访：像您这种情况，你们这个村多不多啊？

张：现在，就是我一个。

访：那原来呢？

张：原来，烂的也有的。

访：大概有几个啊，原来？

张：三四个。

访：那年纪都比您大一些？

张：嗯，现在都过世了。

访：那您父亲这一辈的人当中，有没有得这个烂脚病的？

张：父亲那一辈中是有的，现在没有了，现在不是医术好了嘛，有就去看。那时候没条件呢，以前没现在好呢。

访：那您以前在你们生产队里面，还做个什么会计啊队长什么的？

张：我当会计几十年，在我们村搞了 24 年，在那个生产队里，经济报告搞了、税务报告也搞了、财务会计也搞了，在 1977 年，在大队里搞了 24 年。

访：因为您原来读过书？

张：读的少嘞，文化不好。

访：已经不错啦，那个时候，读到初中。

张：初中，那时候半工半读嘞，要劳动的哟。

访：那您当会计，这个工分跟您怎么算呢？

张：当会计，十个工分一天。那时候艰苦哦。那个分数要排队很长的喂，分光才回家的，收起来分掉再回家的，我们家生产队不能干活。

访：那个时候您一直做会计？没有下过田？

张：要下田，农村的会计嘛也要下田的。

访：那您这个脚可以下田？

张：可以下田的。

访：那不会引发吗？

张：不会。

访：那烂得最严重是什么时候呢？

张：烂嘛，那是小时候了。再后头，烂嘛就会少一点呢。

访：烂了您这个也不能动吧？

张：不是不能动，就是烂了一条口，一直好不了。

访：但是它也没有完全扩散？皮肤也没有变黑？

张：没有黑。

访：您现在这个口已经封起来了？

张：哎，封起来了。

访：当时您去衢化，是怎么知道会长他们搞这个事情的？

张：小女儿就在衢州，讲衢化可以医好的嘛，还可以报销，那就把我带过去了。

访：您女儿知道这个事情？她听隔壁（讲的）？

张：对，听隔壁（讲的），也是烂脚。去了76天。

访：一直在衢化住的？

张：嗯。

访：那当时是谁照顾你的？

张：儿子，他在那边，还有一个女儿，子女来照顾我。

访：那医药费啥的都是医院提供的对吗？

张：嗯。

访：也是通过植皮的方式？

张：哎，植皮，植了两次。

访：两次？ 您不是只住了一次吗？

张：住了一次，医师讲皮肤黑，它要发作的，开始倒贴，再植皮，两次哇。

访：是不是那个张院长给你动的手术啊？

张：叶医师。

访：哦，就是那个叶春江？

张：嗯嗯。

访：那个人看上去很能干的样子。

张：嗯，他人很好。

访：您原来没想过这个病还能治好是吧？

张：嗯。

访：您现在还痛吗？

张：不痛。

访：您原来走路的时候会不会受影响？

张：不会影响，影响不会干活的。

访：是是是，所以您当时就一个口子？

张：嗯，是。

访：那这个影响到你们邻居或者说亲戚的交往吗？ 就是脚的这个问题？ 你们还是正常往来嘛？ 就是会影响你和亲戚之间的正常往来和走动吗？

张：那不会。

访：那你们是什么时候分田到户的？

张：分田到户啊，就是邓小平（主政）以后，都30多年了。

访：分田到户的时候你们家几口人呢？

张：六口人，两个儿子，老婆，两个女儿。

访：还有您母亲？

张：母亲是跟我弟弟住。

访：你们当时分了多少田地呢？

张：少呢，一亩多点。

访：那时候经济条件比较艰苦啰？

张：艰苦的哇，现在山里没有收入了，毛竹被雪压弯了，人都进不去了，死的毛竹放地上，人都进不去。24块100斤毛竹，人工砍的话300多块钱一天，看着它1000斤毛竹，240块钱哈，300多就没有了。

张：衢化医师医了有多少个了？

访：有八十几个了，现在他们好得差不多了。比他这个严重得多的都好了。

张：骨头都坏掉了，烂的骨头不要了啊？

访：嗯，他骨头都坏掉了。有的是皮肤坏了，整个腿都坏掉了。

老婆婆：实际上皮肤下面把你割掉，下层把你医好就好了。

访：你们是邻居吧？

老婆婆：老婆和她两姐妹，离这里远了，拆迁拆过来的，我们离她家差不多有七八里多路。

……【和一来串门的85岁老婆婆的闲聊】

访【对张】：那您平时就在村子里面玩是吧？

张：对。

访：有没有到外面去旅游？

张：去过，北京、南京。2005年去的，坐中巴，旅游车。

访：儿子给的钱还是？

张：自己掏的钱。

访：那你们这边，如果儿子结婚是不是要给他们准备房子啊？

张：没有房子也要房子哦。现在结婚要房子还要车子。

访：您儿子当时结婚的时候没有这些东西吧？

张：没有。现在讨个老婆很难的。要车子，还要在衢州买房子，没这个条件还不嫁呢。

访：您这个脚有没有影响您儿子结婚啊？

张：没有。

访：那还好，他们是自己谈的？

张：自己谈的。

访：大儿子还在白坑住吗？

张：大儿子在上方【音】附近，洗车子。

访：自己开的？

张：嗯。

访：那还不错嘛。您有孙子了吧？

张：两个孙女。

访：大的儿子一个，小的儿子一个？

张：不是，都是大儿子，小儿子一个孙子一个孙女。

访：都是您带的？

张：不是，他老婆带的。

访：你们这边老人不带小孩吗？

张：带啊，但是她们没事做，不忙嘛！

后　记

　　本书是有关浙江省衢州市"烂脚老人"的一个调研报告,也是南京大学历史学院张宪文教授主持的国家社科基金抗日战争研究专项工程项目"日军细菌战海内外史料整理与研究"的子课题"细菌战创伤记忆的社会学研究"的结项成果。衢州市"烂脚老人"是侵华日军细菌战滔天罪行的历史见证,也是我们反思战争,讨论创伤记忆及其传承的宝贵的经验材料。

　　本书成稿是一个艰难的过程。首先调研就遇到了不少技术难题,包括被访人主要是高龄老人甚至有的卧病在床不能很好地接受访谈,许多时候只能由其家人或其他人比如长期照顾老人的护工代为回答问题;还有方言的障碍以致访谈过程中许多时候需要借助方言翻译;访谈文本虽然尽量做了逐字转录整理,但整理后的文本分析需要深厚的史学(尤其是生活史、口述史)、社会学功力,以及对于中日关系、宏观国际关系等问题的整体把握和关照,我们在对话这些难题时深刻体会到自己的眼界狭窄才疏学浅,很多方面都力所不逮。本书是一项国家课题的子课题,原本应讲究时效及时完成,尤其是许多"烂脚老人"都已相当高龄随时都有离世可能,本来更不允许我们拖拉磨蹭,但结果还是拖到了今天才得以交稿完成。这一点,作为第一编者、也是本子课题的主要主持人贺晓星要负完全责任。在此后记中,首先表达一下发自内心的愧疚以及对于各位在世的或者已去世的"烂脚老人"、各位其他相关人士的歉意!

　　作为一份调研报告,本书能做的事极为有限。尽量为"烂脚老人"发声,让更多的人记住这一群体以及一个个鲜活的个人，在此基础上揭露和控诉侵华日军细菌战的战争罪恶，深入反思战争创伤记忆及其传承问题是我们调研的初衷。历史是不能被忘记的。也只有牢记历史，一个国家一个民族才有其未来。在这一意义上说，本书虽然无论在研究方法上还是资料分析上都有许多不足，但作为一个集体调研成果，我们做了"不忘历史"的一份努力。

课题调研过程中，很多人很多事都给我们带来了感动。尤其是各位接受访谈的"烂脚老人"及其亲属、相关救助人员，他们对于家仇国恨以及中华民族身上所刻写下的战争创伤及其记忆传承表达出的强烈情感和愿望，深深感染了我们。在对待侵华日军细菌战以及烂脚这样的战争创伤问题上，他们期待各级政府有更大的作为。迄今为止，许多由民间人士、民间团体担当起来的社会救助工作包括历史记忆传承工作，他们希望政府能够更多地承担起主导的责任并积极参与。一些"烂脚老人"和相关人士联想到南京大屠杀的公祭仪式，尝试思考"侵华日军细菌战与烂脚老人"的这段历史如何能够写进中小学教材，国家何时能够筹建相关的纪念馆和举办相关的纪念仪式。

无论是赴日诉讼的核心灵魂、当选了"感动中国人物"的王选女士，还是衢州市侵华日军细菌战受难者协会吴建平会长，抑或浙江衢化医院烧伤科张元海医生，以及衢州市卫生防疫站前站长、已故的邱明轩先生，其他本后记没有提到但在书稿中涉及（或没有涉及）的、为"烂脚老人"以及这段战争创伤记忆及其传承做出了呕心沥血、脚踏实地的救助和贡献的人士，他们的事迹确实值得大书特书。本书可以说是对他们的一个敬礼、一句颂词。

本书是集体性调研成果，由南京大学社会学院社会学系贺晓星教授和人类学研究所杨渝东副教授主编。各章的执笔具体如下：前言以及第五章"从疾痛叙事到治疗叙事"、第六章"创伤记忆的实践之场"由杨渝东执笔。第五章所收集的资料，是杨渝东、贺晓星以及南京大学社会学院人类学研究所褚建芳三人共同调查所得，并由宋书璿部分整理而成。本章曾以"身体的多重记忆：日军细菌战'受害者'的人类学研究"为题，在中国人类学会 2017

年年会(呼和浩特)上宣读。第一章"侵华日军细菌战"由王小豪执笔。王小豪是南京大学社会学院社会学系 2021 届硕士毕业生,现为《南风窗》记者。第二章"关注衢州'烂脚老人'"由余熙瑜和贺晓星共同执笔,余为第一作者。余熙瑜是南京大学社会学院社会学系 2021 届硕士毕业生,现为上海市黄浦区市场监督局公务员。第三章"日军细菌战诉讼"由胥亚婷执笔。胥亚婷是南京大学社会学院人类学研究所在读硕士生。第四章"细菌战的创伤痛苦"由钱安琪和贺晓星共同执笔,钱为第一作者。钱安琪是南京大学社会学院社会学系在读研究生。第七章"民间社会的救助与救治"由李婷婷和杨丹共同执笔,李为第一作者。李婷婷是南京大学社会学院社会工作系 2019 届硕士毕业生,现为北京小米移动软件有限公司南京分公司职员;杨丹是社会学院社会学系 2020 届硕士毕业生,现为湖北省襄阳市襄州经开区公务员。第八章"救助介入空间及策略"由黄旭生和杨涛伊共同执笔,黄为第一作者。黄旭生是南京大学社会学院社会工作系 2018 届硕士毕业生,现为上海招商银行职员;杨涛伊是社会学院社会学系 2019 届本科毕业生,现为德国柏林自由大学社会学系博士生。第九章"战争创伤记忆的传承"由王一凡和贺晓星共同执笔,王为第一作者。王一凡是南京大学社会学院社会学系在读研究生。第十章"战争、和平与教育"由杨医铭和贺晓星共同执笔,杨为第一作者。杨医铭是南京大学社会学院社会学系 2020 届硕士毕业生,现为山东省威海市发展改革委员会公务员。后记由贺晓星执笔。

　　除了执笔者,参与了调研的还有刘慧和台敏佳。她们俩都是南京大学社会学院社会学系 2018 届硕士毕业生,虽然没有参与本书稿的具体写作,但在访谈以及访谈稿的整理中,也付出了巨大、艰辛的努力。没有她们的付出,也没有这部调研报告的完成。

　　最后,编者要感谢南京大学历史学院的张宪文教授和吕晶老师。张宪文教授是总课题的主持人,他对课题在宏观上的方向把握以及许多高瞻远瞩的指示,让编者受益匪浅。吕晶老师负责许多具体的指导工作包括调研经费等方面的支持,也是我们课题组虽磕磕绊绊但还是坚持跑到了结题终点的主要动力。她的鞭策和鼓励,编者会常记在心。感谢本书责任编辑张惠玲女士一丝不苟、精益求精的工作精神，诠释了何谓"敬业"。

　　贺晓星作为子课题主要主持人和本调研报告的第一编者，为本书负完全责任。

　　是为后记。

贺晓星

南大仙林和园　恒先斋